谨以此书向宝莉、凯瑞和海蒂表达我的爱意并向书中的警察局长致敬

总序　安全治理与秩序的法律之维

法律与秩序、冲突与控制，是人类社会两对永恒的主题。

20 世纪 70 年代以来，犯罪控制领域的制度与思想模式在世界范围内逐步确立。该模式在 21 世纪遭遇了前所未有的挑战与巨大的变革压力。现代性降临之际，警察、法院、监狱等一系列国家机构就占据了安全与秩序生产过程的中枢地位。[①] 在任何时代和任何国家，有关犯罪及其防治的话题与主题往往不可避免地被卷入重大的社会与政治变革运动之中。尤其在自治理论兴起以后，有关犯罪、安全、风险与治理的理论及政策话题，不仅成为犯罪学、警察学（公安学）、社会控制、公共安全治理以及公共政策等相关学科研究者关注的内容，而且在社会治理与安全治理政策和法律的制定过程中，受到各国政府的重视。不仅如此，关于犯罪治理、安全产品供给等话题，还涉及传统和非传统社会秩序维护机制及其现代化重构问题的方方面面。比如，国家形象与能力（如“成功国家”与“失败国家”）的变化，公众对刑事司法的信任以及对社会稳定的期盼，维护社会秩序构建安全责任共担制，和谐社会的有序参与，等等。

当前，我国处于全面建设小康社会、深化改革开放、加快经济发展方式转变的关键时期，“综观国际国内大势，我国发展仍然处于可以大有作为的重要战略机遇期。我们要准确判断重要战略机遇期内涵和条件的变化，全面把握机遇，沉着应对挑战，赢得主动，赢得优势，赢得未来，确保 2020 年实现全面建成小康社会宏伟目标”。[②] 毋庸置疑，实现宏伟目标，离不开一

---

① 〔英〕麦克·马圭尔、罗德·摩根、罗伯特·赖纳等：《牛津犯罪学指南》（第四版），刘仁文、李瑞生等译，中国人民公安大学出版社，2012，第 61 ~ 74 页。

② 胡锦涛：《坚定不移沿着中国特色社会主义道路前进　为全面建成小康社会而奋斗》，在中国共产党第十八次全国代表大会上的报告。

个安定团结的和谐社会。由此，如何有效维护我国战略机遇期的社会稳定，成为当下政策制定者和学者们关注的重要话题。

平安是国家繁荣昌盛、人民幸福安康的前提。在中国共产党第十八次全国代表大会后，为了实现“两个一百年”奋斗目标、实现中华民族伟大复兴的“中国梦”，习近平总书记提出了建设“法治中国”和“平安中国”的重要战略举措。建设“平安中国”，事关中国特色社会主义事业发展全局。深入推进社会治理创新是建设“平安中国”的基本途径，对推进国家治理体系和治理能力的现代化建设具有重要意义。改革发展需要稳定安全的社会环境，而促进安全需要付出社会成本，维护安全稳定“需要明确的道义上的正当性。不受限制地企图满足对更多安全的渴望，会对公民自由与一般社会生活造成严重的否定性的影响”。① 因此，要处理好改革发展与社会秩序维护的关系，就必须树立秩序观、法治观、制度观和治理观。维护社会秩序和实施安全治理，不仅需要正确的理论指导，还离不开科学合理的制度设计以及充分且多样化的实践。所以，在维护社会秩序、实施安全治理的过程中，要促进理论与实际的有机结合，倡导全社会共同参与，坚持“古为今用，洋为中用”的理念，兼收并蓄，取其精华，去其糟粕，立足现在，放眼未来，从实际国情出发，充分发挥法治的引领和保障作用，积极进行理论创新、制度创新和实践创新，为全面建成小康社会创造安全稳定的社会环境。

安全和平安是人们在满足基本生存和生理需要以后的最基本需求，安全治理与社会秩序维护是人类社会的恒定主题，任何社会、任何时期都需要正常的社会秩序和安全保障。随着治理理论的兴起，国内各个学科也开始关注该理论在本学科的拓展研究。本研究团队长期从事公安（警察）学、犯罪学和社会治安问题的研究，追踪研究国外安全治理理论与实践的最新动态。特别关注“9·11”事件以来，世界各国在警察权、安全治理和反恐警务立法等方面的最新实践。借鉴国外犯罪控制、警察科学、安全治理、刑事司法等方面的研究成果，并结合中国的国情与实际，开展以问题为导向的实证研究，为公安学的理论体系和知识体系建构提供参考，为维护社会秩序稳定、建设平安中国提供理论支撑。

---

① 〔英〕麦克·马圭尔、罗德·摩根、罗伯特·赖纳等：《牛津犯罪学指南》（第四版），刘仁文、李瑞生等译，中国人民公安大学出版社，2012，第653页。

随着21世纪全球化的不断发展，国家在为公民提供安全保障方面发生了巨大变化。“安全对美好社会的作用”“应该由什么样的机构提供安全”等重大规范性问题引起了人们的关注，也给学界提出了“如何界定安全和公共安全产品供应”等具有挑战性的理论问题。国家治理（state governance）是阶级社会产生以来最重要的政治现象之一，其本质在于通过发挥职能，协调和缓解社会冲突与矛盾，维持特定的秩序。关于治理的概念，让-皮埃尔·戈丹认为，“治理”（governance）这个词本身就是问题之源，可以从多种角度进行解释，它“从13世纪起就在法国阶段性地流行过。其最初的意思在很长时间内都是可以和‘统治、政府’（一直沿用至今）以及‘指导、指引’画等号的……在17世纪和18世纪，治理是关于王权和议会权力平衡的讨论所涉及的重要内容之一，而在那个时代，王权在实现过程中开始依靠一些新的原则，而从这些新的原则中，诞生了公民权利和市民社会理念”。[①] 到21世纪，“治理”一词有了新的内涵，主要是指对警察政策的形成与方向的宪法性、机构性安排。[②]

20世纪90年代末以来，国内学术界逐渐开展了治理理论和实践的研究。随着研究的深化，西方治理理论与中国本土治理理论的错位现象逐步凸显。国家发展和治理的实践表明，理想的“治理”理论的重构，必须在本土化的基础上才能完成，而“治理”的实践主要有国家治理、政府治理和社会治理三个维度，且三者的目标都指向于：在坚持中国特色社会主义基本制度的前提下，破除一切不适应生产力发展要求的体制机制，创新释放生产力和社会活力，完善和发展中国特色社会主义制度，探索出符合本国国情的社会秩序维护与安全治理的基本理论、制度与实践路径。[③]

“安全治理丛书”正是遵循这样一种基本的逻辑，进行知识谱系和理论体系的建构与实践验证：借鉴其他学科发展的历史经验，先进行中西古今的

① 〔法〕让-皮埃尔·戈丹：《何谓治理》，钟镇宇译，社会科学文献出版社，2010，第4页。

② 〔英〕麦克·马圭尔、罗德·摩根、罗伯特·赖纳等：《牛津犯罪学指南》（第四版），刘仁文、李瑞生等译，中国人民公安大学出版社，2012，第651页。

③ 王浦劬：《国家治理、政府治理和社会治理的基本含义及其相互关系辨析》，载于2014年7月16日《社会学评论》，转引自中国社会科学网：http://www.cssn.cn/zzx/wztj_zzx/201407/t20140716_1255453.shtml，2016年12月14日访问。

比较，以问题为导向，对当前我们在维护社会秩序中面临的犯罪问题、安全治理问题和其他社会治理问题开展实证研究，真正形成具有中国特色社会主义的社会秩序维护和安全治理理论。

西南政法大学安全治理与社会秩序维护研究院①整合校内外资源，紧紧围绕“深化平安建设，完善立体化社会治安防控体系”这一目标，以警察学（公安学）为支撑，依托法学、政治学和社会学等相关学科，围绕“平安中国”建设进行跨学科研究。“安全治理丛书”正是这次跨学科研究取得的重要成果。

为了系统地了解安全治理的理论渊源、制度变革及其政策实践，本系列丛书包括三大部分：①国外最新的警察学、社会与犯罪治理、安全治理的译著丛书；②我国近代社会治理与安全管理的理论和相关古籍整理的校勘丛书；③以问题为导向，对当今社会秩序维护与安全治理问题的实证研究和理论创新著述。

为此，我们分别与社会科学文献出版社、知识产权出版社、法律出版社三家出版社展开了合作。

社会科学文献出版社陆续推出了“安全治理丛书”第一批译丛，包括《可疑文书的科学检验》《警察学百科全书》《警察学导论》《古罗马公共秩序维护》《冲突与控制：19 世纪意大利的法律与秩序》《警察：街角政治

① 安全治理与社会秩序维护研究院项目起源于西南政法大学从 2006 年开始在全国率先招收警察科学专业的硕士研究生，这是教育部批准的第一批自主设置二级学科的硕士点之一。在培养研究生的过程中，我们深感国内学术界对警察学基础理论研究及警务实证研究的不足。警察学作为一门“国家学说”，无论是从理论研究层面，还是从为警务实践提供理论指导和回应实践关切的维度，都面临着正当性危机、研究品质危机和认同危机。2009 年 11 月 28～29 日，在中南财经政法大学主办、刑事司法学院承办的“中国刑事司法改革与侦查理论研究学术研讨会”上，我作了题为《安全治理理念的兴起与警察学理论转型》的简短的报告，旨在引起警察学界对警察学学科理论创新与重构的重视（参见中南财经政法大学刑事司法学院新闻网，网址：http：//gaxy. znufe. edu. cn/A/? C－1－272. Html，以及物证技术学实景图像库网站，网址：http：//jyw. znufe. edu. cn/wzjsx/xwzx/200912/t20091202_21260. htm）。随后我便开始着手于社会与安全治理方面的“知识谱系”的建构。该科研平台项目自 2010 年开始获得西南政法大学中央财政支持地方高校发展专项资金建设项目规划的立项，2012 年 7 月获得正式批准，2013 年开始实施。本丛书便是 2012 年度中央财政支持地方高校发展专项资金建设规划的科研平台建设项目的系列成果，主要目的是为公安学（警察学）的研究和学科建设提供理论支撑、实践经验和国内外有关维护社会秩序及其实施安全治理的“知识谱系”参考。

家》《警察权与政治》《警察权与警务导论》《警察行为方式》和《风险社会中的警务》。今后还将陆续推出《安全治理、警务与地方能力》《使命任务为基础的警务》《警察绩效评估》等经典译著。本系列译丛以警察科学的知识和理论体系建构为主要内容。因此既有“百科全书”式的巨著，又有西方警察发展历史及警察学教材，还包括当代警务改革、警察科学理论以及安全治理理论发展方面的最新著作。这些著作的译述，能够帮助我们了解西方警察学科的发展历程及其最新发展情况。

知识产权出版社推出了“社会治理丛书”，该丛书既有译著又有著述，包括《警务发展与当代实践》《警察的政治学分析》《新警察学——国内与国际治理中的警察权》《21 世纪的安全与通过环境设计预防犯罪（CPTED）理论——国家重要基础设施的设计与犯罪预防》《警察文化》《澳大利亚警政》《警察权、公共政策与宪法权利》《跨国法律秩序与国家变革》《德治：道德规则的社会史》等译著和著作。本系列丛书中的译著，主要关注各国运用警察学、犯罪学和相关理论维护社会秩序和实施安全治理活动中的经验做法，兼具理论思考与实践性。有的著作本应当纳入安全治理系列，但是受制于版权等因素，纳入了本系列丛书。同时，本丛书还包括部分以我国当前的社会治理问题为导向，进行专题实证研究的学术著述。

此外，我们还与知识产权出版社合作，推出“中国近代社会基层治理校勘丛书”。通过历史透镜，审视近代中国乡村社会的村治历程、举措及其经验，为我们思考当今新型城镇化背景下的基层社会治理提供历史借鉴。

法律出版社推出了“民国时期警政校勘丛书”。该丛书收录了民国时期警政研究的经典著述，是一套兼具警政研究学术价值、警察制度史料价值和警政实务现实意义的优秀丛书。其中有内容全面的《警政全书》，有给当代以学术滋养的《警察学总论》，也有关注特殊地域的《乡村警察的理论与实践》，还有梳理历史的《里甲制度考略》等。丛书作者都是民国时期的优秀专家。“民国时期警政校勘丛书”中收录的这些著作，就是选取了民国时期警政研究的代表性作品，从中我们能把握到民国警政研究的基本面貌和内核。“读史可以明智”，“了解和熟悉历史才能把握现在，研究并洞悉现在才能展望未来”。推出“民国时期警政校勘丛书”主要基于警察在社会与安全治理过程中的重要地位和作用。我国的现代警察制度肇始于清末新政时期，在民国时期得到长足发展。一批受过警察学专业训练的学者和实务人士在培养新式警察和进行现代警察制度研究方面发挥了积极作用，特别是以法治视角去观察和思考警政制度，形成了较为优秀的学术成果。这些成果既力图与当时的域外警察研究接轨，呈现对当时来说较为先进的理念，也致力于结合国情，总结中国式治理经验。尽管时代发生了诸多变化，但是，民国时期以及近现代的过往实践和当时学者的思考、研究和建言，仍有一定的借鉴意义。有些做法，不管是否赞成、是否过时，都足以给我们启发。尽管原作者在当时所处的政治立场及身份特殊，但他们不乏真知灼见。历史经验告诉我们，不仅要有科学的理论武装，而且还必须立足于“最大多数人的最大利益”。有正确的实践，才能取得成功。“温故而知新”，我们还可以说“温故而创新”。希望这种“外译”和“温故”的工作让我们在当代警政研究和推进警政的高度法治化过程中“知新”而“创新”。“沉舟侧畔千帆过，病树前头万木春。”我们期盼这些著作的重新校勘，能够让读者以现代的眼光审视历史上有关社会与安全治理的理论、制度及实践，做到古为今用，开卷有益。

我们深信，在全面推进依法治国，建设中国特色社会主义，实现“两个一百年”奋斗目标、实现中华民族伟大复兴的“中国梦”的历史征程中，通过对古今中外有关安全治理和社会秩序维护的理论、制度及其实践的梳理，可以进一步提升我们的理论水平，增强对中国特色社会主义的理论、道路、制度和文化的自信心，牢牢把握推进国家治理体系和治理能力现代化建设的总要求，主动适应新形势，切实增强理论研究的前瞻性，坚持立足当前与着眼长远相结合，发挥法治的引领和保障作用，积极推动社会治理与平安建设的理念、制度、机制、方法和实践的创新，为全面建成小康社会创造安全稳定的社会环境提供国内外的理论借鉴与实践经验参考。

最后，本研究主题得以实施，得益于财政部实施的中央财政支持地方高校发展专项资金建设规划项目，感谢支持该项目立项和为该项目获得批准而付出辛勤劳动的所有人员。该系列丛书中的译著得以面世，要感谢西南政法大学外国语学院、重庆大学外国语学院的许多老师和翻译专业研究生的参与，要特别感谢他们的支持。翻译国外著作对青年学者及研究生而言都面临着语言、专业及能力等诸多挑战，即便我们用了“洪荒之力”，仍有可能存在不足与问题，万望各界专家海涵并指正。对参与该项目的所有同事、学界同人及出版社的朋友，以及他们对本系列丛书能够克服重重困难顺利出版所给予的支持、鼓励和体谅，表示由衷的感谢！

安全治理与社会秩序维护研究院　但彦铮

2016 年 12 月·山城重庆

前 言

当汉尼拔（Hannibal）① 在坎尼（cannae）② 击败罗马人之后，整个意 Ⅶ
大利都因为这场败仗而奋起抵抗，但是卡普阿（Capua）③ 却由于人民和元老院之间的仇恨仍然处于不听号令的状况之中。当时，帕库维乌斯·卡拉努斯（Pacovius Calanus）是最高执政官之一，他预见到了卡普阿的骚乱可能招致的危险，决心利用自己的职位来努力促成民众和元老院之间的和解。为了达到这一目的，他让元老院召开会议，向他们陈述了人民对他们抱有的深仇大恨，并且告诉元老院成员，在罗马新败于汉尼拔之际，如果民众开城投降汉尼拔，那么元老院就面临着遭到屠戮的危险。随后他补充说，如果他们愿意将这件事交给他处理，他可以做到使人民和元

① 汉尼拔（Hannibal，公元前247年~前183年），北非古国迦太基人，古代最伟大的军事统帅之一，随其父迦太基将军哈米尔卡尔·巴尔卡（？~公元前229年或前228年）到西班牙，一生与罗马共和国为敌。其父及姐夫去世后，汉尼拔负责统帅西班牙的迦太基军队（公元前221年）。他保护西班牙，后来越过埃布罗河来到罗马的领地，最后进入高卢。他翻越阿尔卑斯山进入意大利；因大象和马的拖累，他受到来自高卢部落、冬季的严寒以及他自己的西班牙军队叛逃的困扰。他击败弗拉米尼努斯，但受到费边·马克西姆斯不断的骚扰。公元前216年他取得坎尼战役的胜利。公元前203年前往北非协助迦太基军队抵抗大西庇阿的军队。他在扎马战役中惨败于西庇阿的盟友马西尼萨，但成功逃脱。公元前202年至前195年他是迦太基领袖，后被迫出走，投奔叙利亚王安条克三世，他受命指挥一支舰队抵抗罗马，但遭惨败。马格内西亚战役（公元前190年）后，罗马要求交出汉尼拔；他企图逃走，后自知无法逃脱而服毒自杀。——译者注

② 坎尼战役（Cannae），即坎尼会战，发生于公元前216年，是第二次布匿战争中的主要战役。此前迦太基（Carthage）军队主帅汉尼拔入侵意大利，并且屡败罗马军队。而为了截断罗马之粮食补给，进一步打击其士气，汉尼拔进兵至意大利南方之罗马粮仓坎尼城。8月2日，迦太基军与罗马军相遇，大战爆发。汉尼拔运筹帷幄，成功地以少胜多，击溃了由罗马执政官保卢斯与瓦罗二人所统领的大军。此战虽然并没有令迦太基彻底击溃罗马，但因汉尼拔战术运用之高妙，时至今日仍被誉为军事史上最伟大的战役之一。——译者注

③ 卡普阿（Capua），今意大利南部一城镇，位于那不勒斯北部。具有重要战略位置的古罗马城市卡普阿（Capua）就位于附近的亚庇安古道上。——译者注

老院两个阶层言归于好。但是，为了达到这个目的，他得把元老院成员关在他们的宫殿里，佯装将他们交给人民发落，然后他会设法营救他们。元老院的议员们听从了他的建议。于是帕库维乌斯把元老院议员关进宫殿之后，把民众召集到一起，告诉他们压倒贵族的傲慢，并就贵族对他们的伤害报仇雪恨的时候到了，为此，他已经把整个元老院都关进了他们的宫殿。但是他相信，民众不会愿意自己的城市没有政府，在处死旧有的元老院成员之前，有必要先选举出新的元老院成员。因此，他已经把所有元老院成员的名字写好放进了一个坛子之中，然后他会当着众人的面将这些名字抽取出来，在为这些人选出继任者之后，就会逐一处死这些被抽到名字的元老院成员。当第一个名字被抽中并向民众宣告之后，民众高声鼓噪，声称这个人傲慢、狂妄、残忍。可是当帕库维乌斯要求民众选出一个人顶替他的位置时，与会者就安静了下来，过了一会儿，民众提名了一个人，可是当这个人的名字被提出来之后，立刻就有人吹起口哨来，有人哄笑起来，有人说他这个不好，另外一些人则说他那个不对。于是，一个又一个被提名的人都被民众宣布为配不上元老院成员这一尊贵的职务，于是帕库维乌斯趁机对民众说了这样一番话："既然各位都认为城市没有元老院是不行的，而你们又无法就旧有的元老院成员
VIII 的继任者人选达成一致，那么依我看，还是和现在的元老院和解为好，因为他们到目前为止受到的惊吓已经让他们变得谦恭多了，现在你会在他们身上发现别处找不到的仁慈。"

这个建议得到了人们的采纳，此后民众和元老院这两个阶层达成了和解，而对于民众而言，当他们对具体细节采取行动之时，发现了自己此前在将行动对象作为一个整体看待的时候所犯的谬误。

——《尼可罗·马基雅维利演讲录》(*Niccolo Machiavelli Discourses*) 1520 年

当旅行者由一个自由的国度来到一个不自由的国度之时，会深深感受到这中间发生的变化：在前一个国家中，人们忙于各种活动，热火朝天；而在后一个国家，到处安安静静，毫无生气。在前一个国度中，人们探究的话题是改善和进步；而在后一个国度中，社会似乎除了坐享既得的好处之外别无任何愿望。可是，一个竭尽全力创造幸福的国家一般都会比一个安于现状的

国家更加富有和繁荣；当我们将这两种国家进行对比之时，我们简直无法理解为什么前一国度每天都感到如此之多的新的需求，而在后一国度中存在的这种新的需求看上去是如此之少。

——阿历克西·德·托克维尔（Alexis de Tocqueville）：《论美国的民主》（*Democracy in America*）1835 年

致　谢

首先，我必须向在写作本书过程中曾经对他们的生活进行研究的那些 XI
身体力行者谨致谢忱。在研究过程中，我发现他们是一群忙得不可开交、无暇写下自己想法的人，我深深地感到，自己不过是他们的经验与思索的誊写人。他们在百忙之中还特地抽出时间教导我，并与我分享他们的见解。在此过程中，这28名年轻的警察和他们的10名“老前辈”留给我许许多多的回忆。

我还要感谢拉科尼亚警察局的管理部门，特别是拉科尼亚警察局局长，他为人睿智而正直，因而敢于向外来的观察家们敞开拉科尼亚警察局的大门，无论这些人观察之后的结论是报以掌声还是大加挞伐。

有四位对警察问题饶有兴趣的人士，他们的真知灼见、所提问题和细致研究使我受益良多，他们是现任教于佐治亚大学政治学系的里夫·卡特教授（Lief Carter）、现任教于加州州立大学奇科分校政治系的拜伦·杰克森教授（Byron Jackson）以及现供职于哈佛大学法学院的莱纳斯·马苏雷迪斯（Linus Masouredis）。第四位人士，现任教于加州大学伯克利校区公共政策学院的弗兰克·列维教授（Frank Levy），指出了本书第一稿中存在的两个重大问题，并为我指明了解决这两个问题的方法。

许多朋友——其中包括比尔·卡瓦拉、约翰·加德纳、亚历山大·乔治、弗雷德·格林斯坦、比尔·卡尔、欧文·来福伯格、吉姆·纽曼、道格·佩雷斯、杰夫·普雷斯曼、马丁·夏皮罗、杰里·斯科尔尼克以及比尔·津恩——向我提出了许多意见与建议，这些意见和建议的作用之大或许连他们本人都未必能够想见，在此我对他们深表感激。

最后，我还要对两个人深表谢意，他们在本研究中所起的作用虽然
相对间接但是却更具根本意义：哈罗德·拉斯韦尔（Harold Lasswell）， XII

是他首开先声，要言不烦地提出了权力和人性这一问题，深深地吸引了我；另一位是我的妻子，波莱特·沃特兹·缪尔（Paulette Wauters Muir），她总是恰到好处地将合理的怀疑、强大的洞察力和深情的支持结合在一起。

在此，我对以上所有人士致以最诚挚的敬意和感激。

目　录
CONTENTS

强制权问题

强制权的四个悖论

警察的成长

研究启示

强制权问题

1 警察是本案例研究的对象，但是我恳请各位读者把他们视为一个范围大得多的群体的代表人物。警察是有权势者的实例。通过观察警察的行为和成长，读者能够在一个更为抽象的层面上见证强制权力对人的个性所产生的效果。读者可以从警察的经验中学到不少东西，并借此增强对政治人物——他们经历着独特的痛楚、面对着特殊的困境——的理解。本书以强制权问题为内容，第一部分首先向读者介绍了警察的世界以及四位警察的个案访谈研究，然后对强制权是什么进行了描述。

第1章 “好警察是什么样的?” 3

权力往往导致腐败，而绝对的权力绝对导致腐败。伟大人物几乎总是坏人，即使在他们仅仅施加影响而未行使权威的时候也是如此。如果再加上权威使人腐败的倾向或必然性，情形就更是如此。

——阿克顿勋爵（Lord Acton），1887年

职务塑造人。

——匿名政治谚语

I

什么样的警察是好警察，他的所想所为与一位坏警察有何不同？警察工作是会导致警察腐化，还是会使警察的眼界更加开阔，使他的灵魂更加崇高？究竟怎样做，才能避免可能出现的警察道德沦陷？

本书所讲的正是这些问题。本书描述了20世纪70年代初在美国一座颇具规模的城市中，从事警察工作的28名青年人的道德观与知识视角。本书旨在阐释警察所抱有的最为根本的态度观点，与他们在履行职务的过程中，其行使的强大权力和反复面对的暴力之间的相互作用。

简而言之，本书的结论如下：只要培养两种美德，就能成为一名优秀的
警察。[1] 在知识方面，必须理解人类痛苦的本质；在道德上，必须解决达到 4

① 本书从描述和规范的方面谈论了警察的很多东西。我试图尽可能多地关注什么样的警察才是一名好警察这个问题，以便努力理解警察自身发生了什么事情。想要了解优秀的特定条件（或“职业水准”）的读者，可以翻阅第四章。

正义的目的与使用强制手段之间的矛盾。如果一名巡警形成了这样一种悲剧式的意识和道德上的平静，那么他通常会在工作中获得成长，提升自己的信心、技能、敏锐性和警惕性。

警察是否会养成这两种美德取决于他面对反复出现的威胁采用何种手段保护自己。面对暴力和疯狂之时所做出的自卫反应对警察身心最为核心的部分造成了影响。警察对我所称的“强制力悖论”（the paradoxes of coercive power）做出的回应，对他关于人类本性的基本认识和关于对与错的传统理念提出了挑战。

在危机四伏的巡逻工作中形成悲剧意识和实现道德上的平静，部分靠的是乐于与人交谈。能言善辩使警察应对暴力时可以选用的手段更加丰富，也使得他能够接触到民众的内心——他们的希望、恐惧、成为有价值的人的需求以及他们的良知。同等重要的是，如果警察喜欢与人交谈，这就为他提供了与同僚沟通交流的机会。警察局内可以设立若干机构来发挥警察的交际能力，在这方面，有两个机构——一个是培训学院，一个是巡警队——格外重要。培训学院和巡警队将警察聚集到一起，因而警察们就有了独特的机会来谈论剥夺、冷漠、面子和非理性问题——强制力的四大悖论——固有的知识与道德问题。警察局长可以通过确保对警察进行有效的训练并且由得力的警长领导巡逻队的方式，防止自己手下的警察发生道德败坏的问题。

另外，警察的工作环境一贯是充满悖论的——警察拥有权力但是并不拥有绝对权力，因而如果缺少谈话的意愿或者机会，就有可能导致警察与民众及同事之间出现隔阂。这种隔阂会阻碍警察形成对强制力的悲剧式的意识和道德上的平静。到头来，警察会越来越习惯于逃避责任、野蛮执法、徇私舞弊。反过来，这些不当行为又会导致他在道德和知识上的迷惘愈加严重，从而导致他越来越不愿意与人共处，并最终导致他的自我堕落。

Ⅱ

本书的其余部分试图证明这些结论。第 2 章向读者介绍了四位警察和他们所思考和担心的事情，特别是他们对强制力困境的关注。第 3 章分析了强制力的概念。我对一个抽象的强制关系模型——我称之为“勒索性的交易”(extortionate transaction)——进行了分析。通过这个模型，我确定了有效执 5
行强制力中固有的四个悖论——剥夺、冷漠、面子和非理性。它们之所以成为悖论，是因为它们与文明世界的事务赖以开展的其他“真理”相矛盾。第四章解决的是一个至关重要的方法论问题：如何定义“好警察”，即专业警察的本质。这一章（和第 3 章一样）还着重强调了至关重要的一点：警察是强制力的受害者，正如托克维尔对政治家所做的总体评价那样，“专注于自卫而不可自拔”。①

第 5 章到第 9 章则着力于探索强制力固有的各个悖论在警察日常工作中的表现方式。对于每种悖论，我都区分了四种可能的自卫方式，还讨论了警察在这四种方式中做出选择的条件和结果。

接下来，在第 10 章和 11 章中，我们探讨的是这些悖论事件是如何影响警察的知识和道德发展的。这两个章节细致地探讨了警察的经历是如何促进其品格的成长。第 12 章则探讨了语言、领导力、学习（即警队队长和警队其他成员在工作中给予警员的教导）这三个因素，以及如何运用这三个要素来影响警察品格发展的方向。因此，在第 12 章里，主要论述了人的努力方式能够人为地改变警察命运的“自然”结果。

本书第 13、14 章着眼于本研究在两个方面的意义：对这 28 位年轻警察的了解，对于改进美国警察机构有哪些启发？对于强制力这一普遍现象，本研究又对我们有什么启示？

本章节剩下的内容则简要地叙述了本书所涉及事件的背景，并讨论这 28 位警察是如何被选出来作为样本的。

Ⅲ

美国的警察部门有一个独特别致的特点，那就是它们是地方性的，并且彼此之间千差万别。因此，对单个警察局进行观察的人士，必须始终对过度

① 阿历克西·德·托克维尔：《美国的民主》，亨利·里夫译（纽约：古董出版社，1945），第 140 页。

6 同化倾向保持警惕。[①] 一个有文化、沉迷于纽约和芝加哥警察故事的人，恐怕难以理解某些地方警察局居然能在没有严重贪污和不受非法政治影响干预的情形下运转。但我们国家确实有许多既清廉又敬业的警察部门。同理，习惯了城郊警察局运作方式的中产阶级公民，往往会完全忽视城市警察在下层阶级居住的城区中所扮演的举足轻重的咨询辅导作用（counseling role）。但是，处理家长里短的私密事务，其实是大都市警察局工作中最为重要的部分。相似地，奉公守法的读者在跟那些在集市和球赛上执勤的缺乏训练的（并且无薪的）预备役警察（police reservist）[②] 打过交道之后，也许会怀疑美国的警察是否完全没接受过训练，遑论良好的训练了。不过，美国一些州县的较好的警察局对正规警察的训练，有时候在知识方面是成熟并且有效的。

警察局之间的区别主要体现在七个方面：服务社区居民的同质性、警察局所承受的非法政治影响力的大小、内部贪腐行为的普遍程度、规模大小以及为应对规模问题而做出的组织性努力、警察局的历史、对专业训练的投入、警长的智慧和能力。这其中每个方面都有可能对一位警察的性格特征产生重要的影响作用。[③]

就以拉科尼亚警察局（Laconia Police Department）为例，该警察局是本书专门研究的一个样本。拉科尼亚警察局至少在上述七个方面中的一个方面符合人们普遍对美国警察局的刻板印象（形象定型）。这个警察局所服务的城市拉科尼亚，拥有50万居民——有富人，也有穷人；有长期居住于此的家庭，也有初来乍到的移民；有黑人，也有白人；有人乐观自信，有人毫无

① 在《城市警察》（*City Police*）（纽约：法勒出版社，1973）中，乔纳森·鲁宾施泰因（Jonathan Rubinstein）非常欣赏这种限制，因而他始终明确申明，他的观察研究是在费城一地开展的。这种谦虚的品格使他的著作锦上添花，同时他也告诫那些研究警察的人，“证据问题是至关重要的”。不过，鉴于关于警察个体研究的书籍离不开警察袒露内心的想法，进行保密是非常重要的，因而我的研究只得后退一步，遵循匿名这种传统的规则。

② 美国的预备役警察（police reservist）是一种“志愿服务”的警察，配备统一制服、徽章，甚至枪支，即使最专业部门的预备役也很少训练，在周末或正规警察人手不足时去执勤。正规警察怀疑他们的动机，并且对他们的行动感到极度懊恼。但他们为城市省了一大笔钱，基于此，预备役的传统不会很快取消。

③ 詹姆斯·F. 艾亨（James·F. Ahern），康涅狄格州纽黑文市的前警察局局长，在他所著的《陷入麻烦的警察》（*Police in Trouble*）（纽约：霍桑出版社，1972）前几章中，描述了警察机构中普遍存在的贿赂行为和不当的政治影响。

希望。拉科尼亚市有为数不少的少数族裔——拉丁裔、亚裔和美洲印第安人——他们聚居在城市一半的地域中。拉科尼亚市呈长方形分布，东西长15 英里，南北宽 5 英里。拉科尼亚的 20 万非白人居民中，几乎无人居住在该市丘陵起伏的南半部，而是居住在位于河岸边、地势较低、历史较久的“平地”上。不过，这绝不是说所有居住在该市北半部的人都是穷人或者少 7
数族裔。例如，拥有时尚的商业区和精致的住宅区的拉斐特公园就位于该市平地正中央。不过，平坦地区有相当一部分街区是由破败的公共房屋小区组成，那里的居民没有一个人拥有住房，住在那里的家庭往往是支离破碎的，靠福利救济过活，而且几乎毫无二致地都面临着严重的医疗压力或者情感压力。与之相比，该市南半部的山坡上星罗棋布的崭新的社区，里面则住满了白人中产阶级家庭，他们享受着像城郊一样的奢侈（以及疏离）——开阔的视野、宽敞的空间以及隐私的保障，但是与此同时没有人行道、公共交通以及近在咫尺的商店。拉科尼亚是一个充满反差和文化多样性的城市。

但是在其他方面，拉科尼亚及其警察局又与其传统的典型刻板印象存在着显著的差异。一方面，拉科尼亚警察局几乎没有受到任何非法政治影响的干预。在拉科尼亚市，新当选的政治家都会接受一个得到广泛默认的禁忌，即不得要求拉科尼亚警察局提供方便，或者干预和妨碍警察局的管理工作。在我所遇到的拉科尼亚警察中，没有一个警察认为除了其警察上司以外会有别的什么人能影响到自己的晋升和职责。在本研究进行期间，拉科尼亚的选举政治制度是保守并且以务实高效公事公办为导向（business-oriented）的。（由于种种原因，非白人群体的政治努力还没有见到成效。例如，通过选举进入市议会的黑人连一个人都没有。）该市市政执行官在市政府的决策中起主导作用；民选官员几乎在每个重大事件上都要遵从其意见。至于政党，它们在该市的政治改革事务中根本不存在，而且令人称奇的是，当地工会居然无法让人感受到其影响力。法官的任免由律师界把持，法官的遴选更多是基于专业素养和与本州政治体系的关联，而非对本市政治事务的参与度。另一方面，警长、市政执行官和公务员主管一致认为需要一个专业的警察局，三者均坚持将“功绩”（merit）作为警察雇用和晋升的唯一依据，且任何公民均不应私下得到特殊关照。由于该市政治环境相对单纯，因而他们得以将自己良好的意图付诸实施。

总的来说，该警察局内部也不存在任何腐败问题。20 世纪 50 年代，该警察局发生了严重的腐败丑闻，几名警察因为勒索和行贿锒铛入狱。从那以后，贪污腐败早已得到根除。就连接受一杯免费咖啡也是违反警察局规章制度的，警察局局长还将几名违规收礼的警察作为反面典型严加惩处，以儆效尤。此外，拉科尼亚的警察薪水较高，也使得他们不必从事贪污腐败活动。

8 如此一来，拉科尼亚警察局上上下下不存在任何秘而不宣、令人尴尬的丑事，因而也就没有必要对外界遮遮掩掩。公民和研究人员，无论是态度友好的还是抱有敌意的，都可以方便地了解拉科尼亚警察局的各个方面。除了出于安全顾虑而进行的限制之外，拉科尼亚警察局局长将该局的全部运作情况统统向公众公开。局长的开放政策已经实施了很久，“来自外界”的观察已经司空见惯，警员们对此也早已习以为常了。

拉科尼亚的警察局规模庞大——要管理该市 75 平方英里的辖区，警察局的队伍必须庞大。该警察局总共有 800 名身着警服的警员。不过，虽然该警察局规模相对较大，但是所有的行政管理活动都在一个叫作“市中心大楼（Downtown）”的建筑中开展。拉科尼亚市不设警察分局。拉科尼亚警察局巡警处有将近 400 名警员，这些人每个工作日都要到“市中心大楼”集中，驾驶警车前往各自的执勤区域，然后回应市中心大楼通过无线电发来的居民报警，随后在执勤结束后再回到市中心大楼。

巡警分为三个班次（值夜班），即实行三班倒。每一班次的工作时间为八个半小时，新班次的开始时间分别为早上 7 点（日班）、下午 3 点（三班）和晚上 11 点（夜班）。每 6 个星期轮班循环一次，这样巡警队的每名警察在 18 周的期间内在这三个班次的工作时间完全相同。在某个班次出勤的警察，不管在该市的哪个地区巡逻，都在同一个更衣室换衣，在同一个集合厅中碰头，并在同一个体育馆健身。

每个班次均由一名副巡长（captain）负责指挥。为了解决地域广阔和无线电频繁过载的问题，拉科尼亚警察局将拉科尼亚分为东区和西区，两区分别配有专用无线电频道，并由一名副队长（lieutenant）统辖。东西两区又细分为两到三个巡逻区，每个巡逻区都有一支由 11 人组成的巡逻队伍，由警督巡官（sergeant）警长带领。队员以一人或两人为单位，分配到所在警队辖区内的指定地点执勤。①

拉科尼亚警察局的其他 400 名警察则隶属于专门的机构，例如调查处 9
（成员均为已经"当上"警督的警察）、训练处、青少年违法与风化罪处以及内务处（负责调查针对警察不当行为的投诉）。警察局的这几个部门不像巡警队那样与广大公众打交道，不过它们同样也在"市中心大楼"办公。

拉科尼亚警察局的现状受到了其历史的影响。拉科尼亚市的居民还记得二三十年前的事件，在酒吧、街角、家庭聚会上，他们会把过去的种种掌故讲述给新来者听。过去，在拉科尼亚这座临河的工业城市，警察局曾经卷入大罢工（大萧条时期）、军事宵禁（二战中期）和骚乱（在"另一场战争"，越南战争期间）的狂飙之中。广大公众正是在这些跌宕起伏、纷纷攘攘的事件中形成了对拉科尼亚警察的看法——强硬、无情、孔武有力。无论是在拉科尼亚市还是在附近地区，没有一个人，无论他多么年长，都不曾认为拉科尼亚警察局有温和可欺的一面。

在 20 世纪 60 年代中期，拉科尼亚警察局还创造了一段充满暴力的历史。1960 年代早期，当地一伙黑人青年组建了一个名为"监督者"（Overseers）的自警团伙。作为其自封的职责的一部分，该团伙想要改变警察在黑人聚居区的行为——通过监视、威胁和武器枪械对警察的行为进行修正。双方爆发了好几次致命的枪战，互有伤亡。双方这场公开较量所产生的敌意一直流传至今，催生了种种教义信条、协议和刻板印象，并且这些信条并没有随着现实世界的变化而迅速消解。

此外，历史在拉科尼亚警察局内得到了传承。例如，在更衣室谈天说地的时候，有人会向刚入职的新人绘声绘色地大谈该警察局与"恶魔仆役"（the Devil's Men）——一伙恶名昭彰的摩托车飞车党之间的混战。这群为非

① 交通和特别行动队也执行巡逻任务，因而与公众有广泛的接触。交通警察队由 30 人组成，负责在该市主干道上巡逻。虽然交通警察队的工作具有无聊、危险且相对无用等特征，但它也有三个比较吸引警员的特征：工作时间稳定；多数有周末休假；所有队员都骑摩托车巡逻，这相较于关在巡逻车里、陷于无线电联络无法脱身、令人产生幽闭恐惧症的状态而言，是一种解脱。特别行动队（Special Operations）比交通警察队规模稍大，并组建有一支交警专业巡逻行动队（Traffic Specialized Patrol Operation）。紧急救援警官（特别行动队员的别称）在城市中犯罪率比较高的地区工作，打击罪犯，在街上搜寻罪犯，并想方设法抓捕抢劫犯、盗贼、扒手以及到处惹是生非的捣乱分子。

作歹的小流氓极端敌视黑人、藐视文明规范并参与贩毒等违法活动。这些故事绘声绘色、极具感染力，同时又富于说教意味；这样一来，史实就成了今鉴。

警界将拉科尼亚警察局视为向警员提供范围广泛的专业训练的楷模。1972 年，新招募警员的培训持续了整整 38 周。其中有 20 周的课堂教学，在此期间新招募的警察须掌握刑法法典，学习如何看待社会事件并对此撰写警务报告，（在 6 周时间内集中）讨论城市中的社会关系，参与模拟街头重大事件处理，接受枪械使用的培训。在随后的 18 周中，每位新招募的警员会跟随一名受过专门训练的教官接受指导，该教官将陪伴新招募的警员实地实习并对其表现进行评估。

在此之后，拉科尼亚的警察在其职业生涯中会反复回到训练处接受培训。他或许会学习若干短期特别课程（例如，关于毒品、酗酒、双语和紧急护理等课程）；他还会定期学习一门内容更为宽泛的教育课程，该课程时间更长，面向对象是高级警官、新警培训警官以及警佐。

最后一个影响拉科尼亚警察局的重大因素是局长。在 20 世纪 70 年代本研究行将结束的那段时间，警察局长是普通警员谈话中的一个永恒的话题。他的政策和个性引起了普通警员的强烈反应。他招人怨恨，又受人尊重，而且怨恨他的和尊重他的往往是同一群人。只要警员说他好话，必然是因为敬重他清晰的思维。他们认为局长的理念是“进步的”。他不能容忍他的手下野蛮执法、违法犯法、贪污腐败。他对枪支的使用设定了严厉而苛刻的限制。他公开赞扬美国联邦最高法院引领的正当程序革命，并采取措施向下属解释如何在盘问和搜查中遵守正当程序所带来的新限制，以及为什么遵守这些限制是件好事。

当他的下属说他的难听话的时候，通常情况下他们针对的是他的个人怪癖，特别是他对他们实施的毫无必要的侮辱，无论是公开指责或私下训斥。由于他的个性，他并不是一个受人爱戴的局长。在他的监管之下，他手下的人往往闷闷不乐、怨言满腹，并且越来越厌恶他那种动辄尖酸刻薄、贬损他人的作风。

但是在我所见到的他的下属中，没有谁怀疑他彻底颠覆了拉科尼亚警察局的理念，使这个警察局从墨守成规、逮捕至上、客观公允不偏不倚地以警察逮捕人数的多少（每周都有量化的“业绩单”，activity sheet）作为不容辩驳的评价警察价值的标准，转变为以服务为宗旨，将抓人过多视为无能笨拙的表现，并认为任何新鲜事物都比旧式警务方法优秀。

Ⅳ

拉科尼亚警察局的这七个特点——局长、历史、规模、培训、廉洁、独立和服务对象（clientele）都对 1971 年（我的研究就是从这一年开始的）在这里工作的每一位警察产生了影响。

1971 年，相对的平静重新回到了拉科尼亚市的街道。这并不是说犯罪明显减少，而是警察感觉到 20 世纪 60 年代末期的暴力精神开始走下坡路了。在国内和国际因素的共同作用下，该市的各个社群重归平静。同样，警察局长的“进取”（progressive）政策也起到了安抚社群的作用，至少，某 11
些曾经强烈抨击警方的少数族裔群体的发言人也开始公开对拉科尼亚警察局局长的努力表示了肯定。正如前面已经提到的那样，20 世纪 60 年代，曾经有多名警察和市民在多起具有鲜明种族色彩的街头对峙中殒命。而到 1971 年时，大规模的街头冲突已经转变为竞选活动。

1971 年，拉科尼亚警察局的巡警队、交警队和特别行动队共有 400 多名警员。这些警察几乎是清一色的非管理人员。他们每天在工作一线与公众打交道，不论出现何种任务，总是随叫随到。这些一线警员大多都是刚入职的新人，年龄不超过 30 岁，工作经验不超过 8 年。他们都是 1963 年之后招聘进来的，正是这一年，拉科尼亚警察局对选拔和培训程序进行了重大调整。

根据 1963 年确立的选拔程序，每位应聘警察的人员都要过好几道关。他必须通过一系列智力测试。他要提交自己的医疗和身体敏捷性评估报告。他要见一位精神科医生，该医生会通过问卷或者口头测试的方式来检查他是否有心理问题倾向，尤其是“精神分裂”综合征。然后警察部门会对他的背景进行调查，看他有无任何形式的债务、暴力、犯罪行为或者其他欠缺。随后，他要接受由三个考官主考的持续一小时的面试，这三位考官中有一位是普通公务员考官，其他两个来自拉科尼亚警察局。每位应聘人员必须通过所有前述这些考验才能被录用为警察。对应每个成功应聘的人员，就有 33 名应聘人员遭到淘汰。

拉科尼亚警察局在修订选拔程序的同时，还正式制定了新警员培训计划。1963 年，拉科尼亚警察局首次设立了一个为期 6 周的课程，主要包括报告写作实务和刑法精要强化。到 1971 年时，该训练课程已经被延长至 38 周，其中包括为期 6 周的关于拉科尼亚市社会状况的“研讨会”和一个为期 18 周、在警察训导员指导下进行的实地培训。

V

我想要弄清警察在其职业生涯开始后的头几年中是如何成长的。为此，我将我的研究重点放在新近加入拉科尼亚警察局的警员身上。他们从警时间均不满 8 年，并且都是按照 1963 年启动的严格程序进行选拔和训练的。我以下面的方式选出了 28 八名年轻警察作为研究样本。

我按照字母表顺序制作了一份巡警队、交警队和特别行动队中一线人员
12 的名单，然后在从 1 到 10 之间随机选取一个数字，在名单中找到那个数字对应的名字，接着每隔 10 个提取一个名字，这样一共选择了 38 名警察，其中只有一名警察不是白人。随后，我按照字母表的顺序制作了一份所有非白人巡警的名单，然后从中随机选了两个名字。此外，我还特意添加了此前我已经认识的两位警察的名字，因为他们鲜明的警务风格在警察局里很受欢迎。添加最后这两位警察固然导致我的研究失去了一定程度的科学纯洁性，但是这两位警察却为我提供了某种参照的基准点（bench mark），而且我发现这种基准点在我总体把握研究样本的定向方面非常有帮助。

在这 42 名警察中包括 14 名“老资格”（old-timers）的警察，他们早在 1963 年之前就加入了拉科尼亚警察局，因而并没有经历在那年之后实行的范围广泛的选拔性考试的严酷考验。其余 28 名警察则都是按照 1963 年之后基本相同的程序任命和训练的。他们组成了一个符合本研究目的的样本，一个年轻的警察局的缩影。就目前而言，他们与警察局中与自己同龄的其他同僚并没有什么明显的区别，至少在他们被招募进来之时确实如此。他们公务员招录考试成绩的分布状况，以及在培训学院中的平均分数，与那些没有选入样本的警察相互一致。在这些警察样本中，从任何方面来说，他们都没有表现出不具有代表性的情况。[①]

① 在有关方法论的附录中，列出了所有的比较结论。

我与这 28 位新警察中的每个人都进行了面谈；其间，他们对一整套结构化安排的开放性问题进行了回答。与他们的面谈持续时间为 2 ~5 个小时，平均每人 4 个小时。所有的面谈都是在警察大楼（市中心大楼）里私下进行的，通常是在他们结束当天的值班之后。我向这些警察保证，与他们的谈话是绝对保密的。

在一年之后，我开始正式跟随构成这一年轻样本的 28 名警察中的每个人一起乘车出勤。到那时为止，样本中的三位警察已经离开了拉科尼亚警察局：其中一人在摩托车事故中受了重伤，另外两人加入了其他执法机构。对于剩下的 25 名警察，我与他们每人至少共处了 8 小时，其间在他们每次出勤之时我都会竭尽所能地跟随他们一起巡逻。

至于那些“老资格”的警察，我对他们进行了访谈，了解他们的生涯能够为新警察的事业提供什么样的启迪。在这 14 名老资格警察中，有 4 人没有参与访谈，其中有两名拒绝参与，另外两名则是因为他们的个人生活出现了变故，导致他们不便接受访谈。我并没有换人。此外，在对“老资格”警察进行访谈后，我随后也并没有在实地工作中对他们进行系统的观察。

那么，这 28 名年轻的警察是什么样的人？他们如何看待这个世界？他们又有哪些忧虑呢？

13 # 第 2 章　四位警察的故事

没人在你身后指导你，你只能单打独斗。在工作中，你就是一个小岛。到头来，你是变成好喝的美酒，还是学坏变成酸溜溜的泡菜，那就全在你自己了。不管你选择哪种方式，拿的工资都是一样的。

——艾尔·坦尼森警官（Al Tennison），拉科尼亚警察局，1971 年

人们会因为泛泛地看待事物……而陷入……虚妄，而关于事物的知识尤其能够将这种虚妄从人们的脑子中清除出去。

——尼科洛·马基雅维利（Niccolo Machiavelli）：《君主论》（*The Prince*），1513 年

I

在介绍这二十八位年轻警察之前，我们先特别谈一谈他们中的四位：杰伊·贾斯蒂斯（Jay Justice）、约翰·罗素（John Russo）、鲍勃·英格索尔（Bob Ingersoll）和比尔·塔布曼（Bill Tubman）。[①]

他们四个都是年轻人，在接受第一次访谈的时候只有二十几岁。他们成

---

① 这些描写完全基于我对他们的第一次访谈。读者应该记住一点：警察，尤其像他们这样的年轻警察，很可能随着时间推移而改变自己的理念。事实上，本书的要旨就是厘清从警经历给警察在知识和道德方面带来的变化的状况。然后，通过定格时间，把焦点限制在过去的单一时刻，我们可以捕捉到某个警察局在特定历史时期内各种观点的谱系范围。

为拉科尼亚警察局警察的时间不超过三年。他们中每个人都经历了拉科尼亚警察局举办的相同的培训计划，都已经结婚，都是白人，都形容自己为“普通中产阶级”。他们都是家里的顶梁柱，挣回家的薪水都一样，都根据相同的法律工作，并都按规定从事相同的工作。1971 年时，他们都是拉科尼亚市的警察，都在该市的平原区巡逻。

从家世上来看，除了杰伊·贾斯蒂斯之外，他们中没有一个人的父亲曾 14
经上过大学。他们都不是自己成长的家庭里年龄最大的孩子，在大学里都没有读完一年的课程，除了杰伊·贾斯蒂斯，他在大学中完成了两年的课程。他们都很聪明，都在标准智力测验中拿过高分，除了鲍勃·英格索尔，他从高中毕业到被警察局聘任中间隔了整整九年，因而应试技巧已经有些生疏了。[①] 他们

① 每个人都在申请进入警察局时进行了奥蒂斯自我管理智力测验（Otis Self - Administered Intelligence Test）和陆军普通分类测验（Army General Classification Test），测验得分情况是：贾斯蒂斯分别得分 62 分和 113 分，英格索尔分别得分 45 分和 98 分，罗素分别得分 55 分和 113 分，塔布曼分别得分 54 分和 131 分。不论其价值如何，他们各自在接受任命时同样提交了仿照第 21 个问题的权力主义法西斯倾向量表（F-scale）［译者注：“二战”结束前后，阿多尔诺［Adorno］等人在加州大学做了一个反犹主义、法西斯主义人格根源的研究，即威权型/权威型/权力主义人格。研究者认为，“对法西斯的宣传表现出极其敏感的那些人彼此之间具有很多共同点。他们所表现出的众多特征，如果结合在一起的话，能够形成一种‘综合症状’（syndrome）。”可以称之为法西斯综合征。具有这些特征的人，不一定是公开的法西斯分子，或者也并不认同那些明目张胆的法西斯观点，但是他们是潜在的法西斯宣传易感人群。一旦客观情境发生变化，他们可能就倾向于支持法西斯主义，将法西斯主义付诸行动。这种作为行为的准备状态的潜力（potential），就是威权型/权威型/权力主义人格。研究发现，反犹主义与民族中心主义有很高的相关性；政治经济保守主义与反犹主义、民族中心主义也有一定的相关性。即自由—保守倾向光谱上，左端与非民族中心主义或反民族中心主义相关，右端与民族中心主义相关。最终形成的法西斯倾向量表，量表中并不外显地包含民族中心主义、法西斯主义或涉及任何少数民族的陈述，但是能够测量偏见、法西斯主义的人格倾向］。他们在这个方法、问题、思维上有煽动性的测试中得到的原始分数分别为：贾斯蒂斯，2；英格索尔，2；罗素，10；塔布曼，6。分数越高，人格的“权力主义”倾向越高。参见 T. W. 阿多尔诺（Adorno），艾尔斯·弗伦克—布伦斯威克（Else Frenkei - Brunswick）、丹尼尔·莱文森（Daniel J. Levinson）和内维特·桑德福（R. Nevitt Sanford）等著：《威权人格》（*The Authoritarian Personality*）（纽约：哈珀兄弟出版公司，1950），第 7 章。对于这项测量一直受到批评的例子，参见理查德·克里斯蒂（Richard Christie）和玛丽·亚霍达（Marie Jahoda）等主编的《“威权人格”的范围和方法研究》（*Studies in the Scope and Method of "The Authoritarian Personality"*）（格伦科：自由出版社，1954）。

当警察都是出于想要帮助“别人”的愿望。①

但在人生观上他们是不同的。他们看待现实的眼光不同，更具体地说，是他们对人类本质的观点不同。对诸如“人是什么”和“社会是什么”这样的重大问题，他们给出了不同的答案。此外，他们对权力正当性的感觉不同。他们中有些人认可在人类事务中使用强制力，另一些对使用威胁感觉极不舒服，认为权力是又坏又不幸的现象。

这两个因素——一个是知识因素，另一个则是道德因素——的产物是关于个人成功的不同标准。这四名警察对“警察角色”有着不同的理念，对自己在警察工作中要做的事情的看法也不同。有些人对成功有崇高和近乎完美的标准；有些人对成功的定义则比较宽松。

这三个要素——他们在理智上对世界的看法，他们在情感上对权力的感受，以及他们自我设定的对成功的道德定义——是相互关联的。其中任何一个要素的特征——环境、手段或者目标——对其他两个要素都会产生影响，就像多边形的一个角被移动时，其他的角都要重新排布那样。

从总体上看，虽然他们几个都是警察，但如果更深入更彻底地看，他们之间却是大相径庭。

Ⅱ

杰伊·贾斯蒂斯警官是四人中最年长的（29 岁），在拉科尼亚警察局工作时间最久（33 个月），并且是唯一一位此前有过从警经历的。他身强力壮，戴上警帽，看上去比他的实际身高 6 英尺 3 英寸（约 192.5 厘米——译者注）还要高一些；在穿上警用羽绒外套后，他看上去比他 235 磅的实际

① 纵观与 28 个年轻警察的访谈，我想起罗斯·麦克唐纳（Ross Macdonald）笔下，当主角被问及“你是什么样的人?”时，他回答：“我强烈支持别人，却不能同样支持自己。一方面我父母婚姻不睦，我小时候花大量的时间试图阻止争吵，或者缓解已经开始的争吵。然后，我在‘大萧条’中期进入大学，主修社会学。我想帮助人。乐于助人对那时候的很多人来说是一种信仰。直到最后几年，由于战争，我开始审视这种信仰。我认为帮助他人可以是一种自我逃避，获得大量沾沾自喜的自我满足。但情感需要很长时间才能赶上。我在感情上比较落后”［罗斯·麦克唐纳（Ross Macdonald）：《在太平间遇见我》（*Meet Me at the Morgue*），（纽约：班坦图书公司，1972），第 130 页］。大体的年表并不适用，因为家庭背景往往非常不同，但对于很多年轻的拉科尼亚警察来说“助人为乐就像一种信仰”。

体重（约 106.6 公斤——译者注）还要壮硕。

贾斯蒂斯并不算丰富的生活经历简直就是好莱坞剧本的素材。他的父亲是得克萨斯州人，一个卡车司机，是个正直的人，在墨西哥湾岸边的一座城市里把贾斯蒂斯抚养成人，他们所在的街区里满是水兵和码头工人，邻里风气粗犷。贾斯蒂斯在军队里服过役，还在军队里拿过拳击锦标赛冠军，然后退伍回家，在一所大专里读书期间“一时心血来潮”（whim）突发奇想地加入了当地警察局。他在警察局干了两年，后来以“休班时行为不端”为由遭到解雇，原因是贾斯蒂斯嗜酒，卷入了酒吧间斗殴，遭到开除。之后他去了阿拉斯加，找了一份重型设备操作员的工作，不久辞职，加入附近一座城市的警察局。他很快晋升为警佐，但两年后放弃了自己在那里的职位，进入拉科尼亚警察局。作为一名警察，他沉着冷静，能力出众，就像一个为他感到骄傲的老警察所言：“（他是个）了不起的警察，最好的之一”。[①]

贾斯蒂斯细心观察人类本性，他所要寻找的是人们所承受的压力，人们由于这些压力之间的冲突而遭受的痛苦，以及为应付这种内心折磨而采取的努力。

对他而言，人性都是一样的：他从一个充分抽象的层面上审视人类，因 16
而能够看到他们的同一性，并发现曾被精神病学家埃里克森（Erikson）[②] 称为“隐藏在日常‘必需’的复杂性背后的，关于存在的简单真理。”[③] 通过感知人们“复杂性背后”（behind the complexity）的共同点，他形成了一种善于反思的品质。他推己及人，用自己的认识来推断别人的问题，进而用所

---

① 如果读者感到怀疑，有种似曾相识感——一位热爱冒险、酗酒成性、不受理解的柔情壮汉，接受好的，击倒坏的，听起来像陈腔滥调——你们可能高兴地知道我也是这样想的。事实上，我担心人们浪费年轻时代，看了太多克拉克·盖布尔（Clark Gable）和帕特·奥布莱恩（Pat O'Brien）的电影，以至于产生了某种先入为主的概念，蒙蔽了自己看待生活的眼睛。然而正如乔纳森·鲁宾斯坦（Jonathan Rubinstein）指出的，悬疑小说家一直都是以警察的真实活动为素材的。艺术更多被生活影响，而不是反过来。乔纳森·鲁宾斯坦（Jonathan Rubinstein），《城市警察》（*City Police*）（纽约：FSG 出版公司，1973），p. ix.

② 埃里克·埃里克森（Erik H. Erikson，1902～1994 年），美国精神病学家，著名的发展心理学家和精神分析学家。他提出人格的社会心理发展理论，把心理的发展划分为八个阶段，指出每一阶段的特殊社会心理任务，并认为每一阶段都有一个特殊矛盾，矛盾的顺利解决是人格健康发展的前提。——译者注

③ 这段话引自埃里克·埃里克森，参见他的《身份认同：青少年与危机》（*Identity: Youth and Crisis*）（纽约：诺顿出版社，1968），第 32 页。

学到的关于别人的认识来增强自我认识。

有一个例子会让我们的讨论更加清晰。我请他谈谈当警察以来“比较难以应付的情况之一”时，他的描述如下：

有一次，我们带着逮捕证——而且还是重罪逮捕证到嫌疑人家里去抓人。我们有理由认为嫌疑人就在家里，那是一所维多利亚式的大房子。我走到那所房子的前门，我的搭档去了房子后面，我们听到嫌疑人在房子里着急忙慌地四处乱窜。那所房子里住了二十多口人，都是嫌疑人的血亲和姻亲。这些人不承认嫌疑人就在那所房子里。于是我们决定进去逮捕他。结果嫌犯全家人一起反抗。后来大部分人都被逮捕了——有12或13个人，包括一个挡在门口的怀孕的母亲。她是我们要抓的那个人的母亲。对我来说，这么一个场景简直是糟糕透了。这个女人对家庭很投入，在情感上也很投入。

最后，我们只能呼叫求援。我们的请求最后转到了内务处。在当时那种情形下，我们请求给予我们10分钟时间。在这种情况下，根本就不可能处理得有多好。我所说的“处理得好”是指没有闹得沸沸扬扬的。我们原本可以后退收队的。

依我看十年前根本不会出现这种事儿。那时候当妈的肯定会把儿子给送进来。就像我之前说的，我们现在正处在社会变革当中。谁都看不透。民众有了权利意识，觉得自己不该受到别人摆布，而且还有一些团体向民众宣传什么权利。民众现在真的感到很迷茫。可以这么说，警察代表的是反对改革的保守当权派体制（Establishment），民众认为（跟警察对着干）是他们跟体制扯平的唯一机会。所以他们变着法儿跟我们较劲。

请注意贾斯蒂斯认识到人性概念的一元性。第一，个人在本质上讲具有社会性。他们总是在“投入到”彼此的生命之中，对他人的关心使他们的自利意识变得复杂化。出于同理心和相互依赖，他们对内心深处的感受与他人的福祉产生了认同。以上述事件为例，犯罪嫌疑人的一干“血亲和姻亲”产生了一种强烈的相互责任感，因而为了挽救家庭成员，他们集体“进行阻挠”。他们牺牲自己的安全来保护别人的安全。

第二，这种社会责任感导致事情变得复杂化。这种自我施加的、以有利 17
于他人为标准进行回应的种种压力之间不可避免地存在冲突。人们总是因为不相容的责任而陷入两难。因此，他们就变得“真正困惑”，往往因为力有不逮而感到苦恼，有时候因为良心上的自责而做出不合常理的反应。在上述事件中，违抗警察指令的决定是糊糊涂涂地做出、惶惶恐恐地实施，并且是以种种模棱两可的原则作为理由的。

第三，道德上的困惑在某些时期更容易发生。历史不断重演，是非标准不时产生争议，向个人解决道德困惑的方式提出了挑战，并破坏了既有的自我约束准则。那位母亲原先遵守的老规则“在社会变革之中”不管用了，反对自我控制、赞成反抗“体制”的主张却正在大行其道。

第四，贾斯蒂斯用同样的方法来分析公民和警察。换而言之，贾斯蒂斯注意到了警察的社会性，警察生活在道德上的复杂性，以及各种事件对他们过去坚信的东西所产生的颠覆性作用。一方面，警察们相互关心，他们“投入了情感”——他形容这种投入为“同袍情谊”（camaraderie）（“毕竟我们大家要相互照应”）。另一方面，警察感到自己担负了诸多“责任”，对此感到“非常茫然”，这样一来，他们中有些人做出了预想不到的事情（他们开始“用自己的工作来缓解自己的焦虑……或多或少把别人当作替罪羊”）。此外，年轻的警察会时不时地遇到困惑，有些心怀不满的警察有时会跟他们“大谈他们的权利”，动摇了这些年轻警察的自我约束准则和责任感。

经历怀疑，并在关于什么是对什么是错的痛苦煎熬中，根据这些相互冲突的压力来调整自己的答案，这是人类的宿命。唯一确定的一点是，个人必然要遭遇怀疑和困惑。有了这种对人类概莫能外的命运的理解，贾斯蒂斯就能够胸有成竹地回应他人。在习惯的作用之下，他利用自己与生俱来的信息库——他对自己的了解——来估量他人。他告诉我他是如何处理棘手的情况的：

> 告诉你，我一般情况下是这么做的。我总是试图保护那家伙的尊严。我给他留个台阶下。我会做出一副姿态，看上去他在罚单上签字完全是他自己的想法。特别是在人多的情况下，我会让他保留尊严。在这方面我的理念是基于这样一个事实：对于某件事，我总是喜欢认为某件事是我自己拿的主意，外加我多年来的观察所共同组成的……我所做的

一切都是为了保住他的尊严。

他只以己所欲而施于人。他不需要去了解与他不同的人，相反，他对这
18 样的人了如指掌。他在本质上和他们是一样的。他拥有“常识”。人人都需要维护自己的“尊严”和道德成就感，这是“生存的简单真理”（simple truth of existence），“任何事情……都会落入”这个“范畴”。所有的人都是如此，概莫能外。多年来他凭借“自己的观察”——在军队里春风得意的时候、第一次当警察却声名扫地之时，以及通过拉科尼亚警察局给他重新开始的机会之中所观察到的事实——证实了这个真理。

贾斯蒂斯对人类状况的观点与他所抱有的有限目的意识（sense of limited purpose）有关。他本人的道德计算体系满足于差不多就行。他并不觉得自己负有任何实现全面改善的责任。他不信奉乌托邦式的或完美主义的标准。他只要求自己提供有限的帮助。在他看来，人类遭受一定程度的苦难是不可避免、无法根除而且也许是必不可少的。那种以为警察能凭借一己之力拯救一个街区，或使另一个人重获新生的想法是自命不凡和异想天开。

贾斯蒂斯举了一个简单的例子。我问他为什么违法分子有时候会改过自新？他说：“我确实见过一些人洗心革面，但是这不一定是我努力的成果。依我看，如果某个家伙真的改过自新了，那可能是因为他开始有责任感了，比如可能是结婚成家了。他改过自新更多是靠他自己。”贾斯蒂斯并不能做出什么了不起的事情来让那个“家伙”回头。他没有挽救别人命运的手段，而且也不会因为自己无能为力而感到惶恐不安。他所承担的将和他一样的凡夫俗子从痛苦中解救出来的责任是有适当限度的。完美并不适合我们这个世界。

在贾斯蒂斯看来，他满足于不完美有两个原因：长远利益以及是非的复杂性。

“后天会是什么样？”这样一个长期性问题，是对一切自命不凡的想法的当头棒喝。纵然有朝一日世界变得完美起来，除非它能在出手拯救它的人离开之后仍然能够自我运行，否则之前的千辛万苦就是白白浪费了。历史的长度要超过幻想中的救世主的寿命。生命中的矛盾和弱点会卷土重来。

贾斯蒂斯探讨了他敬佩的那些警察的世界观。这样的警察：

> 有大局观……他们着眼于大局，认为自己不过只是其中一小部分。这么做会对社会趋势产生什么样的影响？不要大谈什么“我一天里逮捕了 15 个人”，而是要对整个体制进行质疑。羁押一个醉汉有什么益处？他最关心的固然是手头拮据的问题，但是与此同时他会一直牢记大局。无论他做什么，他都会考虑他所做的事情应该如何适应大局？比如，你奉命去处理家庭纠纷，当妻子的要你马上把她老公给抓起来。遇到这种情况，我佩服的警察就会考虑，要是真的把她老公抓了，那么谁来养家糊口呢？你得考虑方方面面的问题。

解铃还须系铃人，这对夫妻自己的问题必须由他们自己设法解决。警察
可以制止纠纷，但是却解决不了导致纠纷的原因。贾斯蒂斯的目的不是一劳 19
永逸地给某个家庭带来一辈子的和谐，而是能够防止当前的家庭关系不要过分恶化，这样各方就还有机会来弥补，这就足够了。让家庭这个社会单元继续运转下去，然后由偶然事件、冷静的事后思索或新的信息自由发挥作用。这诚然算不上什么壮举，但是在贾斯蒂斯心目中，这样做却是明智的。

因此，警察责任的限度之一源于贾斯蒂斯认识到，永恒是一段漫长的时间。而警察责任的另一个限度则源自一个复杂的道德思虑体系。贾斯蒂斯始终牢记这样一个事实，那就是自己的工作是“全局性”的工作，由多个部分组成：自己既是法律执法者，又是福利工作者、心理医生、维护和平的人员、法律的执行人，同时还是警队成员、居家男人、一代人中的一个成员。他没有把自己局限在某个角色之上，而是在所有这些角色之间求得折中妥协。他否认自己是一个一维（即只承担一个角色）的人，并以此作为自己在任何维度上（即作为某个角色）存在不足的合理理由。他或许会赞同亚里士多德的说法，中庸就是全部，妥协是最适宜的。在一个多义务的世界里，如果单纯追求单一责任会导致不公平。贾斯蒂斯警官表示，尽职尽责的警官“清楚自己的责任不仅仅在于把人关进号子里或者解释刑法。”

随后，贾斯蒂斯反思了自己是如何理清自己的道德困惑的：

> 让我想想看。现如今，我们是治安警官。我们想方设法地去维护治安。这也是我努力去做的事情。我们的工作是保护体制，如今，体制正面临着进行变革的压力，但是这些变革的速度却超过了体制的应对能力。我们

> 的工作领域已经有很长一段时间内没有什么变化了。自然科学有了不小的变化，但是社会科学却落在了后面。将来肯定会发生很多变化，尽管到目前为止出现的变化并不多。因此，我认为我们的工作就是保护体制，而眼下体制正面临着不小的压力。

贾斯蒂斯所做的评论很值得玩味，现在我来给它换一种说法。

“科学”和技术已经改变了世界。它们在带来诸多好处的同时，也带来了一些次要的、有害的影响，扰乱了人们的生活，并放大了他们的问题。此外，科学和技术给人们带来了一个错觉，以为以前避免不了的不幸如今有救了。这种期望值的上升强化了要求政府和领导人（“体制”）解决问题的压力，但是体制却并没有解决问题需要的社会技术或者“社会科学”。此外，这种错觉带来了若干误导性的暗示，即如果问题继续存在，那全是由于当权派冷血和恶意造成的。如此一来，“科学”加剧了人们的痛苦，同时还带来了这样一种印象，即苦难是可以轻松预防的，并且是政府的责任。

20 身为警察，“我们的工作”不是“应对”和解决这些重大的问题。相反，而是帮助人们暂时渡过眼前的难关，得到喘息的时间，从而消减眼前的绝望，同时“保护体制”（protect the Establishment），直至人们在冷静地反思之后认识到，他们的期望是不切实际的。

在当下这个危急的时代，贾斯蒂斯选择把安抚民众当作首要职责，其他法律义务优先级则暂时居于二线。对于普通人而言，安抚民众是一件足以让人忙个不停的事情，这意味着他得是个“万事通”，并且随叫随到。这意味着，比如说，他最好学点保险法，这样他就能帮助房子遭到恶意破坏的家庭得到赔偿；这意味着他最好有点心理学知识，这样他就能劝说老人及时入院治疗，而不至于在邻居的孩子的嘲笑捉弄之下做出过激和破坏性的事情来。总之，贾斯蒂斯的工作就是“管好自己的辖区”。

但是他不可能面面俱到。他不会幻想自己竭尽全力就能把所有事做得妥妥当当的。因此，他对未能完成的事不会感到内疚或后悔。相反，问题与我们总是如影随形，因而“负有罪恶感是不对的……你在当时的情形下已经竭尽全力了”。

简而言之，贾斯蒂斯一直在努力“着眼于大局，认为自己不过只是其中一小部分”。借用 E. B. 怀特（E. B. White）笔下的夏洛特（Charlotte）①的说法，贾斯蒂斯关于警察角色的概念可以用“谦卑”一词来形容。正如贾斯蒂斯所言，优秀警察“不爱出风头”，只有坏警察才会觉得警察应当“单枪匹马地进行圣战”。

如果贾斯蒂斯想要达到的目的是谦卑的，那么他认为要达成这些目的，需要采用什么样的手段呢？他总是说：“你要努力赢得大家的尊重。”他意识到，如果为他人服务，他人也往往会报以配合：“要把时间用在跟有关人员在事件现场打交道上。”不过他对采取强迫手段也是习以为常的。现在，我们来看一下贾斯蒂斯对使用强制力的看法。

在整个访谈过程中，贾斯蒂斯多次提到“恐惧”的效用。在谈到某些青少年时，他会说：“要是他们不害怕法律……要是他们什么都不怕，那么你就拿他们没办法。”对于那些使用其他手段管制不了的人而言，要想控制住他们，使用强制手段是必不可少的。积极行动的人，想要主导事件而不是让事件牵着鼻子走的人必须掌握引起恐惧的技巧。这一点贾斯蒂斯很久以前就在他长大的那个“邻里风气相当粗犷”的街区里学会了。那个时候他就学会了一点，要想让别人害怕你，就必须采取行动，而且往往是痛苦且艰难的行动。在小时候，“你学会了一点——你必须还手，因为你发现，……今天你让他们欺负你，明天他们就会变本加厉地来欺负你。你越是反击，越是让他们吃苦头，他们就越是不敢招惹你。”恐惧有时意味着下狠手树立几个典型，让恶霸们“吃苦头”。

在贾斯蒂斯看来，警察不能“害怕”把自己的威胁付诸行动。“如果当 21
时的情形需要，你可以采取任何你认为有必要的行动”——让那些欺负他人的家伙“吃苦头”所必须采取的行动。贾斯蒂斯知道，警察因为拥有伤害别人的权利，而与妻子、朋友和其他公民有所不同。警方既然获准使用武力，那么就承担了其他人所不具有的责任：“强势地”而不是消极地采取行

① 这里可能是指 E. B. White 的童话名作《夏洛的网》。埃尔温·布鲁克斯·怀特（Elwyn Brooks “E. B.” White，1899 年 7 月 11 日 - 1985 年 10 月 1 日），美国作家，《纽约杂志》的撰稿人，《英文写作风格的要素》（*The Elements of Style*）一书的共同作者，人称“斯特伦克与怀特”（*Strunk & White*）。他写作了许多儿童读物，包括《家鼠斯图亚特》（*Stuart Little*，1945 年）（后来改编在电影《精灵鼠小弟》《夏洛的网》（*Charlotte's Web*）（1952 年）以及《真爱伴鹅行》（*The Trumpet of the Swan*）（1970 年）。《夏洛的网》在 2012 年进行的图书馆期刊读者问卷调查中被评为最佳儿童小说。——译者注

动，不能逃避权利的陷阱，也不能束手束脚。

有一个词可以形容贾斯蒂斯对警察工作的理解，那就是魄力（boldness）。魄力就是指不愿意对不正义的事情无动于衷，不管其中有什么风险；魄力是指克服让普通人屈服的恐惧；魄力是指“在任何情况下都敢于出头”，[①] 有该出手时就出手的勇气；魄力指的是在局面失控的时候敢于出手掌控局面。

贾斯蒂斯意识到，在他所追求的有限目的与为达此目的而使用的代价过高的手段方式（extortionate means）之间存在某种关系。他为警察确定了一个并不宏大的职责。警察的目标是有效的，他们的意愿是适度的，他们的主张是谦虚的。另外，为了取得与这些有限的目标相符的结果，他并不惮于使用极端的强制手段。对于让坏人“吃苦头”或者为达成这些适度的目标而不肯手下留情，他没有负罪感。他乐于见到武力得到恰当使用，只要武力是“比例适度”的，即与警察促成的有限目标相称。他不怕自己会控制不住使用极端武力，因为他对极端目标毫无认识。在贾斯蒂斯心目中，防止滥用强制手段的最佳保障，就是将自己的目标限制在正常范围内。[②]

Ⅲ

现在，把他跟（在他加入拉科尼亚警察局两年之后、我第一次见到他之时的）约翰·罗素进行对比。约翰·罗素是一位结实精干、机敏活泼的二十三岁的年青人。他语速快，思维敏捷，会柔道，学过空手道，每天骑自
22 己的摩托车上下班。他的双亲婚姻破裂：“我父母分居了，所以我不断转学，每次都要和新同学打架。”罗素的继母是个酒鬼，而且在他看来还性格暴躁。他父亲是个木匠，一个小打小闹的建筑承包商，他表扬儿子坚韧有男

① 有一位非常健谈的拉科尼亚警员曾经这样描述他钦佩的两个警察的勇敢气魄：“他们踏进明亮的灯光中，会说，‘我来了，你知道我是谁。’他们进入现场并宣布自己到来，而不是望而却步。你必须愿意展露自己。你将法律人格化，如果亮出身份并站出来，人们就可以相应行动，要么远离你，要么奔向你，但毫无疑问，你代表法律”。

② 参见罗伯特·F. 肯尼迪（Robert F. Kennedy）的《惊爆十三天》（*Thirteen Days*）（纽约：诺顿出版社，1969），第104页：“肯尼迪总统致力于让赫鲁晓夫明白对双方都很重要的一点，那就是美国目标有限，我们无意通过给苏联国家安全造成负面影响或羞辱，来完成这些目标。”

子气概，“即使我只有 11 岁”，罗素的父亲“认为当个工人就是再好不过的了”，他雇用儿子在工地上班，并鼓励儿子尽量多去打工挣钱，工种不限。父亲对他不吝赞扬，罗素对此也非常受用。他在上高中时甚至于连体育活动都不参加，而是在放学后去打工，这样一来，他不仅挣到了工钱，而且还赢得了父亲的尊重。罗素显然并不喜欢上学，只要他在工作间隙有了时间，当地警方就很有可能会找上门来，怀疑他又在学校或者上流社会搞了什么恶作剧。罗素从来没有上过大学。高中毕业后，他早早地结了婚，有了孩子，在密西西比河的船上卖力地干了好几年，然后在 21 岁时进了拉科尼亚警察局。有位把贾斯蒂斯称为“顶呱呱的警察”的老警察，曾经评价罗素是一个“勤快”“出色”的“小伙儿”。

罗素的世界观用木匠的说法就是：“当警察就像盖房子。你搭好了框架，然后夜里有人溜过来给拆了个精光。”这比喻是有些粗糙，但也在很大程度上揭示了罗素不加矫饰的观点。

这个世界分为两大阵营，那些“喜欢看到进步”的建设者和“夜里活动的人”，那些掠夺他人、从事破坏的家伙。在“好人”一边是那些“顾家的男人”，他们“勤恳做事”，有野心，有“自尊”，“能干事”，收拾得了坏蛋，能够自我保护，懂得有备无患。他们是心灵纯洁、英勇无畏的“成年人”。他们是干事儿的人。他们就是“我们”。

另外一边就是敌人：“贩毒的”“打架斗殴的”“说大话的”“聚众闹事的”“瞎扯胡说的卑鄙小人”“喜欢对人发号施令的人/婊子养的”（SOBs）“活该长期蹲监狱的人”（jailbirds）“重罪犯”“惹老子发火的东西”“混蛋”“渣滓”“不蹲进监狱去就没天理的人”“龌龊胚”。这些人“混蛋透顶”，卑鄙下流。他们唯一“擅长的”就是犯罪。这些人就是“他们”。

生活中的事件可以解释为“他们”和“我们”之间的战争。房屋遭到蓄意破坏，城市状况变坏，警长设立的那些妨碍警察有效工作的种种规定，公民向警察局宣泄的愤怒，老警察的明哲保身，法官做出的“不痛不痒的判决”——在这种非此即彼的观点中都产生了影响。“奸诈狡猾的小混混”抵消了城市原本可以实现的“进步”，警察局长屈从于“政治变革的鼓动者”。宽仁的警察“没有担当好自己的职责”。法官们替敌人张目，他们 23
“每次宣判的结果都是‘继续缓刑’”，这种方式教会了“小混混们”没什么好怕的。

警察的工作是赢得这场战争——根除那些心灵不纯洁的人，把“我们的街道”从野蛮人手里夺回来，还给那些正经做事的民众。要达到这一点，需要进行一系列的斗争，而“我从来没有输过一场”。“我爸从来不愿自己的儿子输掉，他曾经给我读过自己的座右铭：‘决不能让任何人欺负你，否则他们就会一直欺负你（打得一拳开，免得百拳来）’”。

决定罗素对世界所做的诠释的不是洞察力，而是愤慨。这是他作战装备的一部分。罗素绝对不会放弃这种观点，一如他绝不会交出自己那只0.38英寸口径的手枪一样。任何试图挑战他二元论视角的教导或者培训项目都是“一堆屁话”“公关工作”“浪费时间”。

不过罗素所持的这种战争式观点并不像人们想象得那样固执，这或许是因为罗素只有23岁。不论出于什么原因，他的世界观还并不完整，其中还有缺失的部分。他的世界观就像一个拼图板，其结构并不牢固，经不起冲击——至少目前是这样。他对人们感到惊讶和意外。在战斗的间隙，“暂时没有出什么乱子的时候”，他会对人类的动机——特别是“日常事务”中的动机感到“困惑”。以下是他对自己巡逻工作的描述，来听一下其中的困惑不解：“居民楼里的孩子，他们会唱着《老麦克唐纳有个农场》来欢迎你，只不过他们只会一句歌词——老麦克唐纳有一头猪（old MacDonald had a pig）①。”

“他们这样做真是莫名其妙，你又没把他们怎么样。”此外，他对自己所在的警察局也是不明就里。这种意外感和无法准确预测，从他进入招聘面试的第一天开始就让他感到无法承受：“成立面试委员会是个好主意，不过你不知道他们想要知道些什么。要是有人能通过面试，那真是个奇迹。”他完全不明白为什么警察居然要处理这么多家庭矛盾，为什么这么多的拉科尼亚市公民居然有家庭问题，为什么居然有人要靠福利度日，为什么熊孩子在得到改过自新的机会之后却不肯改过自新，究竟是什么导致了暴力犯罪，为什么指挥官要“逐渐削减”（whittle down）自己的部下。城市生活中“宏大、繁荣而喧嚣”的混乱、将好与坏对立起来的二元视角，对其中的一部

① 《老麦克唐纳有个农场》（*Old MacDonald Had a Farm*）是一首著名的美国儿歌及童谣，这里所引用这句歌词，“老麦克唐纳有一头猪”（Old MacDonald Had a Pig）一语双关，因为英文俚语中“猪”（pig）是对“警察”“警探”的蔑称。——译者注

分可以进行解释，但是无法解释全部。[1]

罗素讲述了他对一起常见家庭纠纷的疑惑：

> 这么跟您说吧，那孩子的父母打电话来，说什么管教不了自己的孩
> 子了，想让我去把那孩子带走。于是我就去了。他们告诉我那孩子在里
> 屋，快去把他抓起来！我进了屋，那孩子朝我挥拳就打，然后他就倒在
> 地上了。突然之间，就不再是我和父母一起对付那个孩子了，现在变成 24
> 我一个人对抗整个世界了。有人冲我挥拳头，我就该挥拳打回去，我就
> 是这么觉得的。我不能让他跟我动手，也不能让他打着我，可是人家父
> 母却说，你不能动武。他们说了，把他送进监狱，可是不能伤着他。

把罗素对这家人的描述，与贾斯蒂斯所说的那个跟他对着干的那家人比较一下。从贾斯蒂斯理智确定的视角更容易看出罗素的混乱与困惑。

罗素在遇到事情之时从来没有从自己的个人经验中吸取教训。鉴于他自己的父母之间曾经爆发过那么多次暴力冲突，这种遗漏就显得更加值得注意。另外，贾斯蒂斯从自己的个人生活中学会了如何处理辖区内的问题，而罗素却将二者分割开来，不会相互借鉴。

与贾斯蒂斯恰恰相反，罗素用于自己和针对他人的解释系统是相互分离的。他把刚才所说的那场家庭冲突放置到了自己的二元范畴之中。他本以为自己是一名英勇的救援者，紧急赶来拯救受到伤害的父母，让他们不再受到不服管教、欺凌自己的儿子的伤害。可是他的预期却大错特错了，他这位游侠骑士非但没有获得应有的赞赏，那对父母反而跳起来跟他动起手来。事件的结果证明他的理论是错误的，他感到了幻灭。

罗素从来没有想过要用“投入”（involvement）——这是贾斯蒂斯观点中最为核心的部分——来解释那对父母不合常理的行为。对他来说，家庭成员之间的关系无足轻重，罗素并不明白这种关系的含义。他也没有从历史的角度看待这桩事情。他不了解究竟是什么导致那个未成年人“不服管教”，也不在乎把孩子“带走”后会发生什么。他没有背景意识，也没有一种可

---

① 这段话是威廉·詹姆斯（William James）所讲，引自沃尔特·李普曼（Walter Lippmann）的《公众舆论》（*Public Opinion*）（1922；纽约：麦克米伦出版公司，1961），第 80 页。

以将不同事件归并和联系在一起的时间框架——例如，他并没有提到公民权利运动，相比之下，贾斯蒂斯就提到了这一点。罗素对这一警情出现的情景是视而不见的。

秉承着一种“我们对抗他们”的二元论世界观，罗素想要帮助别人。对他来说，警察工作很简单，“把一大堆混蛋玩意儿关进监狱里”，从而“减少暴力犯罪”。对他来说，这就是“人们期望你做的一切”，前面那个例子中的少年就是得进监狱，因为他干了坏事。

那些被排除在“工作”之外的关注——那些不必去做的事情——非常值得注意：对被捕入狱给犯罪分子本人以及任何与之有关系的人所造成的后果的关注；对犯罪受害人或无辜路人的关注；对改善整体问题的关注；对他自己设定的、守法行为的例子的关注；对平等待遇的关注；对确保公众日后对警察的配合的关注。他目标很简单，那就是把坏人关起来。

分配给他的单一的任务无疑是令他在道德上感到满意的。同事们说他是“勤快人”，他把这当成一种赞美。他做了“大量工作”并从中获得了满足——他是在拯救生命，制止入室盗窃，防止家庭被“洗劫一空”，并保护人类事业。他自信地认为，他是在帮助那家人和辖区内其他的人，并且采用的是自己认为恰当的方式——保持辖区安宁，把不法分子赶走，在辖区周边巡逻放哨。

罗素一心扑在自己单纯的任务之上，因而开始觉得在他辖区内发生的每一桩犯罪案件都算得上自己的个人缺点。发生入室盗窃就意味着他没有吓退可疑人员，他忽略了“第六感”，不该放行某个可疑车辆。发生一桩入室盗窃案就是给他的个人记录档案中增添了一个污点。罗素认为，假如自己更加努力，或许就能阻止这桩案件发生。

这样一来就产生了另外一个后果。在他的一维价值观衡量标准之中，唯一具有道德正当性的工作就是打击犯罪，所以每当罗素从事其他工作时，他都觉得自己是在浪费时间。与受害家庭谈话是“公关工作，没有比这更浪费时间的了”，通过耐心谈话来皆大欢喜地解决家庭纠纷是“鬼扯”或者不诚实，为警方或者社会服务部门撰写优秀的报告是“文秘工作”。所有这些成就都是白费；更糟的是，这些事情妨碍了他减少犯罪的努力，从而导致他在没能杜绝犯罪时而产生的无能感和挫败感更加强烈。

执着于单一成功标准还有一个后果，那就是抬高了令他满意的成就标准。对于贾斯蒂斯而言，能够在受到多重职责所带来的限制的情况下，尽力保护辖区不受犯罪骚扰已经心满意足了，而罗素却没有任何与打击犯罪相抵触的、合法的义务来作为未能达到完美的理由为自己开脱。道德越简单，它的要求就越是难以应对。这样一来，要求就从尽量维护辖区的治安变成了在辖区内实现完美的治安。如果说贾斯蒂斯专注于达成某种最优折中，那么罗素就是执拗于止于至善的原则。贾斯蒂斯鉴于自己的任务不相容，因而为自己设定了力所能及的范围，而罗素则给自己规定了一个超人式的任务：按照一个一维的道德尺子实现完美。

贾斯蒂斯和罗素有一个相似之处，他们都“无所畏惧”地使用武力。对他们而言，以威胁为手段来操纵别人并不是不可理解、不符合道德或者难以办到的。罗素在他曾经上学的城里两所“最野蛮”的高中里，以及在儿时坐在父亲腿上的时候，便对威慑理论有了深入的了解：（父亲告诉他）“永远不要让任何人欺负你，否则他们就会一直欺负你。”他明白杀鸡儆猴的作用，他坚称“展示武力是一种威慑”。他相信坏名声也是有价值的：“在拉科尼亚，当老好人是行不通的。”简而言之，罗素已经参透了强制手段的许多理论含义。

同样的，他发现武力是合乎道德的手段，诉诸威胁是正当的。他颇为自 26
豪地谈起他在平息某个家庭纠纷时使用的超然技巧：“我对她说，‘你用不着在我们跟前大喊大叫，我们有更要紧的事儿要做。’我就是这么说的。我说的话让他们有点不安。不过这种做法一直很管用。我很少碰到同一件事让我处理两次的情况。我通常会威胁对方。我会用坚定的语气说到，‘我不想把你们关到监狱里去，但如果闹得我还得再来处理你们的事儿，那么有人就得进去蹲监狱。’”

最后，罗素按照自己的标准，在使用强制手段方面非常娴熟。“这一直很管用。”接下来我们将看到，其他警察与贾斯蒂斯和罗素不同。对这些警察来说，强制手段是令人反感、错误而且充满陷阱的。

罗素提出了一个贾斯蒂斯在讨论武力之时并未提及的主题。在法律和警察局的制度不允许使用武力的情况下，罗素会在道德的驱使下使用武力。因此，他“一年会惹上六次麻烦”。更糟的是，当他按照官方批准的规则行事之时，会感到自己在违心行事。“我明明知道应当如何对待对方——那就是让他去蹲监狱，可是我偏偏就不能这样对待他。我只能像对待普通人一样对待他们。”他发现自己“会稍稍偏离规则”，有时还会扭曲事实（“我其实就是在撒谎”），“像很多警察那样”，他也曾经半真半假地考虑过给报告“添油加醋”，以便掩盖他所知道的法定要求与他认为的在道德上合理的做法之间的差异。

这是为什么呢？我认为，这是在他认为自己必须达到的目标驱使下产生的结果。罗素的道德理念以及严格的成败标准，是严苛的单一维度化的，没有受到多种彼此冲突的目的的影响，这导致他非得将警察的能力发挥到极致不可。这就使他的工作具有了紧迫性，而这种紧迫性否决了一切要求在运用武力的时候保持节制的借口。这里不存在任何要求克制的道德借口。法律或许已经最大限度地禁止使用武力，但是罗素认为屈服于法律属于背信弃义，是懦夫的行为。他对道德价值的需求、他的“骄傲”，最终会战胜自己的胆怯；藐视法律和警察局的规章会成为好的警察行为的标志。“我来警察局之前在挖泥船上干过，那时候有个上司经常说，‘如果你一年不从船上掉到水里六次，那就说明你没好好干。’在警察局也是一样，如果你一年不违反六次规定，那就是没好好干。”

Ⅳ

鲍勃·英格索尔是个大块头；他体重220磅（约99.8公斤），身高6英尺4英寸（约188厘米）。他的嗓音在高音区往往会出现破音，不过他的体格和沉稳足以打消一切认为他焦虑或软弱的念头。他的父亲在他一岁的时候被暴力抢劫犯杀害了，他和哥哥是由母亲一手拉扯大的。他哥哥后来成了一名工程学教授。

27 英格索尔家里很穷，他说他小时候的梦想就是变成有钱人，不是有钱，而是非常有钱。英格索尔得过小儿麻痹症，直到今天，当他疲劳的时候仍能看出他是一瘸一拐的。在26岁成为警察之前，英格索尔勤勤恳恳地当了7年的勤杂工。他只有高中文凭，而且离开课堂已经有好几年了，因此拉科尼亚警察局紧张的训练计划对他来说有点难。不过，尽管他文化分数不高，负责评估他实务表现的警员都对他印象深刻。英格索尔自己很谦虚：“我真的懂不了多少，我才干了一年”。

英格索尔对人类动机这一问题具有浓厚的兴趣。“在处理家庭纠纷报警的时候，我总想弄明白究竟是什么导致这些人到了要报警的地步，我想，或许就是想弄清全局情况吧。”下面是英格索尔在对人类行为“画像”（picture）的回忆，请留意他对细节记得是多么清楚：

> 夫妻打架，丈夫已经歇斯底里了。到现场的时候，根本就没法儿跟他讲道理了。这是让我大惑不解的地方。通常情况下，我能弄清楚出了什么事儿，为什么会出事儿。他这个人想学好，想要遵守规矩。在那以前他失业了，然后参与了斯巴达一个公共住房项目，把自己的福利金支票交给某个组织，由对方负责支付他的账单、房租等。当时他想竭尽全力维持生活，可是回家以后却发现妻子把福利金全用光了。我们使出浑身解数也没法让他平静下来。部分原因可能是他喝了酒，甚至还吸了毒。我们到他家是为了平息纠纷，可是我们却无能为力，这一点真的让我很难过。我们到现场的时候，这件事儿还没有到刑事犯罪的程度，不过当时已经是锅碗满天飞了。我们没办法让局面缓和下来，于是只得把他抓起来。我说过，在这件事里面，可能毒品和酒精起到了一定的作用。我理解这个人的问题。他确实真心实意地想要学好。他有两个孩子，可是回家之后却发现家里的钱没有了。我理解这一点，但也没法帮他解决问题。我们去的时候，那个人把家里拆得七零八落，挺可惜的，他们家装修得还不错。我遇到过三四次这样的情况，在这种情况下，我们没法和对方沟通——每次都是男性……问题都很严峻。找不到工作，没有高中文凭，或者有犯罪前科；没有钱，住在又脏又差的房子里。他的孩子真是倒了大霉。处理家庭纠纷这种事儿啊，着实让人闹心。

他考虑了“事情的全局”。对于问题的成因，那些把人逼得抛下平时“体面”的自我的深层次问题，他颇感困惑。吸毒、酗酒、困难，甚至无伤大雅的玩笑，都会让人闹起事来。但是，如果警察能“放慢事物的节
奏”，人就能重拾理智。有了改过自新的机会，人能从早先的崩溃中学到 28
些东西。人类都是在错误中进步的：“我们都会犯错。我小时候曾经偷过几块糖。有一次我把肥皂放到百老汇喷泉里，然后就被抓到市里关进了监狱。”有了改过自新的机会，人就能冷静下来，进行反思，解决问题，最后把事情理顺。

（在英格索尔看来）在“我们”和“他们”之间没有隔阂，没有二元论。警察和公民都是一类人：“穿裤子的方式一样”（意即“大同小异”），他这话指的是同事，但他觉得这也适用于全人类。

这种一元、反省式的人性本善观点，是在“我来警察局前的10年生活”中植根的，与贾斯蒂斯的观点类似，但是有一个方面除外，那就是这个观点没有解释为什么不同时间和空间中人性会有不同。贾斯蒂斯认为人类“投入”到了道义责任的准则之中，但是道义准则的内容是在不断变化的，可能因为文化、所在人群的性质、家庭环境、不断变化的人际关系和其他因素而发生变化。英格索尔对人性的看法更加固定化，变化性较小。无论环境如何，人类在本质上是正派可敬的，过去如此，将来也会一直如此。在个案中也许会有偏差，这取决于侵蚀人的可敬性的问题的程度和严重性。但是历史背景不会带来大的区别，所以英格索尔并没有提及诸如历史、“趋势”“整体图景”（overall picture）这些贾斯蒂斯关注的东西。

英格索尔的看法和罗素完全不同。他没有把人归入诸如“重罪犯”、入室盗窃犯、偷车贼等法律范畴或者这些范畴的口语化说法之中。相反，在他眼里，拉科尼亚市的公民就像卢梭笔下的高贵野蛮人或者希伯来诗歌中的约伯一样，他们经历了严酷的考验但却顽强地坚守着自己的生命，能够从自怜自艾中摆脱出来，重新点燃自己的激情，用自己的可敬和得体与可怕的压迫进行面对面的斗争。

在一个充满了这种悲剧式人物的世界里，英格索尔的道德责任非常明确——帮助这样的人应对自己面对的压迫。无论他们是加害者还是受害者，都要一视同仁。缓解问题——呼叫救护车、安慰别人、帮工人讨薪、为醉汉找个庇护所、呼唤专家——这些警察工作，就像勤杂工修理漏水的屋顶一样。他的成功标准是让当事人愉快，“我不知道当警察和干其他工作有什么不同。能使一个人在干其他工作的时候讨人喜欢的品质，也能让他在当警察的时候赢得人们的欢心。”英格索尔有帮助和安慰别人的天赋，他向别人提供服务是为了赢得“令人愉悦”的感受——感谢、赞誉、合作和内心愉悦。他通过探索找到了提供这些服务的方法。“对我而言，跟工商企业和商店的
29 人谈话，让他们知道有你的存在，并向他们保证，遇到什么事情，应该打电话给你，而不是给亲戚或者老板。”他是真正的人民公仆。

但他绝没有“拯救强迫症”。如果对方拒绝接受他的帮助或者他充满同

情、宽慰人心并且替他人着想的工作方式无法让对方鼓起勇气去解决问题，如果“我尽我所能”却依然没有让困难有所减轻，那么这就不是他个人的失败。就像他喜欢重复的那样，他“不会把别人的悲剧带回自己家”。归根结底，“忘记过去”，重振旗鼓，解决自己的问题，这是公民自己的责任。英格索尔满足于只帮助那些愿意接受自己帮助的人。在这样一个艰难的世界里，能够向一个想要拯救自我的人施以援手，那就足够了。

英格索尔果真“带回自己家的”、真正让他感到纠结的不是自己无法挽救所有人，而是武力问题。当他得知老警察觉得他是个好警察之后，他着实感到欣慰，因为这种肯定使他得以有了“太好说话”的奢侈。对他而言，他想跟公民“讲理”；如果靠讲理无法平息事端，他会感到非常纠结，而且也无法理解凭什么要用权力去压制民众，而不是帮助他们。

收入不高的人多的是，他们还找不到工作，这中间有一个长长的循环。他们开的是破破烂烂的旧车，然后你给他们开罚单。他们的车头灯坏了，尾灯不亮，尾气排放超标。这些人没钱修车。可是，如果他收到逮捕令，他就得去坐牢，而保释金又高得惊人。于是这就成了一个恶性循环……我们给他一张车况不佳罚单（mechanical citation），可是修车得花钱。如果他不修，就会收到 44 美元的交通违规逮捕令。这样一来你就得送他去坐牢。

威胁是一种“奇怪的操作方式”，会导致自相矛盾的结果，把体面可敬的人投入监狱，“关起来，监禁起来”。[①] 强制在知识上是一个谜团，在道德上是一件恶事。

英格索尔这种补救式的观点和在情感上对强制力的反感引发了几种后果。一个是当某个公民引起他的怒火，理应受到强制，对他实施逮捕是符合道德的，例如某个危险人物正在进行“冲动的行为”（hot activity），那么他在收拾这样的人的时候会感到喜悦。颇值得玩味的是，在这个可以合乎道德地逮捕的人（即对这样的人可以使用或者威胁使用武力）的范畴中，包括那些企图欺骗他人的公民。在英格索尔看来，不诚实属于莫大的罪过。“（对这样的人）我真的很生气，我不知道为什么。”英格索尔希望人们不要做出欺骗他人的事情来。诚信义务是社会契约的关键条款。在这个苦难的世

---

① 在更大的层面上，英格索尔在谈到战争以及他如何讨厌它时说：“如果我是总统，我会毁掉所有武器。”

界里，人可以施行暴力、麻痹大意、自怨自艾，但是必须言而有信。如果犯
30 罪嫌疑人背叛了他的信任，英格索尔的愤慨会让他打消一切关于逮捕的顾虑——关于把人关进“一间小屋，孤身一人，没有出路”的顾虑。

另一个后果是在工作中频繁出现的个人挫败感。英格索尔假定人性中最美好的部分最终都会显现出来，这种预设为他提供了一个参照系，其中保留了许多最终实现自我救赎的公民的回忆：一个原本狂暴不已的女性后来痛改前非，一个“终于肯听你的话的”少年摩托车飞车党，“在冷静反思之后”大彻大悟的夫妻。“人都是可敬的”这一前提假设过滤掉了令人失望的回忆，只留下了支撑证据。然而总是有意外发生，一个看上去诚实的人却欺骗英格索尔走入了误区。如果有外人在场，特别是同僚在场，并且如果他们事后无言地或者公然批评英格索尔，让他想起自己的错误预测，那么英格索尔就会非常恼怒。

他这个人格外脆弱，因为他不喜欢证明自己的观点。他是个实干家，乐于用自己的总体成果（overall results）来说话。他不愿意编造一个时间和地点来为失误的预测打圆场。一个口才更好的警官可能会对搭档说“咱们去喝杯咖啡”，然后解释道——就像贾斯蒂斯所做的那样——“比证明自己正确更重要的，是不要错失机会。我比有些人更愿意相信人”。可是英格索尔不会，他只会自己生闷气。批评常常会让他不安，他的怒火会积累，然后在下次遇到情况的时候对哪个公民宣泄出来，让这位公民大吃一惊或者断然回绝这位公民的要求。尽管他对自己看待生活的方式有相当大的信心，失望依然能够给他带来不小的挫败感，并且由于他缺乏非凡的表达能力来说服同事用和他一样的观点看待世界，因而这种挫败感就显得更加强烈。

英格索尔的理念还有另一个方面与贾斯蒂斯存在反差。他们都认为好警察可以看到全局。但是，尽管他们所用语言相似，他们实际上说的却是不尽相同的东西。对贾斯蒂斯来说，“全局”是由社会反响构成的，包括警方行动对城市、社会、公众福利、未来、“体制”、领导机制、教育和财政的影响（这些是法律与道德的基础之所在，是信心、信赖和希望的依托）。而就英格索尔而言，“全局”指的是他所见现象的直接原因，在他看来，有意义的是个人及其问题——问题的成因、后果和补救措施。“社会”对他来说是一个没有多少意义可言的抽象事物。

事实上，英格索尔认为，人类的本性是正直体面的，但是受到种种非人

性的有腐化作用的力量的围攻。在这种观点中，社会是没什么价值的。相反，必须防护、击退和抑制社会来保护个体。与之相反，在贾斯蒂斯的人性观点中，“体制”是必不可少的，他认为个体因为人际关系而变得大气，因 31
为文明而变得更为丰富，因社会赋予他更高的责任而变得高尚。“社会”对贾斯蒂斯而言是有意义的，它决定了人的行为是好还是坏。

由于对社会后果的认识不同，贾斯蒂斯和英格索尔对强制这一概念抱有截然相反的感情。英格索尔认为警察有义务帮助个人，帮他解决问题，把他完全当作目的，绝对不能把他当作手段。他的工作本质是诊所式的，在警察和当事人之间进行。在英格索尔看来，用哪个坏人来杀鸡儆猴，以伤害他为手段来说服其他人遵从自己的社会责任，这是毫无意义的。但是贾斯蒂斯则认为，可以正当地牺牲某个个体的短期的福祉，以此为手段来维系值得持续关注的东西、“社会”以及长远利益。英格索尔认为个人是善良的这一理念，较之贾斯蒂斯的“文明人”理念（根据这一理念，文明具有独立于一切个体的价值），在为威慑性强制提供正当性方面要牵强得多。

V

比尔·塔布曼身高 5 英尺 9 英寸（175.2 厘米），体重 160 磅（约 72.6 公斤），但是他看起来比实际体重要瘦一些。他 23 岁，在堪萨斯州乡下一个宁静的小镇长大，他的父亲拥有一个汽车修理部，一家人终日忙碌才能勉强过活。勤奋工作和家庭和睦是塔布曼家族的价值观，他们家的知识范围很有限：“我爸妈很少跟我们谈公共服务。平时汽车修理部已经够他们忙了”。

塔布曼在大学一年级读了一半的时候退学，然后加入了拉科尼亚市警察局。在完成培训之后，他又重新读大学去了。为此，他特地申请把自己一直安排在每天的第三班（下午 3 点到晚上 11 点）。这样一来，当警队每六个星期例行换班的时候，他就开始跟新的团队一起上班。一直上第三班是一种颠沛流离、无所依托的经历，对塔布曼这样一个缺乏自信而且有点胆小的年轻人而言，这种安排加剧了他与警察局的疏离感。这种安排意味着他没法随时参加朋友之间在更衣室里的谈天说地，他也没法参与那些老生常谈但是却能帮助他形成与人攀谈的口才、使他得以宣泄自己的体验并使他发现细节的眼光更加敏锐的对话。

比尔·塔布曼很聪明。在警察局用来考察报考人员的各类词汇、数学和空间知觉题目中，塔布曼的得分是最高的之一，在培训课程中，他的排名中
32 等。但是，这个世界，尤其像拉科尼亚这样的城市，却让塔布曼感到难以理解。虽然我第一次见到他时他已经当了两年警察（和罗素一样，比英格索尔多一年），他却还是会在执勤区域“迷路”。他在回忆自己第一次来到这座城市的情形时说：“我们看着拉科尼亚，它看上去是那么大，那么令人不知所措”。

在作为一个人的层面上看，他的不理解更加严重。他对人几乎没有什么直觉的了解可言，对于是什么让社会运转的，他此前没有任何概念；在猜测即将发生什么事情的时候频频出错。

与深入详细地了解辖区居民个人细节的英格索尔不同，塔布曼从来都不热衷这方面的信息。对于人性，他没有任何可将自己的经验梳理后融入其中的概念。这样一来，警情中关于人的那一面就从他的意识里流失掉了。

诚然，他确实把警察分为两类：那些胆大得让他“感到恐慌”的警察和那些“谨慎”的警察。此外，他也开始注意到“工作中”存在某些颇为有趣的“相似之处”，这些相似使“下一次……变得更容易”。不过，他却无法用文字来形容他自己所见到的这些相似之处；也无法分门别类地对人的活动和历史进行整理。他不会学习，因此工作举步维艰；他从来没有意识到自己在理解方面存在问题，而且这些问题是可以设法解决的。由于他的胆怯以及一直上第三班而处于孤立状态，而且警察局内部没有任何人觉得有义务跟他说话，因此，没人与他对话，并借此从他的经验中锤炼出有意义的东西来。

对于事情是如何演化的以及它们为什么这样演化，他也没有一种历史的视角。在我与他在一起的整整 11 小时里（3 小时的访谈和 8 小时的现场观察），他一次也没有提到过去或未来，唯一一次例外还是这么一点毫无根据的乐观：“也许人们会越来越明智，然后毒品的使用会越来越少。”在推测犯罪起因方面他也是一片茫然：“入室盗窃案和抢劫案越来越多，这是由于毒品造成的，不过强奸案的数量也在上升。犯罪率的这种上升趋势，我真不知道该怎么解释。”

无法预料事件的走向导致他被弄得措手不及，而且经常蒙羞受辱。下面是他自己关于处理一次家庭纠纷的描述：

> 那是一次日班，我接到了代号为 975 号的呼叫，意思是待命并平息
> 纠纷。当事人住在一个公寓大楼的三楼。我是自己一个人去的，而且没
> 有带对讲机。我进去的时候，事态已经平息下来，她只想拿走她的东
> 西。在她拿自己东西的过程中，我发现了一根大麻烟卷，然后又在周围
> 不远处发现了一些大麻。反正我是发现大麻了，而且这些大麻是那个男
> 人的，那个男的和那个女的都在场。她还把大麻拿给我看了，好让那个
> 男的蹲监狱去。当时就我一个警察，而且没有带无线对讲机，那个男的 33
> 人高马大，而且当时房子里还有他的几个朋友。我没有抓他，我那时候
> 刚刚从新警察学校出来，不过即使是现在我也得这么做。我或许应该叫
> 人来增援，而且如果我在现场等增援的人赶来的话，那个家伙估计也不
> 会跑。不过当时我让这事儿过去了。她带着自己所有的衣服跑了，而我
> 却得决定到底抓不抓那个男的。那个男的有点害怕。我叫她赶紧拿着自
> 己的东西走人，我不想把事情闹大。

这次出警称得上是笨手笨脚，没带收发器（一种便携式双向无线电对讲机），没有支援，也没有预料到事情的走向，而且塔布曼并不是猝不及防地遇到一件需要当即随机应变的警情。相反，塔布曼事先是接到了无线电呼叫的。

他的描述并没有说清当时的实际情况，但那已经是塔布曼所知道的一切了。对于那个女孩是什么人，那个男的是什么人，他们为什么发生冲突，他几乎一无所知。他只看到那个男的"人高马大"，因为持有大麻而害怕被逮捕。女孩个子小又无依无靠，想要"借机闹事"，所以塔布曼就粗暴地对待她。有力就是有理，弱小就是过错。

这件丢人的事发生在他进入拉科尼亚警察局的第一年。可是在有了一年的从警经历后，他仍然"就是现在我也还是得这么做"。没有请求支援，没带无线电收发器，就让事情"过去了"，缺乏掌控能力，粗暴地对待那个女孩儿，在那个"人高马大"的家伙和他朋友面前忍气吞声。从这件事情中我们可以看出，为什么一个老警察会这样评价塔布曼：他有时对犯罪嫌疑人太过粗暴，其他时候又对违法者太过放纵。

在日常与公众接触所带来的压力之下，塔布曼开始形成一种人性的二元论观点。不过，他的人性观与罗素的人性观也就只有这一点相似之处。塔布

曼给人划分的范畴并不是“我们”和“他们”，“建设者”和“破坏者”，而是“不令人害怕的”和“令人害怕的”。在每次遇到警情的时候，他都会伸出自己的“天线”，收集进行必要识别（即对方是否令人害怕）所需要的信息。他没有问过自己，为什么有些人属于这个范畴，而另外一些人却属于那个范畴。警察工作让他提心吊胆，根本无暇进行这种超脱的反思。他脑子里乱糟糟一片，能够勉强混下去就已经足够了。

塔布曼喜欢当警察，因为他“总是想帮助别人”，而且他也发现当警察确实也有令自己满意的时刻。例如，他喜欢去车祸现场帮助受伤人员；他喜欢在发生犯罪案件之后进行调查；他喜欢出庭作证；他喜欢通过帮助别人或者成为“全局的一部分”而获得的喜悦感；他醉心于为公众中那些不令他感到害怕的人，带来他堪萨斯州老家那些不让他感到害怕的公民共同体验的
34 安全感。如果有机会在拉科尼亚重塑堪萨斯乡村民风，那么无论事情大小，他都会不厌其烦、不辞辛劳地去努力。他想帮助别人——并收获一名勤勤恳恳、乐此不疲的公仆应得的感激。

但是在那些让他感到害怕的人员跟前，他就望而却步了。他缺乏能成功地运用强制手段的技巧和知识。我曾经问他在出警的时候如何处理青少年不法分子。“如果你指的是十几岁的小偷，年轻的犯罪分子，那么我就会跟他说，‘这是我的辖区，年轻人，别惹事’”。他说话的方式让我确信，这句话他已经在脑海里演练过多次，但是从来没有真正在街头说出口过。他从来没有认真考虑过，假如对方对他的虚张声势并不买账，并质疑他是否有将威胁付诸实施的动机，那么接下来会发生些什么。他在访谈中会时不时回忆起他“退缩了”“让这事儿过去算了”“没有坚持到底”“不想惹出事情来”“不够投入”“什么也没干成”的情况。他不善于处理那些一开始就不听他的话的人。他不够大胆。

对于使用武力的心理和伦理问题，他也是一窍不通。在他平淡、忙碌但是却安宁的童年，他身边的人们勤勤恳恳、敬畏神明。那个时候根本不需要使用武力，他父母就从来没有谈过要动用武力。我曾经问他，他父母是否给过他怎么对付坏人的建议，他回答说：“就算有，我也不记得了；不过我父母很可能说，‘不理会他们就行了’。”塔布曼牢牢地记住了这个建议，并按照这个建议对那些或许需要巧妙地运用武力的情况不理不睬。

不过，这种回避危险的个人需要，到头来削弱了他帮助别人的愿望。他的恐惧开始鸠占鹊巢，取代了他的责任感。警务工作中成功的标准变成了保住自己的小命，成了对可能的危险保持警觉，想办法用安全的活动来打发工作时间，并给趋利避害的做法寻找理由。

这样一来，尽管他“总是想帮助别人”，他还是做了某些区分，来让自己躲避危险的行为合理化。一方面，他开始将警务工作定义为只处理刑法典规定为犯罪的问题，“民事”问题不归他管（尽管事实上，事故调查属于典型的民事案件）：“很多报警根本就不该归我们管，都是民事问题，房东租客纠纷什么的。这种事情根本就不属于我们的管辖范围，应该转到别的地方去，说不定在电话里就能解决了。”许多警察把民事案件和刑事案件做了区分，但这种区分对他们的意义，与对塔布曼的意义完全不同。对于像罗素这样的警察，这种区分可以节约时间，使他们得以把更多时间花在抓坏人上。贾斯蒂斯和其他像他一样的警察虽然也赞同民事和刑事的区分，但是他们把
这两个领域都当成自己的工作范围。为公民之间的纠纷评理，帮助他们解决 35
争议，能增加贾斯蒂斯对辖区居民的了解，使他能够以身作则，广交朋友。总之，民事问题对他来说是管理好辖区的机会。另一方面，塔布曼却把民事和刑事的区分当成一个方便的借口，来拒绝接手那些他管控不了的、盘根错节的纠葛。对他来说，“警务工作常常就是懂得用多种方法告诉别人‘我们帮不了你’”。

既然塔布曼认为“民事”问题事不关己，又认为“刑事”问题对于“谨慎”的警察而言太过危险，人们或许要怀疑，假如没有工作状况表要求塔布曼说明自己在工作时间里究竟干了些什么，塔布曼会不会连一星半点的警察工作都不干。他只想在自己的安全和自尊都有保障的情况下才出手做事。为了避免产生工作不力的感觉，他削减了自己应当承担的公共责任意识的范围与规模，把需要他做出反应的民众的人数减了又减。他缺乏公共生活的技巧、动力和勇气，缩回自己的壳里，逃避权力，对大部分工作心生厌烦，厌恶世界的多样性和种种挑战，从工作带给他的种种困惑中逃离，强迫自己忘记那些未能履行的义务。为此，他每 6 周调换一次警队，自己单独巡逻，紧盯着那些没风险的工作，并保持低调，倒也能蒙混过关。正如一位专业人士指出的，塔布曼是那种“一朝被蛇咬，十年怕井绳”的人，认为完全避开危险的情形是上上之选。

Ⅵ

这四个人在思想上和道德上的情感体验各不相同。

在思想上，贾斯蒂斯和英格索尔都认为人性是一样的：一方面，他们拥有“常识”，一种关于人的一元论概念，根据这种概念，个体间的统一性使人可以站在别人的立场来考虑问题。另一方面，罗素和塔布曼虽然都持有二元论观点，把人分为若干本质上不同的范畴。

在道德上，这四个人对运用强制手段的观念相左。贾斯蒂斯和罗素乐于使用强制手段来操纵他人，都明白武力在社会中的效用；他们都认为使用威胁是一种达到高尚目的的正当手段；都认为自己有能力运用强制手段来控制别人。与之相反，英格索尔和塔布曼不喜欢强制。据他们所知，很少有或者根本就没有任何使用武力带来良好结果的情况。他们宁愿与人们打交道，而不是压制他们。

由于在思维方式和道德观念上的不同，他们在给自己带来满足感的事物方面也就存在不同。对于警察工作的恰当目标，他们观点不一致。贾斯蒂斯
36 和英格索尔对人类持有一元论观点，他们为警察的职责——拯救其他人——设置了限制。但是，英格索尔反感使用强制手段，因而单独设定了一套自己喜欢的职责，这些职责与贾斯蒂斯承担的、有限度的社会义务不同。而就罗素和塔布曼而言，他们对个体承担的责任则更加一致——将民众中的某些人从让他们感到不幸福的源头中解救出来。但他们对强制力有不同的感受。罗素想要挺身而出，与那些加害者进行斗争；而塔布曼则是对受害人施以援手。

这四位警察在道德和知识方面的多样性，代表了普通警察的多样性，后文我们还会看到这一点。导致他们在思想与情感方面出现差异的因素无疑出自多个源头。早在他们成为警察之前的很长一段时间内，他们已然受到了各种各样影响的塑造。但是，有一点是无疑的，那就是警察工作对他们所抱有的最为根深蒂固的态度所产生的效果。我们可以看出，如果没有从警经历，他们在讨论关于人的本性和社会功能的基本问题之时，频繁地采用相同的、内涵丰富的事例。如果他们没有成为警察，那么对于罪责与勇气、诚实与忠诚这样宏大的道德问题，就不会做出如此深有感触的回答。若不是他们的职

业所配发的工具包括强制权力的终极武器——枪支，他们也就不会对武力问题——残酷的手段与崇高目的之间的关系——感到如此困扰，也不会对此进行如此深刻的思考。

接下来的两章将对强制这一理念，以及为什么强制在警察世界观的形成过程中扮演如此重要的角色进行探讨。这两章更为艰涩难懂，表面看来与警察生活并无关系。但是，如果读者牢记两个问题，那么本书的方向就变得更为清晰：第一个问题是，分析究竟是什么导致警察生活与常人相比如此的不同，使警界之外的人士感到如此难以理喻；第二个问题是，形成关于什么样的警察才是好警察这一概念，且这一概念要将真正的警察在真实工作中所处的、独一无二的环境考虑在内。

37

第3章　勒索性交易

我只是在给出合理的警告，如果有谁朝跟我搭档的击球手投球，我将以其人之道，还治其人之身。投手必须保护他的击球手。你必须这样做，否则整个赛季他们都会让你毫无翻身可能。

——盖洛德·佩里（Gaylord Perry），克里夫兰印第安人队（Cleveland Indians pitcher，美国职业棒球队），1972年

战争即和平。

——乔治·奥威尔（George Orwell），《1984》，1949年

I

何谓强制，又是什么使得它在人类事务中独一无二，如此特别？

强制（Coercion）是一种以伤害对方作为威胁来控制他人行为的手段。强制性关系存在于每一个社会的任何角落：在家庭里、在市场中，尤其在政治体系中更为突出。对于许多关于强制的运用，文明均予以容忍，乃至于创造条件使之成为可能。最引人注目的是，文明向公共官员授予了威胁要对他人造成极大的伤害的权力。一些社会，尤其是一些自由国家保证私人主体有权在法律框架之内，对他人做出重大威胁。实施强制的法律许可往往被称为权威（authority），以便将其与那些未经授权的、遭到禁止的行为——被冠之以暴政、敲诈、犯罪性勒索（criminal extortion）——区分开来。

强制这一行为，无论是合法还是非法的，都涉及复杂的程序和麻烦

的后果。为了深入地理解强制的本质，我将会对一个关于强制性关系的
简化模型进行探讨。我将这一简化模型称为勒索性交易（extortionate
transaction）。从始至终，我都会使用“勒索”这一字眼但是所表达的并 38
不是它的非法含义，而是用作中性词，描述的是得到授权和未经授权的
强制——既可以指权威，又可以指流氓行为。①

---

① 接下来探讨20世纪五位主要社会学家及其作品：彼得·布劳（Peter Michael Blau，1918年2月7日~2002年3月12日），美国社会学家，社会交换论（social exchange Theory）的代表人物之一。生于维也纳，后移居美国。他受G. C. 霍曼斯的影响，从社会结构出发研究人与人的交往过程，是结构主义交换论的代表人物。20世纪70年代以后，布劳提出了宏观结构理论，试图用宏观结构主义代替早期的交换理论，创立和发展了一个更加严密的理论体系。其理论构造比他早期的交换理论更为清晰，在西方社会学界有很大影响。主要著作有《官僚制组织动力学》（1955）；《社会生活中的交换与权力》（1964）；《美国职业结构》（1967，合著）；《不平等和异质性－社会结构的原始理论》（1977）。拉尔夫·达伦多夫（Ralf G. Dahrendorf，1929~2009年6月17日），德国社会学家、思想家，政治家。一代自由主义思想巨人，是自由派社会/国家理论的代表人物之一，其思想深刻地影响了二战后的德国社会学研究。主要著作有《社会冲突理论探讨》（1958）；《工业社会中的阶级冲突》（1959）；《走出乌托邦》；《社会人》；《阶级后的冲突》；《生活的机会》等。哈罗德·拉斯韦尔（Harold Lasswell，1902~1977年）是一位著名的政治学家，也是一位社会学家、心理学家和传播学者。拉斯韦尔一生勤勉耕耘，著述甚丰，共发表了600万字的学术著作，内容涉及政治学、社会学、宣传学和传播学等许多领域。主要论著有《精神病理学与政治学》（1930年）；《政治学：谁得到什么？什么时候和如何得到？》（1936年）；《传播的结构和功能》（1948年）；《政治的语言：语义的定量研究》（1965年）；《世界历史上的宣传性传播》（1979年，与人合著）；《世界政治与个人不安定》；《我们时代的世界革命》；《政策科学》等。托马斯·谢林（Thomas C. Schelling，1921年4月14日~2016年12月13日），美国著名学者、经济学家，外交事务、国家安全、核战略以及军备控制方面的研究专家，也是有限战争理论的奠基人之一。谢林于1944年获加州大学伯克利分校学士学位，1948年获哈佛大学经济学博士学位。1977年他获得了弗兰克·E. 塞德曼（Frank E. Seidman）政治经济学杰出贡献奖。其代表作包括《冲突的战略》（1960）以及《微观动机与宏观行为》（1978）。与传统上大量运用数学的博弈论不一样，其主要研究领域被称为“非数理博弈”。瑞典皇家科学院将2005年诺贝尔经济学奖授予有以色列和美国双重国籍的罗伯特·奥曼和美国人托马斯·谢林，以表彰他们在博弈论领域做出的贡献。马克斯·韦伯（Max Weber，1864~1920年），德国著名社会学家、政治学家、哲学家，是现代最具生命力和影响力的思想家。韦伯最初在柏林大学开始教职生涯，并陆续于维也纳大学、慕尼黑大学等大学任教，对于当时德国的政界影响极大，曾前往凡尔赛会议代表德国进行谈判，并且参与了魏玛共和国宪法的起草设计。他是同泰勒和法约尔同一历史时期，并且对西方古典管理理论的确立做出杰出贡献，公认的现代社会学和公共行政学最重要的创始人之一，被后世称为“组织理论之父”。马克斯·韦伯的“职业政治”，出自于马克斯·韦伯《社会学论文》，由H. 格特和C. 赖特米尔斯编辑整理（纽约：牛津大学出版社，1946）。

Ⅱ

当我们在构建勒索性交易时，有两个事实会凸显出来。首先，勒索关系是一种对立的关系。在一个所有关系都是建立在威胁的基础之上的世界里，每个人不是受害者就是加害者，一方意识到另一方试图空手套白狼。因此压迫他人者必然本能地预料到受压迫者会进行反抗。勒索是典型的恶性循环。加害者总是反勒索的潜在受害方，无时无刻不在防范受害者的报复。勒索关系的双方都必须全身心投入自卫。从这个意义上讲，勒索是对称的。①

其次，勒索能否成功取决于受害者是否拥有两样东西：人质和赎金。勒索者发出威胁，声称要伤害人质除非被勒索者答应交付一笔赎金（即被勒索者为了使人质免受伤害而愿意放弃的东西）。缺少人质或者赎金中的任何一样，勒索关系就会陷于瓦解，它不再是对称的了。真正一无所有的人——已经没有东西可供剥夺的人、孤独的终身监禁者、② 无力还债者、破产者，还有认为自己生命还不如殉难重要的空想者，都不惧怕勒索的权力（在法律界，一无所有的人被称为“无力履行判决者”）。让我们姑且把这种免于强制威胁的奇特的自由称为剥夺悖论（paradox of dispossession，或无恃
39 悖论）。

一个人拥有的越少，可以失去的也就越少。没有人会去守卫贫瘠的土

① 马基雅弗利（Machiavelli），引自提图斯·李维（Titus Livius，罗马历史学家。生平不详，毕生大部分时间在罗马度过。他一生的工作是写罗马的历史，一共写了 142 册。第 11 ~ 20 册以及第 46 ~ 142 册已散佚，第 45 册以后的书也是从残页和后来的概要中才得知的。李维不像早先的历史学家，他不参与政治，所以他不是从党派政治上书写历史，而是着眼于人物的性格和道德。他发展出的一种拉丁散文风格与所写的主题极相适合。他写的历史是他那个时代的经典之作，直到 18 世纪都深刻地影响了历史写作的风格和原则）。马基雅弗利就个人在政治事务中的动机与恐惧发表演讲：“因此对自由的渴望，导致一方抬高自己来给对方造成压迫。在试图避免使自己陷入恐惧的过程中，人们给他人造成恐惧；他们抵挡住来自别人的伤害，却把这种伤害加诸他人身上，就好像想不受压迫就必须压迫别人一样。”（Discourses，trans. Christian E. Detmold［New York：Modern Library，1950］，bk. 1，chap. 46）。

② 格雷沙姆·赛克斯（Gresham Sykes），《奴隶社会》（*The Society of Captives*）（普林斯顿：普林斯顿大学出版社，1958），第 3 章，非常具有启发性地讨论了重刑监狱里的剥夺悖论。

地，塞萨尔·查韦斯（Cesar Chavez）[①] 曾经这样警告他的追随者。

通常来讲，在勒索的动态变化中，受害者积累的资源越宝贵，他的态势就越糟糕。这中间有两个原因。首先，一个人所拥有的东西越有价值——即替代它的难度越大——那么该东西的毁坏就可能越让其所有者感到痛苦。当斯巴达国王阿奇达慕斯（Archidamus）[②] 力劝同胞不要糟蹋雅典人的农田时，他这一主张所依据的是这样一个事实："你们只能从一种角度来看待他们的土地：它是握在你们手中的一个质押物，土地耕种得越好，这个质押物的价值也就越高"。[③]

另外一个原因是，被勒索者拥有的财产越多，那么他能够为赎回把柄支付的赎金也就越多，他拒绝支付赎金的理由也就越少。理性的勒索者绑架的是君主，而不是贫民。勒索使我们成了自己财产的受害者，成了自己所拥有的东西的囚徒。

无恃悖论的后果之一是，勒索关系的各方要么尽量自我减损，要么只能自我防卫。受害者可能会自行消除财富过多给自己造成的窘境。政治经济学家谢林（Schelling）对此总结道："在讨价还价的过程中，弱点往往也是优势……背水一战反而能置之死地而后生。"[④] 如果士兵们断绝自己的退路，那么敌人也就无法以此相要挟。通过自愿放弃后撤的道路，他们或许挽回了原本必须付出的代价（敌人发现强制不管用后，也许会后退，不愿付出使用野蛮暴力的代价）。[⑤]

---

① 塞萨尔·埃斯特拉达·查韦斯（Cesar Chavez）：生于 1927 年，美国劳工组织者，曾于 1962 年创建全国农场工人协会。——译者注

② 阿奇达慕斯，也译为阿奇达姆斯（Archidamus），宙西达姆斯之子，斯巴达国王，伯里克利的朋友。公元前 431 年，他率领同盟军首次入侵阿提卡，但是奥诺城镇久攻不下，贻误了战机，使得雅典人把乡下的财产进行了转移，之后进兵阿卡奈，但雅典人并不迎战，他只好撤退。公元前 430 年夏，他再次入侵阿提卡，蹂躏了整个地区。公元前 429 年，他率领同盟者入侵普拉提亚，但是久攻不下。公元前 428 年夏，他第三次入侵阿提卡，同往常一样，没能取得太大成效。尽管前十年的战争通常称为"阿奇达姆斯"战争，事实上以睿智温和著称的他并不主张与雅典人全面开战。——译者注

③ 修西得底斯（Thucydides），《伯罗奔尼撒战争》（*History of the Peloponnesian Wars*），理查德·克劳利（Richard Crawley）译，*The Greek Historians*, *ed. M. I. Finley*（纽约：维京出版社，1960），第 262 页。

④ 谢林（Schelling），《策略冲突》（*Strategy of Conflict*），（剑桥：哈佛大学出版社），第 22 页。

⑤ 同样，作为 19 世纪聪明而预言准确的美国观察家，托克维尔（Tocqueville）注意到清教徒的苦行（Puritan austerity）可以防止勒索。Alexis de Tocqueville, *Democracy in America*, trans. Henry Reeve（纽约：维京出版社，1945）。

Ⅲ

如果无法通过尽量自我减损达到无所凭依，那么就像马基雅维利所告诫过的那样，受害者肯定会“大力强化防卫”。加害者为抢走受害者所拥有的东西所付出的代价越高，受害者的所有物被劫走作为要挟的可能性就越小。因此，潜在的受害者会建立庇护所（sanctuaries），将自己拥有的事物放置其中，使之不再轻易地被人劫走作为勒索自己的把柄。此类庇护所凭借的可以是习俗、法律或者武力。①

40 不过，庇护所越是仅仅依赖武力，那么被害者在自卫上消耗的精力也就越多。如果一个人依靠强化自身防卫来防止遭到勒索，他往往会倾向采取一种“极大极小策略”：放弃一切获得利益和进行创造的机会，从而将最大的风险最小化。到头来，他会由于不愿冒险而埋没自己的天赋，因为在庇护所之外，被他人攫取的危险太大了，而庇护所的范围又太小，不能再容纳这个人之外的他人。因此，无恃悖论带来了若干重要影响，使浪费和尽量自我减损成为美德，而对创造和积累进行处罚。

勒索性交易中又暗含了几个更加值得玩味的悖论。其中一个便是超脱悖论（paradox of detachment）。加害者需要把柄，但是他并非总是能够弄清他所劫持的事物对于勒索受害者的价值。绑架国王女儿的人并不能绝对确保国王究竟是对这个女儿宠爱有加还是厌恶至极；如果国王巴不得处理掉她，那么绑架者除了成功地抓到一名悍妇之外一无所获。无独有偶，选民们可以拿让他在下次选举中落选来威胁某个不负责任的议员，他们的把柄就是议员想保住职位的愿望；但是如果议员对是否连任毫不关心，那么选民的威胁也就

---

① 道德习俗禁忌存在于阶级结构、专业实践和职业安排中。贵族们不会向公众暴露同侪的丑事，“背叛整个贵族阶级”。政治家不玷污他们同事的声誉，即使对方玩弄感情、酗酒或适度地攫取一些可疑的利润。即使在黑手党，一个黑帮成员的妻子和孩子都不被视为“局内人”。就法律保护来说，法律通常保护公民拥有物的方法是将其标示为“财产”，授权他调用公共力量来保护其财产。产权无非是来自法官、警察以及法律事务代理人（attorney at law，过去是指被准许在西敏体系的较高级别的普通法院执业的人，他们相当于在衡平法院执业的事务律师［solicitor］及在海事法院、教会法院、遗嘱检验法院和离婚法院执业的代诉人［proctor］——译者注）的可靠、单方受益的帮助，来庇护一个人的拥有物。

毫无用处。同样的，已经为自己的商店投了足够保险的店主，可能会对炸弹勒索威胁无动于衷（虽然他的保险公司可能会另有高见）。

如果受到勒索的受害者清楚地表明，他根本就不在乎失去自己的女儿、通过竞选赢得的职务以及投保险的商店，那么他的无动于衷就会使他所拥有的这些事物成了无关痛痒的把柄。这样一来，在对付勒索的时候，只有一种方法可以保护自己真正在乎的东西，那就是摆出一副对它漠不关心的样子。这种反讽就是我们想要通过超脱悖论表达的意思：受害者越是不在乎保全某样事物，那么加害者以之作为要挟的可能性就越小。

超脱悖论对人和与受害者有关的事物都同等适用。有一项这样的规则：如果企图越狱的犯人用其他监狱看守人员来当作人质，那么监狱看守必须向该逃犯开枪。只有从长远来看，这项规则能让囚犯认识到，社会并不在乎被犯人劫为人质的看守人员的生命，这条规则才具有意义。我们射杀监狱看守 41
是为了拯救其他监狱看守的生命；我们希望通过降低劫持监狱看守的有用性来减少此类劫持事件的发生频率。

将自己从互惠的、道德化的、人与人之间的朋友关系中超脱出来，在勒索性交易中是很有道理的。对于一个替他人考虑的勒索关系参与者（不论是受害者还是加害者）而言，他们宁可牺牲友情也不愿去赎回自己的朋友。而且，声称不顾友情能降低自己成为勒索受害人的可能性。一方面，朋友们可能会比自己更加容易遭到劫持。在抵御诱拐者的劝诱方面，孩子们不可能像父母那样谨慎。一个朋友众多的人遭到勒索的可能性与跟他的朋友中最不小心的那个受到勒索的可能性一样大。另一方面，在最文明的情况下，受害者或许会面临支付赎金、救回无故第三方的道德压力，而他在道德上拥有去冒毁灭自己的风险的自由。①

通过消除迫使人们屈服的道德强制，减少为他人的大意而埋单的风险，采取超脱的态度可以减少自己遭到勒索的可能性。

但是，对人与人之间友情的超然带来了独特的、在对事物漠不关心中所不存在的难题。受害者必须不断地采用夸张的方式表现超脱的态度，从而让

---

① 参见乔治·里迪（George E. Reedy），《总统暮年》（*The Twilight of the Presidency*）（纽约：世界出版公司，1972），第 24 页：“每一个认真反思过人生的人最终都会认识到，人生最重的担子不是为他自己肩负的责任，而是他自己为别人肩负的责任”。

勒索者确信，对于那些正常人都会抱有恻隐之心的个人，确实是真的不在乎。掩盖人之常情并非易事。受害者可能不得不通过“树立典型”（make an example）的方式表明他是一个无情无义的人：在前文所举的监狱例子中，他可能一辈子都会背负导致狱警死亡的责任，或者友谊遭到拒绝（想想哈姆雷特是如何夸张地表露他对奥菲利亚的冷漠），或者在战区中被摧残。这就是勒索性行为的危险含义。

第二个代价高昂的后果是，一个人如果持超脱的态度，他会无法得到自己所放弃的友谊本来可以提供的力量和帮助。

现在，我们来看看勒索性行为的第三个悖论，面子悖论（the paradox of face）。如果一个人、群体或国家获得并保留某种好名声，也就意味着是故意为之，我们就说他“保全了面子”（saved face）。正如拥有良好的“商誉”（good will）——一种公平交易的声誉——属于一种市场资产一样，拥有“恶意”（ill will）——一种给予严厉惩罚有仇必报的恶名——在勒索关
42 系中也是非常宝贵的。面子悖论——一个人的名声越坏，那么他的真实行为就越不必如此恶劣——对勒索关系的双方当事人都适用。一个声名狼藉的勒索者会发现他从来不需要真正实施威胁，因为鉴于他心狠手黑的名声，受害者会乖乖就范，根本不会去质疑他的虚张声势。另外，恶名昭彰的潜在受害者会发现，自己根本不必进行回击报复，因为他的恶名足以让潜在的勒索者望而却步。这就是权力平衡理论：两个睚眦必报、恶声在外、说得出做得出的对手，会相互强制对方不得使用强制手段。在剑拔弩张的情形下和和气气的行为有可能就会转化为有利可图的互惠交易，假以时日，这些交易会让双方不再留意彼此的剑拔弩张（而当初促成他们相互合作的正是这种剑拔弩张）。昭彰的恶名或许是达到良好目的的唯一可行手段。

面子悖论起源于这样一个事实：勒索在本质上是事关心理的。对强制的成功实施并不在于伤害，而是以伤害相威胁。比如，威胁举行罢工是一种勒索行为，然而真正进行罢工，却差不多是失败的行为。成功的罢工是并未实施的罢工，是雇主在预料到要发生罢工后先行做出妥协。罢工纠察队一旦出动，那就不会有利益和胜利可言。无一例外的，工会成员在罢工期间承受的压力总是比资方要多得多。另一个例子，在美国职业棒球大联盟（在所有体育运动中，职业棒球是最类似勒索的一项运动），没有投手想要投出击球手可能击出全垒打的球。投手只是想吓唬击球手，让后者不能舒舒服服地待

在本垒板。

勒索的一大风险是勒索者的虚张声势被识破，或者勒索者的恶意遭到质疑。这样一来挽回颜面唯一的办法就是清楚地表明恶意，并且做出残酷和毁灭性的回应，哪怕这样做要冒着自己遭到毁灭的风险。在一方做出或接受威胁之后，无论是摆出一副善良的姿态，抑或是宽容谨慎的姿态，都会导致颜面扫地。在勒索中，要求实施此前做出的威胁或反威胁的压力是持续不断的。未来取决于过去的任何记录。就像在法庭上一样，勒索中有一种质疑推定：一事假，事事假。[①] 因此，为了防止进一步丢面子，就要制造一个恶劣的例子来表明自己下狠手的决心。在面子悖论中隐含着不断升级的危险——发出威胁的双方都不愿失去面子，从而陷入僵局。

暴力和复仇，更准确地说是暴力和复仇的声誉，是成功的勒索者的品质。然而，有些时候甚至最恶劣的名声也不足以促成勒索。有时候只有无知方能奏效，我将这种情况称为非理性悖论（the paradox of irrationality）。非理性在勒索中有两个显著的作用。一方面，它放大了勒索的严重性。如果一个人说，“不要靠近，否则我就和你同归于尽”，同时他双眼充血，一脸疯狂状（madness on his face）——简而言之就是看上去疯狂到了足以毁灭自 43
己的程度，那么，对方十有八九不去招惹他。如果实施某个威胁太具有自我毁灭性，以至于没有哪个理智的人真会去实施，那么只有一个疯癫的人做出这种威胁的时候才会有人相信。非理性中的理性，这是谢林（Schelling）对倔驴脾气在成功勒索中所起作用的总结。[②]

另一方面，一个人不要总是那样理智，这中间还有一个合理的、为了自卫的原因。如果受害者由于这样或者那样的原因并不知道他人对其进行的威胁，那么他们也就不会被这些威胁所吓阻。打电话来勒索听力障碍人士是无意义的。如果勒索关系的一方参与人对对方当事人的破坏力视若不见、置若罔闻，那么对手知道这一点之后，也就失去了攫取把柄的意愿。在勒索关系中，一个傻瓜有时候甚至敢于踏遍哪怕是神也畏惧的地方，因为真正的傻瓜害怕的东西确实要少一些。

---

① 一事假，事事假（false in one thing，false in everything），根据美国判例的总结，本法谚表达了一般性的法律原则，即若某证人在案件中某一重要事项上作了虚假证明，陪审团有权忽略其证词中的其他方面。——译者注

② 谢林（Schelling），策略冲突（*Strategy of Conflict*），（剑桥：哈佛大学出版社），第 17 ~ 18 页。

这里要说的是，在勒索领域，理性并且表现出理性的样子或许是一种负担，孤陋寡闻、稀里糊涂反而是一种优势（“故意装傻”［studied ignorance］就是通常用来形容这种美德的词汇）。我们可以这样总结非理性悖论——威胁者越精神错乱，那么他做出的威胁的严重程度就越高；受害者越精神错乱，那么他受到的威胁的严重程度就越低。

给自己的非理性行为做出一个耸人听闻的实例既是至关重要的，又是困难重重的，就这一点而言，强制的每一个悖论的实际解决方案都概莫能外。这一点之所以困难，是因为这样一个事实：人们坚定地认为，每个个体都是智人。因此，要证明某人是个货真价实的疯子，这个举证委实太过艰难。装疯卖傻（feign madness）也许是不可能的。要假痴不癫地装傻，就必须发自内心地变得非理性，相信那些正常人都认为不合逻辑的事情，一言以蔽之，就是要在思想意识的形态上变得疯癫，从而让对手相信他真的会做出不符合经济效益、文明道德以及人类认知的事情。

满嘴恶毒言辞的政客，狂热信仰种族隔离的3K党（美国南部的白人秘密组织，利用暴力反对社会变革和黑人的平等权利）党徒，以笃信道德绝对性的美国公民自由联盟（American Civil Liberties Union）[①] 的狂热分子——他们各自以自己的方式促使对手推翻了他们是理性的人的假定。以这种方式解决悖论当然有一种风险，那就是如果各方变得非理性才是理性的，那么其结局也许是终极的不合逻辑的结果——一项自杀协议（a suicide pact）。[②][③]

---

① 美国公民自由联盟（American Civil Liberties Union）是一个美国的大型非营利组织，总部设于纽约市，其目的是为了“捍卫和维护美国宪法和其他法律赋予的这个国度里每个公民享有的个人的权利和自由”。美国公民自由联盟成立于1920年，是一个专替少数人说话的组织，总是替很“不得人心”的人辩护。他们替当时激进的共产党辩护，后来又替3K党辩护。那些始终支持他们的黑人很不理解，但他们有自己的信念。他们认为如果法律只保障大多数人的权利而漠视少数人的权利，那么大多数人的自由和权利的丢失只是一个时间问题。——译者注

② 自杀协议（a suicide pact），是指两个或多于两个的人的共同协议，其目的是造成所有订立协议的人的死亡，不论协议内容是否由订立协议的人各自结束自己的生命。——译者注

③ 当文明崩溃，强制成为权力的主要手段，参见修西底德斯（Thucydides）对于克期拉基岛人（Corcyraean）革命（公元前427年）的描述：“革命从一座城市蔓延到另一座城市，还带来了一个更大规模的对他们发明的过分细化，主要表现为奸诈的野心和残暴的报复性劫掠。言语不得不改变他们普通的意义，而承载起人们赋予的含义。鲁莽大胆开始被看作是忠实盟友的英勇；谨慎犹豫、适度怯懦、温和做派被当作是无男子汉气概的表现；疯狂暴力成为男子气概的属性，是谨慎的谋划和正当的自卫手段。那些极端主义的鼓吹者（转下页注）

Ⅳ

44

勒索模型使得我们更加容易地看清强制的陷阱，特别是强制权力的各项悖论：

（1）无恃悖论（The paradox of dispossession）：一个人拥有的越少，可以失去的也就越少。

（2）超脱悖论（The paradox of detachment）：受害者对自己所拥有的东西越不在乎，那么加害者以之作为要挟的可能性就越小。

（3）面子悖论（The paradox of face）：一个人的名声越是臭名远扬，那么其就越没有必要真正实施肮脏下流的事情。

（4）非理性悖论（The paradox of irrationality）：威胁者越精神错乱，那么他做出的威胁的严重程度就越高；受害者越精神错乱，那么他受到的威胁的严重程度就越低。

这四个悖论如何适用于警察？对于解释警察的事业发展有何帮助？答案可能看起来很明显。警察的权力中包含对他人实施合法强制的许可，以便抑制他人实施不合法的强制。社会授权警察杀死、杀伤、监禁并以其他方式伤害那些非法杀死、杀伤、监禁或者以其他方式伤害受警察保护的那些人。①

但是，身为警察面临的真实情况，以及一个微妙的讽刺是：警察或许看

（接上页注③）往往得到信任，而反对极端主义的人却受到质疑。看透问题所有方面的能力变得无用。成功的布局需要一个奸诈的头脑，来破解一个更加奸诈的阴谋；但要想不针对任何人，那是毁掉你自己的派系，害怕你的对手。最后，总而言之，抢在蓄意犯罪前动手，为想要犯罪的人提供建议，都是同样值得推崇的，血缘亲情甚至不及党派来得紧密，来自政党高层的意志毫无保留地横冲直撞；因为这样的团体并不是看到建立国家机构带来的好处，而仅仅是出于他们颠覆的野心而成立，并且成员对彼此的信心更多地依赖于共同犯罪关系，而不是宗教的庇护。对手的合理建议遭到己方两者中较强大一方的嫉妒性排斥，而不是慷慨的信任。复仇也远不止于自我保护的原因。由任意一方提出的和解誓言只会马上受阻，仅适用于双方都没有武器在手的时候；但当机会允许，最先冒险获取武器、让敌人毫无防备的人，会认为这背信弃义的复仇比公开复仇更加甜蜜，自此，撇开对安全的考虑，背叛得来的成功为他赢得了智慧上的凯旋。”［Thucydides，History of the Peloponnesian Wars，trans. Richard Crawley，in The Greek Historians，ed. M. I. Finley（纽约：维京出版社，1960）］。

① 当一个公民认识到，警察得到适当授权使用强制手段，他会自愿服从。他看到制服就会提醒自己的责任。然而，一些市民拒绝合作，因为他们认为警察行使强制是未经（转下页注）

45 起来是强制手段的最高践行者，但实际上警察却是强制的首当其冲的、最为常见的受害者。警察是社会的“替罪羊”（fall guy），他们更多的是强制的对象而不是执行者。警察一次又一次地以受害者的身份涉身勒索性行为之中，只有在极为少见的情形下，他才会以加害者的身份发起强制行动。[①] 即便警察是邪恶狠毒的，他们的邪恶也是勒索关系内在的恶性循环中向好的一面。

与人们对警方较为不恭的刻板印象恰恰相反，强制性对峙几乎总是公民主动挑起的。除此之外，在此类交锋中，公民相对于警察往往享有某些不受节制的优势。这些优势来源于强制的四个悖论。公民相对于警察来说，更加有恃无恐、更为超脱、更加恶毒、更加疯狂。加之在这些先天优势之外，大部分警民对峙的情形都是由公民决定的，读者可能开始体会到警察在这些对峙中做出回应之时所面临的种种重大限制。警察才是处于守势的一方。关于警察，有一点颇为值得玩味：他证明了一个自我克制的人想要保护自己免于受到恶人的欺负是多么的困难。警察鉴于自己相对弱势的地位，发明出了多种用以保护自己的技巧，这是将警察与其他人区分开来的特点之一。

警察的处境有一个颇具讽刺意味的地方，那就是他的权力、他的地位、他的文明意识以及他的理性，严重地限制了他们对他人勒索行径做出成功反应。他的可选方案受到苛刻的限制，跟他那些违反法律、没有公职的对手相比，警察的选择余地要小得多。如果阿克顿勋爵认为权力趋于腐败的理论是

（接上页注②）法律授权的，这种观点受到法律哲学家凯尔森（Kelsen）称为警察命运结局的明显的“二律背反”（antinomy）［①法律上的自相矛盾；②（哲学）二律背反。指两个互相排斥但同样可论证的命题间的矛盾。——译者注）的强烈影响——认为警察获得授权的强制工具、致命武力、伤害和监禁，都是人们期待他阻止他人使用的。凯尔森这样描述强制性法律秩序的本质：“在社会技术悖论中，这里提到强制秩序是因为，事实上它的特定工具，即制裁的强制行为，与它寻求在个体关系中阻止的不法侵害，是完全一样的行为；对社会有害之行为的制裁，本身就是这种行为。为此，通过威胁强行剥夺他人生命、健康、自由或财产而要完成的，恰恰是要求人们在相互行为中，不得强行剥夺他人生命、健康、自由或财产。人们选择暴力，来阻止社会中的暴力。这似乎是一个二律背反”［H. Kelsen,《法律与国家的一般理论》（General Theory of Law and State）（纽约：鲁塞尔出版公司，1961），第 20 页］。

① 一些人可能会振振有词地说，公民可能因为警察潜在的强制能力不得不采取强制行动。因为他害怕警察会滥用权力，公民通过先发制人来保护自己。在这个意义上，他们声称，公民也许不是真正的攻击者而仅仅是反击者。但如果把先发制人说成是报复，听起来他们所说的“报复”，就好像希特勒在 1939 年对波兰所实施的那样。

正确的，那么下面的说法或许也不无道理：权力的腐化性影响源自权力拥有者的权力，招致他人对其进行强制，并导致他处于守势。权力会限制、挫败、恐吓权力拥有者的良心，并成为其良心上的负担。

这就是为什么第二章的那四名警察对强制现象的关注是那么普遍和重 46
要。或者，更加直白地说，这就是为什么我在构建这本书的论据时，如此重视强制的原因。这一点，读者很快会在我们对定义“好的”或者专业的警察的方法论问题的探讨之中看到。

47 # 第4章　好警察的职业政治模式

卷入政治的人，就是以权力和武力为手段的人，与魔鬼的力量缔结了协议，就这类人的行动而言，“善因必有善果，恶因必有恶果”绝对不是实情；情况往往正好相反。不了解这一点的人，在政治上实际是个幼童。

——马克斯·韦伯（Max Weber），《以政治为业》（*Politics as a Vocation*），1918 年

此时此刻，我要卸掉伪装，显露出自己作为保守主义者的真实面目。我仍然抱有多个已经为我们这个时代最活跃的知识分子所否定的观点。我相信秩序优于混乱，创造优于毁坏。我喜欢温和多于暴力，谅解多于宿怨。总体来说，我认为知识胜过无知，同时我肯定人类的同情心（human sympathy）比意识形态更有价值。我相信尽管科学技术在近期有巨大飞跃，人类在过去两千年间并没有多少变化；所以我们仍需要以史为鉴。历史就是我们自己。我还有一两个见解很难用简短的语言说清，比如我看重谦恭（courtesy）——一种我们借以在满足我们的自尊心的同时避免伤害他人的感情的礼仪。还有，我认为应当牢记，我们是一个大整体的一部分，方便起见可以将这个整体称为自然。所有生物都是我们的兄弟姐妹。

最重要的是，我相信某些人有天赐的才能，并且我珍视一个让这样的人存在成为可能的社会。

——肯尼思·克拉克（Kenneth Clark）[1]：《论文明》，1969 年

---

[1] 肯尼思·麦肯齐·克拉克爵士（Kenneth Clark，1903 年 7 月 13 日～1983 年 5 月 21 日），英国作家，博物馆馆长，广播从业者，是他那一代最有名的艺术史学家和美学家之一，写了一系列的书，吸引了广大民众，而仍保持严肃的学者作风。1969 年，他作为英国广播公司（BBC）电视系列片《文明》的编剧、制片人和播音员，获得了国际声誉。该片开创了电视纪录片系列中，专家的个性化描述与华丽的外景拍摄相结合的先河。——译者注

I

强制，即以武器为依据的力量，并非权力唯一的手段。除此之外，还有金钱的力量和语言的力量。我们应当牢记强制之外的这两种控制他人的基本方法——互惠（reciprocity）和规劝（exhortation），这样才能认清强制的道德含义。

互惠是一种独特的权力关系。一个人不是借助威胁，而是通过有吸引力的交换来克服对方的抗拒。他让出某样他并不那么珍视的东西作为交换，得 48
到一样他认为对他价值更高的东西。同时，他的交易对象，由于价值标准的不同，得到一样较之他所出让的更有价值的东西。这样一来，双方各取所需，变得更为富有。

互惠这一理念具有某种极为文明的特性。拥有不同东西和不同价值体系的人，自愿进行平等且相互满意的交换。因为双方不存在任何对立情绪，继续这种有利可图的关系的前景抑制了赖账或者不守规则的动机。多样性、可信赖性、建设性、同理心、自我修养——所有这些美德都能从互惠关系中获得回报。

另外一种权力技巧是劝诫。某些个人采取行动，不是因为他们受到强制或者引诱，而是因为他们认为自己的行动是对的，因为他们被自己有义务完成的事务中的“真理”说服了。为了一项他们信仰的事业，他们欣然做出牺牲，甚至是杀人或被杀也在所不惜，哪怕是没有这种执着，他们原本要忍受野蛮人的折磨和魔鬼的引诱。劝诫是一种人类借以进行控制的高尚的方式。人们和睦地一起工作，接受内心信念的协调，关心大多数人的福祉，言而有信，目的明确——这一切令人感到鼓舞。当人想到领导者与追随者之间的劝诫关系，立刻会有多种美德涌上心头：团结、共生、无私、良知、激励。

在三种权力技巧——交易、“真理”和威胁中，只有最后一项，被我们称为强制的手段，一眼看去就是又卑鄙又野蛮的。诚然，互惠和劝诫也不全然是好的。实际上，如果仔细审视经济的力量和语言的力量，他们其实与强权一样具有众多矛盾又棘手的方面。极端地说，它们都鼓吹高度令人怀疑的品质，例如自私（互惠）和顺从（劝诫）。

但是强制则似乎属于另外一种情况。实施强制所必需的人类品质似乎与一切关于美好的概念都格格不入。一个必须反复应对无恃、超脱、面子和非理性这四个悖论的人的道德领域会因此变得一团糟。强制力创造出这样一种状况，在这种状况之下有效的东西在各个方面都与阿克顿勋爵所说的“道
49 德规范不可变更的完整性”存在分歧。[①] 当一个好人和当一个好的强制力践行者之间的鸿沟似乎是不可逾越的。即使当权者愿意以中规中矩的公平且温和的方式行事，他也可以确定，有人会利用自我减损、超脱、残忍和无知来对付自己，在这种情况下，他要是想随心所愿，将自己的权力用于良好的目的，就必须采取自我防卫和其他行动。强制的权力导致其行使者腐化的趋势似乎是不可避免的。

Ⅱ

不过，是否有办法可以防止拥有权力的人变坏呢？德国社会理论学家马克斯·韦伯（Max Weber，1864～1920年）在他的一篇题为《以政治为业》

---

① 约翰·埃默里克·爱德华·达尔贝格－阿克顿勋爵（John Emerich Edward Dalberg－Acton）出生于维多利亚女王继位后的一年，卒于女王去世后一年。他既热切地相信人类固有的弱点和邪恶，又相信学习历史可以使人类为自己负责。对阿克顿来说，历史记录了个人的功绩和劣迹，教导后来人为恶的罪恶后果，并且永久地惩罚那些生前逃过惩罚的人。他攻击的最厉害的是政治人物和神职人员。在他眼里，国家和教会都对人类做了不可估量的损害。阿克顿（Acton）的朋友曼德尔·克莱顿（Mandell Creighton）在他的《宗教改革中的教皇史》中总结道，中世纪晚期的教皇“已经是宽容并仁慈的了”，阿克顿在《英国历史回顾》一书中探讨过这一点，克莱顿是该书的编辑。克莱顿的善良天性使他愿意公布这个观点，即使它品质“恶毒”，在1887年出版之前二人达成一致对此进行了一些修改。阿克顿评论到，“权力倾向于腐败，绝对权力导致绝对腐败。”以下摘要体现了阿克顿观点的大意：“我不能接受你的标准，认为我们不应该像评判普通人那样评判教皇和国王，对他们进行不会做错事的有利推定……历史责任必须弥补法律责任的缺失……；如果传言属实，那么伊丽莎白曾经要求看守谋杀玛丽，威廉三世也曾经命令苏格兰大臣消灭一个氏族。很多伟大的名字都与重大犯罪相关……如果是我就会绞死他们，比海地人更狠；基于相当明显的正义理由，甚至更高，因为历史科学……对我来说，道德准则不变的完整性，是权力的奥秘、尊严和历史的效用。如果我们因为天才、成功、等级或名声，而让这个尺度大打折扣，那它也会成为因为人的影响力、信仰、党派，或是因为其信誉提升或其耻辱而减损的正当理由。然后历史就不再是科学，不再是对争议的公断，不再是对徘徊者的指南，不再是道德标准的维护者，使道德免受世俗和宗教的败坏……然后历史……只服务它应该统治的地方，服务于最糟糕的而不是最纯粹的目标。

的文章中，对这个问题进行了深入的探索。[①] 他对强制权力和人格这个问题作了如下表述：“卷入政治的人——就是以权力和武力为手段的人——和魔鬼的力量缔结了协议，就这类人的行动而言，‘善因必有善果，恶因必有恶果’绝对不是实情；反之，情况往往正好相反。不了解这一点的人，在政治上实际是个幼童。”[②] 或者，像韦伯在这篇文章另外一处所说的那样，“不 50
管什么人，也无论他出于什么目的，只要他同意使用暴力手段——每个政治家都是如此”就会将自己暴露给“强制的伦理悖论”并“危及‘灵魂的救赎’。”韦伯把这些悖论总结为“政治的恶魔”与“爱的神明”之间“不可调和的矛盾”，其影响“作用于他的内在自我，对此他只能无奈地接受，除非他意识到这些影响的存在。”如果政治人物没有预期到这些，如果那些承担强制力的人“没有充分意识到给自己招致了什么，”那么其结果就是苦恼，平庸的自我接纳或者逃避。[③]

韦伯构建了一个关于“成熟的人”的模型，这样的人不会在“职业政治家”所遭受的伦理矛盾的压力下“崩溃”。为了有所参照，我将他所构建的这个模型称为职业政治模型（the professional political model），在这里，“政治”一词采用的是韦伯所限定的含义，即涉及强制威胁和暴力的事物，而“职业”则用来表示“与强制的遭遇反复发生，以至于变成常规的了”。韦伯的职业政治家模型有两个特点，二者结合可以降低腐败的几率，韦伯把它们称为“热情与视角”的美德。

（1）热情（Passion）：将强制“融入”道德的能力。韦伯坚持认为，“真正的人”，即职业政治模型，调和了其无罪标准和为公共福利而“拿起武器挺身而出”的意愿。这种人不会为使用威胁和暴力而产生的不良后果而承受内疚的阵痛。他调和了本不能调和的事物。他对强制权力感觉良好；他使自己诉诸威胁导致的后果与规范自己行为和价值的道德准则相一致；他知道自己参与暴力是“符合原则的”。在实现了“将暴力融入伦理的融合”之后，职业政治模型就得到了忍受政治和强制力带来的对立所必需的“热

① Max Weber, “Politics as a Vocation,” in From Max Weber: Essays in Sociology, ed. and trans. H. Gerth and C. Wright Mills (New York: Oxford University Press, 1946), pp. 77 ~ 128.

② 同上，p. 123.

③ 韦伯这样总结三种有害发展：“你会痛苦还是机械呆板？你会简单无聊地接受世界和职业？或者第三种也是最有可能的：秘密地从现实中逃避……？”（同上，p. 128）。

情”。（强制的伦理基础在于强制为之服务，且若没有强制则无法达成的“事业”）

（2）视角（Perspective）：理智上的“客观性”。但是仅仅有“以有原则的暴力作手段”的伦理观还不够，因为对强制手段不能靠调和来获得道德安宁，而要靠摈弃文明的伦理关注才能实现。这样一来，由于没有良知，
51 也就不会有内疚。对韦伯来说，这种对道德的彻底摒弃导致了“真正激进的马基雅维利主义”，在这一理念中，世界遭到扭曲，变得面目可憎，从而为使用暴力来对抗这个世界提供了理由。一言以蔽之，犬儒主义是可能的。

但职业政治家模型是通过培养“客观性”来抵抗扭曲的诱惑。这里，韦伯的意思是“知道人类的一切行动，特别是政治行动，永远都带有悲剧成分。”职业政治模型能够领会人类行为的意义——对地球上每位居民所受苦难的理解，敏感于人对尊严的向往，以及最后持有“某种信念”，认为没有人是无用的。简而言之，职业政治模型培育了与真实的持续接触。他逐渐获得了一种认知效率、一种“视角”、一种从贫乏的线索中看出丰富暗示的能力。他形成了对人类动机的内在理解，一种对生活因果规律的意识以及自我怀疑，当威吓者和奉承者所言与他内心“对悲剧的了解”不一致的时候，来独自寻找真相。

避免被强制权力腐化——比如邪恶、平庸、怯懦——的秘诀，是将热情与视角结合在一起。我们这里再一次借用韦伯的话：“好的”政治家被定义为有能力把“温暖的热情和冷静的分寸……结合在同一个人的灵魂之中。”

Ⅲ

在一本关于警察的书里讨论韦伯的职业政治模型的意义何在呢？其实，它对于解决这项研究中的一个内在的重要方法论问题而言是极为实用的。我恳请读者耐心地研读，允许我短暂地跑题到可能在若干读者看来有点迂腐的技术问题。我认为鉴于这一点的重要意义，花费这些时间是值得的。

请各位回想一下，之前我所做的都是为了解释好警察的发展。读者和我都明白，要想从这样的调查中获得价值，我们就必须合理地定义“好”。这个问题很棘手，任何解决方案都至关重要，又格外需要严格审查。

我主张“好”的合理定义必须满足三个条件：（1）独立性——该定义

是否基于相对较大范围的社会问题，并在可行的前提下尽可能免受警察组织偏见的影响？（2）现实主义——一名理性的警察是否会认同，任何根据这一定义对他进行的评估确实考虑到了那些影响到他的种种重大约束？（3）及时性——假设该定义是相对独立的和现实的，那么研究人员能否收 52
集到关于警察目前有多符合该定义的证据？

针对这三个标准，让我解释为什么我曾经半真半假地考虑过，但最终还是否定了五种似乎显而易见的、解决如何定义好警察这一问题的方法。

（1）警察上司说好那就是好。在拉科尼亚警察局，每年都会由上司对警员的表现进行评级。评级结果由上司与被评级的警察以及上司的上司共同审阅。这些评价往往颇有见地，得到了各方的认真对待。但是明智的内部考核的优点却由于缺乏独立性而大打折扣。评级工作等于是由警察在给自己写成绩单，这不仅是说某位警察良好的发展前景表明其上司颇有能力，而且更重要的是，这种评估是基于拉科尼亚警察局自身的评判标准，而不是整个社会的标准。

在理想情况下，管理者对良好警务工作的定义对于整个社会而言或许是恰当的，但并不总是如此。在任何一个组织中都有一种倾向，以自身的利益取代其委托人的需要，对于这个一般规则，拉科尼亚警察局不太可能是个例外。要了解组织的目标是否与社会福祉相一致，到头来还是需要将评估标准放置在该组织外部进行考虑。因为这两个原因——自我膨胀和自我欺骗，我拒绝用上司的评级作为衡量良好警务工作的标准。

（2）好与不好是按照警察在新警察学校（recruit school）里的表现衡量的。新警察学校对巡警个人的评分是很有诱惑力的，因为这些评判看起来非常准确，而且新警察学校在我看来是非常成熟完善的。但这些评级缺乏及时性（同时也缺乏独立性）。除非我们假定好的学员最终会成为好的警察，否则其在课堂的表现就是过时的或不相关的。实际上，本研究提出的问题之一，就是好学员能不能变成好警察？

（3）“好”就是指警察机构为了其他原因所创立的评价尺度的一个极端或者另一个等级（on a scale）的状态。某些次级指标（secondary indicators）具有可自动和即时收集的优点。对于工伤、缺勤天数、奖惩以及公民针对相关警察行为不当的投诉等，警察局都有系统的记录。但是使用这些数据作为衡量标准的困难在于，它们在实证方面与警察工作质量相去甚远。比如，好警察和坏警察都有可能受伤，工伤往往可以用辖区任务分派情况来解释（而且可以说，是否被分配到某个难管的辖区是与警务人员的素质有关的）。
53 缺勤的原因，既有可能是因为好警察遇到了一个让他忍无可忍的上司，也可能是一个差劲到无以复加的警察遇到了一个好上司，如此等等，不一而足。每个我遇到的警察都认为，无论哪种二级指标，对于在个案中衡量警察工作而言都太遥远或太模棱两可。

（4）某位警察好与不好是由他逮捕的嫌疑人数量决定的。拉科尼亚警察局要求每个警察每周填写活动汇总表（the activity sheets），对本周的工作情况进行汇兑。然而，此举把可记录的活动限定为开罚单和逮捕嫌疑人。这种活动指标明显缺乏全面性。在大多数人眼里，开交通违章罚单和逮捕并不是警务工作的精髓。日常警务活动记录表未能记录得到妥善处理的家庭争端、对犯罪的成功预防、收集的信息、找回的失物、交到的朋友、把潜在犯罪人拉回正路、商业关系的改善、种族裂痕的弥合、燃起新的希望以及给予他人的帮助，等等。这些活动经常会让警察的形象有血有肉，却从来没有纳入行政表格之中。一句话，活动表是脱离实际的。

（5）“好”就是指由精神科医生认定“不存在异常”。拉科尼亚的警察在招募之初就会接受精神病学方面的检查，此后一两年内还会进行复查。这一系列检查的结果报告能够克服前四个“好”警察的定义中的一些不足。这些检查报告比上司的评定更加独立，比新警察学校的评级更具有及时性，次级指标更有决定性，并且比警察局的活动表更能全面地评估警察工作。

心理评估是在一个关于“坏”人的医学“模型”的基础上进行的。如果某位拉科尼亚警察接近精神分裂症的患病状态，他就是“坏”的，如果没有问题就是“好”的。这种“模型”对人的态度敏感，而对行为不敏感。这种评估检视的是警察的理解和情感，如果他的理解与情感和“病态”的精神模型相似，那么这位警察就会被认为有心理问题，因而就是一个问题警察。如果他看待事物比较“非现实”，对事情的评价过于自主，未能充分认识到周围的人复杂的相互关系，那么他与精神分裂症模型的相似性就会被标示出来，这样一来他就被定性为不正常的，也就是一个“坏”警察。

但精神病学模型在两个方面存在问题。以警察是不是病人来断定他是不是个坏警察，既过于宽泛又过于狭隘。过于宽泛是因为该模型假定“坏”人就一定是“坏”警察，不健康的态度会产生具有社会破坏性的行为。但是可以想见的是，“脱离现实”的想法和自主价值体系可能会产生有益的行为。马丁·路德（Martin Luther）和圣雄甘地（Mahatma Gandhi）在他们那 54
个时代的精神科医生看来很有可能是病态的。这就是态度和行为的关系问题，在下一节我们还会再来探讨这个问题。

更重要的是，对“坏”警察的定义过于狭隘。如果这一定义局限于发现“坏”人，那么有很多“坏”警察或许是这一概念无法确定的。可以说，警察的工作非常费心劳神，从长远来看，如果要做好警察工作，需要的远不止是“不生病”的条件。事实证明，一个有能力管理自己事务的人在管理他人生活方面可能力不从心。一个按照文明的标准确定的好人在文明的互惠和道德习俗中或许可以游刃有余、从容应对，但是一旦到了强制世界粗暴而可怖的环境中，很可能就会束手无策了。因此，精神病学模型过不了现实主义这一关。

Ⅳ

这正是职业政治模型发挥作用的地方。遵从韦伯的主张，我可以通过判断警察的“热情与视角”是否与职业政治家的素质相似及相似程度如何，来确定警察的“好”“坏”。如果他感到能够在道德上认同使用强制手段，并且同时还能够设身处地反思人类的状况，那么他就符合一位职业好警察的标准。

诚然，与我们所拒绝的精神病学模型一样，职业政治模型也同样以态度为基础，它并没有更好地解决态度和行为的关系问题。之所以将“热情与视角”挑选出来并认为它们很重要，是因为推定——但是从未证明——警察的个人态度与他公开行动的实际效果之间具有某种正相关。我认为二者之间既有逻辑联系又有事实相关，但读者依然应该持怀疑态度。将专业政治模型与精神病学模型相比，我必须重申一点：它们都是态度模型。现在的问题是，哪个态度模型能更好地评估警察？

职业政治模型有一些优点。它不受组织偏见影响，能够使用及时的信息，最重要的是，它是现实的。我问到的每一位警察都坚持认为，他的工作中关键且反复出现的一个部分，是当他成为别人威胁的对象，以及他不得不对他人施加影响，让那些人做不愿做的事情——停止反社会行为、提供令他们蒙羞的信息、去坐牢。这些时候，在用正面的好处来弥补市民的痛苦方面，他几乎是无能为力的。他只有用他的权威、用伤害别人的威胁，来保护
55 自己或者坚持自己的要求；他只能通过勒索才能赢得对方的合作，因为在很多时候别无他法。鉴于拉科尼亚警察往往得凭借自己给对方造成伤害的权力来防止自己遭到伤害，因此韦伯的职业政治家模型似乎能解决判断一个人在从事警察工作方面的表现这一问题。

此外，这种二元的职业政治模型还有一个优点，那就是它可以——至少在理论上——产生三种类型的非职业警察：（1）执法者——有热情但缺乏视角的警察；（2）互惠者——有视角但缺乏激情的警察；（3）逃避者——既缺乏热情又缺乏观点的警察。

V

我仔细分析了每位警察的第一次访谈内容，无论他们是年轻警察还是老警察。我对每位警察关于人类动机的态度和强制的可接受程度所持的态度进行了描述。我特意但是不仅仅限于他们对下列五个问题的回答进行了审视。

1. 您是否能谈一谈您在成为拉科尼亚警察后，在警务现场遇到最麻烦的事件吗？

2. 有没有人——比如朋友、牧师、老师、父亲或其他人——曾经告诉过你如何对付恃强凌弱的人？

3. 让我暂时换个话题。我先来讲述一位名叫吉因·拉达诺（Gene Radano）的纽约警察的故事。拉达诺加入警察部门不到一年，他曾经讲过这么一个事件。他拦下一辆闯红灯、看起来价格不菲的汽车，拉达诺对开车的“小年轻”说，“对不起，先生，你闯红灯了。请问我能看看你的驾照吗？”

那个司机非常无礼，但警察仍然礼貌地说，“对不起！可是从我站的地方来看，你有充裕的时间停车。”驾驶员拒绝出示驾照，还叫拉达诺直接把他抓起来算了。他的父亲是个大人物，肯定会让拉达诺丢了工作。这时一大群人围过来，大概有八九个人，当驾驶者连名字都不肯说的时候，拉达诺决定把他带到局里登记。没想到，这个被逮捕的家伙有幽闭恐惧

症，害怕封闭的地方，可当时谁也不知道，连他自己都不知道。他到了警察局以后依然不肯合作，于是副队长决定把他关起来，让他冷静冷静。没想到这年青人看到拘留室的围栏后，开始歇斯底里地打起人来。在打斗中有几个警察受伤，当然，还是那个小伙子伤得最严重，被送进了医院。对此，拉达诺的反应是责怪自己，“如果我一开始说话的时候能再威严一些就好了。我要是严厉点的话，可能就不会出这么一件事儿了。可能我的礼 56
貌让这个人觉得我软弱可欺。或许这就是事情一步步变得没法收拾的原因。”我感兴趣的是拉达诺警官对他自己的感觉。您怎么看待他为发生的事情责备自己这件事？

4. 我曾经听过警察相互谈论对方，他们似乎总是谈论一组警察的做法会与其他组的如何如何不同。就您所见，警察有哪些不同的类型，都是什么样的人，他们的区别在哪里？

5. 请允许我问您一个私人问题：您在警务工作中是否遇到这种让你进退维谷的问题——您的决定从一个角度看是对的，从另一个角度看却是错的：比如说，某件事从个人或者宗教观点来看是正确的，但是从警察的角度看却是错误的；或者反过来，从警察的角度看是对的，而从个人角度看却是错的？

在这 28 名年轻警察里，有 10 名（36%）看起来是职业警察。他们像我们在第 2 章里见过的杰伊·贾斯蒂斯一样，对于尊严和人性的悲剧拥有一种全面的概念，有能力将“适当比例”的暴力融入自己的道德原则中。有 5 名（18%）可以被描述为执法者。至少在他们的第一次访谈中，他们像约翰·罗素一样（在前文我们已经看到，罗素对于武力的效用深信不疑，但是对于人类社会颇有一些犬儒主义的玩世不恭）。有 6 名（21%）可被归类为互惠者，就像鲍勃·英格索尔一样，对于使用强制力的必要性，他在道德上还存在冲突（英格索尔曾经说“讨厌使用强制”），并同情普通民众。最后，有 7 名（25%）落入逃避者的范畴。比尔·塔布曼是这一类警察的代表，他对人性化的细节的精妙之处心存怀疑且认知迟钝，对武力的伦理感到大惑不解。

如果将这 28 名警察的情况做成表格，结果就是表 1 呈现的内容。

在阅读本书的过程中，你会逐渐熟悉这些警察中的大多数。在你更了解他们之前，我来说说分类的两个基本限制。

表 1　依据职业政治模型的分类

	强制的道德	
	融合的	冲突的
	专业者	互惠者
悲剧视角	贾斯蒂斯 安德罗斯 本瑟姆 查孔 道格拉斯 帕奇 皮尔 罗尔夫 坦尼森 威尔克斯	英格索尔 黑格 胡克 休斯 兰开斯特 格尔
	执行者	逃避者
犬儒视角	罗素 培根 卡尔帕索 凯恩 基普	塔布曼 普斯 加菲尔德 朗斯特里特 南希 罗金厄姆 塞耶

首先，有些警察拿不准自己的视角，很难被归入具体范畴。比如大个子罗金厄姆，是个退伍宪兵、摩托车手，像音乐家一样敏感，还在苦苦摸索这个充满了人类苦难的朦胧世界，他几乎每一天都在动摇。因为他没有解决这种理解上的冲突，因而可以把他的视角当成犬儒式的。一些警察在通常情况下对行使强制性权力习以为常（因此被标记为拥有融合的热情），但依然会对某些情况下使用强制表现出相当程度的不适，反之亦然。某些总是对使用武力心怀疑虑的警察，在条件合适的时候却能采取强制行动，并且毫无懊恼
57 疑虑之意。

其次，这些人都很年轻，大体上说都还在成长之中。有些人成家不久，刚刚开始有了安身立命的体验。有些人还在上大学课程，社会学和历史学课程中相互对立的理念体系使他们能够重构自己的视角。他们每个人的警务技能都在增加，他们都在遇见拉科尼亚和人性中新的方面。有些人可能会遇到

种种让他们难以承受、使他们无法成长为职业警察人员的困难。其他人，像约翰·拉索，由于他们变得成熟了，或者重新安排了岗位，或者遇到了意外事件，在我从旁观察他们的几年中，他们的观点和道德发生了显著的变化，因而他们已经开始了向职业警察的转变。

最后一点不可不提，发展和变化并不容易，但是矛盾的是，发展和变化出现的概率却又很高。每天都会有发展，有些是建设性的，有些则是破坏性的。这本书的目的之一就是确定影响这种发展的关键因素。

Ⅵ

我们依据专业政治模型，对这 28 名年轻的警察进行了衡量，这是本书
研究的开端。为便于讨论，假设这种分类法在某一意义上来讲是“正确 58
的”，我想强调的是，它仍然只不过是一个起点。我们需要解决三个问题。

第一，我们要知道这种分类法是否有用。以态度为依据而被归入不同类别的警察，他们在行为上是否有所不同？具体地讲，职业警察、“好”警察，与非职业警察在表现上存在不同吗（在某种意义上，前者的反应更加理想）？我们很快就会看到，这个问题将会产生一些非常复杂的答案，有的读者可能会（像我一样）认为，有时候，在某些情况下，职业警察的表现可能还不如非职业警察。

第二，解释的问题。反复使用强制手段催生专业政治模型的视角和热情，这是一个怎样的动态过程？诉诸武力会怎样建立和摧毁韦伯的方案所衡量的这些标志？

第三，操作的问题。经常性面对强制情况产生的腐化影响，如何人为对其进行调整，使想要的发展更有可能发生，让不良影响的可能性降低？

这三个问题，即实用性、解释和操纵构成了本书的最后三个部分。

强制权的四个悖论

警察每天的工作都不同。“每天都做不同的事”令拉科尼亚警察局的多数警察都对警察工作感到满意。在谈论自己的工作与蓝领、白领工人的区别时，他们会提到“多样性”。“我不是那种坐在办公桌后干文书工作的人，也不是那种在工厂里一遍一遍地重复做同一件事的人。”“就没有哪两天是一样的……”。

另外，这些人还谈及了经验的重要性，谈到见证了相同的事情再次发生。他们将根据警情的相似程度对它们进行分类：贫民区里的冲突、家庭争端、群体事件、青少年不良行为。警察他们自己把不同的警情当成同一个主题的不同变化，而不是自成体系（sui generic）。

像其他工作一样，警察的工作由日常工作和紧急工作组成。日常工作涉及制作各种各样的报告，例如关于入室盗窃、犬类走失、人员失踪等事项的报告；他们还要传递信息；送达令状；在学校讲课；在法庭审理中作证；在大街上开车巡逻。但是警察只将很少的一部分精力投入到日常警务工作之中；警察的工作主要是处理严重突发性事件（critical incident），或者是发现危急事件，他们日复一日地持续地从事这样的工作，甚至有可能在日常工作中同时从事上述所有的工作事项。

无论什么情况下，当严重突发事件发生时，在控制危机事件的走向方面，相对警方而言，公民拥有或者可能拥有最初的优势（initial advantage）。如果我们用政治术语来描述突发事件的话，一次紧急危机事件可能会涉及一场叛乱或者潜在的反叛活动（只要公民威胁或者攻击警察，这就是反叛；潜在的反叛，则是指当一个警察合理地预见到他可能会遭到攻击）。

当出现下列几种情况时，发生反叛的可能性会显著增加：（1）如果公民可能遭受的伤害，轻于他可能施加给警察或警察所支持的人员的伤害；（2）如果公民的易受伤害性低于警察或警察所支持的人；（3）如果公民对由于他引起的任何伤害行为与警察实施的行为相比，不感到任何程度的懊悔；（4）如果公民对自己造成的伤害的了解程度不如警察。

60 处理这四种危险的情况是警察工作的基本主题。这四种类型的紧急事件与强制的四种悖论，即无恃、超脱、面子和非理性悖论一一对应。当警察必须保护人质，且人质的价值或者脆弱程度比警方的对手所担忧的还要高，或者警方虽然有伤害对手的动机，但是这种动机却因为警方的悔意或者警方掌握的警情知识多于对手而受到限制，那么警方就不得不提心吊胆，惶恐不安。

在我多年来与警察的访谈和对警察的观察之中，这四个主题的变奏曲一次又一次地响起，回音久久不绝。针对每种危险，警察都必须制订防护措施，但不同警察采取的防护措施各不相同。在本编中的这几章里，我将分别为这四个悖论举出一个实例，并对该实例以及警方赖以保护自己的种种手段进行描述。在前文中，我曾经将这些林林总总的反应称为规避、执法、互惠以及专业的应对。

61 第5章　无恃悖论：夜色下的贫民区

在美国，穷人居于统治地位（poor rule），富人总是战战兢兢，害怕穷人滥用自己的权力。富人可能在内心产生不满，但社会不会因此发生强烈的动荡，因为不让富人信任立法者的那个理由，也不让他们去抗拒立法者的命令。他们不能立法，因为他们是富人，而且他们不敢违法而使自己失去财产。在文明国家，只有没有什么可失去的人才会起来造反。

——亚历克西斯·德·托克维尔（Alexis de Tocqueville）：《论美国的民主》（*Democracy in America*），1835 年。

在山上居住的是一些非常重要、很有影响力而且很有钱的人，你不能像对待其他人一样对待他们。你不能查那些住在瞭望峰（Lookout Peak）的人的车。他们中可能有些人不交罚单，不过多数还是会交。

——艾德·安德罗斯（Ed. Andros），拉科尼亚警察局，1972 年

I

1835 年，托克维尔写到，富人必然是胆怯的，因此没有给民主政体带来多少威胁。一旦他们尝试反抗政治权威，就会失去太多的东西，因此他们不得不忍受失望并屈从。他们是“无恃悖论”的受害者：“一个人拥有的越少，能够失去的也就越少。”富人拥有的、可以失去的东西太多了。

在 1972 年，艾德·安德罗斯，拉科尼亚警察局的一名警察，做出了一个类似的论断：“住在山上”的富人如果因为没有缴纳交通违章罚款而被交

由交通法官论处，势必要在暗中承受大量的损失，所以毋庸置疑，他们肯定
不敢藐视法律。他们肯定会为过去的违法行为支付罚款，尽管他们对此非常
不满。通常情况下只有穷人才会公然藐视法律，不缴纳罚款，而且敢于无所 62
畏惧地采取反抗行为。[1]

拉科尼亚最穷的公民居住在贫民区。白天的时候，在靠近贫民区的商业区，拉科尼亚居民交换商品和服务，并遵守行为的道德标准，因为他们意识到，一个完整的相互义务体系会让他们从中受益。他们很少留意到生活在贫民区的居民，这些居民行踪诡异，酗酒成风，打量着这个跟他们没有商务往来的世界。

到了晚上，情况就发生了变化。拉科尼亚市那些一无所有的人变得更加显眼，更加不怀好意。他们的活动中心位于密歇根及商业地区（Michigan and Commerce），那里聚集了十几个酒吧，这些酒吧除了天亮前的 5 个小时之外，一直都开门营业。附近的商业机构——便宜的电影院和旅馆——也彻夜营业。在这些光线暗淡的建筑物的隐蔽的入口门廊，成为妓女、皮条客和嫖客游荡的场所，同时还有毒贩、酒鬼、小偷和强盗在那里时常出没。在不明内情的人看来，这些人似乎只是临时过客，但是实际上这些人每个人都有自己的势力范围。一旦出现生面孔，关于他的身份和他是做什么的小道消息就会传遍这个地区。在夜幕下的贫民区里，每个居民都干着这样或者那样的勾当。

从文明的角度来看，这些因生活所迫而选择不得不去密歇根和商业区晃荡的人，每晚都面临着“裁判—证明”的困境。他们没有钱，没有家庭，没有工作，没有财产，没有尊严，没有健康，没有技能，也没有希望。不可否认，他们面临着（遭到监禁后）丧失自由、在监狱受到种种侮辱并面临重重危险的严重影响，但实际上这些人在监狱中其实吃得更好，睡得更暖，

① 读者可能最初会把安德罗斯（Andros）警官的声明理解为一个双重司法体系的示例——对富人仁慈，对穷人严厉。然而，事实上，安德罗斯警官并不是讨论他是否处罚那些所谓“位于山顶之上”的做坏事的人：他想要这样做并且已经这样做了。安德罗斯警官在讨论他是否要对一个“十分富有”的司机进行有策略的车辆检查（car check）的问题。“车辆检查”可能只是一个会占用五分钟的程序，这个程序涉及向中央电脑中心打一个呼叫查明并确认对驾驶员的逮捕是否属于仍然有效的未执行的通缉令（outstanding warrants）。安德罗斯说一个富人忽视对他逮捕的授权的可能性很小，以至于它不值进一步延误对那些“位于山顶上”的富人开具罚单的时间，以使对他们的车辆查检成为一次无效的执法活动。

更加清洁，并且跟他们在一起的也是危险性相对较小的人。他们中的有些人可能是最终注定要锒铛入狱的人，这些人因为之前的违法犯罪行为而逃逸在外，现如今正面临着通缉。他们是生活的失败者，除了与这个和他们格格不入的自由世界有某些联系外，这些人一无所有。

他们还有一个特点，那就是还缺少其他东西——服从合法当局的道德冲动。在贫民区，几乎不会有什么人会对违反法律感到良心不安。在贫民区住户们和那个对他们唯恐避之不及的世界之间根本不存在任何相互的义务感。

63 晚上的贫民区是如此接近无政府状态，以至于拉科尼亚警察局特意为贫民区安排了徒步巡警。到 1970 年的时候，徒步巡警已经从多数城市的街道上销声匿迹了，这是有充分原因的：警察的职责增加、对科技的依赖增强、现代城市人口密度降低、警力成本高企，这都要求警察局必须提高效率，于是徒步巡警就转而进行车巡了。

但是，在拉科尼亚市人口密集、犯罪率居高不下的地区，徒步巡逻的警察仍比车巡警察有优势。拉科尼亚警察局认为，较之呼啸而过的巡逻车，徒步巡逻警察的存在能够更加有效地遏制猖獗的抢夺、抢劫和风化犯罪（黄赌毒等——译者注）。

拉科尼亚市的步巡警察几乎都是资深警察，被选中担任这份职责被视为一种荣耀。步巡警察通常是人高马大的男性（身高 1.88 米以上，体重 90.8 公斤以上）[①]。他们两人一组开展工作。每天晚上他们通常会到每家酒吧巡逻三次，看看秩序是否正常，酒吧老板是否仍能掌控局面。最后一次夜间巡逻是监督酒吧关门，并保护老板一晚上的收入不会遭到抢劫。两人一组的巡警们巡完一家酒吧后继续前往另外一家酒吧，看到问题之后当场处理。此外，他们也可以在通过挂在腰带上的小型便携式无线电收发器，对接到的无线电呼叫电话做出回应。

在夜间的某个时候，可能会出现各种警情。一位资深步巡警察曾经描述了一次典型的危险警情："这件事发生在密歇根及其商业区（Michigan and Commerce）。一个有色人种妓女拎着把刀绕着一辆车追赶三个白人。然后自然而然地就有五个有色人种男性过来帮她。这时，突然之间大概有五六十个有色人种人员围了过来。我们把那个黑人妓女抓了起来，然后她声嘶力竭地喊什么歧视，说抓她是因为她是黑人。"警察短期内的合法目标是夺下那个

① 约 1.88 米，90.72 公斤。——译者注

黑人妓女的武器，弄清她和“那三个白人”的问题是由什么原因导致的，然后设法了结这件事情，并安抚围观人群。警方的长远目标或许可以概括为减少辖区内的暴力和伤害。不过，达成这一总体目标的最佳手段是什么，却是一个有争议的话题。

警察往往并不知道贫民区里的男女老少究竟有些什么目标。至少，那名黑人妇女想要拿回她的刀并强迫那三个白人兑现嫖资，而那三个白人则是想要自保，并免于因为自己干下的坏事被捕并声名狼藉。出于忠诚、金钱、报复或者兴奋等原因，那名妓女的五个帮手想要阻止警察逮捕她。围观人群中的一些人，或是被偏袒之心冲昏了头脑，或是自恃不会被警方认出来，想要伤害这两名警察，或者至少想吓唬他们一下，让他们以后无法正常履行上级指派的职责。

简而言之，警察和贫民区居民的目的是不可调和的。这两者谁能达到自 64
己的目的，政府权威机关还是他们的敌手？哪一方会掌控这场对峙以及其中的行为？警察可以使用什么样的手段来治理这种情况并保护自己呢？

Ⅱ

在密歇根及商业区，警察是有产者，他拥有一份工作，如果他连续工作 25 年，就能得到丰厚的养老金。全家人都依靠他生活。他拥有各种个人财产，他从小就被灌输拥有财富是多么宝贵（事实上，如果他不相信这一点，他负责保护别人财产的工作的重要性就要大打折扣了）。

吉姆·朗斯特里特（Jim Longstreet）就是一个典型的代表。他在拉科尼亚警察局已经工作四年了。他是铁路工人的儿子，他能说会道，是个肌肉发达的运动健将，但是有些纪律散漫。朗斯特里特只有高中文化程度，不怎么相信自己能在一个极为看重知识和聪明才智的世界里能有多大出息：“我没怎么读过书。”他喜欢身体技能方面的挑战，在警察工作中，喜欢到民众中去——去一些贩毒销赃的“不良场所”然后“好好收拾他们一番”。“就我而言，我喜欢去的是最难缠且我能有一定的灵活自主权的辖区，（能去这样的地方）是我最高兴的时刻”。

但是吉姆·朗斯特里特并没有得到这种灵活自主权。尽管他的工作在理论上讲是受公务员体制保护的，但是任何公民都能够向警察局的内部事务处（Internal Affairs）投诉吉姆·朗斯特里特违反了法律或者规章，或者在判断失当的情形下贸然行事。内部事务处可以建议解雇或者对其进行申斥。当然警察局可以从程序上给予警察一定的保护。投诉必须是书面形式的，被投诉的警察也可以对投诉提出质疑。警察可以向公务员事务局（Civil Service Board）申请撤销内部事务处给予他的处理决定，之后还可以向法院提起诉讼。此外，在进行投诉之前，公民必须对是否费心劳神地投诉以及投诉是否值得等问题有一定的信心——很多自称受到警察侵害的人士并没有这种信心（鉴于拉科尼亚警察局内部事务处严厉的态度，没有信心是不应该的）。尽管如此，公务员制度的庇护也不是无懈可击的。如果某位警察频繁被控行为不当，那么即使指控后来被撤销，他的前景依然不妙；如果他被停职甚至受到申斥，都会影响他被分配到较好组队、警察局对他的尊重以及个人升迁。朗斯特里特已经几次被传唤到内部事务处接受质询，当他发现领导管理层并不赞同他的警务哲学，也不愿意替他说话之后，只得采用种种令人不安的手段来歪曲事实。
65 他收到过书面申斥，曾因为涉嫌侵犯他人的民事权利受到联邦调查局大动干戈的调查，目前，有人正在对他进行起诉，要求他赔偿25000美元。

此外，他已经结婚了，有一个孩子，并且在郊区拥有一套房子。为按时还债，他还在一家百货商场当起了兼职安保人员。出于对未来的考虑，他发现自己对反抗他权威的公民不再“坚持原则”。由于不愿意出头，他发现自己一个星期内“无所作为”，只是逮捕了一些人，人数刚好够搪塞自己的警佐；如果有人对他说“去你的，给我滚蛋吧，你!”，他也不会理会。有一次，他曾经说：“我不是不担心后果。”另外一次，他愤愤然地脱口说道：“我的准则是：如果对方是想要我丢掉工作，那么无论开什么罚单都是不值得的，对方想怎样就怎样。我感到非常难过；我本来不必如此。可是我在这件事情上就是有点偏执妄想”。

> 如果一个人状况不佳，那么他就会担心自己的行为带来的后果……我很幸运。我刚刚买了一套新房子。我有家庭。如果丢了工作，我真的不知道该怎么办。我现在还年轻，还可以再找一个工作，可是等我老了的时候，如果丢了工作，我该怎么办。我的工资，还算不错，可是总是花得精光。要是我少挣两三百美元，那我的日子真的没法过了。我现在一年挣15000美元，可是我连储蓄账户都没有。如果我挣得少了，那我就不得不进行一些改变。我很担心自己的财产安全和工作稳定。对这些

> 问题现在我想得越来越多。房子问题、女儿教育问题都需要考虑，但是我越来越担心他们的安全稳定的问题。所以，当你发现自己的工作可能要泡汤，那么有时候你真的想说“多一事不如少一事”，然后溜掉。

然而，“溜掉”说起来容易做起来难，想要避开难缠的热点警情是需要一定的条件的。

首先，如果某位警察想要做出回避反应（avoidance response）行为，那么，除非他是在自己的警管区内独自出警，否则他就必须与其他人共谋串通；如果他的搭档工作热情较高，那么这个搭档可能会使他无法脱身，必须进行干预。在一定程度上，警察的确可以选择自己的搭档，警佐巡官通常很乐意遵从警员想要与自己相互契合的搭档一起工作的愿望。两个人高马大的警察连续 8 个小时挤在一辆车里，呼吸着同样的空气，从不离开对方的视线，每做出一个决定都要相互依赖，这种情况下他们之间的关系自然而然地会变得紧张起来。因而巡官警佐通常会设法缓解这种紧张关系。在可以自由选择的情况下，有逃避履职倾向的人，很有可能选择那些工作态度不积极但是又跟自己志同道合的人来做搭档。

然而，这种同谋必须超出搭档的范围才能万无一失。因为同一警察小队中来自不同巡逻区的成员需要彼此支援，如此一来，分队就必须有一个规矩，即不得惩罚遇见警情时明哲保身或不介入警情处理的同僚，对于此事也不得故意声张或者贬损地谈论拒绝介入的同事。警察之间必须达成某种社会放任主义（social laissez-faire）[①]：各自随心所欲地生活，互不相扰。另外，
如果警察小队的一名成员可以公开斥责另一名成员“懒惰”或者“懦弱”， 66
那么任何放任问题不管的行为都可能会被公开。必须向小队里每位警官和新警员灌输这种规避反应哲学，以防止他们从中作梗（rock the boat）。

小队的主管，即巡官警佐，必须默许下属的不干涉行为。比起警察暴力行为之类的积极的不当行为，发现不作为要困难得多。要发现本应发生而没发生的事，需要一种洞察力，一种对“某种遗失的事物”（something missing）的敏感性。警佐有机会得知下属有没有临阵脱逃，因为在警察的所有监管人

① 社会放任主义（social laissez-faire），自由放任的一种生活方式，一种经济准则，反对政府过分干涉自由企业制度按照自身的经济原则运转所需的最低的必要性。——译者注

员中，只有他负责监听警察无线电通话，查阅警察日志，而且他负责监管的警员人数又少，足以使他能够对其组员一一对上号。

第二个条件是警察不干预行为的受害者，缺乏进行投诉的动机、眼光和能力。那些天生暴脾气的、有钱的、有觉悟的——简而言之，就是那些不好对付的人，都是值得注意的人群，因为这些人都有能力而且确实会投诉那些对他们的受害事实漠不关心的警察。然而，顺从的人、穷人、没受过多少教育的人——则不太可能将警察的疏忽懈怠行为暴露在公众视野之下。

当然，第三人可能会代表公众采取行动。陪同警察出警的观察人士、好奇的报社记者、政府官员以及政治领袖，都可能将警察在履职方面的不足公之于众。警察要想回避职责且不受惩罚，那么就必须设法封上这些替公众发声的人的嘴巴：必须把警察局变成一个封闭的组织；必须保持城市政治的低调；还要对报社记者使用或软或硬的手段，让他们不要多管闲事。

只有在具备这三种条件的情况下——同谋、选择性不执法以及压制他人——警察回避职责的行径才可能广泛出现。但是这三个条件同时具备的情况是可能的，如果警察果真在遇到棘手情形的时候临阵脱逃，那么会发生什么事情呢？

有两种后果，一种适用于社群，一种适用于警察自己。

不可避免地巡逻警管区中总会有一些失去产业的被剥夺的无恃者，他们已经注意到，当他们寻衅滋事时，巡逻警管区内往往没有警察存在并及时进行干预。这类人是那些能够从警察缺勤中谋得好处的人——这些人是那些恃强凌弱的暴徒、横行霸道的恶棍和品性败坏的渣滓。这些小道消息（警察管控不到位）将很快传递到那些与他们臭味相投的不法之徒耳中。当有可能使这种情况恢复正轨的时候，那些对抗权力当局的反叛分子知道他们处于控制之下，贫民区的治安就不会恶化到不可收拾的地步。

贫民区周边的社区也会遭受违法犯罪行为的祸害。在贫民区周边，居住的是那些奉公守法的良民——老年人/家乡人、生病的人、辛勤工作的穷人、最近移民到这座城市的人、少数族裔人群、小商人——他们都是些为了维持生计而奋力拼搏辛勤工作的人。通过自己的努力，他们的日子一天天地好起来。他们养育子女，打理花园，清洁卫生，粉刷房屋。他们要依靠警察的保
67 护才能使自己免受不法分子的侵害。当他们发现自己得不到警察保护的时候，他们就会不再抛头露面参与社会活动，并把自己的财产都隐藏起来。他

们晚上再也不会出门了，他们拒绝给陌生人开门。晚上，他们不敢开窗户通风。他们不再打理自己的花园和房屋的外观了。做生意的人只得关门歇业。他们把自己封闭起来，抛弃了那些招致不法分子上门的美好事物。他们学会了报复，购买枪支并不惮于使用枪支。他们甚至会寻求大人物的庇护，商店会雇用私人保安公司的安保人员，甚至像美国的某些城市那样，拉科尼亚的社区可能会成立义务治安巡逻队（vigilante patrol）。[①][②]

在那些警察放任无恃者用暴力来侵害的社区中，自由就成了掠夺其他人的自由。野蛮残暴的人和温和善良的人之间再也没有平等可言。那些发号施令的人都是文明社会中的恶棍。创造力和文明消失得无影无踪。及时行乐则成为时尚主流。需要花费时间精心培植长期经营的事物被抛到九霄云外——商业事务、花园乃至于家庭，都会在成长成熟之前被人毁坏，或者因为变得有价值而成为被人勒索的对象。为了生存，不得不牺牲长远的事物。这样的社区没有一丝一毫的希望。

而对于选择"开溜"（move on）的警察，由于他必须靠其他警察对他的开溜行为进行遮掩，因而也就再也不会公开批评自己的同僚。一种保持缄默的密约（A conspiracy of silence）压倒了他，勒令他不仅要掩盖自己的逃避行为，还要遮掩别人的逃避行为——乃至于更加恶劣的不端行为，包括野蛮暴行或贪污腐化。那些逃避困难的警察要承受自责：自己是个懦夫，或者背叛了源自自己宗教信仰或者教养的帮助别人的意愿，也即背叛了最为根本的自我。他从工作中获得的满足感变少了，因为他无法让自己的生活符合原来坚信的行为准则。这种认为自己怯懦和无能的感受会导致强烈的挫败感，导致他只要条件允许有可能免于承担后果，就会做出野蛮暴力的行为。一个老警察曾经深恶痛绝地谈起一个习惯性回避职责的警察：

> 我记得有一次跟他一起在街上巡逻，一个老酒鬼不知怎么就对他说了些难听的话。那个人其实就是一个多喝了几杯的老酒鬼，完全没有什么危害可言。可是这家伙冲过去就使劲地推搡他。我拦住了他，说："你

---

① 参阅萨缪尔·卢贝尔（Samuel Lubell）《美国政治的潜在危险》（*The Hidden Crisis in American Politics*）（纽约：诺顿出版社，1970）. 第四章。

② 义务治安巡逻队（vigilante patrol），是指自发组织的治安团体，维持或者支持把法律的强制实施控制在自己手中的义务警员，从语义上讲是作为贬义的一种用法。——译者注

要对这个老人做什么?”他的回答是，“他可没那么老。”我告诉他，这不
是他逞勇斗狠的时候。我问道，“那你刚才在迪格拜餐厅（Digby's Diner)
的时候怎么不对那个大个子黑人耍横?”我告诉他说“不要用这种强横的
态度对待那个老人”他说：“我就是不准这个老家伙这么跟我说话。”他
68 想把那个老头推到墙边。我问道：“那你刚才为什么不把那个大个子掀
翻?”我不想让他胡来，可是他非得将那个老人收拾得服服帖帖、唯命是
从……我知道他是一个胆小鬼。他把他那套警服当作虚张声势的唬人手
段。他总是说谎，而且还因警察暴力受过惩罚。

Ⅲ

如果一个公民一无所有，以至于到了没有体面、希望或者自由的地步，这些事物正是警察可以正当合法地作为潜在利益进行要挟的东西，那么警察就可能用法律所禁止的事物来威胁他们。公民们也可能会采取一切不计后果的方式来保护自己，从而不断地提升风险的筹码；他也可能会开始采取以非法的人质行为作为自保手段。即使是那些一无所有的人，也是拥有一定的东西的——他们躯体的完整性。然而，社会在传统上为人们提供了一个庇护所，使他们免于受到身体上的伤害。而某些警察却侵犯了这种神圣；一旦他们这样做了，就会变得无法无天。

对人类生命的庇护是构成警察部门规章的一个组成部分：“本警察局的政策是，警察部门的所有成员必须在穷尽一切手段而无用时，方可使用枪支。”

此外，法律还禁止警察在管制的过程中，超过管制居民需要的合理限度，使用过度的暴力殴打和伤害公民。在某种程度上说，安全庇护所是由道德责任义务的力量所提供的。此外，警察射杀某人的实际后果强化了人们对伤害或者杀死他人的道德上的厌恶（moral aversion)：警察局将会成立一个枪击事件调查委员会，对每一起警察开枪事件进行广泛调查，因为每一起枪击案件都会使发生骚乱的可能性增加，使社区居民对警方的怨气进一步增强。

尽管文明为保护个人的生命创设了这些颇为可观的保障，仍有一些警察敢于逾越雷池，一次又一次地亵渎对生命的庇护。

比·海伍德（Bee Heywood）是“老资格警察”（他喜欢这样描述自

己）。他是一个筋骨强壮的红发爱尔兰裔人，当初加入警察局是因为喜欢摩托车。作为拉科尼亚警察局摩托车队（由他组建的）的一员，他得过全国摩托车登山比赛冠军。他出生在另外一个州，当他还在青春少年时期时，他的父母离婚后母亲再婚，他跟随他的母亲来到拉科尼亚。“那个时候拉科尼亚是个粗野的城市，尤其是下威其塔大道沿线，治安状况特别恶劣。而且我自己脾气不好，容忍不了别人打我。别人打了我，我一定会还手。我记得一位老小伙子曾经告诫我说，当那些大个子欺侮我的时候，别还手应当转身逃走，他说：‘他们是在故意逗你，这些事全是你的脾气惹来的’，但是我兼职送报纸的那条路上的那群大个子都知道，如果他们欺负我的话，我一定会还手，绝对不会忍气吞声”。

比·海伍德长大成人后，当了一名警察，在这期间他的个性依然如故， 69
而且还变本加厉。他的脾气还是老样子，并且他还发现在 20 世纪 50 年代的拉科尼亚警察局，他的这种坏脾气很受欣赏（当时该警察局认为有选择性地滋扰是一种有效的压制手段）。他与贫民区里的很多人都认真“比划过拳脚”（gone to Knuckle down）。

不过这只是实情的一半。另一半实情是，海伍德是一个非常招人喜欢的人，他心态开放，为人细致，自然洒脱而且非常自信。在对他的访谈中，他一开始就警告我，他是一个“天性多疑”的人，对大学里来的“娘娘腔”尤其如此，并且我的很多问题他都有可能会拒绝回答。然后他就开始海阔天空、滔滔不绝地说了起来，一口气聊了大约四个半小时。他是一个皈依摩门教（Mormonism）的人，是约翰伯奇协会（John Birch Society）的成员，是个性情中人，坚韧倔强，对细节的记忆力超强。但归根结底，他是个用身体来了解和感知世界的人。他是个摩托车手、特技飞行员，他是一个“能够赛船、赛车、滑水、骑马的人，而且在 14 岁时就驯服了自己的马”；他同时还是一个渔夫、猎人、拳击手、足球运动员；他工作期间背部曾经受伤；今年是他在拉科尼亚警察局的第 26 个年头了，早就满足了退休资格，但他还在工作。比·海伍德从来没有接受那位老人要他“转身走掉”的告诫。

用暴力制服那些无恃者，遵照丛林法则而不是文明法律，这是一份令人厌倦、令人胆寒且需要诚挚地进行深刻自我反省的工作。海伍德用自己雄辩的语言总结了自己在贫民区十几年的巡逻工作：

这份差事有时候真的很痛苦，真的不轻松。我已经不像过去那样喜欢这份差事了。年龄大了以后啊，就不想再与别人发生激烈的冲撞了，也不想再跟别人吵架和与人为敌了。年龄大了以后，想要的是稍微安静一点，交交朋友；想要离那些打打杀杀的事情远一些。你刚才提到了嬉皮士和瘾君子。我因为背部受伤调离摩托车警队之后，我发现自己干不了在市中心巡逻的差事——那些皮条客、骗子、小无赖和罪犯真让我非常难受，不过一来二去，我也就慢慢习惯了待在市中心辖区了。可以说，过了一段时间后，这些东西已经不再让我大惊小怪了。在干这一行之前，我曾经干过建筑。我发现，开始的时候我确实不喜欢自己的工作，但是如果我逼着自己去干，给自己一段适应期，然后我就开始喜欢上这份工作了。要是我真的不喜欢警察工作，那么我就会辞职。我开始问为什么要把我下放到这里。当第二次世界大战我在空军服役的时候，有一次，一位美军随军牧师走到我跟前，告诉我说我应该记住三个问题。唉，我当时没有想那么多，但是后来我就开始越来越多地思考这三个问题了：你从哪来？你打算在这里做什么？随后你将往何处去？于是对于我的工作，我就反复地问自己那个问题。最终我找到的答案是，把
70 我安排在这里，是为了保护生命和财产免受那些畜生、那些以大欺小的混蛋的破坏。我在这里是为了保护退休的老人家、老太太以及年轻人不受那些坏蛋和妓女的欺负和欺骗。那些妓女会把人骗进屋子里，然后会说“抱歉，我出去看看我男人在不在附近”。她打开门，然后就会走进来两个凶神恶煞的人，然后把那个年轻人吓得落荒而逃，一边跑还一边庆幸自己捡了条命。我发现老人们真的需要帮助，真的得有人保护他们才行。所以我开始觉得我真的在做一件需要做的有意义的工作。

在提供这种保护的时候，海伍德并非总是置法律于不顾。如果他能够自我克制或者有充裕的时间，他会竭尽全力进行详细的调查，直到让某个无恃者露出马脚，足够将“这畜生”关起来。他是个不会轻易放手的对手。

我记得有这么一个家伙。我让这个家伙做身份识别报告（FC report）（也就是让这个公民表明自己的身份）。然后他就开始骂骂咧咧：“你们这些傻瓜警察。你们把我关进监狱试试看！”并且喜欢耍小

> 聪明，不断地搬弄是非。随后我查阅了惯常的流浪犯名册档案，里面没有这个人。但是我容不得别人侮辱我的工作，最终我还是把他送进了监狱。这件事我只能耗费自己的时间独自去办理，最后他在雷沃斯酒品店（Rivers Liquor Store）偷东西的时候被我抓住了。当时他正扛着一箱酒往外跑，被我逮了个正着。我有预感他会挑雷沃斯酒品店下手，所以每天晚上我会穿上我的便衣，躲在暗处偷偷地观察那家商店。抓到他的那天晚上我本来正要离开。那天晚上真是冷得要命。然后，果不其然，他和另外两个家伙顺着店门口的私家行车道走了过来，手里拿着撬棒，然后他们就把锁撬开了。当他们几个拿着偷来的酒走出来的时候，我就用枪指着他们说："你们几个，不许动！谁敢动我就打死谁。不要招惹我，要不然我就开枪！"之后，我告诉那小子，他错就错在向我挑衅。"你不该用那种方式跟警察说话。"

不过事情往往并非如此。他既没有时间也没有耐心去完成他应尽的职责：用法律赋予他的有限机会清除市中心的违法犯罪活动。于是他就转而去收拾那些社会渣滓——直接动手去收拾那些行为不端的青少年和越轨行为者。

> 我记得有一次我用警棍打了一个人。结果那小子脑袋里有块钢板，然后就去医院了。那次真是把我吓出了一身冷汗。我是占理的，但是事关人命，我还是很担心。那天晚上我在床上翻来覆去睡不着。从那回以后，我再也没有用过警棍，我改用拳头了。

他确实用了拳头。他还用言语来激怒对方，诱导对方反抗，这样他就能名正言顺地挥舞拳头教训对方了。他对那些行为不端的社会渣滓大打出手，并威胁动用暴力，吓得对手不敢轻举妄动。

第一，要想合理合法地使用暴力，需要符合一系列严格的条件。显然，像海伍德一样经常采用执法式回应的警察，必须具备相应的能力：要有强健的体魄并善于运用计谋来战胜对手、用暴力和蛮力来制服对手。

如果对手是一群人中的一个，那么他就不仅要像野蛮人那样大打出手， 71
还要表现出野蛮人的样子，以防对方团伙一起对付他。对于拥有充分能力而言，至关重要的是找到一个习惯和能力都与自己相似的警察做搭档。一个人只能勉强对付一个对手。而两个人一起巡逻，并且不惮于以暴力作为回应手段，那么他们就能制服一大群人。

第二，必须有与自己心意相通同仇敌忾的人作为后盾。保障人类安全的措施是构建在权力分立的基础之上的。立法机构负责制定这些保障措施的法律，司法机构负责监督实施。警察控制不了立法和司法这两种独立的权力。因此，对无恃者采取强制手段的警察，就必须掩盖自己的不合法行为。他需要同事、上级和主管的支持，而支持他就意味着撒谎、伪造报告、保密和压制证人说真话。暴力远比不作为更加难以隐藏，因为警察暴行的受害者知道应该控告哪些警察。（要想保护警察）需要不断地恐吓、不停地压制强制执法反应的受害者，使他们保持沉默。

如果这些困难的条件能够得到满足，警察这种行为将对辖区造成什么样的影响？

使用非法的武力毫无疑问会导致贫民区内的冲突升级。警察带头违反不得进行人身威胁的禁忌，那么就等于赋予了那些没有道德节操的居民有样学样的权利。同态复仇法（lex talionis）的简单性和对等性，以眼还眼，以牙还牙，在贫民区有着强大的吸引力，仿佛在缺乏宗教和法律的人为限制情况下，这种直截了当的报应形式就会自然而然地蔓延开来。贫民区居民的思想中充斥着个人平等的道德准则，一方违反原则就意味着另一方也可以名正言顺地违反原则。简而言之，警察暴行的一个结果就是，无视法律、对自我辩白的嗜好会像传染病一样蔓延开来。

第三，暴力的梦魇在贫民区挥之不去，这强化了暴力的有效性。残酷的例子会让居民想起警察具有何种令人恐惧的能力。如果社区忘了这一点，那么就必须让他们反复地记起警察的暴力。对强制执法式的回应进行约束，会削弱警察恐惧统治的效果。宽恕会起到释放贫民区此前被恐惧压抑的仇恨的作用。在野蛮暴力所造成的敌对环境之下，调解分歧的措施看起来好像是姑息和胆怯一般，这等同于是在邀请对方进行报复。一旦恐惧成了掌控局面的手段，那便没有回头路可走。[①]

---

① 顺便说一句，有一些威胁不会产生永久的仇恨。如果威胁的目标是正在受到威胁的人的福利，并且此人最终意识到了自己的利益受到威胁，那么这种威胁不具有一定的正当性，它切断了权力与报复的恶性循环。然而，各种警察暴行，例如海伍德（Heywood）对贫民区小混混使用暴力是出于利己，其目的不可避免地是为了警察的自身利益，而不是为了居民的利益。

另一个后果是，由无恃者组成的社区有了保持无恃状态的动机。被 72
威胁压迫的社区，在外部世界中拥有的利益越多，其情势就越糟糕。尽管在身体暴力的威胁之下，这些无恃者的状况已然够糟糕的了，但是如果他们养了一只狗，交了朋友或者种植花坛，努力成为受人尊敬的人，粉刷房间，或者对未来抱有希望，他们就更容易受到警察不法行为的伤害，因为前述种种事物都非常容易被诉诸暴力的警察用来进行要挟。无恃者始终记得一点，那就是不能信任警察，因此，他们感到只有保持低姿态，无产无业，让自己尽量不容易受到警方的伤害或者嘲笑，这样才能过得更好。警察的恶劣声誉导致他们的辖区变成了一个堡垒式的国家（garrison state）。①

警察的暴行对警察自身的影响也极为严重。像海伍德这样的警官所从事的夜间巡逻的工作变得“非常恐怖”。他们必须全神贯注地采取预防措施保护自己。他们知道自己“在陷入麻烦的时候……根本不会得到那些混蛋的帮助”。他们害怕遭到埋伏和报复。他们害怕有人觉察到他们使用的不法手段，并对他们提出控告。正如一位年轻警察所说的：“对于那些热狗型（hot dogs）警察人员而言，他们需要担心的事情比别人多得多，他们总是紧张不安”。

这样一来，像海伍德这样的警察很难获取关于辖区内社区的信息。除了那些为了争取宽大的告密者和马屁精之外，不会有人告诉他任何东西；即便是他得到了什么信息，这种信息要么是使他更加防备，要么是误导他放松警惕。他得到的消息中没有任何有深度的内容，没有任何关于需要帮助谁、如何提供帮助的内容。

此外，如果某位警察无视不得伤害公民这一纪律，那么他就面临着毁掉自己和同事赖以保护自己生命的庇护措施。其他警察非常清楚同僚所犯下的暴行的后果，对于这种暴行及由此催生的以暴制暴行为深恶痛绝。

此外，犯有做出强制执行式反应的过错的警察发现，自己不得不为同僚犯下的渎职行为担责。他们订立攻守同盟，共谋掩盖对方的暴行；在这种共

① 堡垒式的国家（garrison state），也称军人政权国家或军事独裁的国家，是指无论战时还是平时都实行军事体制的国家。这里比喻警察的辖区变得戒备森严、粗暴独裁。——译者注

谋的约束下，海伍德和同事就成了一根绳上的蚂蚱。海伍德不敢在他人面前表露出任何忧惧的迹象，以免在此过程中暴露出自己的不法行为。只有相互庇护才能求得自保。同事之间的串通一气使问题更加复杂：它迫使海伍德不得不无视赞同自己犯下的“必要的”滥用暴力与同谋者们“虐待狂式”的滥用暴力之间的区别。

最后，还有一个影响是必须提到的。像海伍德这样的人，苦恼于他们实
73 施不法手段所造成的不良影响，迫切地想要做些好事。海伍德会四处寻找需要救助的人，他的善意行为对他来说是有意义的——而且可以说是至关重要的。“最令人满意的感觉就是别人需要你的感觉，是你在帮助别人的感觉”。为了做好事，他不惜血本，花费了大量的时间。① 他必须与人为善才行。迫切得像寻

① 例如：“一个最具典型意义的事例是关于乔伊·刘易斯（Joey Lewis）的。他住在韦斯特菲尔德村（Westfield Village）。他是一个大孩子，多次被学校开除。他是一个脾气暴躁的人，可以这样说吧，他就是盛气凌人恃强凌弱的混球。我记得第一次见到他时，他正在波士顿餐厅（Boston Diner）里大声吵闹，把脚放在桌子上制造噪音骚扰。嗯，我不能忍受小孩子与警察顶嘴。我走进波士顿餐厅并走到他的面前说：‘小子，你为什么把脚放在桌子上？这里不是猪舍也不是你可以肆意邋遢的地方。’他开始咕哝着顶嘴说不关你的事。我告诉他，‘这就是我管的事。把你的脚从桌子上移开。’我猛地把他拽离椅子并把他踢倒在地。他虽然是一个大孩子，但那时他还年轻，身体力量和协调性不强。我告诉他，‘瞧，你太大了我不可能像对待小孩子一样哄你了。我要像一个男人一样修理你。现在进到我停在那儿的警车里去，别拖拉得太久。如果你不这样做，你会发现自己躺在医院里，赶快去。他真正感到了憋屈，拉长着脸慢吞吞地挪动着身体离开餐厅，并抱怨说他享有的权利。‘你已经失去了你所有的权利，调戏这些女学生。我要以流浪罪的名义把你关起来。你为什么不上学？’这个时候，外面已经是车水马龙堵得厉害，所以我亲自教训这头好斗的公牛。我请求获得许可将男孩带回家。所以我填写了一张青少年犯传票（juvenile citation）给他，并将他带到他家的房子。我敲了敲门，问道：‘刘易斯太太吗？我逮捕了你的儿子。他的父亲在家吗？’刘易斯太太说‘他大约五分钟之后回来。’好吧，这是一个很不错的家庭，到处一尘不染。她问我，‘他又干了些什么坏事？’我说，‘你不能管好你这个惹事的孩子吗？’她说，‘不，乔伊太大了，我管不了，他差不多想干嘛干嘛。’我说，‘发发慈悲管管你的孩子吧，你认为警察局是干什么的？他现在只不过是个街头恶棍，行为粗暴无礼对人不友好，他不善于与人交谈。如果我们不把他从歧途拽回来，他就要蹲监狱了’。恩，这是一个很棒的家庭，家里人说话都客气。‘我们是你们的警察局，对这种情况得采取点行动，我们得一起努力’。我说，‘现在我赶时间，但我们得说清楚。你家这小子他游手好闲，什么也不干。他被学校开除，今天吃到足够的苦头了。我把他交给你看管，我不想让他离开这所房子。乔伊，你明白了吗？同时，我周一休息的时候就回来帮你。’‘我周日可过了一段时间，承包商来找我，说孩子太好了。他成为了一个粉刷匠学徒。同时他去伊格希尔（Edge-hill）高中完成了他的学业，然后他们希望他参军。他需要变得和善。就像在和魔鬼签订契约之后，后来他真的去参军了。此后三年，我没收到他的消息。然后有一天我在密歇根的大街上行走时，一名警官走了过来，说，比（Bee），有两个大块头黑人水兵在找 （转下页注）

求赎罪一样。像海伍德这样的人需要有机会来救赎自己的灵魂，而他想要帮助别人纾解困难的冲动则提醒人们，人类的灵魂是复杂的，也是可以被救赎的。

Ⅳ

胡克队长（Captain Hook）并不是拉科尼亚的警察。他是一个商人。他的业务是为其他商人提供安保服务。他向商人、剧院经理、酒吧老板、杂货商和房东们提供私立警卫服务。他雇了六个像他自己一样五大三粗的壮汉来协助他完成他揽下的大批业务。拉科尼亚警察局给他们签发了持枪许可证，允许他和他的员工在执行保安任务的时候暗中携带左轮手枪。此外胡克队长的手下携带黑杰克棒（blackjacks）① 和钢指套（steel knuckles）②，胡克队长本人则对一条带钉的、令人生畏的警棍爱不释手。

胡克队长不穿制服。白天他穿一件紧身的脏兮兮的 T 恤衫，使本来就大腹便便的肚皮更加壮实，大摇大摆地四处乱逛。他的两个上臂纹着美国国旗，让他本来就强壮的肱二头肌更加引人注目。在他那辆开了 20 年的雪佛兰的车顶上安装有一个黄色旋转的闪光信号灯，在车的前面他安装了一个手提式高音喇叭。在汽车的后车窗的中心，有一个引人注目而且没有修补过的弹孔，昭示着胡克队长工作履历中的暴力。

胡克队长身强力壮，不择手段，冷酷无情。朗斯特里特警官（Long - Street）曾经说他“智力不发达，脑子缺根弦”，暗示他四肢发达头脑简单。

（接上页注①）你，其中一个真 TM 狗娘养的粗壮高大。‘我走了过去，看到两个家伙站在密歇根剧院前面。我告诉乔伊，‘你现在的情况使它变得一切都值得。现在还打算去上大学吗？’‘不，’他说，‘我要做一个职业的海军陆战队员。’他有一个温柔的妻子和两个孩子。我从来没有确定他真的能够做到。他是一个真正争强好胜的人，我得说我以前还没见过那个人有如此的好战性。‘你那时候干嘛像干柴一样一点就着？我是来帮你的，’我说，‘别人能做的，我会让你也能做。我知道你不喜欢我。让我们把它挑明。你认为我不喜欢你。嗯，你搞错了。’之后，他向我坦诚了困扰他的东西，‘我不知道自己是怎么了，’乔伊说，‘这很困难。我讨厌白人。我没意识到内心深处有这样的想法。’我说，‘我可以理解。’然后我们谈了一会，尽释前嫌”。

① 布莱克杰克棒（black jacks），一种装有弹性手柄、包有皮革、皮革上缀有铅块或其他金属的短大头棒，为罪犯常用的伤人武器，有时警察也用。——译者注

② 钢指套（steel knuckles），是指戴在指关节上的金属套，意在打人时加重损伤。——译者注

74 他曾在多家拉科尼亚酒吧里当过保安。他对那些不守规矩或者不给小费的顾
客进行惩罚的作派，在拉科尼亚警察局已经成了传奇。后来他利用自己野蛮粗
暴的天赋进军安保行业后，仍然继续发扬他当年在酒吧用过的那一套，并且还
75 为之开拓了新市场。例如，胡克队长曾经受雇于一位房东。这位房东拥有一
栋声名狼藉、被戏称为“泰姬陵”（Tai Mahal）的公寓大楼。他想赶走几个
他不喜欢的租户，于是就向胡克队长求助。据说，胡克队长采取的方法是挨
家挨户敲门，给他们瞧瞧自己的带钉警棍，并命令那些租户在一天半之内走
人，否则后果自负。有一天，胡克队长和那位房东居然在六名警察面前洋洋
自得地声称“那些家伙已经滚蛋了”，丝毫没有任何羞耻和畏惧。这六位警
察都很清楚胡克队长对租户干的那些恐吓威胁的勾当。可是，他们中却没有
一个愿意以公开的正式对他提起指控，或者因为他的粗暴行为传讯他。

事实上，某些警察小队和胡克队长之间存在某种伙伴关系。两者之间的交易是这样的，胡克队长负责巡逻贫民区以及为贫民区提供服务的企业。他用恐吓的伎俩吓唬贫民区居民。同时，他为贫民区的商人提供保护。胡克队长的做法虽然专横而且不正规，但是却颇有成效，因此很受那些生意人的喜爱。

胡克队长、警察、商人之间交易的关键是官方的放任。警察曲解法律，对胡克队长日复一日地违反法律的行为睁一只眼闭一只眼。警察对他不加制止，其实就等于是在故意放纵。由于他不受法律约束，因而胡克队长可以向顾客提供一种“只此一家、别无分店”的野蛮粗暴的服务，并且能够凭借自己的垄断地位漫天要价。这是个皆大欢喜的交易。警察把维持贫民区治安所需的部分肮脏工作外包给非官方的“义务警员”（nonofficial vigilante）；而那些从胡克队长的业务中获利最多的商家和商人则负责支付胡克队长的薪酬。表面看来，警方并没有牵涉其中，这些事充其量不过是警方没有足够的证据对胡克队长一伙儿所犯的攻击和殴打罪进行指控而已。①

---

① 日本学者丸山正雄（Masao Maruyyama）提供了一个耐人寻味的情况，关于“二战”前浪人（ronin）在日本政坛的影响力，那些冒险家和雇佣兵，利用他们的狡猾、胆量和周密的准备，通过破坏法律的方式获得财富和影响力。参见丸山正雄（Masao Maruyyama）《现代日本政治中的思想与行为》（*Thought and Behavior in Modern Japanese Politics*）（纽约：牛津大学出版社，1969），第128~130页。

从轻发落、故作不知和无所作为——这些是警察可以给予别人的好处。随着好处的增加，绝对保密就变得愈加重要。（就好处的大小而言），先看一个小到极端的例子：每周用警车送 6 位少年到爵士乐队参加排练这样的小恩小惠得到了警方片区负责人的容忍，因为作为交换，这些孩子会向警方传递关于他们街区盗窃和抢劫的信息。这种恩惠很小，几乎不需要采取什么防范措施来防止公众知晓此事。警察经常给予他人的其他一些程度轻微的放纵包括允许孩子们成群结队地聚集在公园里，对违规停车忽略不计，默许有些人在家掷骰子赌博，允许酒吧在超过法定关门时间几分钟后关门。作为交换条件，治安得到了维护，其中涉及的每个人都小心翼翼地对这种安排保持 76
沉默。然而，随着放任程度增加，相关交易受到公众批评的危险性就增加了，因而要求更加严格的保密。准许胡克队长的“私立治安队”胡作非为属于很严重的问题，这种安排一旦遭到揭发，对各方都将会是毁灭性的打击。①

问题在于，任何警察局——即便是像拉科尼亚警察局这样不存在贪污腐败的警察局——都潜在地拥有大量可以施予他人的非法恩惠（illegal patronage），从而使之有了收买他人的合作和社会压迫的能力。这样一种恩惠体系（patronage system）离不开各方同谋，因为它超出了法律的范围。在拉科尼亚，这种恩惠体系还没有走火入魔到警察局必须将公众的一切监督拒之门外的地步。拉科尼亚警察局的恩惠制度仅仅适用于它在贫民区的部分活动。不过，这种权力的腐败是极为隐晦的，并且是在不知不觉中愈演愈烈的。它的成效是如此显著，初始成本又如此低廉，因而即使是最循规蹈矩的警察也感到难以反对。

将权力委托给私立治安员之所以带来最严重的影响，是因为私立治安员超出法治的范围对贫民区部分地区进行统治。私立治安员没有受过任何关于自我约束的巡逻，没有多少将自我约束付诸实施的动力，而且还能在相当大的程度上免受法律、政治和警方的批评。他与警方达成了一项心照不宣的协议，该协议对私立治安人员的行为几乎没有设置什么真正的约束。至多，他

① 对不法行为的放任，可能会导致社会走向一个极端，你可以想象一下，如果一个城市、一群人被允许垄断非法毒品的交易，以此作为压制其他犯罪的回报，这将会出现一个什么样的情况。这种极端腐败的权力现象没有发生在拉科尼亚，如果真的出现这样的情况，那将需要尽最大努力小心翼翼地保持沉默。

不过是需要小心谨慎，专门选择那些不会投诉的受害者，并且在雇用员工的时候多动动脑子。警方认识到，私立治安员不符合常理的行为、心狠手黑的名声和无法无天的做派（总之，他能以正规警察办不到的方式行事）使他有了优势，强化了他治理贫民区的成效，这种认识导致警方让胡克队长守规矩的努力大打折扣。但是，在准许胡克队长抛开那些调整警察正当行为标准的法律原则之后，警方发现越来越难以看清必要的行动和施虐狂式的过激行为之间的界限了。其结果是，很少有警察会揭发胡克队长，而胡克队长则认识到，出于实用的目的，给他的授权范围是极其宽泛的。

在警方辖区内，不平等是公然得到纵容的。胡克队长在干那些警察不愿意接手的肮脏活计的时候，即便是做出了非法勾当也不会遭到惩罚，而那些没有他有用但是也不像他这样残暴的人则不行。至于这是否树立了一个令人愤世嫉俗的例子，是否是在鼓励人们藐视法律据称具有的公平性，还尚未可知。然而可以肯定的是，贫民区的警察再也不能毫无困难地坚称警察是不偏不倚的了。

77 私立治安队的问题在于，官方和非官方的治安维护人员之间的交易既超越了法律，也不为社会所接受。各方参与人都是不法之徒，他们相互交换人质；如果这项交易遭到曝光，他们都要受到追究。警察将自己的工作委托给一个像胡克队长这样不法之徒后固然摆脱了无恃者的魔掌，但与此同时又落入了胡克队长的魔掌。因此，虽然贫民区的治安或许有所好转，但是采取此类互惠回应的警察的安全度却降低了。他不得不对胡克队长不当行为的记录遮遮掩掩，否则一旦这些记录遭到曝光，他们之间的约定就会土崩瓦解。

如果向私立治安队转授权力的规模超过拉科尼亚警察局，那么要想对此进行遮掩就意味着必须将外界对于辖区和警察局的监督统统拒之门外。但是，如果没有外人在场，那么警察局长对于自己下属在街头的行为的了解就会随之减少，或者至少会不那么确信自己了解。如果禁止外人观察和了解警察局的实务工作，那么进行能够带来丰硕成果的对话和创新的机会也就会大幅减少。

私立治安员和正规警察之间的“协议”需要参与者将自己放置于一个相互勒索的局面之中，因此哪一方害怕失去得多，往往会处于不利地位。毫无疑问，警察是更加脆弱的一方。由于在这一交易中，胡克队长是脆弱性相对较低而且更为活跃的一方，因而他掌握了主动权。胡克队长决定了他那些被动的合作伙伴——也就是警察——的义务范围。随着胡克队长逐步扩大他那些可怕勾当的范围，警察发现对方越来越多地要求自己对于受到胡克队长伤害的人的求救置之不理。这种回避行为变得越来越多，给那些有心帮助受压迫者的警察带来了极为严重的道德问题。

V

到目前为止，描述过的三种处理无恃者的方式无一例外地都需要搭档之间、警队内部、整个警察局上下以及社区内的保密和串通。在这种情况下做出的所有反应都是违法或者为人所不齿的。应对无恃者的难度非常之大，以至于守法的警察——或者说想要在法律范围内行动的警察——被迫在法律范围之外另辟蹊径，只求能够勉强应付。

但是专业的反应，则是一种在法律范围之内卓有成效地开展工作的方式。有些警察促进了辖区的发展，同居民建立了良好关系。为此，他们既没有以让出自己权力的方式进行收买，也没有在法律之外搞出一整套威逼利诱的手段。

麦克·马歇尔（Mike Marshall）是一名徒步巡警。他是一名身材高挑、四 78
肢颀长的前篮球运动员，在穿上警服之前曾经当过 11 年的专业篮球运动员。他的教育是从拉科尼亚街头 19 年的摸爬滚打中获得的。这种教育简陋至极，之所以还算够用，是因为他专门在贫民区巡逻。正如他言简意赅地说的那样：“在这个世界上，你挑选好自己能做什么，擅长做什么，然后去做就是了。”

他既不理解也容忍不了嬉皮士、示威者和说美国坏话的人，但他在自己的辖区里从未见过一个这样的人。他了解贫民区居民的本性，他们“更加接地气”。他喜欢辖区内这些“家伙们”。

> 我想，我辖区里的每个人我都认识。也许有 5000 个人吧。我会努力记住他们的名字和长相……我喜欢他们叫我的教名“麦克”（在美国等许多有基督教传统的国家，教名是指人们姓名中的第一部分，用教名直接称呼对方，常常带有亲切友好的意味——译者注），他们也喜欢我直接叫他们的教名。比如，一个酒鬼直接叫你的教名，他就能得到一种平等的感觉。让他们有平等的感觉，你就能和他们交朋友。哪怕我把他

> 们中很多人关进监狱，他们依然是我的朋友，通常所称的朋友。他们中有的人一醉就是一个星期；然后他们想让我把他们关到监狱里一个星期左右。这些人知道什么时候是个够，要不然自己就没命了。主动要求蹲监狱的人多得吓人。

他不怕他们，因为他知道哪些人有武器，哪些人没有武器。[①]

此外，辖区居民尊重他，信任他，因为他在辖区的工作卓有成效。他为贫民区里的很多人做了无数的好事，而且公平持正，不偏不倚。贫民区这个由流浪汉组成的社区最普遍也是最为迫切的需要是经济方面的需求。流浪汉手头紧的时候就会需要酒钱。他们的问题是马歇尔的机会。马歇尔在他们需要的时候帮助了他们，于是就赢得了他们的友谊。

> 贫民区的居民知道如果他们买一瓶酒的钱差几分钱，可以来找我们。每天晚上他们都会找我要几美元。我敢打赌，我已经借出去三四百美元了。偶尔有人会还钱给你。大概五个人里面有一个吧。有 15 到 20 个人总是会还钱给你。在福利金支票发下来的当天，他们会把以前找你借的 25 美分或 1 美元还给你。这一切是怎么开始的呢？我估计刚开始是我主动借过几回钱给他们。我见他们在酒馆前看着自己的手发愣，渴望能找出个一毛钱或者 25 美分的硬币出来。于是我就把钱递给他们，
> 79 然后你会看到他们的笑容，然后你就跟他们成了一辈子的好朋友。其实他们并不是坏人。无论能不能还，他们都会找到你跟你说会还。你并不指望看到回头钱。你知道他们会拿钱去做什么，不过你也清楚，你是没法让他们戒酒的。

马歇尔很享受被托克维尔称为“一个人因为毕生在众人面前做了好事，而被授予的受人尊敬的权力”。[②] 流浪汉们信任他，对人道主义的制衡体系

① 例如，他谈到最高法院的法律约束（legal restraints）对于搜查和扣押的影响时说：“在贫民区有很多贩毒者，但是很少有贩毒者带枪，因为如果他们这样做，我们可以把他们按倒在地并搜查他们的衣袋。他们不希望我们搜查衣袋”。

② 亚历西斯·德·托克维尔（Alexis de Tocqueville），《论美国的民主》（*Democracy in America*）. 亨利·里夫译（纽约：维京出版社，1945），1∶51。

有信心，认为这一体系可以防范滥用权力。通过对自己的辖区进行治理，马歇尔打消了公民们面对不受节制的权力时自然而然地感到的恐惧、不信任和敌意。

如此一来，当马歇尔以及那位和他搭档了 12 年的警察在夺下那名持刀妓女的武器，并且她开始大喊“不公平”的时候，并没有发生什么对抗。“但公民们知道这不是偏见的原因。他们站在我们这一边。这帮了我们大忙。如果他们不了解我们，我们就碰到大麻烦了。贫民区的人是‘良民’。他们是酒鬼、流浪汉、皮条客、妓女和其他。他们知道我们不是来逮捕他们的”。

马歇尔对贫民区的治理让无恃者转变成了“良民”，让他们拥有了可以失去的东西，因而也就有了想要保护的东西——一份信誉，一份体面的友谊，一个好公务员——无论是什么，这都是马歇尔通过“一辈子对别人做了好事”而得到的。

使得这种专业反应成为可能的条件，与逃避、强制和互惠反应的条件截然不同。首先，专业的反应依赖于人类相互交谈和谈论彼此的热情。要治理辖区，就需要民间消息渠道来广泛传播关于好事情的消息。做了好事却没有传播系统宣传，是取得不了多大效果的。如果只有少数公民了解马歇尔对社区的价值，或者人们并不知道社区的大多数人也和他们一样对马歇尔抱有同样的喜爱之情，那么为他撑腰所需要的团结一致也就不会存在了。没有哪个人会强大到足以帮助马歇尔对付一个妓女和她的那五个帮手。只有一致行动才足以压倒他们。每个公民都必须知道，只要他帮马歇尔说话，就会立即得到其他公民的支持。

这一条件——公开做事、公开宣传——限制了马歇尔在公共服务方面能做的事情。他在做好事的时候必须平等地面向所有的公民。他必须预料到，
他对一个人的善举，会促使其他所有人都想要得到同等待遇。他做的好事创 80
立了一种此前从未有人感受到的责任原则。如果此后马歇尔达不到这个标准，人们就会指责他，认为他不可靠、不值得尊重。

马歇尔有能力而且也妥善地处理了公众越来越高的期待。他的办法是掌握若干重要的民主技能。首先，他变成了一个雄辩的人。他掌握了和辖区民众讲话的诀窍，并确立了分配正义（distributive justice）的原则。他在给钱之前会明确说明“按需”的原则，这一标准让他可以理直气壮地拒绝那些

要求借一大笔钱的请求或者借钱用于饮食之外必需品的请求。

他精打细算。他提供的服务花费不大。他借出去的是角币和分币，因此当这种支持要惠及大家的时候，他也依然负担得起。他不会一次给某个人五美元，以防自己在自己偏爱的少数人和有需要的大多数人之间无法一碗水端平。①

他善解人意，与居民息息相通。他能发现他们真正想要的是什么。他送给他们的东西必须是他们珍视的，而不是他想当然地认为对他们有好处的东西。给酒鬼买咖啡，他是不会感激你的。

最后，他熟悉法律，因而能够小心谨慎地保持在法律界限之内。非法的好处，无论是故意为之还是无心之失，都需要保密。假如他试图通过枉法行为治理辖区，那么他就无法立于不败之地了。他就会始终面临有人让他交代清楚，并勒令他把做过的善举统统推翻的危险。只有在法律范围内行事，他才能得到免受外界力量干扰所必需的独立性。当然，他要在法律范围内给他人好处，离不开合法的灵活空间。如果法律禁止喝酒，或者警察局哪部好管闲事的规章禁止借钱给酒鬼，那么马歇尔就不可能靠一毛两毛地借钱给酒鬼们救急来治理自己的辖区了。

这种专业反应的结果之一是辖区内的社区开始对巡警有了信心。社区会变得更加开放，具有更高的安全感，并享受到一些有意义的快乐。对于警察自己而言，专业反应的结果之一是他逐渐形成了一种安全感，更加深入地了解自己的辖区，并且从做好自己工作中能够得到相当大的道德满足感。当然，并不是所有可能的后果都是符合人们心愿的。一个把自己的辖区治理得很好的警察往往会对新来者和其他社会变化产生强烈的敌意。他变得保守起
81 来。除了这种倾向之外，他还会产生一种这是“我的”辖区不容他人染指的意识。擅长专业反应的警察往往对自己的辖区过于投入，以至于忽略全市范围的大格局。如果警长没有意识到他最熟练的警察有可能会出现这种情况，就会对他们的傲慢产生误解，他们也会因为警长的不理解而感到郁闷。最后，对于那些能将自己的辖区治理好的警察而言，社区对他们的支持会让

① 在工人阶级集中居住地区，一名警察可以就返还占有（repossession）、保险问题、在商店受到高价欺骗以及如何帮助一个孩子学习等问题提供建议。对于知识渊博的警察来说，提供建议是很简单的事情。但确实需要一些投入学习法律和掌握官僚机构的程序的精神心理动力。

他们产生一种虚假的、一切顺利的感觉。他们往往会松懈下来，或者偷工减料。他们在别人的奉承之下变得自满起来，有时错将别人对自己职务的崇敬当成了对他们本人的崇敬。然而，过度自信以及无缘无故地自我陶醉的倾向，并非警察独有的问题。

82 # 第6章　超脱悖论：家庭纠纷

当克里昂（Cleon）[1] 最初决定从政的时候，他把朋友们都召集来，并且宣布断绝他们之间的友谊，因为这种友谊会妨碍他在政治生涯中对一些政策做出正确与公正的选择。

——普卢塔克（Plutarch）[2]：《道德论》（*Moralia*），约公元100年

有一个警察我非常钦佩。他去处理家庭纠纷，到了以后发现丈夫和妻子互相扔东西，吵得不可开交。于是他就坐在沙发上，摘下警帽，一句话都没有说。这对夫妇迟早都会感到自己的做法挺愚蠢的。他每次处理这类争端都要用45分钟，但保证能彻底解决问题。

——拉科尼亚市警察局马克·罗金厄姆（Mark Rockingham）警官，1971年

---

① 克里昂（Cleon），雅典政治、军事领导人，在伯里克利死后（公元前429年）领导民主党派。——译者注

② 普鲁塔克（Plutarch），希腊传记作家和哲学家之子。曾在雅典学习，在罗马任教，游历四方，结识了许多重要的朋友，后回到故乡比奥蒂亚。一生著述甚多，但最流行的是《比较列传》，对一系列著名的希腊人与罗马人配对记述，加以比较。此书所展现出的他的学识和研究工作令人印象深刻。列传展示了高尚事迹与品质，提供了行为方式的模范。《道德论》与《伦理论》收入了他尚存的有关伦理、宗教、自然、政治和文学主题的作品。他的著作深刻影响了16~19世纪欧洲随笔、传记和历史作品的转变，尤为重要的是托马斯·诺斯爵士的翻译作品《希腊罗马名人传》（1579），莎士比亚写的罗马历史剧就是取材于这部作品。——译者注

I

克里昂是一个民众领袖，居住在公元前 5 世纪的希腊，他出身贵族，但其政治生涯仰赖于出身低下者和穷人的支持。根据普卢塔克的说法，克里昂在决定代表受人憎恶的大多数人之后，预料到了父母和亲属会对其做出何种决定，所以采取了谨慎的步骤来保护自己。他意识到，贵族阶级的领导人物会直接向他施压——通过排挤、散布谣言、剥夺他的继承权的方式。除此之外，他还意识到，间接的压力也许更难抵抗，最终会迫使他削弱自己的抨击，甚至背弃自己的信仰。如果他的朋友遭到折磨，他就有义务去拯救他们，而朋友们被牵扯进他的麻烦之中的唯一原因是因为他们对自己的感情。由于这些间接的压力会削弱他保护自己的能力，于是他公开并戏剧性地断绝了与他们的友谊，这样他的朋友们就无须承担支持他的道德义务，同时也解 83
除了自己与朋友进行互助的责任所带来的负担。实际上，他向对手表明："我不在乎那些你们认为跟我有牵扯的东西。我以前的朋友不适合被当作人质，因为现在他们对于我来说已经不重要了。我毫不关心他们的命运，我对他们来说不重要，他们对我也一样"。

2400 年以后，一名拉科尼亚警察从旁目睹了一位绝望的、所作所为与克里昂如出一辙的丈夫。当时夫妻二人正在大打出手，那位丈夫似乎对毁掉自己的婚姻以及毁掉用来支撑自己婚姻的物质财产无动于衷。他已经超脱于对妻子和孩子的责任。同时他也放弃了自己作为一名稳重和殷实的公民的声誉。跟克里昂一样，他公然而决绝地与家庭决裂了。也许就跟克里昂一样，他预见到，对他人存在显而易见的牵挂会导致他容易受制于人。克里昂的超脱，使他在道义上免受所爱之人和家世背景的影响，可以无所顾忌地追求缓解阶级仇恨的"正确并且合理的政策"。这位丈夫的超脱使他得以在道义上免受来自他人的影响，包括妻子、孩子、邻居和警察。

这种奇怪的行为模式揭示了强制的第二条悖论：超脱悖论。"受害者越是不在乎保住某样东西，那么加害者就越是不愿意把它当作把柄"。无恃悖论提出了一个问题——怎样保护一个人在乎的东西；超脱悖论则引申出一个问题——是否要在乎一个人已经拥有的东西。您一定记得此前在探讨勒索性交易之时曾经提到过，面对来自无恃者的欺凌，一个经典的反应是建立庇护所来保护重要的东西。另外，针对来自超脱者的侵害，一种经典防护方法是降低事物的重要性，从而不必为之建立庇护所。这两种反应之间的差异不是程度上的差异，而是类别上的差异。对于无恃者，一个人可以坚称“我非常在乎我的东西是否遭到损坏，为了保护它们，我会战斗到底”来保护自己；但对于超脱之人，比如克里昂和那位暴跳如雷的那位丈夫，人们可以直截了当地说：“我也不在乎”。

在拉科尼亚，超脱这一主题曲有一个反复响起的变奏曲，那就是家庭纠纷。晚上，当生活的喧嚣渐渐退去，精神医生关上诊所的门，神职人员忙于其他的事情做，社会工作者回家去了，这时候警车中的宁静总会被内容为“999”——警方为家庭纷扰指定的代码——的无线电呼叫[①]打破。您或许还记得英格索尔警官描述过的那起引发夫妻争斗的典型事件。

> 那个男的已经歇斯底里了。到现场的时候，根本就没法跟他讲道理了。这是让我大惑不解的地方。通常情况下，我能弄清楚出了什么事儿，为什么会出事儿。他这个人想学好，想要遵守规矩。在那以前他失
> 84 业了，然后参与了斯巴达［一个相当不错的公共住房项目］项目，把自己的福利金支票交给某个组织，由对方负责支付他的账单、房租等。当时他想竭尽全力维持生活，可是回家以后却发现妻子把福利金全给糟蹋光了。我们使出浑身解数也没法让他平静下来。部分原因可能是因为他喝了酒，可能还吸了毒。我们到他家是为了平息纠纷，可是我们却无能为力，这一点真的让我很难过。我们到现场的时候，这件事儿还没有到刑事犯罪的程度，不过当时已经是锅碗满天飞了。我们没办法让局面缓和下来，于是只得把他抓起来。我说过，在这件事里，可能毒品和酒精起到了一定的作用。我理解这个人的问题。他确实真心实意地想要学

① “999”报警呼叫系统，1935年，伦敦发生一起重大枪击案，5名妇女死于此案，案件发生时有邻居试图打电话给消防部门报警，但由于当时没有一个统一的接警系统，导致悲剧发生。1937年，英国开通了第一个应急呼叫系统，当地居民可以通过拨通号码999来联系救火车、救护车和警察局。二战期间，驻扎在英国的美国士兵得知了这一号码，也在其基地采用了一个通用应急呼叫号码，随后在美国全境得以推广。将紧急电话设定为999号码意在拨号方便并且易记，不过999号码的误拨率很高，因此美国在20世纪60年代末将报警电话设定为911并作为唯一通用号码，而英国仍保留999，并接受欧盟标准112，以及随后的短信、VoIP通信。——译者注

好。他有两个孩子，可是回家之后却发现家里的钱没有了。我理解这一点，但也没法帮他解决问题。我们去的时候，那个人把家里拆得七零八落，挺可惜的，他们家装修得还不错。

在争吵过程中的某个时候，那位妻子或者邻居打电话到警察局，然后警察局无线电调度室将这一警情发送给辖区警察，但通常不包含警情细节。除非是重复呼叫，不然辖区警察根本就无从知道报警的究竟是哪一家人。他只能猜测那对夫妻对于闯入自己的“领地”——丈夫的城堡，妻子的爱巢——的警察会怎么反应。巡警从来没有进过他们家。不知道他们家的枪支和刀具放在什么地方，也不知道他们家的邻居是些什么人。警察对于争执的背景或者导火索毫无头绪。他所知道的是这种家庭纠纷无一例外都很危险。“我觉得如今一线警察遇到的最棘手的情况莫过于夫妻间的争执了。”这是拉科尼亚警察局基层警员们一致的心声。“在家庭纠纷中丧命的警察比在其他案件中丧命的都要多。”①

在家庭纠纷中，一切都乱了套。夫妻两个正在摧毁他们最珍贵的牵挂。他们苦心经营多年的关系和财产——这让他们生活在一起的黏合剂成了他们要摧毁的对象。丈夫从养活家人、维持家庭中得到了尊严，妻子则将自己的自尊寄托在照顾孩子、打扫房屋和维持家庭完整之上。而如今，他们却在一件一件地摧毁这些珍贵的东西。

在强烈的冲动情绪的作用之下，他们抛弃了旧有的价值观。他们都变得不顾一切，好像除了他们之间的争执之外，生活中曾经重要的一切都变得微不足道了。他们甩开了内心的枷锁，挣脱了自己的过去。一切都变成了可以毁灭的对象：他们的窗户、瓷器、友谊，他们的子女，他们的整个生活。这个时候这对夫妻，或者是其中一人，不再关心任何人，不再在乎任何事，包括接到999电话后赶来的警察。如果被激怒的是丈夫，“那就压根没有办法让他冷静下来。”他对任何事情毫不在乎，因而即便是警方最为严厉的警告也拿他没办法。这种情况下，警察还能有什么办法呢？

① 家庭纠纷每晚都会发生，正因为它发生的频率太高，警察局设立了一个实验性的家庭危机小组，以此来减轻辖区警察处理这类事情的负担。一些经过特殊训练的人专门负责接听全市的999电话。他们几乎没有空闲的时候，但还是不能完全分担辖区警察处理这些呼叫的负担。

85 ## Ⅱ

如果进门去处理家庭纠纷的巡警既年轻又没有经验，就难免“自讨苦吃”，有“力不从心”之感，甚至可能会“搞得一团糟”。他从一开始就处于劣势，因为他比想要公断的夫妇年轻得多。此外，即便他已经结婚，结婚的时间也不会很久，缺乏对于婚姻长期挫败的直接经验。最后，他没法保持超脱客观。他非常在乎自己在这个世界上的价值，因而愿意不惜成本地帮助需要的人，他要通过尽到自己责任的方式巩固自己的自尊。他要凭借成功调解他人的生活来为自己构建一个身份。

年轻警察需要知道，自己的个性是有价值的。他们正处于一个需要抓住一切合乎道德的机会树立自己成熟的“形象”的过程之中。家庭纠纷激发了他们向他人提供帮助的意愿。这促使他们投入其中。但是，他们对发生纠纷的夫妇的福祉的认同，导致他们相对于已经不管不顾的丈夫或者妻子而言处于不利地位。他们保护家庭的意愿往往超过了自己的能力。

如果这位警察跟吉姆·加菲尔德（Officer Jim Garfield）一样不称职的话，家庭纠纷就会变成一种无法忍受的痛苦折磨。加菲尔德身高六英尺四英寸（约1.93米），是一个身材瘦长，长满胡须的帅小伙。他自命不凡，夸夸其谈，趾高气扬，但是却又后知后觉。因而在我观察过的每次警情中，他都会和当事人发生对抗。正如某位培训警官曾委婉说过的那样，“他的行为举止有时候显得生硬粗暴。”

除此之外，他还存在学习障碍。读大学时因为考试不及格而辍学。他未能通过警察局的智力测试。他在警校学习了六个星期之后，警校的负责人建议他退学。一位老警察曾经表示“他好像没法记住别人给他的信息或者建议”。最后，这个人还十分混沌迷茫。他在少年时期曾经半真半假地离家出走过，想要离开遭到他恶语相向的父亲。他总是大谈自己在越南打打杀杀的经历。此外，他喝酒不知道节制，并且痴迷于打击毒品工作：“我追求的目标就是进入社会风化处（Vice Division）[①]，在读书期间我一直对打击毒品很

① 社会风化处（Vice Division，简称“VD”），一般指警方取缔赌博、贩毒、色情活动的专业部门，有时也涉及有组织犯罪和社区问题。在与此有关的执法活动中，警察局所有部门提供培训和支持。——译者注

关注，也很感兴趣。在当兵的时候，我曾经协助提供过关于硬性毒品（hard narcotics）[①] 的信息。”其他警察都很讨厌与他一起工作。于是上级只好拼凑一些无关痛痒的任务给他，尽量让他不要上街执勤。如果不得不让他去处理什么危急情况，也要派另一个警察跟他一起去。他成了一个货真价实的负担——毫无疑问，他是我研究样本中最差劲的警察。

那么，为什么他还能够在警察局工作？他为什么待在警察局不走？因为
他的体格、英俊的相貌、从军经历以及他始终不渝地要当警察的渴望一次又 86
一次地给了他继续待在警察队伍里的机会。除此之外，在他入职的时候，公务员部门（civil service）开始怀疑智力测验（intelligence tests）是否具有“工作相关性”。这种范围广泛、难度颇大的测验在某一起民事权利诉讼中遭到了抨击。吊诡的是，当加菲尔德测试不及格后，这位盎格鲁 - 撒克逊裔白种青年得到了特别关照，与其他一些求职者考生得到了第二次机会，参加了一个要求较低的测试，并通过了这次测试。在警察局录用他之后，警长由于急需人手，压下了警察培训学院负责人要把他从培训学院除名的建议。他的每位实习评估人各自都怀疑加菲尔德的表现会越来越糟，但是并没有机会交换意见。在这些因素的共同作用之下，加菲尔德混过一年的试用期，此后除非他主动犯下不当行为，否则就没法开除他。不过，从那以后加菲尔德果真就变得不主动了起来，于是就成了一个永远也甩不掉的负担。他表示：“我的脑子比谁都转得快”，这句话的意思是回避一切难办的活计，“甩手不管”。为了逃避工作，他会去寻找哪怕是最微不足道的借口。当无线电调度员呼叫警员的时候，他会一直观望看有没有其他的巡警回复。如果不得不去现场的话，一有机会他就会溜之大吉。

如果某对夫妻正在闹家庭危机，那么“他们让我出去，我会赶紧就走。他们不想让我来，我也不想。我是他们的公仆，他们有权让我走人。”事实证明，他没有解决家庭纠纷的能力，于是乎他就把家庭纠纷视为超出警察职责范围的事情。在他看来，家庭纠纷不属于警察分内之事，而应该是家庭咨询师的事情（可是该市尚未雇用家庭咨询师）。“可以专门雇用一个家庭咨询师来处理已婚家庭的问题：既然家庭纠纷不过是身体上或精神上的问题，为什么非要叫警察来处理呢？医生或者牧师就能够应付得来。他们不能让警

① 硬性毒品（hard narcotics），指毒性较大、容易成瘾、难以戒断的毒品。——译者注

察去管这些鸡毛蒜皮的小事。”他这样为自己的无所作为辩解，让公民把自己“身体或精神上的问题”留给他们雇不起的医生和除了来参加他们中某人的葬礼之外就从来不会上门的牧师来处理。

如果像加菲尔德这样的警察要想把家庭纠纷甩给根本不存在的、警察之外的人员处理，那么他们就必须首先取得某些使警察得以在贫民区无论什么时候发生大麻烦都能溜之大吉的条件。他们要是有搭档，就必须跟他串通一气，要对外人保密，并且具有小心谨慎的天赋，这样一来，他们就只需要搪塞少数几个可能会把他们叫去，让他们对不负责任的行为做出解释的人就行了。

不过，对于像家庭纠纷这样反复发生的警情，还必须加上最后一个条件。习惯性推诿的警察必须为自己的不作为编造一个在社会上无懈可击的理由。在同僚那里，他必须给自己的回避行为披上合法（或者表面合法）的外衣。他必须拿拉科尼亚警察局的某句传统名言警句来达到自己的目的。为
87 了将家庭纠纷定性为自己的分外之事，他主要是借用了这句熟悉的训诫“切勿卷入其中”。这么一句模棱两可的话就是加菲尔德赖以在道德上为自己辩护的依据。对于这句训诫，警察们有着见仁见智的反应。对于职业型警察而言，这意味着要公正。对其他人来说这意味着别把别人的麻烦带回自己家。对倾向于做出强制执法型回应的警察来说，意味着不要仁慈。然而对加菲尔德来说，则意味着管好自己的事就行。“切勿卷入其中”这句话非常含糊，足以掩盖他的不作为，还给他提供了一个说得过去的自我原谅的道德原则。只要警察局领导不正视并消除这句话的歧义，那么这句话就会一直“歧义”下去。

这样做对于警察个人所造成的结果是灾难性的：不履行职责，行为反复无常，以及越来越逃避警察工作。加菲尔德与其他有着同样反应的人失去了让自己在这个世界上具有重要性的机会，因为他们把太多警察通常情况下责无旁贷的事情给定义成了无关紧要的事情。他们给警务工作划下了一个极为狭隘的范围，导致自己几乎没有任何做出有价值的工作的空间。诚然，加菲尔德将自己超脱于很多人的命运之外固然可以不去拯救他们，但是这也导致他无从为自己构建一个自我形象。他庸庸碌碌，做着没有价值的工作，是一个缺乏自我认同的人。

这种自我消磨的挫败感非常强烈。加菲尔德偶尔也会放松，将家庭纠纷纳入道德事务范畴去做。他会心血来潮，前去处理某个家庭纠纷，他非但不

会回避，而且还会按照他对警务工作的定义进行处理："制止犯罪""开罚单"抓捕犯罪的人"清理辖区"。用他自己的话来说，"有一次，有一对夫妻发生了矛盾。结果我去处理的时候，他们两个却一起跟我撕扯起来。当时他们家的客厅里大概站了八、九个人。我把他们统统抓进监狱去了——包括那些围观的人在内。我叫了一个警察小组过来，然后他们就知道我们不是在开玩笑了。情况逆转了。"这样一来，加尔菲德把一个"医学或者情感方面的问题"变成了可以让他得到某种道德上的自我成就感的警务工作。他自我感觉不错：他这是在干工作，他满足了自己寻求道德上的充实感的需求。

然而，尽管有这种心血来潮的小插曲，无所作为的趋势却依旧存在。宣称难办的事情不在警务范围之类是容易习惯成自然的。一旦加菲尔德从自己对警务工作的定义中将家庭纠纷排除在外，那么下一步他就会觉得将"孩子在街上玩棒球"之类的事情，排除在自己的道德关注范围之外也并非难事，然后再将家庭之间的争斗也排除在外，以此类推。接下来，他开始回避居住在拉科尼亚市那个被他称为"混蛋地方"的地区的居民之间的一切纠纷。这一地区是低收入公共住房小区的所在地，在那里，破坏公共治安的事件是家常便饭。在他的道德论证的逻辑指引之下，他从不管"混蛋地区"居民的纠纷这一点开始后退，进而将"混蛋地方"发生的一切活动都排除在自己的职责范围之外，甚至连入室盗窃和抢劫之类的犯罪案件也一样。这 88
样一来，他在道德上的枯萎颓败不断蔓延，一发不可收拾，直到超脱的加菲尔德的道德田野变得一片荒芜，再也无法滋养他的灵魂。他变成了一个行尸走肉般的警察。①

逃避责任的回避反应（avoidance response）所造成的社会后果是，公民们遭到抛弃，只得依靠自己去解决自己面临的问题。加菲尔德曾经怀着不应有的自豪说过："再也没有人投诉我了。"他对于辖区公众的问题一直不管

① 顺便说一句，加菲尔德（Garfield）对生活做出明显以自我为中心的理解。他认为人就像一座孤岛。无论这种观点是回避行为的起因还是结果，他对世界的看法是极端的，骗自己说人不需要和他人接触。例如，他为自己在高中的困难找理由："我小时候语法成绩十分差，我是个个人主义者。如果我感觉一句话中间应该有一个句号，那对我而言这里就该有句号。"对社会责任的狭隘理解，反应在他忽视为他人解释清楚的必要性，以及他不能站在对方的角度看待自己，这一点在现在的警务工作中也有所表现。正如他自己所说的那样，他是个"个人主义者"。

不顾。暴力问题并没有减少——只不过是针对暴力的投诉减少了而已。弱势群体受到伤害，但是他们却无法求助于法律或社会，只能通过超脱于家庭、朋友、社区——也就是除了自己以外的任何人的方式来保护自己。此外，在一个没有法律的地方，如果有人在失去理智后将文明抛诸脑后，那么只要他足够有力，他的野蛮行径就不会遭到任何有效的反抗。在这种野蛮的破坏行径中，家庭生活、爱、成长和责任的价值也就陷于毁灭了。①

Ⅲ

弗兰克·卡尔帕索（Frank Carpasso）警官不是道德上的行尸走肉。他是个乐于救助他人的人。他需要别人需要他。他离不开别人对他的依附；帮助弱势的人、贫穷的人、不幸的人和受压迫者的机会，对于他而言须臾不可无。他作为警察“就是来帮助别人的”，“这让我的灵魂感到满足”。从他能记事儿的时候开始，他就能从帮助他人中体会到快乐。在他还是个小男孩的时候，他非常崇拜本地的一位警察。这位警察善良的举动和耐心十足的解释补偿了卡尔帕索自己父亲的不足。与他崇拜的这位偶像一样，只要有可能，卡尔帕索就一定会出手帮助别人。他“庇护”过一个少年犯。这位少年犯
89 的父亲跟卡尔帕索的父亲一样是个酒鬼。卡尔帕索出钱说服这位少年重回学校，并给他资助和体育比赛的门票作为奖励。他还帮助那个少年加入了基督教青年会（Young Men's Christion Association）②，并且教他怎样改过自新。

① 一个警察给我讲了一个关于回避反应（avoidance response）的故事，故事发生在他以前的一个搭档身上：“他只是不想被牵扯进来。我们接到一个女孩打来的报警电话，电话里面说她妈妈正在试图服用安眠药自杀。我们驱车赶到了报警地点，他叫我们在车里等，他则下车去摁响了门铃。不久他返回来了，因为屋里没人应答，接着我们便开车离开了。没有人回答，对于他来讲，这或许就是那个报警电话的结束。你可以想象一下当时我的想法，我也直接告诉了他。但他却回答说‘我们没有必要自找麻烦’。很好，后来事实证明那个母亲其实是在另一个地方，而且她也没有死，但是他却不知道这一点，而我也不知道这事实。”

② 基督教青年会（Young Men's Christion Association，简称“YMCA”），是以发扬基督徒高尚品德为宗旨的跨教派的非政治性组织。原是1844年伦敦的12名青年人为提高行业年轻人的灵性修养而成立的一个俱乐部。19世纪50年代美国波士顿成立了第一个这样的俱乐部。基督教青年会的活动内容有体育、野营、正规和非正规教育、公民活动等，此外还经营旅舍、公寓、宿舍和自助食堂。全国委员会是1855年成立的世界基督教青年会联盟的成员，总部设在日内瓦。根据1929年的《日内瓦公约》，基督教青年会有责任在战俘营中促进教育与文娱设备的添置，现有数十个国家的组织在运作。——译者注

但是他们之间的这种关系后来却土崩瓦解了。那个少年在打篮球的问题上欺骗了卡尔帕索，而且违背了重返学校读书的承诺。最终他被送到了少年犯拘留中心。卡尔帕索承认："这件事搞砸了"。

尽管如此，在四年的警务工作中，卡尔帕索仍然想方设法地帮助别人。如果没有人请求他帮助，他会自己主动找上门来帮助那些需要帮助的人。如果哪对父母之间出现了家庭问题，他就把它变成拯救他们的子女的机会。只要发生家庭纠纷，他就一定会介入其中，让做子女的免受胡作非为的父亲或者母亲的影响。他会倾听大人们的意见，但不是为了了解发生了什么，而是为了证实自己的猜测。如果出现了证实自己猜测的线索，他就"了解"了事情的完整情况。他不是在对实际发生的纠纷进行公断，而是在调查究竟是父母中哪一方的过错导致孩子受到了（卡尔帕索推定的）伤害。当妈的是懂得照顾孩子吃饭，还是四处游荡，生活不检点？当父亲的是酗酒成性，还是不懂得顾家？一旦他得出结论，就只有两个选项："一无是处"的父亲或者母亲"自愿出局或者去坐牢"。这样一来，感情用事就演化成了强制执行式的回应。

卡尔帕索对于家庭纠纷具有高度的身份代入感，同时对于家庭纠纷的责任感也非常之强，因而他从家庭纠纷中发现了其他警察看不到的意义。他关注的是孩子，并且不是从父母的视角，而是从小男孩儿的感受出发对每一个家庭纠纷场景进行重构。人们感到，卡尔帕索仍然在受到童年不幸遭遇的困扰。

> 我父亲是个酒鬼，而且总是麻烦不断。我父母在生了我两个姐姐后就分开了。他们复婚以后又生了我。所以我们家有点像两个家庭一样。我父母的婚姻并不美满，可以说，我好像是来自一个破碎的家庭似的……心理医生肯定对我的经历很感兴趣。

如果没有任何信息证明卡尔帕索匆忙得出的结论是错误的，那么卡尔帕索就会一直将这种结论作为自己行为的依据。无线电调度员发来的信息非常简短，给卡尔帕提供不了多少案情方面的信息。在家庭纠纷的一片混乱之中，任何情况下想要获得准确信息都非常困难，这就使他有很大的操作空间，将一切不支持他的假设的事实统统打入另册。

第二个导致卡尔帕索感情用事的原因是他对人性的"二元论"理解。

他倾向于把人类分成两类：英勇的和可怜的，好的和坏的，出类拔萃的和卑鄙下流的，我们和他们。只要将“坏人”摒除在外，前一类人就有可能取
90 得任何成就。在家庭纠纷中，后一类人通常指的是当父亲的，这也许是因为母亲是报警人，也许是出于实际原因（假如把当母亲的关起来，做父亲的该怎么照顾孩子们?），也许是因为这更接近事实。这种二元论观点使凸显应该拯救谁、应该谴责谁成为可能。

使卡尔帕索这种感情用事式的关切成为可能的第三个条件，是拉科尼亚警察局的分工。这种分工意味着卡尔帕索一直是一线警员（专门负责处理冲突），不会成为侦查人员（在事件的翌日从容镇定地厘清事件的全貌）。卡尔帕索很少有机会从事件的全局层面来检验他的假设是否正确。作为分工的一部分，他只能看到事件的某一个方面；他只负责初始讯问，因而即便做出了任何错误的猜测也不必负责。从来没有人当面质疑过他的推测，因为到那时他早就离开事件现场了，因而也就无从得知他的猜测是对还是错。从这个意义上讲，分工使他免于在智力上受到问责。卡尔帕索这种“英雄与恶棍”式的定位中，内在的心理矛盾从来就没有遭到过质疑。

但是，这种二分法对卡尔帕索而言却行之有效，虽然“并非所有的时间所有的人”都管用，但他非此即彼的二分法系统一方面给了他一个分析的角度，另一方面又给了他成就感。

对发生争执的夫妻的子女进行调查，给他提供了一个智力上的焦点，使他得以撩开事件的面纱，看清事件的全貌。在信息难以捕捉、零碎杂乱又片面主观的情况下，“到底谁该为伤害孩子负责”这一问题使事件有了中心点。从争论双方的一面之词之外的视角对事件进行重构，有时候能给他提供一种洞察力，使他能够平息场面。他的家庭生活的理论把最细微的线索放大成为一个完整的故事，足以让他果断地采取行动。

这种果断给卡尔帕索这样一个游移不定的人带来的信心是不可轻视的。卡尔帕索从解决某些家庭纠纷中得到了一种激情、一种狂热、一种道德上的热情，这些是那些不像他那样自以为是的警官永远感受不到的。当他觉得应该宽宏大量的时候，他就会表现得非常慷慨、格外热心，并且非常注意细节。他把他自己融入警情之中，并且十分投入。

从长远来看，人们可以预见到这种英雄主义会如何蜕变为愤世嫉俗的犬

儒主义（cynicism）①。他曾经抱有这样的幻想：他所拯救的当事人都是纯洁无瑕的，可是一旦生活击碎了这一幻想——他帮助过的那个孩子没有走上正道；那位母亲一旦离开了他的帮助，就堕落成了与她丈夫一样的“废物”——那么，卡尔帕索就得到了教训。他会意识到，自己对于好人的定义太宽泛了；这样一来，他会缩小好人定义的范围并提高准入标准。之后每次遇到新的失望，他都会决定减少关心的人数，直到需要他拯救的人已经所 91
剩无几，直到他对他自己提出的问题产生了严重的怀疑——“帮助他人究竟是不是可能的？你还是好好照顾你自己吧。偶尔帮助一下别人就好”。

像卡尔帕索这种凭意气用事的多愁善感的人往往会给辖区带来麻烦。他对谁是好人的推测往往导致他无法平等地适用法律。正如之前说过的那样，他在处理警情的时候往往会偏袒其中他喜欢的人。如果前面说过的那个男孩对了他的路子，他就能让卡尔帕索为他付基督教青年会的费用，替他出面给老师和管理逃学的负责人说情，或者是去和少年犯管理局（Youth Authority）交涉，把他从监狱里弄出来。如果某位当丈夫的看起来潦倒到了一定程度，卡尔帕索设法让人给他捐献零用钱，还会设法让他免于被捕。但是，有他喜欢的人，也就必然有他不喜欢的人。对于自己不喜欢的人，卡尔帕索会毫不客气地贯彻自己的道德使命。拉科尼亚警察局的某位副队长认为，卡尔帕索为人感情用事，是个心慈手软的人，其实他只说对了一半。卡尔帕索对于他要拯救的人的对手是毫不留情的。这些人对事情的看法和卡尔帕索往往存在出入，因而卡尔帕索的强硬有时候就有了粗暴的意味。

卡尔帕索这一特点有造成不平等的潜在可能，并且有些公民能够感受到

① 犬儒主义（cynicism）学派是古希腊四大学派（犬儒主义学派、斯多亚学派、伊壁鸠鲁学派和新柏拉图学派）之一。当时奉行这一主义的哲学家或思想家，他们的举止言谈行为方式甚至生活态度与狗的某些特征很相似，他们旁若无人、放浪形骸、不知廉耻，却忠诚可靠、感觉灵敏、敌我分明、敢咬敢斗。于是人们就称这些人为“犬儒”，意思是“像狗一样的人”。也有人声称该学派创始人安提西尼曾经在一个称为“快犬”（Cynosarges）的运动场演讲。现代“犬儒主义”一词在西方带有贬义，意指对人类真诚的不信任，对他人的痛苦无动于衷的态度和行为。犬儒主义与愤世嫉俗表现相近，都对现状不满，但愤世嫉俗是有正义感的人激愤痛恨世间邪恶现象，表现为改造的热情，是理想主义的极端表现。而犬儒主义的核心是怀疑一切，不但怀疑现实，而且也怀疑改变现实的可能性，是一种完全的虚无主义。因此二者是对立的。但另一方面，激烈的理想主义者最容易蜕变成彻底的虚无主义者，所以虽然本质截然相反，但是只有一步之遥，越是纯粹激烈的理想主义者，如果不是足够坚强，就越容易蜕变成彻底的虚无主义者。——译者注

卡尔帕索意气用事的一面并对此加以利用，从而使这种潜在可能变得愈加复杂。这些公民在发现卡尔帕索在道德上对他们抱有深厚感情之后，就开始在情感上操纵卡尔帕索对于他们抱有的责任感。他们确信不管发生何种情况，卡尔帕索在道义上都会保护他们，于是他们就会大肆利用这种优势来打压对手，要求对对手进行报复和羞辱，对他们提出一些合法的无礼要求（pound of flesh）[①]，卡尔帕索可能会答应。如果他不肯答应，如果他对这些人的报复性要求另有看法，这些人就会“絮絮叨叨个没完”，对于他的“背叛”极尽蔑视，并采取最严厉的方式对他进行报复——让他无法从帮助他们中获得道德上的满足感。

与此相反的另一个极端则是某些公民并不想被他拯救。他们觉得卡尔帕索的帮助是一种居高临下的施舍，他拯救他人的努力只是为了打击这些人的骄傲和自主性。他们的这种怨恨会导致卡尔帕索做出防御反应或保护反应（defensive response），将警情的剧本推到重写，把他原本想要帮助的人变成了“混蛋”。如果卡尔帕索针对公民对他的拯救措施做出的反应导致卡尔帕索对于局面的理解发生扭曲，那么他对局面做出错误重构的可能性就大大增加了。如此一来，他强势干预局面的做法就变得有悖常理，以至于到了受人鄙视的地步。当法定权力的行使看上去是心血来潮、反复无常时，那么民众就会认为法律既不合理也不安全，因而会对法律敬而远之，并转而设法保护自己，并且在跟警察打交道的时候做最坏的打算。

前面提到过的那位副队长，或许正是因为想到了这样一个令人痛心疾首的结果，才会断言多愁善感的人“永远成不了好警察”的吧。

92

Ⅳ

汤姆·胡克（Tom Hooker）警官26岁加入拉科尼亚警察局，但他看起来比实际年龄还要年轻一些。他脸上没有皱纹，皮肤黝黑，神情忧郁，是个十足的帅小伙。他表面看起来体型偏瘦，实际上却是名运动健将——他是个争强好胜、冲劲十足的选手，一个敏捷而强壮的体操运动员，是个坚韧不拔

① 合法的无礼要求（pound of flesh），这一典故出自莎士比亚戏剧《威尼斯商人》，这里指的是合法但是不合理的、严苛的赔偿要求等。——译者注

并且品行良好的斗士。他成长在一个小镇的中产阶级家庭，在周围孩子中一直是最桀骜不驯的："我算得上是个小霸王……那就是我的绰号"。在少年时期他就开始和他"迂腐不化"的父亲对着干，但更多的时候，他选择把精力倾注在高中体育活动、大马力机动车之上——他在整个大学期间以及成为警察之后，依然保留这些兴趣爱好（到警察局上班后，他仍然利用业余时间继续参加摩托车越野赛，最后头部严重受伤，只得在加入拉科尼亚警察局的第三年遵医嘱离职）。

胡克是一个摩门教徒，在高中毕业后他去爱尔兰呆了两年——"为了让我父母开心"。在爱尔兰的那些经历让他浮躁的心平静下来，并给他带来了超乎自己十几岁的非凡阅历。他回到美国之后进入大学读书。在大学中他发现社会学和心理学能够帮助他更好地了解自己，他的生活当时似乎正在经历"180 度大转弯"。他娶了一个能与他心心相印的"好老婆"。在大三那年，他在校报上看到了一份拉科尼亚警察局的招募广告。于是他就加入了拉科尼亚警察局，一方面是因为他需要钱，同时也是为了得到做大事的满足感。

在他当警察的头一年里，他常常会因为自我怀疑而痛苦不堪。他的培训警官，一位有着极强洞察力的老前辈曾经点评道："目前来看，他最大的困难是缺乏自信"。正是由于缺乏自信，所以他故态复萌，重新拾起了高中时期少年的行为模式。他成了一个粗暴、急躁、爱动手的警察。他被内部事务处叫去问话了 3 次（不过每次都免于受到处罚）。他的一些上司曾经表示，他过于热衷回应某些紧急呼叫（比如，正在实施中的入室盗窃、高速追逐嫌疑人等），反应过于积极，而对更为常规的警察事务就相对缺乏兴趣。他甚至还调到了特别行动组，因为比起巡警部门，在那里遇到"刺激的"任务的几率更高。

但是，到了他从警的第二年，他的自信心就有所提升。他找到了一种跟自己成熟的节奏更加合拍的警务工作方式。此外，他还了解到，同僚们都因为他能在大街上巡逻的时候很好地保护自己而很是佩服他。最重要的是，他发现他擅长一件其他警察都觉得很棘手的事情：他很会处理家庭纠纷。

胡克变成了警务一线的临床心理学家。他认为（在发生家庭纠纷之后）把丈夫从家里赶出去是不明智的。毕竟，他是"一家之主"。在他看来，因为发生家庭争吵就把一方当事人给抓起来是不可思议的："在我看来，抓人

93 是万不得已的时候才用的最后一招”。在所有的家庭纠纷之中，胡克的目标不只是恢复暂时的平静，而是要为解决婚姻中不可避免地要发生的冲突奠定基础。他细致入微，并且与人充分讨论，借此教会家庭纠纷的各方如何识别发生分歧的征兆，以及如何防止冲突的发生。他会采用幽默的手段。他将事情放在大背景之中，这样发生纠纷的夫妻两个就能看到，自己的愤怒也好，不和也罢，在相亲相爱的两个人的婚姻中并不是什么异常的事情。他突出强调必须想方设法处理惹人生气的事情，这就意味着夫妻之间要沟通交流：了解对方对事情的感受，调和他们看待事情的方式，深入交换看法，并理解到妥协并不是让步。但是最重要的是，胡克会认真倾听。

胡克虽然年轻，但是他却懂得辖区内的居民是多么的孤独，多么渴望能够获得一些调解，听到一些建议，得到一些安慰，获取一些鼓励，并争取到一些帮助，好让自己的生活重新恢复正常。尽管他是小镇中产阶级出身，但他仍然懂得，得到这些帮助对于那些辛勤工作、处于弱势的城市人而言是多么的困难——他们没有医生，没有牧师，没有社会工作者，没有家庭，没有朋友。

在处理家庭纠纷中，胡克会对家庭聘请的专业医务人员的做派亦步亦趋。他会绞尽脑汁，让自己摆出的临床医生式的姿态实至名归：

> 我听过很多故事，某位警察说自己过去曾经如何如何卖力，如今却说：“老子一点也不在乎”。其实他并不是那个意思。他依然在乎，只是不再感情用事了。你得退后一步，不要卷入进去。你得保持冷漠，不，并不是冷漠，而是要更客观一点。这仍然不是我想说的。不要认为什么事都是针对你的，你要想，我这是为了工作。他不是针对我个人的。

“一点也不在乎”“不再感情用事”“暂时退后”“不要卷入”“保持冷漠”“要更客观一点”，不是认为这些事情都是“针对我个人的”“我这是为了工作”，这些语句表明，胡克努力要将强制执行式的回应——与某一方当事人一起站在其家庭对立面，与自己做出的回应——他称之为“不偏不倚”的回应，区分开来。

胡克成功地履行了自己临床医生式的责任：“在处理家庭纠纷方面，我还没有哪次没能或多或少地恢复家庭的宁静。”这方面的成功对他而言意义巨大：他的自豪感深系于自己把心理洞察力传递给别人的能力，通过设身处地、将心比心所取得的成果，在修补已经破碎的关系方面学到的经验教训，来引导人们交谈的方法。在谈及家庭纠纷的时候，他表示："我想我最大的满足感就是来源于此"。

胡克坚信家庭成员其实是彼此关心的，这种信仰给了他一个可行的解决 94
超脱悖论的方案。他通过努力掌握了娴熟的临床技巧，并且预计自己的技巧肯定大有市场。他坚信，发生争执的夫妇会意识到胡克能够提供一种他们期盼已久的服务。只要假以时日，并且情况允许，他们竭力想要疏远对方的劲头就会松懈下来。一旦他们对有意义的感情与事物的依恋重新开始抬头，那么这对夫妇就会希望请他过来，愿意出钱购买他的才华，而且就像对待医生一样，想要预约找他看病。在胡克心目中，他们过去为维持家庭而做的努力就足以作为酬劳。（付出这种酬劳之后）得到临床医师的服务就是他们理所应当的。

胡克要想采用这种临床医生式的方式进行回应，某些因素必须存在。首先是人性同一性观点。这种观点反对将人区分为天使与魔鬼。胡克必须抗拒使用"我们"和"他们"的视角（即非我族类其心必异式的心态——译者注）观察世界的诱惑。在这方面，胡克是坚定的（我刚认识他的时候他才 29 岁）：他将警察和公民等同起来，他们都有类似的自卑情结，都有相当高的智慧，都因为种种相互抵触的倾向进退维谷，深感烦恼。此外，他觉得不能换位思考是一种严重的缺陷。在他看来，愤怒是一件坏事。说教别人不是他的工作："我相信我们应该去理解别人"。他这种急迫的道德责任感是从哪里来的？一个贤惠的妻子，诸如父亲、老师或教会中某位人士等成年人榜样，大学教育，凡此种种——他必须构建一个以洞察力为美德的有着大丈夫气概的男子汉楷模。

其次，他必须有相当强的人际交往技巧。如果他不具备相当深刻的洞察力，或者不善言辞，他就不会有能力去平息自己遇到的家庭纠纷。要在解决家庭纠纷中取得优异的成绩，要"或多或少地恢复家庭的平静"，并"让他们一笑泯恩仇"，没有天赋是不行的。

再次，使用这些技巧还必须能够在警察局内部得到大家的首肯。这并不是说警察扮演临床医生的角色必须成为警察局的正式政策，不过，采取"软弱"的态度总还是要说得过去才行。在拉科尼亚市，胡克仰仗两个基础使自己的做法得到人们的接受。一个与他个人有关。他向他人证明，自己采用温和的态度并不是由于自己缺乏勇气。这一点上，他强健的体魄帮了他大忙。在处理街头混战方面他游刃有余。他为自己赢得了采取温和态度的资格。他之所以会被内部事务处叫去训话，没准就是为了向其他同事展示自己的勇敢：用他的话说就是“不希望其他警察把我的行为视作软弱的表现”。此外，他作为摩托车运动发烧友的名声无疑也大有裨益。

第二个基础是自己的所作所为此前别的警察也做过，而且这些警察在同僚之中颇负重望。就胡克而言，他最为重要的榜样莫过于自己的培训教官了。“在跟人打交道方面很有一套……为人随和……没有任何人跟他过不
95 去。”胡克还记得这位培训教官在六周现场实习后对自己说过的原话：“胡克，我知道有很多事情我还没有向你讲过。这六个星期里，我们没有拦过几次汽车，也没有抓过几个人，我们也没有在街上拦下过几个人。我不相信这些玩意儿。你要是想学，就只能跟别人学了。”拉科尼亚警察局选择了一位乐于调停家庭纠纷的老警察来训练胡克，这一事实就使胡克的做法有了正当性。刚一入职就遇到了这样一位可敬的资深警察，想起这段记忆，足以打消他反复出现的“温和是否等同于软弱”。

最后，胡克或者其他倾向于做出互惠反应的警察，都需要时间来完成工作。他需要一个奢侈的宽松条件——一个平静的辖区——才能使他花上一个小时或者更多的时间处理某一家人的纠纷。如果他的辖区事务繁忙，他必须四处奔走、忙个不停才能应付，可是他却因为在处理居民家庭纠纷方面耗时太多而做不到这一点，那么别的警察就不得不出手帮忙，免得其他公民遭到忽视。

既然每一起家庭纠纷都要消耗这么多时间，那么像胡克这样的警察会给自己的辖区带来什么样的影响呢？他们扮演着心理学家、精神病学家、儿童教导顾问的角色，同时又不愿采用对警察工作的狭隘定义（该定义为采取逃避责任的规避式反应提供了理由），因而较之其他警察，他们完成的任务相对较少。他们承担的工作量相对较少。他们承接的入室盗窃报案更少，他们从事的预防性巡逻工作相对较少，逮捕的人数较少。用行话说就是，他们“不出成果”。

有谁能说这是一件坏事呢？较之社会工作者或者咨询人员，如果警察能像临床医生一样应对问题，或许更有可能提供有效的咨询，这样说或许不无

道理。激烈的争吵比起在风平浪静之后到咨询办公室求助或许更加能够让人窥见家庭问题的真面貌，因为争吵结束之后，冷静的思索和选择性记忆可能把现实过滤掉。比起心理医生或家庭顾问——他们只能靠想象来了解发生纠纷的家庭的情况——警察可以在现场进行观察。此外，纠纷现场的紧张关系反而为解决纠纷提供了更好的环境：“病人”通常会在自己问题的周围树立种种欺骗和伪装，而盛怒之下，他们可能会将这些伪装和欺骗拆个一干二净。人在接近暴怒时更容易洞察自我。我从来都不肯定，但有理由推测，当肾上腺素爆发、个人超脱于外的结果最为明显的时候，心理治疗可能是最有效的。在中产阶级出身的咨询人员面前，当事人由于缺乏正规教育而自惭形秽，变得局促不安，由此产生的种种自我抑制扭曲了他们之间的关系。警察提供的这种直截了当的治疗方法对于打破这些自我抑制或许能够起到格外重要的作用。简而言之，较之高高在上的全职精神病医生，在一线现场的警察或许是更为出色的顾问。

尽管如此，扮演着临床医生角色的警察面临着一个优先次序的问题。如果他无法为所有人服务，那么他应该为谁服务呢？在这种情形之下，法律中的同等保护的概念就变得难以把握了。对于一名警察而言，平等可以有三种不同的含义。首先，也是最传统的，是平等待遇：对辖区巡警来说，这就要 96
求能够为每位公民提供同等服务。但是，当警察采用临床医生式的方法处理具有强烈私人性质的警情之时，他没办法在每位公民身上花费与他最为偏爱的公民相同数量的小时和分钟的。第二种平等则具有补偿性的意味：那些最需要帮助，那些处于弱势地位的人，他们有权得到比别人更多的帮助。这种补偿性帮助旨在实现结果上的平等。平等的第三种含义则是一种效率。如果某些人能够最为高效地利用巡警专门提供的帮助，那么为像这样的人提供帮助就是合理的。平等的效率概念和市场中的投资收益率具有可比性。某人将自己投入到某种情境之中，直到他从该情境之中获得的边际收益降到他可以从其他投资机会中获得的边际收益水平相等之时为止[①]。倾向于向民

① 经济学上的边际效益递减规律是指，在一定时间内，其他条件不变下，当消费量开始增加时，边际效用会增加，即总效用增加幅度大，但累积到相当消费量后，随消费量增加而边际效用会逐渐减少；若边际效用仍为正，表示总效用持续增加，但增加幅度逐渐平缓；消费量累积到饱和，边际效用递减至 0 时，表示总效用不会再累积增加，此时总效用达到最大；若边际效用减为负，表示总效用亦会逐渐减少。——译者注

众提供高强度心理咨询的巡警会根据辖区居民——同时也是他的客户——从自己的咨询技能中获益的能力大小来向他们提供此类技能。

像胡克一样的人往往会以平等的第三种含义作为自己耗费大量时间的行为寻找理由，并乐于向那些改善幅度较高的人提供服务。这就是为什么临床医生式的方法其实属于互惠式反应的原因。对于那些并不需要他的技能的人，胡克并不会为此服务。胡克优先选择的是那些发生家庭纠纷的人，而不是那些年老、单身、不起眼并且畏畏缩缩的人。换句话说，他和其他像他一样的人存在歧视。这是一种合理的歧视，甚至可能是正确的歧视。也许他们时间的最佳用途是提供家庭咨询。设法教会一家人如何相处，从长远看来或许是减少犯罪、维护秩序的最佳方式。然而，这种优先重视处理家庭纠纷的做法并非没有争议。

警察在处理家庭纠纷时采用互惠的临床医生式的手段会在警察局内部给警察个人造成严重的后果。当一名警察转而采用心理治疗的方式去解决公民的问题时，他往往会对其他方法和其他任务嗤之以鼻。当跟他做法不同的警察对此表示怀疑或批评时，他就会极力为自己辩解。他拿自己与公民之间的极信任关系（confidential relation）① 作为挡箭牌，并回避团队警务工作。他变得更像一个不合群的孤独者，更加不像一个领导者。如果孤独对他所采取的临床医生式的方法而言是不可或缺的，这就会阻止他向同僚解释自己方法的合理性，并争取他们的支持；相反，在自己的身份遭到同僚攻击之后，他蓦然发现自己不由自主地对他们进行回击。例如，胡克就曾经抱怨道：“我认为整个警察队伍都没弄明白，为什么人们会做出他们做的事情，他们宁愿把对方当成混蛋，也不愿学会同情这些人。”具有讽刺意味的是，他曾经极
97 力批评其他警察在认识方面所做的一些区分，而如今他自己却恰恰开始在形成这样的区分——关于人性的敌对心理学——只不过他是和民众站在一起反对自己的同僚。这种对警察组织的疏离感随时都有可能在警察局内部产生严重的分歧。

---

① 极信任关系（confidential relation），一个人对另一个人信任及深信的程度或本质之深，令另一个人需要在两人之间的一切往来中尽最高度的诚意。极信任关系存在于律师与客户、父母与子女、医生与病人、监护人与受监护人或宗教长老之间，而以公共政策为根据的法律假设不影响存在。要确立极信任关系，须证明关系确实存在而诉苦的一方通常对犯错的一方深信不疑。——译者注

V

乔·威尔克斯（Joe Wilkes）警官看上去貌不惊人。他身材矮胖，说话粗鲁。他的衣服似乎从来没有合身过。他那副身板让人看上去一身警服都不像是量身定做的。乍一看，他像是一个晕头晕脑的俱乐部拳击手，总是参加超越自己公斤级的比赛，因为他缺乏减掉多余体重所需要的自律。事实上，威尔克斯当过职业拳击手，年轻时候为了增加经验和糊口曾经闯荡过中美和南美的拳击场。他出生于阿拉斯加并在那里长大。他的父亲是个嗜酒如命、走街串巷揽活干的勤杂工，他“有脾气但不乱发作”，认为大家“起来维护自己的权利”非常重要，而且是个“好人”。

威尔克斯对自己的父亲亦步亦趋。和他父亲一样，他也曾经周游世界——不过是以商船海员（merchant seaman）[①] 的身份。他在军队里当过伞兵，当过酒吧服务员、洗碗工、推销员、仓库保管员以及管理见习生。他学过西班牙语，还上过夜大学。漂泊多年之后，他去了美国本土一个安静的小镇当了一名警察。由于感到那里的生活格局太小，颇感束缚，他辞掉了这份工作，进了孟菲斯警察局，但是不到 24 个月就因为高薪诱惑而转到了拉科尼亚警察局。

乔·威尔克斯一直致力于儿童工作。他对做好事的热心程度不亚于卡尔帕索。他曾经多次获得年度警察奖，该奖项是由拉科尼亚当地报纸授予的。把这一奖项授给威尔克斯，是为了表彰他在业余时间为当地多家少年俱乐部所做的工作。他的人事档案中收录了多封人们为了感谢他为当地青少年团体提供的无偿服务和其他帮助而写给他的感谢信。他利用自己不多的空闲时间制订关于如何出钱让拉科尼亚警察训练少年并和他们一起工作的计划。

尽管乔·威尔克斯对拉科尼亚的青少年做出了这么多奉献，但他在拉科尼亚却事故频发。即使他有着丰富的经验，但是在有些情况下说起谎来依然拙嘴笨腮。他在跟某些公民打交道的时候总是把握不好火候。他经常卷进斗

① 商船海员（merchant seaman），商船水手，受雇在私人船舶上执行海员职务的工作者。——译者注

殴事件，以至于被认定为“具有暴力倾向”，并因此被发配到了预防暴力分队（Violence Prevention Unit）。防暴队（VPU）其实相当于某种心照不宣的敏感群体（sensitivity group）[1]。这个分队把那些跟别人发生争执次数相对较
98 多的人聚在一起，并让他们相互讨论自己发怒的原因。在这么一个令人局促但是却给人提供支持的环境中，有些警官对自己和自己的情感有了相当深刻的了解。乔·威尔克斯便是其中之一。他对分队的活动做出了热烈的回应，积极参与每次讨论活动。他牵头为警察局和未来的防暴队提出了许多很有见地的建议。通过这些讨论活动，他意识到自己在青少年工作方面的经验可以合乎逻辑地运用到他的其他工作中。用他的话来说，他经历了一个“人性化的过程”，意识到成年人其实不过是身体更为强壮的孩子而已，想要有所作为并且参与到世界上诸般事务之中去的愿望不仅在他鼓励向上的青少年中普遍存在，而且在自己与之斗争的成年人中同样普遍存在。这些讨论使他有时间和动力去调和他的经验中的这两个方面，或者至少在那些被称为家庭纠纷的冲突之中是这样。

当乔·威尔克斯接到报警前去处理家庭不和的时候，他会把这个家庭放置在道德背景之中进行审视。他把这个家庭的每位成员都看作一个复杂关系网的中心。当这些将家庭成员拖往相互冲突的多个方向之时，这个家庭就会陷于瘫痪，或者挫败感就会爆发出来。而当这些关系一起奔向同一个方向的时候，就会创造出一股强大到任何一名警察都无法与之抗衡的力量来。乔·威尔克斯明白公民和警察之间的道德强制所存在的根本弱点。警察并非一天二十四小时、每周七天、从现在直到永恒地待在家庭纠纷的现场，因此无论警察想要多么投入，他在家庭纠纷的道德语境之中都只能居于次要地位。警察是不能要求他人做出牺牲的。

一言以蔽之，乔·威尔克斯意识到，一切从长远的角度平息家庭纠纷的机会都取决于家庭成员之间重新珍视他们之前曾经重视的友谊、传统和牵挂的东西。

因此，在处理家庭纠纷的时候，乔·威尔克斯所做的就是谈话。“我的

① 敏感群体（sensitivity group），又名接触团体（encounter group），一般翻译为“交朋友小组”或者“会心小组”，这是一种精神治疗方式，受治疗者往往具有类似的病情，并且通过在组内与其他成员进行自由交流内心感情的方式治疗精神问题。——译者注

个性之处就是谈话，”他说。他会向发生纠纷的丈夫和妻子清楚地讲述一个充满希望的视角。“我们一起谈论他的可能性——谈论一切他曾经可能去做的事情。”为了能够触动人们的希望，他会竭力设法发现过去他们曾经在乎的、使他们之前的人生具有意义的东西——也就是将那些曾经将他们凝聚在一起的黏合剂找出来。他会设法扩大当事人的自身利益——即他称之为“自我”，他人则称之为骄傲和尊严的东西，并将当事人的自身利益与他们的未来结合起来，因为只有这些“可能性”才是现在进行牺牲和忍耐的理由。

他竭力寻找他们婚姻里曾经重要的东西——一辆用心保养的汽车，一套贵重的多米诺骨牌，正在炉子上煮着的美味的汤，一个一尘不染的厨房——任何他们曾经关注的、曾经心爱的、充满希望的事物的迹象。

他并不像临床医生那样行事，他靠的不是对感情破裂的诊断结果。面对如此复杂、如此严重以至于令人头昏脑涨的问题，他只是简单地让公民回顾
自己的过去，想想他们是谁，曾经什么对他们有意义，并且让他们确信到目 99
前为止这一切都是值得的，并且也值得持之以恒地去追求。他用他们的希望来做文章。

不过，到头来，当他转移了他们的注意力，让他们冷静下来，回想过去有意义的东西之后，威尔克斯可能需要承担这样一个风险。他离开了家庭纠纷的现场。他不对他们的问题进行任何深究。他不知道在过去的种种牵挂有时间重新发生作用之前，他辖区内的这些公民是否会伤害彼此。他把自由选择的权力重新还给了他们。这并不是最安全的做法，但这是根据经验和承担风险的意愿精打细算后得出的方法。他意识到，他不可能在家庭成员周围筑起重重的保护设施，这样的防护设施只能靠家庭成员之间的纷争和彼此的自主才能得到完善。回想一下前文提到的有关警察公正执法的格言，贾斯蒂斯警官（Officer Justice）在进行总结的时候说：“在那些我是对是错并不重要的案例中……我会冒险赌一把。不要失去机会比‘我是对的’更加重要。”强化公民坚韧不拔的品格，坚定其信念，鼓励他们坚守自己的价值观（纵然在几乎无法坚守的情况下）的机会——正是这些并不起眼的机会，蕴藏着治理一个由自由的人所组成的国度的秘密。

乔·威尔克斯采取的道路是介乎卡尔帕索警官不去倾听、径直行动的倾向与胡克警官只是倾听但是却不行动的倾向的中间道路。他以时代的名义对

治理问题进行了折中妥协，而我则把这种折中称为专业型反应。做出专业型反应的人要赌运气——赌的是人类社会中发生的那些偶然而幸运的事情，这样的事情之所以能够发生，是因为人类一旦行动起来，往往会变得灵活多变、精明能干、意识自由、适应性强。威尔克斯并不会试图去替某个家庭解决问题，相反，只要他觉得发生无法挽回的人身伤害的风险已经降低之后，他就会听凭这家人凭借聪明才智来解决自己的问题。

在对事情的后续走向有把握之前，他就离开了现场。

采取赌一把的做法的警察不是把眼光转向发生纠纷的家庭的内部，拆穿公民用来掩藏过去的种种手段，而是更加倾向于引导这一家庭的成员着眼于未来。如果权责对等的互惠式（reciprocal response）反应可以概括为将心比心，那么职业型反应（professional response）就可以用挑战来定性。如果说胡克警官是在深入探索对方的灵魂，那么威尔克斯则仅仅触动了对方的希望。

是什么使这种回应成为必要的或者可能的？首先是意识到节约时间的必要性。威尔克斯觉得除了家庭纠纷之外，自己还有其他工作要做，除了发生纠纷的家庭之外，还要为其他人服务。因此进行更为深入的处理——即便是他能够做到——其代价必然是导致他无暇处理其他事务。他不惮于承认人的力量是有限的，从而给他所冒的风险提供了理由。

其次，甘愿冒风险的人必须具备良好的口才，因为职业型反应涉及大量的交谈。与胡克警官相比，威尔克斯警官说得多，听得少。他力求用语言将人们最为深刻的失望和渴望表达出来；他把道德问题明确地表达了出来；他言简意赅、深入浅出地将法律的精神表达出来，使门外汉也能听懂。用极具
100 感召力的词句来表达人的内心秘密的能力，是使人们重新凝聚在一起的不可或缺的前提条件之一。有时候，这种能说会道的本领听上去像蛊惑人心的政客的诡辩。要想用让辖区民众听上去觉得在理的词句来重构事件的意义，威尔克斯有时候不得不说些自己也不一定相信的话。他是一个倡导者，是为别人的灵魂发声的人。

所以，第三个条件是，职业型反应取决于律师暂缓审判的能力。像威尔克斯那样处理家庭纠纷的人，必须对绝对真理的存在持怀疑态度。他们以最有利的方式展现辖区内公民的问题之举并非不诚实之举。相反，这是帮助家庭发现更深层次的事实——人人都有想让自己具有重要性的愿望——的一种手段。

第四，他们必须能够承担冒险的风险：事情会时不时地出问题。家庭纠纷在平息之后可能会再度爆发；有人可能会受伤或者丧命。做出这种冒险的警察必须能够在他们的警佐、副队长、副巡官、警长[①]、同事、社区甚至自己的信仰面前为自己的选择进行辩护。他们必须对他们的方法和假设有足够的自信，以便能有效地说服别人。

他们的做法给辖区造成的影响很难界定，他们或许可以提供更多的警察服务，服务对象也更加多样化。当然，像威尔克斯这样的警察感觉自己是在帮助形形色色的居民处理形形色色的事情。他们为自己的“高产出率”感到自豪，这与胡克警官以及那些倾向于做出互惠式反应的警察的自怨自艾形成了鲜明的对比。

然而，这一切都是如此具有投机性。像威尔克斯这样的人试图唤起的美德是自尊、骄傲和对成就的追求。他们这种面向未来的方法是不是比胡克警官这样的人所倡导的内省的、分析的方法更加有效尚难确定。

但在个人发展方面，威尔克斯的自我感觉显然更好。他觉得自己在警务工作方面完满而出色。他认为自己多才多艺，能够应对各种各样的警察工作。因此，对于自己在处理家庭纠纷时采取的温和手段，他并不那么急于辩解，因为他确信他有大量的机会，可以在不同的情境之中展示自己其他方面的能力。他并没有把自己限制在心理辅导专家这一角色之中。

这样一来，他完全相信自己能够承担领导警察的职责。他能够而且也确实成功地完成了很多任务，并自信能够管好很多人。通过对警情做出职业型反应，威尔克斯在警察的多重责任之间达成了一种社会可以接受的折中。这是一个令人振奋的成功。

---

① 美国警察没有全国统一的警衔，大都把职务和警衔融为一体。例如纽约市的警察有十个等级，包括：总局长（chief ofdepartment）、分局长（chief of bureau）、助理总警监（assistant chief）、副分局长（deputy chief）、督察（inspector）、助理督察（deputy inspector）、副巡官（captain）、副队长（lieutenant）、警佐（sergeant）、巡警（patrolman）等，资料引自 http：//img3. itiexue. net/558/5583819. jpg。而芝加哥市的警衔有十一级：警察局长（superintendent of police）、第一副局长（first deputy superintendent）、副局长（deputy superintendent）、地区警长（chief）、助理副局长（assistant deputy superintendent）、副警长（deputy chief）、高级警长（commander）、副巡官（captain）、副队长（lieutenant）、警佐（sergeant）、巡警（patrolman）等。——译者注

101 第 7 章　面子悖论：群体事件

我们不敢以怯弱来引诱他们。因为只有当我们毫无疑问地拥有足够的军备，我们才能毫无疑问地确信永远不会使用这些军备。

——艾尔·坦尼森警官（Al Tennison），拉科尼亚警察局，1971 年

有这么一个流传很久的故事，说是某位警察总是会挥舞着警棍从警车跳将出来，一边大喊大叫一边用警棍猛抽树木、垃圾箱和路灯灯杆。他这种做派总是能把人群驱散，百试不爽，而且他从来不用抓一个人，也从来没有人受伤。

——拉科尼亚警局马克·洛克厄姆警官（Laconia Police Department），1973 年

I

在粗暴的政治中，最艰难的任务莫过于处理面子悖论（paradox of face）了："一个人的名声愈是恶劣，那么他就越不必真正地做出品质低劣的事情来。"要做到这一点，政治家就保住了用邮递方式进行威胁的机会。他必须保护某种对他极为重要的东西：他强硬、冷酷、令人憎恶的名声——一言以蔽之，就是他的荣誉。此举事关他通过恐吓来控制别人的权力，以及拿走对方的东西却不给予足够补偿的特殊本领。

由于面子悖论涉及实施勒索这一终极权力，因而在它中间蕴含了最为根本的危险。政界有谚，"政治家最要命的跟头是被自己的虚张声势绊倒。"为了避免栽这种跟头，任何以威胁为生者都必须让自己的勇气接受最为严峻

的考验。面子悖论要求在压力下镇定自若。它给虚伪不实者造成的打击最为严重。

造成这种结果的原因在于，面子悖论会影响到未来。政治家不仅要赢得战争，还要体面地赢得战争。暂时达到目标，却牺牲自己的公信力，就是杀敌一千自损八百的惨胜（Pyrrhic victory）[①] 了。

在有些情况下，这一点对于一些公民，以及经常遇到为荣誉而战并且的 102
确有勇气战斗的公民与警察同样适用。这就是为什么警察对能够处理“群体事件”的同事致以最崇高的敬意的原因。群体事件是面子悖论的具体表现。群体事件通常情况下是这么一副光景（用一个警察的话说）：“有个家伙从娱乐中心打电话过来说有个男的想用棒球棍殴打他。打电话的这个家伙是娱乐中心的志愿助手，拿着棒球棍打他的那个人说他强奸了他 13 岁的妹妹。参与那件事的有一大群人，包括女孩的奶奶和妈妈。现场火药味十足，充满未知数。”

现场聚集了一大群人，里面有看热闹的，还有当事人的朋友和亲属。“这件事儿牵扯了一大群人”，都在盯着娱乐中心那个助手（就是那个被指强奸了“那个女孩”的人）和“拿着棒球棍的家伙”，也就是那个女孩儿的哥哥。

面子悖论体现在两个层面之上：在两个对抗者的关系中，以及人群与这两人的关系中，警察必须同时意识到这两个层面。

在一个层面上，警察必须找到争议的焦点是什么。谁是坏人？乍看之下，似乎是持棒球棍的攻击者。在把背景原因整合在一起之前，这场打斗看起来不过就是那个少年暴徒殴打娱乐中心的保安人员。毕竟，报警的是娱乐中心的那位助手。起初，人们或许会猜测，可能是这名助手想要抗拒对方某种勒索，勒索者认为他多管闲事，怀恨在心。毕竟游乐场遭到勒索是常有的事，而且前去处理这件事的警察此前也确实经常看到该中心遭到勒索。

这样一个合情合理的猜测在这件案子里却是错误的，除非这位警察能花

① 惨胜（Pyrrhic victory），指以重大牺牲换取的胜利，付出极大代价而获得的胜利。此典故出自伊庇鲁斯王（Epirus）皮拉斯（Pyrrhus，公元前 318 ~ 前 272）于公元前 279 年发动的罗马之役，虽然此役取得胜利，但自己亦损失惨重。——译者注

上充足的时间找出双方发生争执的真正原因，否则他就会依据错误印象采取错误的行动。

另一个层面则涉及人群与对抗者之间的关系，警察称之为“情境心理”（the psychology of the situation）。从疑似强奸受害人哥哥的角度来看，他之所以进行报复不仅是出于复仇的愿望，更是为了防止以后有人欺负她。他这样做是出于对全家人安全的考虑。他将并未挑明但是大家都懂得的、受到伤害后会进行报复的威胁付诸实施，而那名助手强奸那个女孩（如果指控属实）就是对这一威胁的挑战。这个女孩的哥哥这样做是为了在邻里之间撑起自己的面子，树立一种会复仇到底的名声。他痛打强奸妹妹的人，杀鸡儆猴。通过这种大张旗鼓的做法，他表达了这样的信息：“不要欺负我们”。他把这一信息传递给那些真正有分量的人，那些或许想要欺负他们一家的人。这位兄长想要在他和家人居住的那个民风彪悍的街
103 区为自己树立一个“有头有脸的人”的形象。他是在为家人打造一个“充分的”自我保护系统。在拉科尼亚的平原地区，刑法和警察是不及时、不可靠或无能的，因此那里的居民就只能自己动手，为自己搭建防护暴徒的防线。

在人群与那位兄长的关系中，人群对什么是可敬行为的定义变得至关重要。他动手殴打那位娱乐中心助手的意义会因为人群的不同期望而有所不同。这位兄长怎样去做才能让他的行为得到尊敬：仅仅是动手殴打那名助手？让他流血？打断他一条胳膊？迫使他落荒而逃？置他于死地？送他去蹲监狱？人群在这件事情上的观点在很大程度上影响了这位兄长认为他要做什么来长脸。简而言之，如果一个人意识到人群的重要性，他就能改变这种“情境心理”。①

---

① 在本章和其他三个“悖论”章节中，为了条理清晰，我制定了一种规则。我为每个悖论选择了典型例子，由一个警察来描述，并将他的具体反应，与其他三个警察对相同的普通事件的反应做对比。我依据典型例子的细节重现了其他三位警察的真实情况。例如，本章描述的娱乐中心事件是皮尔警官（Officer Peel）遇到的。加菲尔德（Officers Garfield）、基普（Kip）和海格（Haig）向我描述的遭遇里并没有像皮尔警官在这里遇到的复仇心切的哥哥，但也是在群体事件中心的两个对抗者。而每个警察面对的问题是相同的，从“荣誉”受损的人那里保护自己和他人。为了让读者更清楚地看到不同警察之间的对比，我参照典型例子，让每个警察遭遇的事情尽可能相似。

Ⅱ

有些警察从来没有认识到人群的重要意义。例如，那位在处理家庭争端方面一筹莫展的加菲尔德警官就是如此。如果他在接到呼叫指令后前去处理娱乐中心发生的那桩事情，他会不分青红皂白地向肇事者和围观人群公然且大声地宣读最后通牒："你们得有个正常人的样子才行，对不对？可是你们就是做不到，害得我们跑了一趟又一趟。我们一直在费劲巴拉地教你们这帮人好好相处。但是下一次我会直接送你们这群混球去蹲监狱。你们这群人根本不懂得如何相处。到时候你们每个人得花 100 美元才能从监狱里出来"。

他想当然地认为"正常人"（normal human beings）不会主张自己的人身安全权利，如果他们由于别人的疏忽和恶意而受到伤害，他们也只能忍气吞声地自认倒霉，他们自己和他们的亲人受到不公待遇之后，既不会报复也不会索赔。他的这些想法是显而易见的，而且也是显而易见大错而特错的。

加菲尔德的这番高论并没有"教给"民众以下事实：（1）"正常人"
之间经常会发生冲突并生气；（2）"正常人"不应该被动地忍受他人造成的 104
伤害；（3）如果人们有时真的"与对方相处融洽"，那只是因为文明社会提供了若干机制，保护公民免受伤害；（4）这些机制允许被害人通过惩罚与索要赔偿金的形式进行有克制但又伤筋动骨的报复；（5）这些机制规定了正当程序，以应对真相的扑朔迷离和谎言的诱惑。加菲尔德没法把这些事实教给别人，因为他自己对此一无所知。

他也看不到情境心理——对抗者和人群之间的互相作用。他没能领悟到在一个充满恐惧的街区里，挽回面子的必要性和"尊重"的重要性。这样一来，他就无法通过围观人群来影响这两个对抗者的行为和动机。

加菲尔德白白浪费了围观人群在平息纠纷方面的潜在效用，这样一来，他别无选择，只能靠一副吓人的样子，然而他却无权恐吓他人。他没有任何动用威胁的法定权力。他无权伤害任何人。围观人群也没有做任何有理由把他们抓进监狱的事情。当加菲尔德说出那些威胁的时候，他没有任何正当合理的理由逮捕娱乐中心那位助手，也没有看见那个"拿着棒球棍的家伙"击打那位助手。加菲尔德不过是在虚张声势，如果现场有任何人对他的虚张声势提出挑战，如果有人拒绝服从“好好相处”的命令，那么加菲尔德要么放弃他的威胁，要么用有些站不住脚的依据——拒绝表明身份或拒捕（警察称这些为“狗屁条款”［chicken sections］，直译即为“鸡屎条款”，是警察编造出来的牵强附会并不存在的法律条款）——来哄骗他们。或者，他也可以对事情的来龙去脉添油加醋，给逮捕他们编造借口。

但是，对于更大程度的虚张声势而言，没有进行逮捕的合法根据只是其中一个方面。事实是，围观人群不相信加菲尔德有胆量把自己的威胁付诸实施。他虽然做出了威胁，但是他在围观者那里的名声却是，他从来没有动过真格的。他的威胁缺乏个人权威（而在察觉那些暴露警察不过是虚张声势的、细微的犹豫和笨拙方面，公众的洞察力是强大得可怕的）。只要围观人等对加菲尔德是否坚决持怀疑态度，那位暴怒的兄长就别无选择，不得不违抗警察的命令。围观群众期待他履行为妹妹和家人报仇的责任。如果围观人群认为根据那个街区的报复法则，如果他的行为不够激烈，那么他就会声名扫地。

这件事的关键在于加菲尔德的声望不够高，不足以使这位兄长免于因为
105 听从警察的命令而受到他人的指摘。在围观群众的心目中，在不够格对手的威胁面前退却，这是一种耻辱。蓝色的警服、警徽和枪械照理说原本可以确保警察受到尊重，可是在20世纪70年代，不够格或不称职的证据却足以推翻这种推定。

加菲尔德还为那位兄长创造了另外一个与他对着干的动机。加菲尔德告诉那位兄长，他以后再也不会理会任何求助的要求。他直截了当地说，只要有人敢再报警，他就把那群“混蛋东西”统统抓到监狱里去。这样一来，那位兄长知道自己不能指望合法机构来保护自己。他只能靠自己吓退别人。加菲尔德的最后通牒导致了一个无法无天、弱肉强食的局面。在这种局面之下，较之警方保证给他一个积极的回应的情形，那位兄长更有必要成为一个“有头有脸的人”。为了拯救家人，他别无选择，只能为自己争得一个冷酷无情的可怕名声。而要赢得这么一个名声，在众人面前像条好汉一样跟警察打上一架似乎是再好不过的方法了。诚然，他可能会错打算盘、大丢其脸，但是如果他面对的警察像加菲尔德那样暴露出了既不称职又不坚定的破绽，那么这种可能性就大大降低了。因为袭警而坐牢铁定能够挽回他的颜面。

警察在处理群体事件时运用最后通牒倒也能够行得通，只是成功做到这

一点所需的条件十分苛刻。首先，警察必须明白人群的存在有什么意义。发生斗殴的邻居在人群面前和私下里的行为表现是不同的。警察必须明白，在这种情况下，参与斗殴的人在左邻右舍之中不受欺负的名声可能会受到威胁。如果警察知道，这种声誉取决于围观人群对什么才是令人满意的表现的定义，那么他就可以设法降低围观人群对于斗殴人员行为激烈程度的期望值。如果警察能够成功降低他们的期望值，就为消弭体面行为（即能够挽回面子的行为）与合法行为（即符合警察要求的行为）之间的差距迈出了重要一步。警察的最后通牒要想取得效果，就必须完全消除这种差距。

其次，如果哪位警察要想成功地运用最后通牒，他就非得有一个广为人知、坚定不移的名声不可。读者已经领略到了围观人群、警察和对抗者之间的复杂关系。争斗者的行为取决于他们对围观人群、以及围观人群对他们的期待的认识。但人群对于争斗者的期待又取决于他们对警察的认识，以及如果争斗者不服从警察的命令，警察会怎么做。而警察能否取得成功则取决于要意识到争斗者的看法、众人的期待和警察自己打消对方反抗意识的决心这
三者之间的相互关系。在这样一个无限内循环中，只有一个得到双方承认的 106
中止点才能稳定局势。不可避免地，各方达成共识的可能性取决于围观人群对于警察的坚决程度了解得有多少、确定程度如何。如果围观人群认为那位警察是不说空话的，而争斗者确信人群确实是这样认为的，那么当且仅当这种情况下，他们才敢遵从警察的命令，而且也不会因此丢掉面子。警察可以通过自己的坚定不移、冷酷无情，以及过去无论发生何种情况都敢于处理困难警情的勇气来为自己赢得一个为人严厉和坚决的名声。而像加菲尔德这样只能在风平浪静之时工作的警察是断然无法树立这样一种声誉的。

再次，如果警察在自己发出的最后通牒遭到别人试探之后并不准备将其付诸实施，那么他从最开始就不应该发出最后通牒。他要么必须对刑法烂熟于心，并且真的抓到了他发出最后通牒的人的什么把柄，因而有合法权利把自己的威胁付诸实施，把那个家伙送进监狱；要么他身强体健，足以收拾争执各方。后者就是要在法律之外使用暴力，有可能让自己受到法律制裁。如果他膀大腰圆动作协调，有体格作为资本，就能减少反抗。

如果一个警察像加菲尔德那样，既不清醒、熟练、顽强，又学识浅薄，那么他做出的威胁可能使局势恶化而不是受到控制，增加对抗者的决心而不是使他们放松下来，将迫使旁观者选边站队，而不是操纵他们从而防止进一

步的争议。其结果是下次人们就不再愿意打电话报警。与其邀请一个笨得不会调解的警察，还不如自己找其他方法解决邻里冲突。如果警察无法疏导敌对行为，社区就只好求助于法外的社会控制方法。他们会寻找非正式的仲裁者——牧师、政客、商人、族长。但如果这些人都不行，那就会变成这种情况：弱肉强食，脆弱的只能臣服于粗暴。基于恐惧的尊敬就成了自我保护的专有模式（而获得尊敬的一个手段是勇敢反抗警察的权威）。

警察发出无效威胁的个人后果，是增加无知和恐惧。社区会认为该警察颜面尽失，不再信赖他，也不会告知有关信息。同时，需要在邻里获得声誉
107 的年轻人会挑战他。这种警察最有可能的做法是不再出现在社区。如果他总是要为争斗负责，把他昂贵的制服弄得又脏又皱，那些“混球”又学不会彼此“和睦相处”，总能看穿他的借口，知道他是个外强中干的冒牌硬汉（phony-tough）①，他为什么还要去处理报警电话呢？

Ⅲ

鲁迪·基普（Rudy Kip）是个小个子，连5.9英尺的最低要求都达不到，他在袜子里塞了棉花让自己增高。他的身高在列队和更衣室里经常被人拿来开玩笑。

基普出生于中西部的一个铁路小镇，在工薪阶层社区长大。据他说，他父亲“不愿花时间向我们解释什么。他性情非常温和，从不愿看到任何人争斗。”但基普在中学是出了名的好斗（“我继承了母亲的个性”），加入海军陆战队，参与了越南和老挝的战役，后来回国，找了一份“守夜人”（night watchman）的工作。

后来因为受不了工作的无聊和束缚，他申请成为拉科尼亚警察。被录取时他25岁，已婚，坚定得可怕。他以一个完美主义者的冲劲，完成了学业，工作事无巨细，他的积极赢得培训警员的赞誉，他似乎找到他顽强、坚韧和自信的归宿。当特别行动分队成立时，他从巡逻队调过来，很高兴能摆脱999呼叫反应、邻里争斗以及文书报告，基普喜欢做“真正的警察工作”

① 冒牌硬汉（phony-tough）这句话出自斯图尔特·奥尔索普（Stewart Alsop）的最近著作，载于《新闻周刊》（*Newsweek*），September 10，1973年9月10日，第94页。

(real police work)，即所谓的抓捕罪犯。

在谈话中，基普伸长满是厚实肌肉的脖子，以一种挑衅他人的方式，把头向前伸。他激怒那些认为自己生活美好的普通民众。(讽刺的是，对更了解司法体系的公民，他没有引起相同的反感程度。) 他连珠炮一样不停地说，只能让人听其滔滔不绝而不是启发他们。他的谈话不是网球比赛，而是一场有来有回的拳击比赛。他最喜欢的话是“我可以驳倒他们”。

基普的风格就是用他的舌头、精神、身体和武器的威力压倒别人。这并不是说他不了解解释、讨论和操纵的价值，只不过当他去处理一场邻里纠纷，他总是得出结论——最好马上介入。人群的帮助靠不住，用“困惑”牵制他们更好，用显示的实力和先发制人的攻击吓倒他们。因此，当他来到 108
娱乐中心处理争议时，他会说“举起手来靠在墙上”他会要求“坦率直言”(“如果你不这样做，就要坐牢”)。他会用他对刑法的了解和对他们行为的定性“恫吓”他们，并且准备打电话“叫 500 个警察”来支持他最后通牒式的警告。

他享受争斗，这能释放他因为街上太安静而积攒的压力。他必须有种总体掌控感 (sense of total control)。他创造的局面越混乱，他自己的掌控感就越强。“我觉得我必须立即给出完整的命令。”他有能力与坏人激辩，这是他“战胜大恶”使命的一部分。他通过帮助人类感到满足，但帮助个人所得的满足却很少。

他用拳头和舌头打击他人，不仅是对公众，也对一些同事，甚至他的指挥官（他因为在训练期间与一名警佐公开争执而受到严厉斥责）。他并不害怕做让其他警察畏惧或尴尬的事情。他拔枪的速度超过大多数警察，也不害怕使用它。此外，他不知疲倦，可以解决任何工作。他并不是装模作样，他很勇敢，无畏到疯狂的地步。①

如果看到基普的棱角分明、健壮、肌肉发达的身体条件，人们很容易认为他好斗是由体格所致。他的内心是个精力旺盛的人，浑身充满干劲，有时候会爆发，仿佛油门被踩到底一样，用猛力踩刹车都停不下来。如果八小时的巡逻没有遇到任何麻烦，基普坐在巡逻车里会感觉神经都要崩溃了，他的

---

① 斯图尔特·奥尔索普（Stewart Alsop）将基普这类人描述为“疯狂的勇者”（crazy-brave），同前，第 94 页。

手指无节奏地敲击金属顶棚，他的脚敲打底部板，恼怒使他无法集中精神。基普内心的压力相当大。

然而还有其他因素促成了他的行为，促使他在面子悖论中继续像这样保护自己。基普的策略是通过制造恐怖氛围驱散人群，防止人群成为争斗者继续纠缠的原因。但要粗暴对待人群，基普需要一个或多个合作者。这是一种经验法则，警察的数量与他们可以处理的人群规模成正比。一名警察只能控制一个人，而两名警察可以控制四个人，三个能控制九人，以此类推。基普需要与一名和他一样好斗、擅长防御、锲而不舍的搭档。独自一人的话，他的力量不足以恐吓人群。如果搭档不称职或不可靠，他就会变得易受到攻击。[①]

109 这一点似乎是显而易见的，但像基普这样的警察需要有其他志同道合、积极熟练的帮手，只有具备这样的条件他的战术才能起作用，而不至于显得轻率和欠考虑。

在基普的例子里，特别行动队（Special Operations）为他提供了合适的环境和可靠的搭档。这里全是经验丰富的成员，都是因为坚韧和好斗而被上司选派过来，特别行动队最后成了疯狂的勇者们聚集的地方。未经考验的警察不能去那里，喜欢与此完全不同的工作方式的警察不会愿意调去那里。

基普先发制人的恐怖手段往往是超出授权范围的一种权力滥用。首先，如果用在了可能会投诉的市民身上，他的策略可能会适得其反，要么引来内务部的调查，要么是警局以外的调查（公民权利的诉讼会引来联邦调查局的调查，因此特别行动队可能会终止对若干臭名昭著、存放赃物、销售毒品的酒吧的非法骚扰）。其次，特别队的优势显现出来，他们的上司旗帜鲜明地“支持下属”，减轻事件的不利影响。无畏的疯狂警察们就得有一个能忍受这种无畏行为的上司。

然后，为了使执法获得成功，警察必须有很强的口头能力。基普能够使

---

① 基普的一个故事说明了这一点：“同一天晚上，我们接到了另一个报告电话，报称有两个人在打架。目前还不清楚是否有人持有枪支。所以我对那孩子（他的临时搭档）说，‘我们假定他有枪。’嗯，这小子在离现场还有半个街区的时候就停下车，就在马路中间，打开门开始在大街上跑。‘你到底在干什么？’我问。‘我不会闯进我不了解的事情里。”嗯，他已经犯了两个错误。第一，车是他唯一的保障。第二，他停车的方式会切断未来可能的支援。”

他的最后通牒非常令人信服。像基普这样频繁发出这种“要么/否则”威胁的警察，必须有足够的口才，才能吓住聚集的人群和直接对抗者。他说出的话要有坚定的信念，才能成功地减少别人的反抗。否则，人群就会因为对抗者服从了警察没有说服力的最后通牒而看不起他们。总之，基普需要煽动人心的技巧。他的语言必须有威慑力。他必须在当场长篇大论，举止自若，在压力下不能结结巴巴。此外，在法律之外，他的越权容易受到内部指摘和外部惩罚，他必须要为自己欺负同事找到正当理由，用明显的诚意假造报告，在调查自己行为的委员会前为自己辩护。对疯狂的勇者来说，能够说话快而有力，与他的勇气和发达的肌肉一样重要。虚张声势和勇敢是必要的相互补充。

经常处理面子悖论的情况，对警察来说是苦乐参半的经历。一方面，面 110
对同样的危险，疯狂的勇者们会发展出深深的情谊。他们冒险和挑衅性的任务使他们更容易受到严重的伤害，他们更明显地依赖于彼此相互保护。共同危险和它产生的刺激造就了他们之间的团结精神，这更多的是他们相互依存的副产品而不是有意为之。对世界和警察工作的共识，使得像基普一样的警察成为一个整体。他们的团结体现在形成酒友群体（drinking groups）和渔猎协会（fishing and hunting associations），甚至搬到一起成为邻居。一般来说，警察是孤独的，但这些乐于处理人群因而上瘾的警察是例外。

另一方面，警局的正式政策毫无例外地反对煽动和恐吓，像基普一样的警察并不开心。他们最值得骄傲的人群控制的成就不能宣扬。警长的一般性发言击碎了他们的自尊，内务部又不断威胁他们，只有他们的朋友尊重他们。他们在压抑的气氛之下开展工作。他们的快乐总是伴随着挫败，所以他们发现自己开始憎恨——首先是警长的政策，接下来是适应这种政策的同事，最后是他们的工作，工作使他们疏远所有人，并只剩下彼此。他们为自己法外的恐吓行为找到的理由，只有同为恐吓者的同伴才认同；当他们与其他警察在一起，他们必须小心翼翼，因为步调不一致。兄弟情谊被分隔了，他们必须小心注意言辞，总是检查自己的自发反应，必须对那些可能向管理部门出卖他们的人掩饰内心深处的想法。

通常情况下，一个勇敢到疯狂的警察能“带动”同事。他会向其他警察挑衅，要他们证明自己像他一样勇敢、充满男子汉气概。特别行动队充满同情心的主管仍居于主导的、不显眼的异类文化圈仍存在这样的现象。但除此之外，警长的正式政策——由内务部批准并通过培训灌输——支持一个相反的解释：恐怖被认为是过激和不专业。这种无声的责备对基普这样的警察来说不痛不痒。取而代之的是，持续的政策开始起反作用。基普非但不能带
111 动小队，还要遭受指责（“卖弄者哈里［Hot Dog Harry］来了”）或更糟的情况——彻底排斥。警察领导不再给予基普必要的刺激，有时他变得士气低落、脾气暴躁，搞不清楚自己为什么冒风险。

基普不满在警局受到的压力，就把这种压力转嫁到辖区。他不能仁慈，必须建立一个毫无破绽的糟糕名声，他继续严苛执法，不只对那些罪有应得的，甚至对模范好市民也这样。他对所有规定都强制实施。他变得（如基普自称）“争强好胜，真正的铁石心肠，倾向于记录每一次违法”。这种无情监管略带恶意，创造苦涩的感觉。比如一名相貌庄重的黑人长者说，基普在非常值得商榷的前提下宣布他的妻子交通违规，他因此挫败地大喊道“难怪大家都想杀死你们这些警察，我相信你会恶有恶报的！”公众感到无力抵抗是压迫的基础，而这样一个饱受蹂躏的辖区绝对是一处可悲的居住生活之地。

Ⅳ

道格·海格（Doug Haig）是抽样中的三个少数族裔警察之一。他说话轻声细语，情绪高昂，会多种语言。他也曾经是一名海军陆战队士兵，棒球大联盟的前种子选手，以及警局的棒球和篮球队的教练（虽然，他六英尺的身高，比篮球队的最矮的队员还矮了几英寸）。他来警局五年，第一次尝试晋升警佐的时候以毫厘之差而未能成功，非常想成为警佐。他得到很高的尊重，特别是向他寻求忠告的年轻警察，即使他也才三十多岁。他也深得老前辈的喜欢，乐于配合他们的玩笑，因为这些玩笑比他自己的更有趣，同时他的运动能力和个人亲和力得到同批招募者的尊敬。

他在南方的一个贫困、勤奋、庞大的家族里长大。他的父亲曾从事烟叶采摘，后来在马戏团做勤杂工。海格寥寥数语勾勒了他的童年背景：

> 最后一次回家的时候，我了解到我爸的很多我之前从来不知道的事情，他曾经结过婚，但妻子早亡；他自己的母亲和父亲在他年轻的时候

> 去世了，他退学参加工作来照顾弟弟妹妹；所以他只受过三年的教育；
> 在他的第二次婚姻中，第一个女儿在四个月大时夭折。他生活相当悲
> 惨，失去父母、妻子和第一个孩子。因为一些原因他对我们很严格，尤
> 其是对我。他打我最多，并不重，但很痛。我们一直很穷，其他孩子有 112
> 的东西我从来没有。我从未有过自行车、玩具枪、溜冰鞋。如果我父亲
> 看到我用别人的东西，他会抽我，说他从来不想让我用别人的东西。但
> 我们可以进到树林里，有人愿意让我用他的 BB 枪射兔子。我喜欢滑旱
> 冰。但它变得如此糟糕，我总是从其他孩子那借东西，他们开始避开
> 我，看到我来了就跑掉。我所有的衣服都是我哥哥穿过的，我会穿旧工
> 装裤去学校上课，没有鞋子或其他任何东西，这让我很尴尬。因此，我
> 经常自己玩。我小时候喜欢音乐。五年级的一天，我的音乐老师走过来
> 对我说，“我认为你可以学圆号”。好吧，我不想学那个大家伙，它差
> 不多比我都大，我没有圆号也没有足够的钱去买。所以我说我不想，但
> 老师说，“如果你学，我就给你一个惊喜”。惊喜就是我在五年级的时
> 候在高中乐队里演奏，当时是用乐队的圆号。每周六高中校车会穿过整
> 个镇来接我去排练。他们没有小号制服给我，所以一开始我并没有穿
> 制服。

海格十几岁的时候成了一个很棒的足球运动员，夏天和业余时间都在训练小孩子参加各种比赛。但他高中毕业后，他的父亲拒绝让他拿体育奖学金去上大学（“他认为教育是浪费时间”），海格就加入了海军陆战队。大概六年之后，他退役、结婚、远离家乡，在工厂的装配线上工作，然后他加入了拉科尼亚警察局。

当时他 25 岁。在成为警察的前 18 个月，他的敏捷和照顾自己的能力让自己受益匪浅。在那些日子里，他完全遵照指示工作。他执行每一项法律，逮捕了很多人，阻止嫌疑人，从不输掉斗争。然后，在他的第二年中，一个令人深感不安的事情发生了。黑人青年团伙中一个绰号为“监工”的家伙，奥弗西尔斯（Overseers）和拉科尼亚警察卢克·塞弗（Luke Sever）打起来了。塞弗被他自己的左轮手枪射杀，据信是那名奥弗西尔斯开枪射击的。海格是第一个到达现场的警察：

我永远不会忘记卢克的最后一句话“救救我”。我永远不会忘记它。我记得那天去看卢克的一个老警察说：“慢下来，不要太在意那些人，否则你会受伤。”这很打击我，这里真有一个无法沟通的人。他把所有人都看作违法者。在他看来他们都应该去坐牢。这就是为什么我成为现在这样的警察。我永远不会忘记那个告诉他“慢下来”的警察，
113 一辈子也忘不了。卢克在一辖区工作，那个老警察在四辖区，在那里工作了很多很多年。他想要给卢克讲明白。我记得听到一些妓女在卢克快死的时候还在说，“我很高兴这白鬼出事了。”那是真正的仇恨，不是因为他是一名警察，而是因为他是一个混蛋。他们甚至在他要死了的时候还恨他。这太糟糕了，因为卢克·塞弗心中认为自己是在做一份了不起的工作。他不认为自己做错了什么，他没有偏见。他们违反法律，而他做了分内的事。他看不到任何其他情况。太可悲了。

公众仇恨的效果促使海格产生了最深层的自我怀疑。他开始质疑他在街上做了什么，而他无意识地追求“另辟蹊径”是由于他上司——一个判断力有限、认知力浅薄的警佐，他可能是巡警队最受唾骂的领队。这名警佐开始不断指责海格。

海格越来越不愿意去上班，他请了病假。他不再与同事联系，失去了工作热情，变得闷闷不乐、自我反省。他生闷气，更加难以相处，警佐把它视作对他个人的攻击，变本加厉地打压海格。

但海格并没有因为上司的惩罚而一蹶不振。海格对运动的兴趣使他与其他小队的警察以及其他方面的警察工作保持联系。多亏警局里令人放心又方便接触的异类文化圈，让他从来不会是与世隔绝的。此外，有点讽刺的是，警佐的无能使得年轻警察来找海格表达自己的苦闷，并寻求他的帮助。渐渐地，三年后，他找回了自己的士气和兴趣。他的精神复苏的时机是完美的。警局进行行政管理改革，人事变动欢迎“温和”的警务工作思路（softer idea of police work）。当局力求使培训计划更贴合这些新政策，开始制定现场培训项目，让新人在现场的第一个星期，体会到与这些“温和”的资深警察搭档的好处。以前的做法按照人力需求草率分配新人而不管培训效果，已经频繁遭受批评。与一个令人难受或不称职的搭档一起工作，让很多新人一开始就犯错。警长为了缓解这种局面，挨个征询巡警意见，希望他们提名

优秀的现场实训人员（field-training officers，简称“FTO”）。这个时候得到过海格指导的警察已经数不胜数了，所以他的名字很快出现在警长面前。海格的人气很高，又是警局急需的少数族裔出身，这一任务自然落到他身上。 114
对海格来说这次调职出乎意料，但让他更加相信，拉科尼亚警局过去不讲感情而只讲实际的方法是不必要的、破坏性的，而感情克制更胜一筹。“退一步，比不撞南墙不回头需要更多的勇气”。在他的心灵之旅中，他得出了和新警长相同的结论，并且和警长一样坚信这一点。尽快时机是碰巧，但其实海格的救赎是有必然性的。他返璞归真，投身于和平解决问题，他和他所仰慕的人都证明了这是最好的方法。

海格意识到了面子悖论问题。他明白人永远不能在恶棍面前示弱，而有一些人从来不明白这一点。“我父亲的建议是，不管他有多强壮，打回去，即使你打完以后就要赶快跑，还有不要哭。”他赞赏言出必行、报复他人伤害的决心。

尽管如此，海格严格地限制报复所使用的手段。他带着左轮手枪，但决心永远不用它。他携带警棍，但也拒绝使用它。他有权逮捕违反他命令的人，但在解决争端的时候威胁逮捕不是他的风格。海格要求自己只能用非暴力手段，而这种自我限制意味着有一些情况超出了他的处理能力。这种限制也意味着，情况变坏不一定是他个人的责任。“只要你尽了自己的全力，你就可以坦然面对事实了。”他对手段的限制，也限制了他的目标。

如果邻里争端仅仅因为警察在场而持续不停，海格会怎么办？他首先环顾人群，寻找他认为在社区或帮派有威望的人。“最有效的事情是找一个他的［即对抗者的］同辈来说‘冷静一点。’我喜欢让他们处理这种情况，通常都有用。”这些社区领袖不仅有权力，用例如排斥和孤立的方式惩罚别人，还可以给他们积极的奖励——友谊、地位、工作、智慧、安全。

这种设法用他人来控制局面的智慧，是海格的标志。他了解在升级的局面下自己影响力的限制，清楚在自我强加的手段范围里，他可以威胁他人的东西有限，海格激发群众领袖稳定社区的能力，并运用这种能力使局面“冷静一点”。

海格在能力范围内发展辖区，争取第三方的合作，他的反应类似于执法官（Marshall）面对贫民区状况的一种专业性反应。

但如果没有可用的助力，海格本人就不得不进行干预和处理。他采用很

115 明显的互惠方式：用洞察力而不是战胜的表现；不是用实力的不败地位，而是利用软弱的脆弱表现；宁可自己被伤害也不愿伤害别人；决不使用他可以合法使用的武器。他不是谨慎地试图把事件主角与自己和人群隔离，而是坦然拿自己的理性与争斗者的残酷做对比。他避免暴力和逮捕，无论那个拿着棒球棍的人怎样辱骂他都全盘接受，被动承受他人的粗俗和野蛮，他努力争取人群的同情，反对争斗者。最重要的是，他是理智的，即使这意味着事情可能“失控”。在人群面前，海格是容忍退让（turning the other cheek）① 的道德榜样。他显示了作为人们的协助者而非敌人的诚意，这是必要的。换句话说，海格的互惠反应是不惜一切代价保持文明端庄，即使在最严重的情况下也这样。

但在处理邻里争端时，海格一般不会是现场唯一的警察。他指望协助警员与他合作，接受他处理争执的温和方式。在某种程度上，城市按地域划分为辖区，给了海格领导的优势。如果争端发生在他的辖区，从临区过来的警察就会遵从他这个辖区警官的意见。“你对你的辖区有责任”，而这种对地区管辖权的推定，意味着辖区警察能够从一开始就顺利得到外来警察的拥护。

然而，这个推定，这种“在谁的领地，信奉谁的宗教”（cuius regio, eius religio）② 的宗教改革原则的现代版本（在拉科尼亚可能已被翻译成，“在谁的辖区，就用谁的方式”），只适用于辖区警察协同配合并有所作为的情况下。无能的迹象会否定辖区警察做主导的推定。在一些警察组织，海格的“温和”可能会让一些警察认为丢脸（以及恐惧）而不愿与其合作。但在拉科尼亚，警长有力而明确的政策，使得情况大不一样。

毫无疑问，警长本人并不受欢迎：他对警局整体人事的领导效果欠佳令人沮丧。他运营警局的模式明显是强制性的。他通过树立反面典型来开展工

① 容忍退让（turning the other cheek），本意是把另一边脸颊也转过来让人打。语出《圣经·马太福音》第5章：耶稣教导门徒说，你们听见有话说，以眼还眼，以牙还牙，只是我告诉你们，不要与恶人作对。有人打你的右脸，连左脸也转过来由他打；有人想要告你，要拿你的里衣，连外衣也要由他拿去；有人强逼你走一里路，你就同他走二里；有求你的，就给他；有向你借贷，不可推辞。——译者注

② “在谁的领地，信奉谁的宗教”（cuius regio，eius religio）的宗教改革原则，是指16世纪宗教改革，欧洲各国在神学问题上争执不下，甚至引发战争，最后达成协议，各诸侯自主选择自己领地上的神学立场，不再强求一致。

作，谴责并惩罚坏警察的做法，他表现得像压制警察的敌人，而不是他们忠实的支持者。

尽管如此，他是警长，整个警局仅此一位。警长正式垄断了广播设施，只有他能同时和社区以及整个警局对话。此外，他的惩罚体系，已经在内务 116
部转变为制度，严厉、冷漠又无处不在，让人毛骨悚然。

即使警长对下属警察的做法这么苛刻，他的目标也是让警察在遭遇公民的时候能够更加温和。一个有雄心又聪明的警佐总结了他心目中的警长想要的东西：“只在绝对必须的时候才逮捕人。”警长的领导让基普这样走强硬路线的人受到质疑和隔离，允许像海格这样温和的警察蓬勃发展。因为警长站在顶端，没有暴力倾向的人被“激活”、被鼓励，而有相反倾向的人失去了声音，但还不至于造反。尽管心里并不认同，这些警察还是接受了自己的职责，遵从海格的权威，因为他们无法发动有效的反抗。

对于像海格这样的警察，哪怕情况是良性的，他要发挥作用，也必须有两个特点：个人信念和一些补救美德。

海格确信非暴力的正当性。毫无疑问塞弗警官残酷死亡的悲剧和由此引发的自我怀疑的痛苦，极大地提高了海格应对批评、诽谤和奚落的承受力。他在心中把暴力的世界里成功的非暴力英雄编成目录，其中最伟大的是杰基·罗宾森（Jackie Robinson）① ——布鲁克林道奇队的内野手，他打破了棒球的肤色壁垒。他对我和他见到的年轻人，都会详细讲述布兰奇·里基（Branch Rickey）的故事，他是罗宾森的朋友和导师，曾警告罗宾森人身攻击可能会让他作茧自缚，他说，“我希望一个有勇气的人不要打架。”罗宾森的回答表达了海格自己对于勇气的期许：“我有两边脸颊”（I've got two cheeks）。

---

① 杰基·罗宾森（Jackie Robinson），美国棒球运动员。美国棒球大联盟中第一名黑人运动员。在帕萨迪纳专科学校和加利福尼亚大学洛杉矶分校就读时，就已是好几个运动项目的优秀运动员，之后为帮助母亲照料家庭而辍学。第二次世界大战期间，在军中任少尉。曾在黑人联盟中为堪萨斯州的城市国王队效力，之后通过里基与布鲁克林道奇队签约（1945～1946 年）。1947 年入选大联盟，入选初期，他不失尊严地忍受着针对他的恶意。但他很快便取得了成功，偷垒数居全联盟之首，还当选为年度最佳新人。反对者的声音也随之沉寂。1949 年以 0.342 的击球率赢得击球王，当选为全联盟最有价值球员。1956 年从道奇队退役。一生平均击球率为 0.311。在晚年积极支持为美国黑人争取公民权利的事业。——译者注

这些非暴力的信念因他的童年经验而出现，被悲剧磨砺，因自省而呈现，并有别人的例子作为补充，保护他不因诋毁者的恣意批评而受伤。

而同样，海格的做法也赢得了一些同事，尤其是那些与他有非正式协助关系的同事的尊敬。毕竟，他有勇气和判断力，还是警局里的最佳运动员。他作为（棒球赛）游击手表现出的胆量和灵活性让人佩服，迫使他的批评者再次思量，温和是否一定暗示着懦弱。如果一个人态度温和，但也很勇
117 敢，那么他温和的原因就令人费解了。此外，他的批评者也很难彻底放弃他，因为他是如此受欢迎。他的棒球和篮球球友总是在更衣室里为他辩护，使得任何对他的批评都会招来抗议。如果没有正式警察组织内部的非正式组织，海格要建立和维持威望肯定难得多。

最后至关重要的是，海格在拉科尼亚一个地区有相对固定的关系，使得居民能够认识到他的文明方式和效果。我们已经提到辖区系统赋予海格超越其他警察的威严。辖区系统将整个城市分割成无数的小块，他的辖区人口不多，这使他有可能和辖区居民都熟悉起来。由于只在辖区内巡逻，他可以发现邻里的天然稳定剂，以及学会如何运用它们。由于居民认识他，他不需要为赢得面子而打败敌人。如果海格每月换辖区，或要巡逻整个城市，这会毁掉他的互惠方式需要的特定知识和地位。

非暴力给了公民更大的自由去实行龌龊行为，这种自由令人厌恶，公民由此可以看到自己的过激行为是多么的丑陋。至少，这是非暴力警察的基本前提，容许一个人把内心阴暗面和挫败由想法付诸行动，有时候反而能矫正自我管理中的有害部分。自我认知引起自发改过，这就是海格衷心期望达到的最终目的。

然而，对受害者黑格的耐心有时会烦乱。在面对个人危险时的非暴力表现是一回事，而当事情涉及他人的安全，尤其是他人还不认同非暴力主义，那就是另外一回事了。在这种情况下，受害人可能对他失望透顶，而自己采取防御行为。

但即使非暴力策略奏效，在我们最开始提到的那起妹妹被强奸的争端事件里，如果海格让争斗自生自灭，会发生什么情况？非暴力风格的前提是人的谦卑还在原处，一味地声称自己的权利是错误的、不厚道的。

可以看出，海格的目标是再教育，让攻击者变得不那么激进。相对于其他警察，他对受害者的正义不感兴趣，不太关心未彻底解决的问题会不会引

发新的冲突。他教给受害者的只有放弃和仁爱，几乎没有对自身的保护措施。

就个人而言，随着海格的非争斗性作风越来越有效，他受到了警局内非 118
争斗性位置的吸引。他接受交通安全员的工作，负责培训和管理当地小学的安全巡逻员。他非常擅长这份工作。他欣慰于自己的温暖和例子给孩子带来的道德影响。在许多方面，这份工作非常适合他的长处。但它使他远离一线，远离频繁的邻里争端。此外，如果除去因为运动而与其他警察的非正式接触，他就和警局其他部分没有任何关联了。像海格这样熟练运用互惠方式的街头警察，会在警察组织内部感到如鱼得水。他有很多机会调动到多样又文明的工作岗位，那确实非常适合他。像他一样有着非暴力倾向的警察会从主流警务工作岗位消失，把街道留给他们更推崇强制工作风格的弟兄们。

V

鲍勃·皮尔（Bob Peel）是一个非常聪明的人。他精力充沛、效率高并且富有实验精神。他很乐于实施一个想法然后观察结果。他用对人类事务的乐观情绪来保持思想活力。他不由自主地注意每一笔交易的良好效果、指导性道德、间接影响以及由人类的努力而推进的意想不到的机会。

他有节制的美德，并能充分运用自己的才华。他身高 6.2 英尺，体重 200 磅，他不是警局块头最大的警察，但在穿上羽绒摩托夹克，戴上安全头盔，蹬上高筒靴之后，他看起来就气势逼人了。他讲话并不丰富多彩或富有诗意，但直接而准确。他不是跑得最快、打架最强、骑摩托车最好、射击最准或器械方面出类拔萃的警察，但通过坚持不懈的练习，这些他都做得很好。他进入警局时是高中学历。高中毕业后，他成为一名木匠学徒，后来成了熟练木匠。他厌恶正规教育："学校和我从来合不来，曾有一个十年级辅导员告诉我不要去上大学，最好出去找一份工作"，但进入警局后的前 6 年，他一直没有停止自学，攻读学士和硕士学位，并考虑读行政学博士——都是在夜校。与此同时，他投身到警局活动中，把社会当作自己的学校，他
成为警察协会的主管，全心投入谈判和申诉委员会，并主持退休养老金委员 119
会。他是一个学习者，有着永无止境的好奇心，相信经历能刺激人更多地去学习。他学习商业、艺术、法律、心理学、历史、体育、房地产、文学、养

狗、摩托车、电脑等，因为他的警察工作涉及这些主题。这个城市没有什么是有失身份的或令他感到陌生的，他感到有责任理解并“欣赏”一切事物。

皮尔是土生土长的拉科尼亚人，从小生活在一个迷人的中产阶级城区。我第一次见到他时，皮尔已经当了四年半的警察，一时兴起签了合约（他到总部缴纳交通罚款，看到了呼吁人们加入警局的海报）。他的资质非常适合警务工作，所以在培训学校得了第一名，并在此过程中还辅导了几个同学。警察工作似乎让他整个人精神焕发。他喜欢这份工作，可以把体力和脑力劳动混合，有机会表现宽厚和严厉，充满各种需要勇气和谨慎的危险。为了规划自己的警察生涯，他尝试过警局里各种各样不同的工作。他曾在巡警队，后来转入研究所，管理过一些特殊项目，又调职到交警队，并在特别行动队呆了一段时间。

皮尔在处理邻里争端的时候怎么做？他成了律师——一名街头初级律师。他向公民全面介绍法律，讲解整个法律过程。用他自己的话讲述了如何处理那个为妹妹报仇、挥舞球棍的兄长的故事：

> 我和那个拿着球棍的家伙到一个小隔间，只有我们两个人，我指望他的骄傲和男子汉气概。我诚实告诉他，如果我是他的敌对对象——这不是原话，但差不多是这个意思——我不会脱下徽章和他一决雌雄。他块头比我大多了，再说我将不得不逮捕他。没有人想逮捕他。他没有做错任何事。我尽量给所有人留退路。你必须拯救他的面子。选择什么方法是他的个人自由——他可以走出那个隔间，和他走进去时一样高大强壮。但私底下我会建议他采用正确的方式：第二天，打电话到警察局叫一个女警察或少年犯警察，来到他家，与他、他的妹妹、他的母亲、他的祖母面谈，获取陈述，甚至对妹妹做一些医疗测试。最终他遵从了这个建议。你看，起先他会牺牲自己，故意去坐牢。但是他脑子里没有别的解决办法。他只好痛扁那个强奸了他妹妹的家伙。所以，你为他讨厌做的事情提供一条退路。但警察输不起，你必须避免进入一个非赢即输
> 120 的局面。我可以发出最后通牒。“闭嘴，否则你会坐牢”。最后的威慑是逮捕，我们完全有权力这么做。但这是维持和平的举动吗，特别是从长远来看？

皮尔知道这位兄长“讨厌的事”，有个家伙祸害了他的妹妹而他必须伤害这家伙。除非他找到“正确的方式”，以合法的途径，来“痛扁这家伙”，否则他只能采取法外行动，从而牺牲自己的合法地位。其实，这位兄长不知道还有正确的途径可以选择。要了解如何利用法律程序，意味着需要一个法律指导，而大多数指导至少一小时收费 25 美元。

“正确的方式”对于城市居民来说往往是一种远远超出他们能力的奢侈，让我们反思法律制度，对警察通常打交道的公民来说，是多么遥不可及。在欺诈案件里，发起诉讼能追回的财物数额，可能都抵不上聘请律师的费用。按照经验，在 1971 年，出价低于 10000 美元，是不会有私人律师为你服务的；如果你遇到汽车质量问题、糟糕的房客或反对被告无力履行的裁定，聘请律师绝对是得不偿失的。如果公民想减轻邻里滋扰或改变区域限制，花 1500 美元可以委托律师开始法律程序，但如果有上诉……想象一下，如果你不得不把母亲的养老金拿出来。假设一下，负责这案子的社会工作者毫无理由地反对申诉。如果其他受过教育、坐享办公室福利的人不愿针对自己的同事或花费时间，一个人能怎么办？如果在学校里孩子的阅读问题被老师忽视或轻视，家长如何得到学校的重视？导致一个人被解雇的医疗问题又怎么办？谁可以来解释和问题有关的、纷繁复杂的私人契约和公共规则——那些雇佣合同、保险合同、失业补偿法、公民权利法和宪法？获取文件甚至要了解它们，这对于请不起律师的人来说，是不可逾越的障碍。

1966 年以来，为穷人提供的法律援助急剧增加，满足了极度贫困者的法律需求。但对于那些有八小时工作的人来说，法律援助没起什么作用，因为他们没有获得援助的资格。他们没有多余的钱请私人律师，又勤于工作而没空成为公共倡导者。

人类一直非常机智，对重要的问题总是能找出临时补救措施。普通城市
居民遇到法律程序障碍时一般咨询外行专家——小政客、保释担保人、当地 121
公证人、市府书记官、街坊的酒保，工会管理员，甚至那些不幸身陷囹圄的监狱律师。这些辅助律师业务者只收取小额费用，作为一种要求回报的施惠——出于友谊，或者因为这是他们的工作（如工会管理员的情况）。他们将普通人引入法律的大门。

所有这些辅助人员里，最明显也最方便接近的就是警察。警察可以解释怎样登记摩托车或支付违停罚单。警察可以解释在物品上做出识别标志的重

要性。他可以展示如何防范窃贼入室行窃。至少在拉科尼亚，没有警察质疑这种提供法律建议的义务，但像皮尔这样的警察扩展了这一业务，为公民提供更精确的法律专业知识——那些缓解和控制邻里矛盾必要的知识。

皮尔看到，邻里争端不仅是失序的问题，还有可能上升为诉讼案件。他知道，为了使争端进入法律体系，使之可由法院审理，双方需要适当的法律援助。在皮尔看来，有时使邻里争端可由法院审理的最好办法是使之成为刑事犯罪。然后受害者即"原告"，获得免费律师（检察官）和免费调查服务（通常是警察）以及国家支付的诉讼费用。在很多情况下，被控告的不当行为者——被告，也从公设辩护人那获得了免费的法律服务。

但皮尔认识到诉诸刑事司法系统来解决私人纠纷存在相当大的缺点——程序性。严格的证据规则和其他正当程序要求阻碍了"原告"。而且被告承受着巨大的劣势，他们要面对的"损害"往往是严酷的：逮捕记录，保释金，本人不得不亲自出庭。为了减轻这些不利条件，皮尔学会用特殊方法制定他的犯罪报告，无声地向检察官和警方调查员表明，此事并非刑事案件而是民事纠纷，实际上更需要补偿和建议而非刑罚。

一些州的地方检察官办公室有民事责任，在某些领域如教育、监管和生态事宜，代表公共利益出庭。像皮尔这样知道这个潜在的免费法律援助来源的警察，可以指导公民采取"正确的方式"一举两得。

还有什么其他来源获得免费法律人才免费调查人才和免费司法援助？工会是其中之一，他们有合法的工作人员来参与劳务事务。此外，还有很多法律机
122 构以及工作人员会接触到城市居民的生活——公民权利委员会、酒精饮料委员会、城市律师、立法机构、监管机构、建筑监理员、公平贸易调查员、法官、大陪审团、军队。但这种次等服务有自己的缺点，指望他们产生多大效果纯属无稽之谈。其实除了走刑事途径之外，仍然有可能得到免费法律和调查的帮助。

如娱乐中心对峙的这种情况，一方公民对对方有怨恨。兄长认为他必须纠正错误，以防止未来的危险、伸张权利，所以必须采用强制手段。

问题不是如何协调或如何开导兄长和妹妹以适应生活的艰苦。问题是伸张正义，给他应得的，补偿他所遭受的痛苦。

当皮尔与持棒球棍的年轻男子交谈，他表现得像专业律师。他在私下协商中讲解了如何获得免费调查服务：让一个女警来检查他的妹妹，建立医疗和证据条件，为家人获取到检察官的法律服务。对于皮尔来说，告诉市民如

何“按正确的方式做”，意味着为他们展示如何利用法律体系来“揍扁那家伙”，而不是使用私力救济。

如今，“正确的方式”不总是很有用了。检察官往往缺乏时间和意愿，去追究他认为是无关紧要的个人事务。执法不足的问题不只困扰底层群众，不论贫富的人都发现，官僚机构需要督促才能做好自己的很多工作。富人律师的传统角色是作为督办，同样，穷人的律师助理也要督促任务，确保官僚在解决问题，不让委托人失去信心，维持他们的秩序和耐心，并把委托人引向整个法律系统。

实现这样的专业反应不是一项容易的任务。一方面，皮尔需要尽可能多地了解法律而不仅仅是刑法。由于培训学院没有民事事务课程，他只能自学有关人际关系的法律——租赁关系、家庭关系、债权债务问题、社会保障法规，欺诈，财产损失，保险等。他还得了解普通法知识然后教给公众。一些做出专业反应的警察还去法学院拓展法律学习，尽管皮尔没有参加过法学院的专业教育，但大多数警察只是学到可以把事件归类的程度。人们和皮尔做
的一样：他们加入警察养老金委员会，得到免费介绍保险与社会保障的概 123
念。他们希望进入培训院，这样就有时间有动力去掌握通俗法律（popular laws）。他们决心询问法官、检察官和法院执行官，有关特定事件他们本可以做什么；在听到解决方案的同时，他们学到法律人对待社会问题的态度。他们也寻求那些同样认为普通法律知识比刑法更重要的警官的支持与帮助。

但现实所要求的不仅仅是理解法律。专业反应需要发展某些手段来使得法律制度动员起来，使法律人按照警察的希望开展工作。这其中一个至关重要的技能是书面交流。警察需要通过警务报告，发挥法律看门人的角色，同时影响大范围的政府雇员去做正确的事。他需要社会工作者进行调解，调查员去调查，地方检察官提起诉讼，法官进行协商。他不得不准确猜测他的书面表达在不同背景情况下的实际影响。因为他不总是以同样的方式运用刑法，有时是想处罚，其他时间只是想通过这种方式提供帮助。他必须以极大的言语精确性去架构他的正式讯息，取决于他的目标，因为他自己不能指挥“上司”，只能影响他们。这样的技能只能由广泛的、自觉的实验中得来。

此外，发挥法律看门人的角色必须有好口才，公共演讲能力。在一方面，他需要说服公民个人以“正确的方式”解决问题。而另一方面，更加困难的，他需要面对人群。人群的存在产生面子悖论。攻击者需要维持自己复仇者的声誉，这驱使他首先会藐视警察。如果以“正确的方式”使他丢

脸，那么他就不能采用“正确的方式”。

皮尔成功处理家庭争端，因为他有能力使人群接受胜利的新定义。他需要假定人群一开始是以短期的眼光看待胜利，即一次性的报复打击。通过他的雄辩，他必须使得成功的基本概念变得更复杂，必须使人们意识到长期法律影响到底有多可怕。当兄长放下球棍追求“正确的方式”，人群不能认为这是出于怯懦，而必须认为这是脱离了低级趣味的，因为“正确的方式”可以以一个更加明确和残酷的方法获得复仇。专业人士永远不会让人群问
124 “谁赢了？”这样的问题。他毫不含糊地告诉他们，如果哥哥的怀疑是正确的，谁会赢得胜利，以及将会是什么样的胜利。

皮尔还需要另一个技巧。他必须有公正的外衣来扮演倡导者的角色。这种公正性很难表现出来。毕竟，私下对兄长建议如何正确做事，非常像是袒护那个娱乐助手。更糟的是，对许多警察来说的这种单方面帮助非常接近于挑衅，而不是中立。作为旁观倡导者使许多警察感到不安和犹豫。

皮尔成功的反驳了此类偏见的指控。他会对批评者解释，中立性，并不意味着没有是非观念。它只是意味着个人的是非观念要与立法者的相一致。一个公正的检察长有权代表公众的一部分反对另一部分，因为法令和普通法支持这种基于公共政策的行动。同样，皮尔会解释，为了公民针对他人所谓隐私的言论自由，中立的警察必须有所偏向，因为宪法告诉他，这些价值是有所不同的。同样，他应该帮助强奸受害者实现报复得到赔偿，因为法律言明受害人有权获得它们。

虽然这种理由听起来容易接受，但警察应用这种思想时会遇到很多陷阱。例如，皮尔所做的，挑起诉讼，迟早会发展成为警察版本的助讼行为（champerty）和诉讼挑唆（barratry）[①]。引导公民注意特定法律形式的救济可能最终导致公民注意特定法律事务。中立在一个充满冲突的世界里是很难实现的。

最后，皮尔必须面对自己的良心。问题的核心是就警察而言，挑起冲突，不论法定的或其他，比起强加给社区的和平，似乎总是更令人质疑。按

① 助讼行为（champerty）和诉讼挑唆（barratry），助讼行为：由一局外当事人承办诉讼并分享法律案件胜诉后的获益；诉讼挑唆：持续不断地挑唆诉讼（尤指没有理由的诉讼）的违法行为。——译者注

照传统警察观点，法律事务用不着警察管。另一方面，警察会乐于接受这种限制，让他的职责仅限于恢复秩序，不管其他闲事。如果之后发生了暴力事件，那也不是他的错，他给了社区和平的机会，而他们让机会溜之大吉了。恢复和平等同于让警察心安理得。

皮尔反对这个警察正统观念，所以如果事情出了错就只能接受责备。虽
然这是他超正常预期的行动可以接受的结果，他只能靠自己。警察的正统观
念不断地指责他：是他造成了冲突；是他诱使兄长依赖“正确的方式”；是 125
他激发了适当复仇的希望。如果“正确的方式”结果不如人意，如果地方
检察官未能追究，如果调查员没有调查清楚，该公民的名誉就会陷入一个比
当场复仇更糟糕的位置。他依靠法律制度来执行他的威胁，如果法律制度未
能支持他，这会让他看起来很蠢。

因此，皮尔和像他一样的人，为解决群体事件承担了更大更重的责任。他们不得不遵循各种老规矩，因为，作为在第一时间给了建议的旁观倡导者，他们的责任一直持续。责任会累积，使他们的职责更复杂更沉重，明显比其他处理群体事件更加费时和累人。对面子悖论做出专业反应的警察必须有这种力量和敏锐，以应付这些额外的责任。

126 第8章　非理性悖论：青少年不法行为

我一直认为在变革中，尤其是民主革命中，疯子（不是那些比喻意义上的，而是真正意义上的疯子）有相当大的政治作用。至少有一点是肯定的，在革命时代，一种半疯癫的状态并非不当，而且往往会带来成功。

——亚历克西斯·托克维尔（Alexis de Tocqueville）：《回忆录》（*Recollections*），1848 年

我宁愿去抓小偷或强盗，因为这些人害怕我们。

——拉科尼亚警察局警官比尔·道格拉斯（Bill Douglas），1973 年

I

托克维尔关于“真正疯子”能够获得政治成功的观点是同 1848 年 5 月 15 日的事件相关联的，当时一些极端的政治团体的支持者占领了法国议会，并使其暂时解散。这场暴动的领导人的胆大妄为，使托克维尔感到担忧。他们不知道畏惧，信心满满地下令，所做的事在所有人看来都预示着灾难，但他们自己却不这么认为。他们只关注眼下，忽略了运动中存在的危险。他们丝毫不担心对议会权力的公然藐视会招来强烈的反对。他们缺乏对于自我毁灭和混乱的恐惧感。他们标新立异，不按常理出牌。但他们是胜利者——至少暂时如此。

非理性对恐怖前景的忽视与勇气对恐惧的克服相似。不同之处在于对个人行为的事先策划和深思熟虑的程度。勇敢的人料定肯定会遇到困难，并且

清楚地知道胜败的概率，但是他们依然甘于冒险。他能让别人相信，对于未来的事情自己早有预料，并且具有应对它们的坚强毅力。相形之下，有勇无谋的人通常对都能预见的风险无动于衷。他不会为可以预见的后果做好准备。一言以蔽之，他毫无小心谨慎的意识。非理性的人总是失算，就像一个从不检查分类账中成本栏的会计师一样。如此一来，他承诺的事情往往与传统的禁忌和常识相悖，他的言行让人们确信他根本就不明事理。 127

不过，尽管非理性的人和有胆量的人之间存在这些区别，作为对手，非理性的人却与有胆量的对手一样难以对付。或许非理性的人更强大，反而更难对付。对于那些不得不跟他们较量的人来说，非理性的人是令人生畏的麻烦。他们跟其他对手大不一样——他们不像无恃者（dispossessed），后者在得到可能失去的东西后会变得谨慎起来；他们不像冷酷无情者（remorseless），后者在受到希望再次感召后会变得谨小慎微起来；他们也不像那些超然者（detached），他们一旦脱离了自感不安全的状态，就会重新产生一定的拘束感觉。非理性的人之所以始终无所畏惧，是因为他们坚信，自己没什么好怕的。要让他们相信自己的信心是错位的，相信自己看不到严重的后果，相信自己对威胁浑然不觉会招致巨大的危险，是一件极为困难的事情。

警察每天都要面对非理性的人——吸毒的人、酗酒的人、愤怒的公民、神经错乱的人，以及我们这个时代的狂热分子。[①] 这些人的头脑是如此地简单，他们对世界的看法是如此一维化，他们在听取和理解信息方面是如此具有选择性，以至于根本无法与之进行正常的沟通。“站住，否则我就开枪了”这一最后通牒对一个烂醉如泥，什么也听不进去的酒鬼来说是毫无意义的。如果一个暗杀者的思想要求他杀身成仁，那么他就是一个无情而可怕的敌人。这些人统统缺少那种为了自己而谨慎小心的意识，而威胁要想发挥效果就离不开这种意识。相比之下，那些老练的犯罪分子几乎算得上是令人称道的，因为他有畏惧感，但是却用可预见的方式克服了自己的畏惧感。

青少年不法行为或不良行为（The juvenile caper）体现了非理性悖论的基本面（the paradox of irrationality）：“威胁者越是精神错乱，他的威胁性就越高；受害者越是精神错乱，他的威胁性就越低。”这不是说青少年是恶魔

① 一些警察认为警长和他的纪律惩戒机构——内务调查局，都是非理性的。

128 或者狂热者：只不过年轻人预期行为后果的方式和成年人预料的不同。[①] 他们看不到自己行为可能产生的一些影响，因而对一些恐惧毫无感觉。他们满脑子不切实际的幻想，[②] 故意自讨苦吃，希望像英雄一样经受磨难，因为

---

① 这一现象的典型代表是约瑟夫·康拉德（Joseph Conrad，1857 年 12 月 3 日他出生于俄罗斯帝国乌克兰的别尔季切夫，1924 年 8 月 3 日卒于英格兰的肯特郡坎特伯雷）的中篇小说《青年》，关于一个青年人选择一艘生锈漏水的船，在一年最差的季节出海，同行的是曼谷市场中最邋遢的船员和危险易燃的一船煤。在一系列的灾难后，货物着火，这艘船沉没在距离海岸超过一百英里的印度洋海域中。即便其他人看来这是十分不幸的，年轻人却把这看作是奇遇，乘着脆弱的救生艇在海上漂泊，没有任何生命和保障的前景，简直再刺激不过了：用年轻去对抗一切因素，抛开任何文明社会的安全保障。康拉德总结道："嗯，告诉我，那段漂泊在海上的年轻时代，难道不是最好的时光吗？年轻并且一无所有，在海上什么也得不到，除了猛烈的打击——以及有时候感受到自己力量的机会……"（约瑟夫·康拉德原名 Jozef Teodor Konrad Korzeniowski，波兰裔英国小说家和短篇小说作者。父亲是波兰的爱国志士，被流放至俄国北部，在他 12 岁时去世。他后来先在法国商船上做徒工，1878 年在英国商船队当水手，接下来 15 年间都从事航海工作，这些工作经验为他提供了写作的素材。虽然 20 岁前他只会极少一点英语，但后来却成为英语大师之一。他以丰富的散文体和呈现异邦或海上的危险生活出名，小说中的背景揭示了他真正关注的问题，他对人类斗争有着悲观的观察。他的作品包括了 1895 年《阿尔马耶的蠢事》、1896 年的《群岛上的被遗弃者》、1897 年《水仙号上的黑人》、1900 年的《吉姆老爷》、1902 年的《台风》、1904 年的《诺斯特罗莫》、1907 年的《特务》、1911 年的《在西方的眼睛下》、1912 年的《机会》和 1915 年的《胜利》，其中有几本可以说是他的杰作。他还出版了 7 本小说集，1902 年发表的《黑暗之心》是他最好的短篇佳作。康拉德对后来的小说家有很深的影响。——译者注）

② 卡尔·波普尔（Karl Popper），《开放社会及其敌人》（*The Open Society and Its Enemies*）（普林斯顿，纽约：普林斯顿大学出版社，1950），第 164 页："唯美主义（Aestheticism），艺术至上主义，认为美是基本原则，是其他原则特别是道德原则产生之源泉的学说。激进主义（radicalism，是指对现存组织、社会状态或运作方式怀有强烈的不满，从而产生否定的观念，并迫切寻求对现状从根本上进行剧烈的变革——译者注）必然成为我们放弃的理由，代之以绝望的政治奇迹。这种非理性的态度源于完美世界中毒症（intoxication with dreams of a beautiful world，陶醉于美丽世界的梦想），也就是我所谓的浪漫主义（Romanticism，浪漫主义是 18 世纪在欧洲兴起的文学、艺术和哲学运动，大约持续到 19 世纪中叶。浪漫主义非常强调个人的自我意识，既是启蒙运动的延续，也是对它的一种反抗。浪漫主义强调个性、主观、非理性、想象、个人、自发、情感、空幻及玄奥等取向。许多知识分子和历史学家将浪漫主义视为对启蒙时代的反思。启蒙时代的思想家强调演绎推理的绝对性，而浪漫主义则强调直觉、想象力和感觉，甚至到了被一些人批评为"非理性主义"的程度）波普尔认为唯美主义是一种构建世界的愿望：不是比我们现在的世界好一些、更合理，而是彻底摒除现有的一切丑恶。［卡尔·波普尔是奥地利籍的英国自然科学和社会科学的哲学家，以推动人们对科学推理的理解做出的贡献和对历史主义的批判而闻名。他在《科学发现之逻辑》（1934）一书中反对传统的认为科学假设可能因观察的累积而发生改变的归纳法，坚持科学假设最多可能是捏造的。后期作品包括《开放的社会及其敌人》（1945）《历史主义的贫困》（1957）《科学发现之逻辑补遗》（3 卷；1981～1982）。——译者注

只有英雄式的行为才能从青春期的无价值感中解脱出来。如果说他们还有所畏惧的话，那么他们最畏惧的是自己的恐惧会被别人发现。他们不惧怕混乱或者破坏，因为他们完全以自我为中心，无暇他顾。痛苦对他们而言属于纯粹的个人现象，他们经历的痛苦越多，他们对自己的价值就越发肯定。

想象一下凯撒甜品店（Caesar's）的场景。这是一家卖冷饮和甜品的店，街对面是拉科尼亚的五所高中之一。20 世纪 60 年代学生逃学和由于违纪遭到休学的现象非常严重，以至于不在学校的青少年人数多得到了管不胜管的地步。"凯撒甜品店里面有很多青少年。我第一次来这个辖区的时候，我找店里的老板娘谈过话。她跟我说，那些孩子不去上课，整天在那里玩弹球机。店里的生意大不如前，携家带口的客户再也不来了"。这些"孩子"都是十来岁的少年，对世界是个什么样子抱有错误的判断。他们的稚嫩无知导致他们对自己的行为可能造成的真实影响产生了误判：他们失去念大学的资格，导致凯撒甜品店关门歇业，甚至导致自己被捕。对成年人而言，警察构成了一种可以带来无尽麻烦的威胁——遭到逮捕就意味着因为罚款和律师费用而破财，出庭受审所带来的不便，以及失去自由。对于这些后果和其他后果，青年人浑然不知。他们内心根本不清楚法律能给他们带来什么可怕的事情，被逮捕会带来哪些危险：未来的工作受到影响，申领驾驶执照遇到困难，遭受社会歧视，并后悔终生。他们却乐于把这一切当作荣耀来显摆，对于其中的陷阱毫无察觉。他们以为监狱就是一个游乐场，并沉迷于这种想法而自以为安全。当警察走进凯撒甜品店，让他们收起自己的把戏的时候，这种错觉给他们提供了一种强大的优势。问题是，警察如何能够纠正他们只有十几岁的头脑中这些错误的认识呢？这个问题有不同的答案，不过如果我们首先思考一下比尔·道格拉斯（Bill Douglas）警官对此做出的专业反应，我们就能更加清楚地理解这些不同的答案了。这位巡警说："我宁肯去抓小偷或强盗，因为这些人害怕我们。"

Ⅱ

129

比尔·道格拉斯是一位牧师的儿子。他的父亲是"我认识的最勤奋的人”，他这个人闲不下来，是卫理公会教徒（Methodist）[①]、穷人的布道者，有时还是政治组织者。道格拉斯对自己父亲最为深刻的记忆是他参与处理教区居民的家庭问题：“我父亲解决过很多家庭问题。他块头大，身材结实，六英尺高（约1.83米——译者注），体重200磅（约90.72公斤——译者注）。他非常冷静……我父亲会跟我母亲讨论他见到的家庭矛盾，但他总是会说，‘我遵循上帝的旨意，把另一边脸也转过去给对方打。’他骂不还口，我觉得有很多次他应该跟对方动手，不过三四天后，那个骂他的人会登门来向我父亲道歉。”

道格拉斯在高中时是个优秀的运动员，他是全郡（all-county）足球队队员，身材短小精悍，体型匀称，十分聪明。他帅气的外表和良好的人缘使他在青春期遇到了种种诱惑，导致他无心学习，错失了上大学的机会，这让他的父亲倍感痛惜。道格拉斯一开始找了一份仓库管理员的工作，然后在当地的连锁汉堡店做侍者，后来由于感到厌倦，他在二十二岁的时候申请加入警察局并被录用了。

与此同时，他恋爱并结婚成家。在接下来的四年里，他的妻子越来越反感她丈夫工作中的危险，并且那时候恰恰是他精神最低迷的时候，他的前景也极为糟糕，于是他妻子说服他辞职并当了一名保险推销员。这样的生活持续了不到两年的时间。道格拉斯又重新回到了警察局，在我第一次见到他时，他已经重操旧业当了一年半的巡警（之后不久他妻子就跟他离了婚，带走了他们的两个孩子，让这个顾家的男人没了家庭）。

道格拉斯比我遇见的任何其他警察都喜欢他的工作，也更加了解他的辖区。有一次他说道：“我现在知道了，我用不着动怒就可以做好这份工作。”道格拉斯一直想当一名老师和教练，但觉得他永远不会有第二次上大学的机会了。在他心目中，唯一一个能让自己生活变得有价值的第二次机会，就是

① 卫理公会教徒（Methodist），卫理公会也称循道派，18世纪在英国由卫斯理发起。卫斯理原是圣公会牧师，1738年曾有过一次“显灵”体验，确信自己获得救恩，不久就开始在户外布道。循道派起初是以振兴英国圣公会的运动为开始，1795年才正式脱离圣公会。循道派的组织良好的教会管理体制把强大的中央集权与有效的地方机构和雇用非专业牧师结合起来，特别受到工业区工人阶级的欢迎，并在19世纪迅速传播开来。1784年美国成立了美以美会，循道宗巡回布道员在边疆地区吸收了许多信徒。英国和美国的传教士自此将教义传播到全世界。其教义强调圣灵的力量，建立个人与上帝的关系，礼拜仪式从简，且关怀下层民众。——译者注

他的警察工作："这份工作……是像我这样教育程度的人能帮助别人的唯一途径。"

按照他的说法，他在年轻的时候耽误了大好时机。他早年曾经有读大学的机会，但是他把这个机会浪费了，而与此同时他却没有考虑到下一步该怎么办。道格拉斯认为，人类的弱点就是不考虑下一步怎么办。无论在哪里，他都能看到这一真知灼见得到证实。某些欺负未成年人的警察从来没有考虑到终生树敌的后果。有些警察胡乱开枪，却压根不去想想子弹可能会打中什么。同理，年轻人只图一时之快就去吸毒，或者荒废自己的学业，却忘记了如果不完成学业，他们就得当牛做马地干一辈子苦工。当 130
然，关于轻率行为的最佳例子，莫过于道格拉斯在青春期的时候浪费机会这件事了。

道格拉斯是一个直言不讳的人。他跟一般警察不同，在自己的警察同事干了"愚蠢的事情"后，他会不客气地批评他们。对青少年，他"实话实说"，直截了当地告诉他们应当承担的责任。"当初我在仓库工作的时候，我明白了一点，如果一个人偷懒却逃脱了处罚，那么他就一定会变本加厉更加偷懒。所以你得监督他，让他知道自己该干些什么，那么他就会照办，而且会干得很好"。

是什么促使人们——尤其是年轻人——承担责任，做事的时候不再不动脑筋？按照道格拉斯的说法，人们得受到足够的惊吓，好强迫自己把事情想清楚——他们必须认识到自己的越轨行为害处很大，会导致无法挽回的损失，这才会清醒起来。一个少年或许会过量吸食毒品，或许会越过自己的其他"承受极限"，使他认识到自己只是一个凡人。恐惧是绝佳的老师，也是不可或缺的老师。它能让人学会自我克制和小心行事的教训，并坚持不懈。

但是道格拉斯的分析并没有止步于这一点。因为如果恐惧能让人注意，那么就必须有一个值得并且准确到位的教训来供他们注意。粗暴的警察——道格拉斯所厌恶的那种类型——忘记了必须让公民把他们的恐惧转化为自我改进。

为了让胡闹的青少年恢复理性，道格拉斯做了哪些事情呢？道格拉斯跟青少年谈话，说服他们认识到要对自己行为的一切后果负责，而不只是为他们憧憬的良好效果负责。这需要花费时间，警察绝对不能"操之过急"，冷静的重新思考需要一段时间才能形成并显现出来。此外，还需要一种使人产生畏惧感的能力，以便“使对方注意”。道格拉斯曾经几次三番地说过，每次交锋伊始，警察都拥有一项个人有利条件，即“恐惧感这一优势”，但是如果对这一优势使用不当，就会白白浪费掉这一优势，而且会导致公民发生恐慌，并陷入自己的错误判断而不能自拔。

道格拉斯对“边缘危机恐惧感”（edge of fear）运用得非常巧妙。他用一个笔记本记下了辖区内青少年的情况，详细程度比样本中任何其他警察都高。在他的笔记本里，他保存了辖区内那些比较出名的不良少年的照片；此外，对于辖区内的青少年，不论是恶名远扬的还是并不那么出名的，他都会把他们的言行记录下来：“我要记住每个曾经遇见过的人。我得给这些人记记账：哪些人在游手好闲，四处乱跑？哪些人在你的辖区内违法犯罪？我把他们所说的都记了下来。下次我再见到他们，如果他们的说法跟以前不一
131 致，我会告诉他，‘你跟我撒谎。’说谎被人戳穿是件挺尴尬的事情”。“说谎被人戳穿”让人觉得尴尬，因为说谎就要负责，这个责任是赖也赖不掉的。道格拉斯是辖区历史记录者，因而能够提醒工作对象他们编造的种种托词和实际行为之间的差距。对这些人的错误判断，犯下的错误以及具有的缺点，他统统记录在案。他会提醒这些人自己做了记录，而这样的提醒是令人心生畏惧的。

在每次跟青少年打交道的时候，道格拉斯都预计他们会出现失算，并为此留有余地，给青少年们一定的心理空间，好让他们对最初的盘算进行调整。当道格拉斯走进凯撒甜品店的时候，他已经考虑到那些青少年可能会对他产生误判。此外，他专注于一点，即刻意利用时间来打消对方的非理性。“于是在那之后的几天，我到凯撒冷饮店弄到了大约 50 个人的姓名，然后我对他们中的每个人说：‘别玩弹球机了。上学去！要是不去，我就把你关起来！’第一次的时候，我把他们的名字记到本子里。第二次抓住他们的时候，我就会在他们的姓名旁边打一个小小的对号，并尽量表现得咋咋呼呼的。到第三次的时候，我就会告诉他们，‘你们给我蹲监狱去’。其实吧，我只关了一个人。不过从那以后就再没人敢捣蛋了”。

这就是道格拉斯的模式：明确地表明自己的目标，逐渐提高施压力度，以此表明自己压倒对方的决心，维持一种恐惧感，用语言和行动来提醒公民，如果他遭到逮捕，那么到头来还是要他们自己来负责，以及给对方时间来重新考虑并盘算后果。

这种方法取得成功取决于五个条件。第一，道格拉斯培养了若干个人品质，这些品质在像外科手术般精确并且渐进式地使用恐惧感方面非常有用，其中之一是幽默。幽默能缓和紧张的局面。他开的玩笑里经常隐隐地提及过去某件事情，提醒青少年他是多么地了解他们。不仅如此，道格拉斯运用幽默意在表扬那些青少年有幽默感，并用这种方式让他们感到有尊严。这也是道格拉斯在说下面这番话时所要表达的意思：“青少年希望你能够放低身段，把自己放到他们的层次上——或者认为你跟他们就是在一个层次上的”。青少年希望警察能真诚而含蓄地夸奖他们。道格拉斯还拥有其他有帮助作用的个人特质。他具有把平常事物戏剧化的能力，他能用戏剧化的行为让自己的话更有力量。他还拥有耐心。不消说，他的榜样就是他的父亲：他父亲是个楷模，言谈举止中带有一种坚定的观念，那就是耐心和怯懦是两码事。这些品质中的每一种——幽默感、戏剧感和耐心——道格拉斯不仅付诸实践还有所发展。

第二，如果他不得不跟人搭档，道格拉斯执意要求他的搭档必须和他一样有章法。关于热心过头、操之过急、眉毛胡子一把抓的搭档，道格拉斯的回忆里满是这样的惨痛故事。道格拉斯喜欢独自工作，不用搭档，连呼叫支援都很少（他说他找不到另一个工作方法跟他类似的警员）。

第三，由于经常独自工作，并且独自工作会造成一些原本可以通过与人搭档工作避免的危险，道格拉斯深谙要令人生畏并且要摆出令人生畏的样子的必要性。他抓住每一个机会，用戏剧夸张的手段凸显这样一个事实：他可不是什么“老好人”。他会当着不法青少年的面挥舞自己的笔记本；他会用 132
轻描淡写的语气谈及他是如何把没有改过自新的人抓进了监狱的。他认识到一点，即青少年要“探探你的底细”，看看警察是否会当老好人，打退堂鼓；对于这些试探举动，道格拉斯坚决回击。此外，他也非常欣赏拉科尼亚警察局强硬、不退缩的名声，认为这一名声很有用，“关于超级警察（supercops）这个名声，我们真的从中受益匪浅”。

第四，只追求有限目标的个人智慧。道格拉斯把注意力集中于整治辖区内最为迫切的问题。他特意为这些问题留出时间：在某个季度里，凯撒甜品店可能是要优先解决的问题；而在下一个季度，需要优先解决的问题可能会是突然大量出现的青少年帮派抢夺钱包事件。需要优先处理的问题不会朝令夕改，而是需要持续投入，道格拉斯会一次又一次地杀回马枪，这种做法使他有足够的时间把这些问题减轻到合理的范围内。对于其他问题，他并不回避，而是权衡它们的紧迫性，然后有条不紊地拨出时间解决最为紧迫的问题。

那么道格拉斯是依据什么标准来定义某个问题是否“紧急”与否的呢？在某种程度上，他所做的选择是心血来潮式的；最迫切的问题就是那些最让他心烦的事情。另外，他的选择往往是预先确定的：某个问题之所以显得格外引人注目是因为受害者众多或者受伤严重。但是，被定性为紧急的问题总是涉及极端的痛苦事件；在道格拉斯的辖区里，人们普遍认同一点：“辖区里的大事”就是大事，不是什么无足轻重的小问题。它可以是有形的危险（例如在抢包案件中就是如此）或者某个企业破产。吸毒、违章停车、赌博、酗酒、家庭争吵、盗窃汽车、交通事故等——所有这些问题都可能发生；一旦发生这样的事情，道格拉斯就会赶到现场进行处理。但是不论什么时候，只要他有时间，他就回头接着去处理“大事”，那些人类社会所有成员一致认定是错误的事情。

与对所有的问题一视同仁、认为它们一样迫切相比，确定一个最为紧急、无法否认的最优先目标并为此留出时间真是不知道简单到哪里去了。一方面，相比大规模地处理社会非理性问题而言，设法削弱小规模非理性事件是相对简单的；另一方面，道格拉斯可以确定可衡量的目标：增加光顾凯撒甜品店的体面顾客的人数，减少抢夺钱包案件的数量。这样的目标给他提供了明确的尺度来衡量进步情况。[①]

---

① 参见同上第9章，波普尔（Popper）将“历史决定论”（historicism）[又译为历史相对论，该理论强烈反对社会学领域中的方法论自然主义，而声称物理学特有的某些方法不能应用于社会科学，因为社会学与物理学之间有着深刻的差异。它告诉我们说，自然法则或“自然规律”在任何地方都是始终有效的，因为物质世界受着在整个空间和时间之内不变的物质统一体的支配。然而，社会学规律，或社会生活规律则随着不同的地点和时期而有所不同。认为社会的天然统一性（uniformity of nature）与自然科学天然统一性迥然不同。社会的天然统一性是随着不同的历史时期而改变的。而人的活动正是改变它们的力量。因为社会的天然统一性不是自然法则，而是人为的；而且虽然可以说它们依赖人类的本性，它们之所以如此，乃是因为人类的本性有力量改变它们，而且也许能控制它们。所以人类能够使事情变得更好些或更糟些，积极的改革不一定无效。历史决定论的这些倾向吸引着感到应该有所作为的人，尤其是感到应该干预人类事务并拒绝承认现有事态不可避免的那些人。趋向于有所作为并反对任何暗自满足的倾向，可以称之为“能动主义”。马克思的一句众所周知的劝诫语突出表达了“能动主义者”的见解：“哲学家们只是用不同的方式解释世界，而问题在于改变世界。”波普尔认为，从柏拉图的“本质主义”到黑格尔 （转下页注）

最后，道格拉斯的方法之所以能够取得成功是因为它是切实可行的。他认定每个人最终都是理性的，在这一假定的引导下，他去寻找那些导致人们“陷于自身非理性不能自拔”的情形。在凯撒甜品店滋事的青少年团伙一案中，他在寻找那些导致他们无法做出理性判断的障碍时，很快将注意力放在了一大群人中的个体成员所享有的匿名性上来。① 未成年人之所以错误估计了道格拉斯在场对他们所造成的威胁，是因为他们认为道格拉斯分不清他们谁是谁。因此，他们觉得自己没什么好怕的，道格拉斯认为，这正是他们做出错误判断的原因。

有鉴于此，道格拉斯从容不迫地弄清了那五十个玩弹球机的旷课学生的身份，此举的目的就是为了打消他们自恃别人不知道他们是谁而具有的信心。道格拉斯所采取一系列步步为营的措施——先确定对方的身份，在此之后不久让对方确信，他可以在人群里认出对方来，然后作为施加压力的最后手段，进行首次（也是唯一的）逮捕——有效地改变了这些人对于自己在给凯撒甜品店造成损害后逃脱惩罚几率的估计。道格拉斯的策略促使他们开始认为自己是身份可以确定、需要承担责任的个人。道格拉斯让这些人对现实的和可能存在的后果充满了恐惧感，从而让这些人重归理性。

道格拉斯使青少年恢复理智的才干使整个社区都从中受益。青少年自恃

（接上页注①）的“整体论”，都可以归属到历史决定论，他们认为社会工程应该是整体进行的，需要一些社会精英人物来规划、治理。——译者注］和“乌托邦”社会工程［其立意是根据“人类社会发展规律”为人类设定终极目标，那些规划社会发展的人将成为人类的精神领袖，从而必然导致极权，使人们丧失思想的独立性和批判的权利，形成“封闭社会”。乌托邦社会工程一旦发生失误，要改正就相当困难。——译者注］和“零碎发展”（piecemeal）社会工程［波普尔认为，由于人们并不能完全认识到有意识行为的全部后果（有意识的人类行动常常产生无意识的社会反应和结果），因此伟人可能犯错误，无法根据历史经验而设定人类的终极目标和长远路线。社会的种种弊病只能通过点滴改良来解决。零碎发展的社会工程，以理性批判的可能性为前提，也以言论自由和多元化为前提，在这样一个自由主义的社会里，即使发生失误，也更容易改正。这样的社会，就是波普尔所讲的“开放社会”。——译者注］做对比。在 pp. 155 ~ 156，他讨论了有限目标的优势，“搜寻并抗争最大最紧迫的社会恶行，而不是搜寻并捍卫最大的终极社会善行。”这些优点在于：（1）有限的补救目标更容易获得更广泛的认同，因为它有更明显的终结，这些技术方法出现问题和风险的机率较小；（2）因此劝勉比抑制更有效，更可能达成一个合理的妥协，即，分散的影响是一种可以容忍的情形；（3）批评也是可以容忍的。

① 社会心理学家一直对解释非理性人群行为感兴趣，指出匿名性（anonymity）会让人们认为自己可以做出损害行为并且逃脱惩罚或污名化的烙印。参见罗杰·布朗（Roger Brown）：《社会心理学》（*Social Psychology*）（纽约：自由出版社，1965），第 735 ~ 736 页。

人数众多，又有大把的时间可以挥霍，搅闹得四邻不安。非理性——虚妄荒唐的无所畏惧感——只有在青少年团伙这样的群体中才能滋生蔓延开来。一名具备改变这种破坏性和非理性力量才干的警察，对辖区而言是十分宝贵的。通过让青少年群体小心谨慎起来，让这群人害怕起来，不再通过破坏性的渠道宣泄自己旺盛的精力，道格拉斯解决了社区单靠私人手段无法解决的问题。

对于道格拉斯而言，他取得的结果是非常令人欣慰的。他扮演了自己辖区和辖区民众的历史记录者的角色，使自己的工作有了人性化的色彩。他开始觉得自己在辖区民众的生活重要了起来。此外，他所做的记录还让他记住了辖区内青少年的不同成长道路，其中有些人“长大后”就摈弃了青春期的愚蠢状态，有些则没有。这些记录帮助道格拉斯树立了一种信念：“恐惧”在人类社会中是有用武之地的，在最坏的情况下它是必要的，而在最好的情形下，它则是有益的。这些书面记录彻底打消了对于他运用“边缘危机恐惧感”的做法所残存的最后的一丝一缕的疑惧。

134 他也开始对于“自己只不过是个凡人……关心孩子和他人”以及用不着舞枪弄棒就能当一名好警察这种观念心安理得起来。他发现，他可以综合自己的缺点和优点——他态度随和，他开动脑筋、有意识地关注人的成长，他拥有发现那些假装无畏之人内心恐惧的本领，他善于讲述事情，他颇具幽默感，以及自己也曾遭遇失败和错失机会的个人背景——来完成一种很有价值的警察工作。他知道他可以按照自己想要的方式做受人尊敬的警察工作。

Ⅲ

现在再来探讨一个与道格拉斯警官完全相反的人，麦克·培根（Mike Bacon）警官。培根身高六英尺三英寸（约 190.5 厘米——译者注），体重超过 200 磅（约 90.72 公斤——译者注），身材笔直。他经常形容自己“紧张”。他在二十一岁生日当天加入拉科尼亚警察局，我第一次见到他的时候，他已经当了四年的警察。他没有读过大学，也不想去读。在他自己的眼中，他就是一个警察，他的抱负是让别人承认他是一名很优秀的警察，这就是说他想成为一名警佐，并且最终成为警察局的管理人员之一。要成为一名好警察就意味着要具备那些公认的重要品质：坚韧不拔、聪明机智、坚持不懈，同时还要具有警察局宣称应当具备的一切技能。

培根跟道格拉斯一样都具有运动天赋，都因为决定不读大学而白白浪费了自己的运动潜力。但他们两者之间的相似性也就仅此而已了。

培根跟辖区民众经常发生冲突。他卷入了众多“民众抗拒执法”事件，以至于被送到第一期暴力防治小组受训。此外，他对辖区民众漠不关心：他对辖区内公民的个人细节不管不问；他记不住他们的名字，不关心他们的生活，对于他们恐惧的动向和对象也不管不顾。

通常情况下，他会用一种粗暴、急躁、任性和冲动的方式处理青少年违法行为。单单是看到一群青春期少年聚在一起就能激起他的“第六感”：他总有一种直觉，“无论他们在干嘛，里面肯定有犯罪。”凭借这种直觉，他认为自己有“充分权利”（every right）去制止犯罪。在这种想法的诱导下，他采取先发制人的做法，却并不去掂量一下他出手抓人的做法是否具备必要的条件，能够为那些青少年、法律和公众所接受。他在还没有找到法律或道德依据的情况下就贸然出手。他没有公开确立犯罪的各个构成要素。他没有公开地确定做坏事的人的身份。他也没有设法提高自己让逮捕行动更有成效的能力。他根本就没有注意那些青少年是否在做不理性的事情——即无所畏惧而且没有进行冷静思考。这样一来，他没有采取任何措施来掌控局势，对 135
那些青少年进行教育，让他们幡然悔悟，认识到自己的所犯的错误。恰恰相反——他想要的是让他们晕头转向，不知所措。

其实他并非不通情理，有时候他的行为也比上述做法好些。他知道要给公民留一些退路，而不是让他们除了报复之外别无选择，这一点非常重要：他在培训中学过这一点。但是他的冲动却往往战胜了他受过的培训，因为他所接受的培训并没有任何对人性的睿智理解作为支撑。他从来都不理解时间的重要性。这样一来，他总是贸然行动，导致青少年产生恐慌并感到自己落入陷阱，无法自拔。此外，他还意气用事，根本无暇观察自己的工作对象，弄清他们的姓名，他们的态度，他们的习惯。他们对他来说始终是无名的。因此，虽然他让青少年感到害怕，但并没有让他们产生高度的恐惧感，一种“胆敢报复或者逃逸的后果比改过自新更为可怕”的意识。

为什么培根会这样做？最大程度上，答案归根到底在于他对人性的基本看法。这里，将培根与专业的道格拉斯进行对比很有教益。

我们前面讲过，道格拉斯预料到青少年很有可能会对伤害他人要付出何种代价作出错误判断。因此，他给了青少年调整他们最初估算的时间和空间。培根处理青少年的做法则是认定他们是故意为之，充分意识到了他们所造成的危害，给他们冷静思考的时间和空间是在抬举他们，而且会暗示露怯并且有意息事宁人。道格拉斯认为时间会让青少年的不理智烟消云散，而培根则认为时间会使青少年的恶行变本加厉。道格拉斯生怕自己会让青少年愈加晕头转向；而培根却唯恐自己做不到这一点。道格拉斯要的是说服教育，而培根要的则是打斗争吵。

如果一个警察在处置警情的时候满脑子想的是“息事宁人”并且担心自己露怯，那么他往往会说服自己相信“预防性攻击”（preventive attack）[①]是有效的。他会从“故意”的角度理解警情：人类的所有行为，特别是有害的行为，都可以推定为故意的。从源头上对这种故意进行外科手术式的精准打击就能消除导致伤害的源头。如果对人性抱有这样一种观点，警察就会认为对手更加恶毒，因而也就更加可怖。他也认为自己的补救措施执行起来更加简单，更加直截了当。

与这种不愿被人看作息事宁人的执拗同时存在的还有第二个条件——在观察人类细节方面的认知迟钝。培根没有花心思去寻找律师所称的存在犯罪意图。在刑法中，是否存在犯罪意图关系到有害行为背后的动机是否是邪恶的或有预谋的，这一问题能够让公众确信应当对犯罪者提起刑事诉讼。培根
136 则推定，有伤害就一定有犯罪意图。这个推定是这样一种世界观的组成部分：根据人的本质将人分成“聪明的人”与“愚蠢的人”、加害者与受害者。这种观点的后果就是摈弃了一切寻找动机和恐惧的必要性。加害人想当然地就是理性的、恶意的、一成不变的。简而言之，培根是在用一种愣头青式的简单推定（simpleminded presumption）来处理极为复杂的人类动机问题。

当然，培根要仰仗同事的宽容才行。他的鲁莽冲动所捅出的娄子必须得到跟他共事的“警管区兄弟们”的接受，因为他们经常得出手帮他遮掩。如果一个警队的警员在警佐的影响下已经对粗鲁蛮横的手段无动于衷了，那么在这样的警队里培根会得到接纳。如果警佐鼓励手下人跟着直觉走，那么

① 参见罗伯特·F. 肯尼迪（Robert F. Kennedy）：《惊爆十三天》（*Thirteen days*）（纽约：诺顿出版社，1969年），第97页。

当直觉出了岔子，他就必须帮着打掩护。如果警佐能够成功地给因为凭直觉办事而出纰漏的警员打掩护，他就会吸引像培根那样欣赏这种警务模式的人投到自己门下来。警管区制度准许警佐选择跟自己志趣相投的警员，这样一来，虽然警察局的组织宗旨跟培根的个人意图相去甚远，像他那样的人依然可以在警察局里找到一个能够容下他的小圈子。

培根的所作所为给他服务的社区中最坏的成员对警察的预期提供了佐证。他鲁莽冲动的行为——这些行为是在没有打下充足的道义基础、使这些行为能够得到理解并具备正当性的情形下就贸然实施的——让那些认为警察是蛮不讲理、居心不良、自私自利并且醉心于权力的青少年愈加有了口实。这种关于警察是恶魔的理论做出了种种预言，而培根恰恰让这些预言给言中了，如此一来，培根的行为就强化了那些鼓吹这种理论的人的名望。相反，那些认为警察也是人、乐于助人、有时值得与之合作的青少年的声誉会因为培根非理性的策略而遭到削弱。简而言之，培根的行为引出了每一个人最坏的一面。[①]

培根自己也受到了损害。别的不说，他已经不得不在多起司法调查中为自己辩护了。律师费用价格不菲，即便警察协会可能承担一些费用，如果培根遇到的是民事案件，市检察官（City Attorney）也可能为他辩护（因为在针对警察提起的民事诉讼中，所在城市是共同被告）。由此带来的担忧是相当严重的。

此外，培根的内心也很受煎熬。培根依然保留着想要在警察局内出人头地的雄心。他已经意识到，自己的暴力记录给升迁的希望构成了一个严重的 137
障碍。因此，他竭力遏制自己的冲动。结果，他感到莫衷一是、摇摆不定。他学会了社区关系的皮毛，但他却与它的内在精神对着干。他担心克制自己

① 参见理查德·麦克利里（Richard McCleery）：“矫正行政与政治变革”（Correctional Administration and Political Change），载于劳伦斯·黑兹里格（Lawrence Hazelrigg）主编的《监狱社会》（*Prison within Society*）（纽约：Doubleday Anchor 出版公司，1967），第 113～149 页。“在老式的监狱管理活动中，管理者的随意性给有经验的囚犯一些优势，因为他们具备预测和解释各种不利和神秘环境的事件的能力。老囚犯运用‘魔鬼理论’（devil theory），把每个不幸的事件，解释成‘卑鄙小人’（rats）像老鼠一样偷偷摸摸运作的结果，就像原始的祭司一样，这么做很大程度依赖他们有能力提供前后一致并且满足人们心里的、对官方行动的解释。通过关注不合作的被羁押者的仇恨和敌意，这些囚犯领导人都获得了强有力的社会控制工具”（第 127 页）。

是怯懦的表现，并且他开始忧虑自己要当一个好警察的愿望是法律不容许的。如此一来，他一方面更加费力地控制自己的冲动，但这种冲动每隔一段时间就会冲破他的野心所建立的束缚，导致他的行为更加乖戾。

Ⅳ

其他警察是怎么应对非理性悖论呢？这一悖论的鲜明特点之一是交流各方之间的不对称性：非理性的公民可以向警察传递信息，但是警察的消息和威胁却没有进入公民的意识之中。可以预见，如果一个警察的行为过于文明化，有意跟对方就价值观和后果交换观点，就会比其他人都更容易受制于这个悖论。

迪恩·兰卡斯特（Dean Lancaster）通常采取交互式（deal reciprocally）的方式与辖区内民众打交道。他没有利用他六英尺三英寸（约 190.5 厘米——译者注）的大个头去吓唬人。他这个人非常和气，做不出这样的事情来。他从小被一个性情温和的杂货商和他的妻子收养，度过了一个愉快并懂得负责的童年。作为童年的遗产之一，他对自己幼年时候形成的某些“恶霸习气”——他小的时候曾经极度肥胖，有人拿他的体型打趣，于是他只好对他们粗暴相向——心怀愧疚。不过，他进入青春期不久就开始跟父亲一起打理杂货店。他从中得到了不错的薪水，很早就获得了经济独立的意识，与此同时，他发现自己的身体开始成熟，自信心也在不断增长。到十八岁的时候，他已经开始在店里承担管理责任，成了一名充满自信、全面发展的青年人。

兰卡斯特认为，作为一名警察与他过去当商店经理没有多少不同。别人付钱，他提供服务——大家各取所需，皆大欢喜。他认为自己作为警察，是处在一个互惠过程之中的，是提供警察服务的零售商。他的这种意识比其他所有警察都更为强烈。客户需要什么服务，他就设法提供什么服务：充当中间人，调解公民之间的纠纷；跟对方“讲理”；进行解释工作，向他人提供那些他格外谙熟的信息；倾听和尊重“别的观点”；“帮助社区”；教育公众，让他们了解相互信任和善意的可贵之处；以及“给他们想要的东西”。即便是那些最招人烦的公众成员也是“绅士”，是“值得尊重”的。

他具有敏锐的洞察力，能够清楚地判明他人有何有求于他之处：他能看清对方的观点，喜欢被人依靠的感觉。

不过，当他说起涉及非理性的事件时，他一次也没有说过要利用恫吓的 138
手段。相反，他强调道，在处理不理性的公民时，“虽然蓝色的警服会影响到对方，影响到他看你的方式……你却可以让他忘了你是警察，这样一来你们就能像两个普通人那样讲话了。”跟利用“恐惧感”带来的便利抢占先机的道格拉斯恰恰相反，兰卡斯特选择在他和对方之间构建一种两个理性的人之间的关系，“人性化”地看待对方。

问题是，这种方法并非总能奏效。有些时候，他没法让对方领会到自己的用意：“可是要是那个家伙实在不明白事儿，那我也没办法。”也就是说，虽然他采取了“平等待人的方法”，可是那位公民既无知又无畏，没有对此做出理性的回应。与杂货店的顾客不同，不理性的市民缺乏倾听理性的动机。此外，兰卡斯特费心劳神地想要圆满解决问题，可是他的做法却往往让事情变得更加糟糕。他想要态度真诚，处事公平——这种做法在市场中甚至在处理家庭争端时均屡试不爽——然而在用在无知无畏者身上时却事与愿违。有时候他会和当事人发生冲突，“我也不知道是怎么回事”，兰卡斯特在谈及忙乱混沌的几周时这样说道。在那几个星期里，他和搭档试图把一个把持了某家台球厅的少年团伙给清理出去。他发现，这些少年没头没脑地好勇斗狠，无畏无惧地到了愚蠢的地步，让他感到束手无策。

在对方不讲理的情况下，这种理性的方法似乎反而会诱发暴力。这么一个结果让兰卡斯特懊恼不已。不过，他还是坚持自己的做法。尽管会遇到对方对他大打出手的情况，他依然保持冷静，以理服人，力图用自己温和的方式让对方相信他是值得信赖和出于好意的。

是什么让兰卡斯特得以采用这种方式工作的？他的从商经历在决定他的行为模式方面起到了非常重要的作用，这一点给我留下了深刻的印象。老警察们常常断言，从警前没有工作经验的年轻警察是最差的警察，他们太苛刻，太不宽容，太求全责备以至于到了天真幼稚的地步；而最好的警员则是那些从警之前工作过的警员。情况或许的确如此，不过，兰卡斯特的个人经历却提醒人们，工作经历不同，带给人们的经验教训也不同。拥有零售行业的从业经历，当过供应商和消费者之间的中间人，从这种经历中学到的经验教训肯定与拉索警官在密西西比河上挖泥沙时学到的大相径庭。较之其他从业经历，在互谅互让的零售行业中的从业经历与公众直接打交道的程度要高得多，“顾客始终是对的”这一理念根深蒂固、强化巩固的程度也要高得多；比起生产劳动，销售工作对于与人打交道、参透对方的想法的要求要高得多。就兰卡斯特而言，从少年时代开始就担任零售商店经理的经历在他身上留下了一个永久的痕迹，改掉因为这一经历而形成的习惯对他而言并非易事。

他的体型也是一个因素。他人高马大，所以即便他的理性招致对方动粗，他不得不应战，他也有能力保护自己。他块头大，因而能够全身而退，这就意味着他担得起当个好人所带来的风险。

139 另外，使他能够保持理性的因素是警察局长的领导风格。正如我们已经指出的，拉科尼亚警察局全局上下都知道，该局局长是一个希望手下警员走温和路线并承担这一路线所造成的风险的管理者。① 既然局长愿意为他所倡导的温和路线承担不良后果，那么对于基层警员而言，采取跟局长相同态度的可接受性和安全系数也就高得多了。兰卡斯特从来没有受到警察局官方的批评，某些同事虽然私下对他的工作风格表示不满，但是这种私底下的不满却不像来自官方的申斥那样会让同僚们的私下议论。局长的支持还鼓励像兰卡斯特那样的理性者公然结成联盟，从而给他们提供了某种社交庇护所。

最后，兰卡斯特具备突出的学习能力，而且他不打算当一辈子的巡警。在一个是否能够被任命为警佐取决于是否能够高分通过考试的警察局里，他有朝一日肯定能成为警佐，对此，他坚信不疑。他正在通过读大学来锻炼自己的应试能力。他干巡警这份工作并非长远之计，因此在工作中出几次岔子倒也不会让他多么不安。可是，假如他知道别人要他一辈子当巡警，那么他

---

① 培根（Bacon）警官鄙视警长的“软弱”，他讲了一个故事，大家都明白这里面的组织重要性：“然后我们……有一系列的麻烦，一个关键事件测试。他们［预防暴力小组的指导员］（the instructors in the Violence Prevention Unit）会给你一个事件；一个人在大街上跑，有人在后面喊他偷东西，他跑回家并且关上门这种事情。然后他们问你两个关于你将会做些什么的问题。你会采取进一步的行动吗？你会逮捕吗？你必须准确地回答，不能暧昧不明。然后他们根据事件对暴力倾向进行评估，从1级到15级。如果你说你要破门而入，进入卧室，抓住这个人并把他送入监狱，如果他不合作你会用枪抵着他，那将是“15”级。如果你说，你仅仅上前并且试着去逮捕他，级别可能会降低，但仍有很多暴力倾向存在。如果你说，“我不知道他做了什么，所以我放过他”，那将是一个“1”级。好的，警察局里的每个人都要接受这样的测试。你知道发生了什么事？警长测试的结果是2级，而警员测试的平均结果是13级，从中你能看到警员和警长观念上的差异。

的感受就不一样了。使用武力让他感到不安（这令他想起了自己小时候用过的“欺负人的手段”）。他不喜欢这种不安的感觉，但是却也不会因为这种不安而灰心丧气。他看重的是未来。

这一点令人禁不住想对培根和兰卡斯特两人比较一番。您一定还记得，培根盼着有朝一日能在警察局内升迁到一个像样的级别，这样上司就没法用事业方面的野心来要挟他。如此一来，他就可以重新开始跟着内心的直觉走，而在此前努力奔前程的阶段，他只能竭力压制自己的直觉。相形之下，兰卡斯特则指望着有朝一日能够得到升迁，从那些困扰他的街头警情里面抽身出来。对这两个人而言，职务晋升都很重要，因为职务晋升能够让个人偏 140
好挣脱事业的羁绊。在警察局里，警佐这一级别彰显自我、张扬个性的机会要多得多。从这个意义上讲，一个警察局所反映的其实是警佐的品味、价值观和观点。

兰卡斯特缺少像道格拉斯（他能够专业地应对非理性）那样令人生畏的技能——用话语和戏剧化来威胁对方的技能，在使用武力、为动用恐吓手段奠定道义基础方面游刃有余。通常情况下，凭借他堂堂正正的为人，他魁梧的身材，以及身为拉科尼亚警察的权威所带来的优势，他（在处理警情的时候）无论如何都能占据上风。然而，情况并非总是如此——在这种情形之下，他别无选择，要么对民众诉诸武力，要么溜之大吉。无论什么时候，只要兰卡斯特认为，社区民众对于（警察）严格执法是真心支持且意见一致的，他就会觉得自己有理由动用暴力。但是，如果社区民众意见不一，或者民意并未很好地被动员起来，而且警情已经超过了自己的合理能力范围，他就倾向于回避警情——视若不见。社区里的头面人物可以更容易左右社区的意见，因而往往能够得到他们想要的服务。那些小人物就没指望了。

兰卡斯特不喜欢那种面对有些事情无可奈何、非理性却反而能够奏效的感觉。他开始看到，有些情况下讲道理起不到作用，威胁恫吓却能起到效果。这个现象让他大为困惑，于是他想要寻找一种方法来弄懂这个现象。他在大学所学的内容，特别是在社会学方面的内容，正好给了他一个看透这个现象的机会。在他利用业余时间选修的课程里，他找到了一个渠道，让他得以超脱地跟人讨论自己对于使用武力威胁的疑虑。

随着他对有关使用强迫手段的道德问题展开探索，他开始确信，他并不是唯一一个对权力问题感到模棱两可的人。人类命中注定要面对最终无法解决但是却依旧必须面对的问题——他开始对这一理念感到心安理得了。对于一名年轻警察——尤其是具有兰卡斯特那样性格温和而又有教养的年轻警察而言，大学的博雅教育或人文教育（college liberal arts education）是对他早期警察工作的重要补充。没有这种教育，他就会陷入一种两难困境——是从难办的情形中抽身逃离，选择自己在互惠手段方面的才能有用武之地的时候才提供警察服务，还是选择在既没有指南也不甚了了的情况下就贸然使用更大程度的武力。非理性悖论让兰卡斯特这样的人感到困惑不已，因为故意的无知所带来的后果跟他们在人生的市场（the marketplaces of life）中学的常识格格不入。课堂给他们提供了一个审视自己困惑的视角，并让他们更容易接受自己的个人局限性。

V

克劳德·纳里（Claude Nary）与上述的哪个类型都不符合。就算是他真的符合哪个类型，拉科尼亚的警察们也会立即动手把这个类型打个稀巴烂。纳里是阿巴拉契亚人（Appalachian）[①]，正统基督教信奉者，身材矮小，没受过什么教育，语法错误百出，絮絮叨叨，是个控制不住自己酒瘾的退伍
141 军人，完全胜任不了警察工作。我曾经跟他一起坐过八个小时的车，在这八个小时里，他：（1）忘了拿自己的午餐盒，只得回家去拿，然后在距离自己辖区 5 英里（城市道路）远的位置接到一个紧急呼叫后慌了手脚；（2）接警后去处理一起正在进行的抢劫案，结果走错了地方，在未经核实的情况下草率地告诉无线电调度室说什么事也没有发生；（3）去处理一起

① 阿巴拉契亚人（Appalachian），因阿巴拉契亚山脉（Appalachian Mountains）而得名，该山属于北美洲东部山系，是世界上最古老的山系之一。从加拿大纽芬兰起，经魁北克、新不伦瑞克，向西南到美国亚拉巴马州中部为止，全长 3200 千米。包括新罕布什尔州的怀特山脉、佛蒙特州的格林山脉、纽约州的卡茨基尔山脉、宾夕法尼亚州的阿勒格尼山脉、弗吉尼亚州和北卡罗来纳州的蓝岭、北卡罗来纳州和田纳西州的大雾山，以及田纳西州的坎伯兰高原。最高点在米切尔峰。——译者注

无声报警（silent alarm）[①]，结果车子却在城市的主干道上没油抛锚了。在个人层面上，他拥有一些非常吸引人的特质：他好奇心重，善于观察；他达观、友好、热情、善良、质朴；他宽容大度、信赖他人、慷慨大方而且还充满善意。

但是他却是个糟糕的警察。

纳里应付不了不良少年。他跟不良少年交涉，却让他们更加肆无忌惮，他们还取笑他，或者干脆无视他的存在。他无法让不良少年害怕他，所以他害怕不良少年，回避跟他们打交道。如果碰到他不得不回应关于不良少年的报警电话的情况，他会非常生气，不是生不良少年的气，而是生报警人的气。[②] 用纳里自己的话讲，一个典型的案例是这样的：

> 那个地方有很多爱乱扔石头的熊孩子——不良少年成群结伙地去砸人家的窗户。我们接到了一位女士的报警电话——连着几个星期，一直有人砸她家的玻璃。我只能跟她说，“您瞧，女士，那帮孩子就住在那个交钥匙公寓（turn-key apartment，指租客无须装修，可以直接拎包入住的公寓——译者注）里。那栋楼里一共有 25 个孩子，您也弄不清到底其中是哪个砸了您家的玻璃，您只知道肯定是其中一个干的。我总不能因为这件事情就把他们全给抓起来吧。”普通老百姓们不懂这个道理。他们只知道，我家的窗户上礼拜让人给砸了。这是让人烦的地方，我主要烦的，是这些人不懂法律。

这种情况反复发生，对那些吓唬他人的团伙干的坏事袖手不管，却只是一味地责怪那些胆怯、受人欺负的受害者，这就是纳里能够做的“全部”。

克劳德·纳里缺少道格拉斯那种能言善辩的语言技能，缺少兰卡斯特那样令人望而生畏的壮硕体型和力量，也缺少培根那样肆无忌惮、强行掌控局

---

① 无声报警（silent alarm），报警器静音的报警电话，主要用于银行和零售商店，形态差异很大，但目的都是报告警察有正在进行的抢劫，而不让劫匪察觉。——译者注

② 参见肯尼迪（Kennedy）：《惊爆十三天》，第 52 页：“伯特兰·罗素（Bertrand Russell）给赫鲁晓夫（Khrushchev）写信赞扬他和解的立场，并且给肯尼迪总统写信谴责美国好战的态度。总统专门腾出时间考虑并以个人名义答复：‘我想你的精力应该关注小偷，而不是抓小偷的人’”。

势的能力。他缺乏成熟感，缺乏耐心，不够老练圆滑。他缺少“警察角色”意识，缺少对拉科尼亚这座城市的了解，缺乏对于人们如何工作的领悟。他缺乏关于人们的感受的知识——他们的绝望，他们的希望，他们遭遇的悲
142 剧，他们取得的胜利，他们面临的恐惧和他们所下的决心。他缺少那种能够让人放松下来并且自嘲的幽默感，他无法跟人们“打成一片”，不会让人们按照他的想法行事。他没有内心的平静，他缺乏毅力和决心。他还缺少教会自己如何克服所有这些缺点的能力。

当他被委派到拉科尼亚警察局工作时，（显示他不称职）的危险迹象已经很明显了。在拉科尼亚警察局录用的警察中，他在所有资格考试里都是垫底的。他在面试中也暴露了明显的问题。他的教育水平实在太差，以至于他的劳动合同里专门规定他必须到大学进修某些课程。在见习期间，他在街头一线工作的表现非常糟糕。然而，由于种种原因，他居然通过了考核，还得到了正式任命。正如我们在前文提到加菲尔德（另外一个越来越倾向于选择逃避式回应的警察）之时所说的那样，公众对特定能力测试的抨击，损害了人们对通过此类测试进行的公务员考试的信心。此外，纳里是拉科尼亚本地居民，而纳里入职之时，有关方面正在对拉科尼亚警察局施压，要求他们招录居住在拉科尼亚的人士当警察。他的热情，他的友善——简而言之，他的文明美德——用20世纪60年代末期盛行的一维视角来看是不错的（彼时公众关注的是警察的暴行）。于是他就留了下来。

但是，当他完成入职培训之后，警察局的巡佐却并不想要他。他被打发到了后备警力组。这是一个组织松散的后备警力机构，收纳那些未被长期配属某个警队、在其他警员无法到岗之时负责代班的警察。跟其他新来的警员不同，纳里是干脆就被扔在后备警力组无人过问了。用他自己的话说，“第一年里，跟我一起乘车出过警的警察肯定不下五十个。”他开过囚车，被打发去看管监狱。他遭到遗忘，受到压抑，受人忽视，被丢在一旁任凭他自生自灭。可是只要不主动闯祸，他就不会被警察局解雇。

为什么他的警察生涯止步不前？毕竟，在军队里他曾经当过中士。他用行动证明自己在机械方面是一把好手。在其他机构中，他也能过得下去。但是警察工作却让他应接不暇，这份工作对他的要求高得多，而且是高得太多了。警察生活的世界有一个特色——他手中的权力所招致的敌意。当警察是一份需要动用强制手段、需要逼对方就范的工作，因此，它首先是一份令人

害怕的工作。只有当一个人有能力万无一失地应对各种令人恐惧的情况，他的恐惧感才能有所缓解。警察这个行当要求那些品行文弱的人必须培养出相应的政治手腕和道德准则——否则他们就干不了这个行当。①

做不到这一点的后果如何呢？纳里受到同事的排挤。没有哪个警察愿意跟他搭档开车出任务。他成了大家嘲笑的对象。他没有能够供他学习和交心的朋友。他的判断也受到了影响：任何民众，只要对纳里友好、能够让他从高度紧张的状况松弛下来，就能随心所欲地摆布他。有一回，一个骗子跟他
套近乎，然后把一台偷来的电视卖给了他。万幸的是他发现自己上当了，并 143
且在这桩事情被公众知晓之前向上级承认了错误。警察局管理机构决定暂时不开除他，而是送他去接受再教育。按照安排，纳里跟着黑格接受了将近一年的特别培养。不过，后来警局需要黑格去承担其他任务，于是又做了另外一个临时决定，再给纳里一次机会，以观后效。

黑格用他特有的善意的方式描述了纳里是如何在辖区从事警务工作的：

> 这个警察非常糟糕，糟糕到你想象不到的程度。他根本不知道自己在干些什么；不知道当警察的人该干些什么；他不懂刑法；他去处理家庭矛盾的时候非常害怕；他真是太糟糕了……跟您说吧，警察们都不愿跟他一起工作。他们不想受他的连累。天哪，他总是怕这怕那。他去处理家庭争端的时候，对方只管继续争吵，就好像他根本不在场一样。他们骑到他头上拉屎。他心里没底，这是不成熟的表现，不过他是根本不知道该怎么办才好。虽然我建议继续留用他，但是我强烈建议要看紧他。我照看他了大约一年了，但是直到现在我都不知道他到底在干些什么。

其他人也都不知道纳里“到底在干些什么”：纳里躲在自己的单人警车里，躲避警察每天都要面对的那些非理性、冷酷无情、超然冷漠和一无所有的人所带来的种种恐惧。如此一来，社区民众别无选择，只能自己好自为之，“就好像他根本不在场一样”。

---

① 对此，英国现代警察先驱皮尔（Peel）就曾说过：“警察在任何时候都是输不起的。”

144 # 第9章　对强制力四大悖论的反应

只有了解别人自认为知道些什么，我们才可能充分理解他们的行为。

——沃尔特·李普曼（Walter Lippmann）[①]：《公众舆论》（*Public Opinion*），1922 年

为什么“你不可贪恋”是《十诫》中的最后一项？因为人必须首先避免做错误的事情。在此之后，人就不会想做错误的事情了。如果一个人只是停下来等待，直到所有的激情统统消失，那么他就永远无法成为圣人。万物皆同此理。如果你不快乐，那么就做出一副快乐的样子来。之后快乐就会来临。信仰也是如此。如果你感到绝望，那就表现得好像你有信仰一般。之后，信仰终会来临。

——艾萨克·巴什尔维斯·辛格（I. B. Singer）[②]：《市场街的斯宾诺莎》（*The Spinoza of Market Street*），1961 年

---

① 沃尔特·李普曼（Walter Lippmann，1889 年 9 月 23 日出生于美国纽约州的纽约市，1974 年 12 月 14 日逝世于纽约市），美国新闻评论家和作家。毕业于哈佛大学。后来到新成立的《新共和》周刊担任编辑（1914～1917 年）。他的思想影响了美国总统威尔逊，被派去参加《凡尔赛和约》谈判。曾为改革派的《世界报》撰写社论，后任该刊主编。之后转到《纽约先驱论坛报》工作，1931 年起在该报开辟《今日与明日》专栏，后来被多家报纸同时刊载，两次获得普利策奖（1958 年和 1962 年），成为世界最有名望的政治专栏作家。他的著作有：《政治学引论》（1913）、《舆论》（1922）（这部著作可能是他最具影响力的著作）、《虚幻的公众》（1925）和《对于良好社会原理的探讨》（1937）。——译者注

② 艾萨克·巴什尔维斯·辛格（Isaac Bashevis Singer，1904 年 7 月 14 日出生于当时属于俄罗斯帝国的波兰拉济明市，1991 年 7 月 24 日逝世于美国佛罗里达州瑟夫赛德市），出生于波兰的美国小说家和散文作家。早年在波兰华沙拉比派神学院受到传统的犹太教育。出版第一部小说《撒旦在戈雷》（1932）后，于 1935 年移民到美国，为纽约的一家意第绪语报纸撰写文章。此后他虽然仍主要以意第绪语写作，但还亲自对有关的英语翻译　（转下页注）

I

表 2 是对警察对街头反复发生的权力悖论所采取的各类防御性反应的总结。

表 2　对强制力悖论的防御性反应

防御性反应的种类	无恃悖论（贫民区）	冷漠悖论（家庭争端）	面子悖论（人群大场面）	非理性悖论（青少年不良行为）
互惠的	委托给保安团体	做临床医生	忍气吞声	被阻碍
强制的	粗暴行为	变得敏感	疯狂勇者	变得反对非理性
回避的	走开	定义排除	外强中干	责备受害者

对这四大悖论的各种专业型反应有一个共同特点，那就是对公民进行有条理的教育，使其认识到，如果他们逾越了法律的框架，就会被严加惩处。如果他们以自由人的身份遵循法律的要求，他们就会大有所获。专业型反应高度依赖于对话，那些有助于警察掌控局势的谈话。有时候，警察可以通过发展塑造自己辖区的方式，用先前的行动来掌控警情事件，就像麦克·马歇尔（Mike Marshall）在贫民区所做的那样。不过更常见的情况是，由于警察的工作分配具有相对的暂时性，他们对警情事件的掌控取决于他们的语言能力，取决于他们是否做好了进行解释和劝诫的准备，并借此让当事人树立希望、达成谅解并感到恐惧。专业型反应从来不涉及无法辩护的违法行为。任何看上去似乎违法的行为——如果有的话——都要使之显得情有可原和能够接受，并正大光明地为其寻找合理性。专业型反应也不等于生硬地贯彻法律（以法压人）。相反，应该先精心准备，让对方具备相应知识或者感到恐惧， 145
或者两者兼而有之，然后才在此基础上动用法律。专业型反应有一个特点，

（接上页注②）进行指导。其作品描写犹太人在波兰和在美国的生活，融嘲讽、风趣与智慧于一炉，具有一种神秘怪异的独特风格。其主要的长篇小说有《莫斯卡特一家》（1950）、《卢布林的魔术师》（1960）、《冤家，一个爱情故事》（1972；1989 年拍成电影）；短篇小说集有《傻瓜吉姆佩尔》（1957）、《市场街的斯宾诺莎》（1961）和《羽毛做的王冠》（1973；获美国国家图书奖）；还有剧作《杨朵》（1974；1983 年拍成电影）。1978 年获诺贝尔文学奖。——译者注

那就是通过谈话进行教育。

相比之下，互惠式反应（reciprocating response）则依赖于培育公民对特定警官的个人感激之情。它有赖于警察施加恩惠，促使公民产生报恩的冲动，有赖于对方投桃报李。这些恩惠可以是警察倾听公民的意见，或者在更多的时候，是指警察手下留情。在很多情况下，互惠式回应似乎逾越了法律的界限，互惠型反应和专业型反应（professional response）之间的差别是，前者双方心照不宣，用行动来说话，而理由则并未点明。互惠型反应对非法行为网开一面：例如攻击警察、纠集帮派团伙闹事、青少年任由性子胡闹，甚至毁坏他人财产等。它在本质上属于消极抵抗对方的强制行为，有赖于公民随着时间的推移最终清醒地认识到他们的道德义务。有些情形下，比如在解决家庭争端方面，互惠反应是极其有效的。

执法式反应（the enforcement response）很强势，具有侵犯性，有点像专业型反应，但是相对缺乏耐心，且不那么重视启发民众，对反应过程中民众在理智和情感方面可能正在发生的变化爱搭不理。执法型反应将语言当作武器，或者用来调动情绪，但是绝不会用来触动民众的灵魂。有时候，执法型反应如果用得巧妙，也能够奏效——而且立竿见影，收效到位。回想一下本书第七章开头罗金厄姆（Rockingham）警官讲过的拉科尼亚警察局掌故之一："有这么一个流传很久的故事，说是某位警察总是会挥舞着警棍从警车跳将出来，一边大喊大叫，一边用警棍猛抽树木、垃圾箱和路灯灯杆。他这种做派总是能把人群驱散，百试不爽，而且他从来不用抓一个人，也从来没有人受伤"。

146 最后，回避型反应——几乎毫无二致都是消极被动、拙于说服、缺少震慑力的——不如专业型反应那样令对方茅塞顿开，不如互惠型反应那样宽宏仁慈，也不像执法型反应那样风风火火。它有的只是死气沉沉，对人的痛苦遭遇麻木不仁。

Ⅱ

在此前四章里，我曾经一次又一次地提及三种影响的关键而显著的重要性：警察的语言能力，他的警察同事（尤其是他的警佐）和警察局长无处不在的领导能力。街头巡警与这三个因素的关系，要么促进，要么妨碍了他们对每个悖论的反应。反过来，巡警在对这些悖论形成习惯性反应后，会改变他与警察局长打交道的情况，他对警局同僚的态度，以及他对语言所产生效果的理解。他的行动习惯很快会迫使他做出选择——是支持警长还是诋毁他，是接受警队队友和队长的友谊还是遗世独立，是积极练习口才还是贬低这项口才的作用。

我们还一再强调了警察的态度和他的行动之间的相互作用：他所做的和他所相信的之间的因果关系。我的研究方法太粗糙，无法确定态度和行为是直接和完全相关的。我的印象是，那些对人类处境持有固定视角、并且被类似的是非观念困扰的警察，他们的行为是相似并且可预测的。他们选择的是相同的防卫手段。警察的视角和感受往往会受到同事和警察局长的影响。如果他的态度因此发生了改变，我有一个强烈的印象（但只是印象），那就是他对悖论的习惯性反应也会随之改变。从这个意义上讲，态度引发了行为。

但是从一个更深的意义上来说，我们必须追问，他的态度——特别是那些促使警察接受（或迫使他拒绝）同僚和领导的感受和观点——究竟来自何处？这些态度的最终根源是深层次的。我对这些警察的了解显示，凭借后见之明，我们可以发现，根源在青春期、童年，甚至婴儿期。

但是，虽然后见之明让我们得以追溯目前态度的根源，它也无法帮助我们解释，（在形成态度的过程中）为什么某些方向没有得到选择，即从同一个起源出发，人们原本可能形成（与现有态度）不同但是同样站得住脚的态度，但是实际上却并没有形成这样的态度。预见感情和信仰会如何发展要比回头看它们的发展历程要复杂得多。

但是，有一点我是确信的——当警察会改变人的态度。警察针对四大强 147
迫悖论而选择的防御型反应会对他们的道德和智力带来至关重要的效果，这些效果给我留下了深刻的印象。警察做出的这些积极决定（指前述选择）日渐积累，并以出乎他本意的方式塑造了他的思维方式。巡警被迫与强制力这一魔鬼所做的交易对他的视角和情感产生了始料未及的后果。在这个意义上，行为造就了态度。

在这本书的下一部分里，我们将转而研究警察的行动、智力以及道德发展之间的彼此交互作用的动态关系。

警察的成长

让我就本书接下来几章所依托的道德原则做一些评论。在前面的章节中，我们谈到了“道德态度”（moral attitudes）或者一些类似的表达，诸如“道德”“道德观”“道义”或者“价值观”。“道德态度”是什么意思呢？在“道德态度”这个合众为一的概念中隐含了哪些假设呢？

说到某种道德态度，就要假设人在本质上是道德动物，并受道德态度的支配。（我们将这个假设称之为道德公理）。关于这个假设必须说三件事。首先，假设只不过是一个预设，一个在调查之前提出的假定。这本书不会使持怀疑态度的读者回心转意，相信确实存在道德态度。相反，在这方面我至多能说服读者不急于下结论，并保持自己的好奇心——不是关于道德公理（moral axiom）是否站得住脚，而是它是否有用；预设警察具有道德态度是否有助于读者了解警察。

第一，在应对自己的怀疑时，读者或许也已从物理学史中找到些许慰藉。物理学家总是以未经证实的假设为基础开始进行探索的。一切物理学解释都是建立在关于某种基本构建成分的、预设但并未证实的假定之上的。在不是很久远之前，对于分子就是这样做的。我知道，物理学已经超越了分子是物质的基本组成成分这一假定并前进了相当的距离了——他们也已经超越了认为原子甚至原子的微粒是物质基本组成成分的阶段。但是到头来，物理学家发现自己抵达了自己学科的极限，于是将自己所做解释的上层建筑构建在某些最终未知而且未经分析的亚微粒子的基础之上。历史学家 E·H. 卡尔（E·H. Carr）把这种把某物作为公理的需求称为“不可避免的恶性循环”（the unavoidable vice of circularity）。①

150 第二，任何预设必然会蒙上研究人员的眼睛，导致调查出现偏见。人类生活总是比我们对其“基本”性质的简单假设更加复杂。有目的的简单化或许对于避免迷茫混沌有重要作用。饶是如此，简单化就是简单化。如果我们以其他假设作为出发点，必然会得出其他的见解。读者可能想要反思一

① 爱德华·哈利特·卡尔（Edward Hallett Carr）：《新社会》（*The New Society*）（波士顿：Beacon 出版公司，1957），第 10 页。

下，我们从不同的假设出发，会对警察得出什么结论。仅举两个在过去100年中最令我们关注的两种假设为例，我们可以从马克思关于“人是经济人”这一假设或者弗洛伊德（Freudian）关于“从根本上说，个人是非理性或者亚理性的动物”这一假说出发。

第三，通过接受人类是有道德的生物这一假设，我们获得了大量经验和专门知识（这是人类是有道德的生物这一观点的一部分）——道德冲突的含义、责任和冷漠、道德行为准则的扩散、罪恶和救赎。这些术语可能听起来有点陈旧。当代的读者可能会想把它们转换成更为现代的术语——自我分裂、神经症和失范、内心的方向、认同危机和自我实现。[①] 无论用什么样的字眼，如果我们采纳（人类是有道德的生物）这一假设作为公理，我们就让前述这些为数众多的观点与警察有了关联。选择这一公理还能够在我们试图了解警察为什么会成长——或者至少是发生改变——的过程中，让我们更为敏锐地、有选择地专注于警察生活中的若干特点。

那么，我们所说的“道德态度”究竟是什么意思呢？我们设想了一种包含四种要素的思想：一个“事情”、一种价值、这两者之间的关系和一个规范性含义。

态度包含这些要素中的三个。它是以一个简单主动句的形式出现的，包含一个主语（即前文所说的“事情”）、一个动词（即前文所说的关系）和一个目标（即前文所说的价值）。道德态度是个表达态度的句子，后面加了一个命令短句“……所以，我应该（或者不应该）通过喜欢、协助或者做这件事情（或者憎恨、阻碍、制止这件事情）来推动这件事情。”关于道德态度的实例，您可以回想一下在第二章里贾斯蒂斯警官所说的话：“我总是会尽量给那家伙留点面子……在这件事儿上，我的理念是由两个部分组成的，首先是一个事实：我喜欢认为这个法子是我自己想出来的，另一个则是，根据我多年来的观察，这个法子是能够奏效的……我们的工作就是保护体制。体制面临着变革的压力，可是这种变革太快，超出了体制的预期……我们头等大事是要维护和平秩序。”贾斯蒂斯采取的道义为先的态度，他的

---

① 莫里斯·科恩（Morris Cohen）：《逻辑引论》（*A Preface to Logic*）（1944；纽约：Meridian'f 956出版公司）第58页，在谈到“等效表达式”时指出：这些术语“指示或指向同一对象”。

“理念”，由一个事物（“那家伙的尊严”），与一种价值（文明社会的“和平秩序”“体制”）以及一项目的性的暗示（“我们的工作”）——该暗示促使他来“维护”这一事物（即那个家伙的面子）——是呈正相关的［“经过我的观察，发现（给那家伙留点面子）是能够起效的”］。

这种将道德态度简而化之为事物——关系价值、指令的理念，是对作为道德生物的人进行分析的根本前提。这里必须牢记一点，即这种态度既有因果的一面，又有评价的一面。它既是一种理解，也是一项信仰，既有解释性又有目的性，并且它的思维特征和道德特征是相互交融，不可分割的。

151 在接下来的两章里，我们将会分别对解释性和目的性这两个方面进行分析。我们将把警察的智力成长视为一种与他的道德成长迥然不同的事物来加以探讨。这种将智力理解与道德感受相互分离的做法仅仅是出于进行分析的目的，在结论部分，我们会设法表明，解释和目的之间是以一种互为自反（mutually reflexive）的因果模式相互关联的。

最后说一句话，并且还要做出一个警示。根据道德论的公理，道德态度的作用是为了使自治成为可能。道德态度是个人要求自己遵循的法则，如果不遵循就会有愧疚感。秉承道德论的人士让自己直面两种选择，要么在行为举止上担负责任，要么因为愧疚而痛苦不堪。他的问题是自我施压造成的，因为他同时身兼立法者、辩护人、公诉人、法官和执行者多个身份。值得注意的是，虽然一人身兼数职存在利益冲突，但是这种利益冲突往往导致趋向严惩而非宽大。①

而前面所说的警示则是，相比刚刚结束的这些章节，下面两章步调相对较慢，关注点也更加微观。不过，如果读者能适应这些改变，我认为他的耐心最终会得到回报，而且结论章节的理论基础也会因此更加牢固。

① 在这方面，我建议读者参考约瑟夫·温鲍（Joseph Wambaugh）的著作，他曾是洛杉矶警察局警官，他的著作对警察职业道德方面有很大启示。在自责和严惩的问题上，尤其参见他的《洋葱田》（*The Onion Field*）（纽约：戴拉考特出版公司，1973），该书描述了一个警察的真实故事，该警察谴责自己“允许”搭档被暗杀，而实际上谋杀是无法避免的。

第 10 章　理解的形成与发展 153

“理解”（understanding）的特征之一就是抓住事件的背景，也就是时间上知道先前发生什么和将要发生什么，空间上了解地势，从人类角度去看各种动机交织在一起所扮演的角色作用。

——罗伯特·E. 莱恩（Robert E. Lane）：《政治意识形态》（Political Ideology），1962 年

评价一个人是不是块当警察的好材料，首要的标准是看他有没有做出判断的能力，而且是成年累月不断做出判断的能力……我们都是法官，任何时候都是。

——拉科尼亚警局艾尔·坦尼森警官（Officer Al Tennison），1971 年

I

“做出判断”就是要预测未来。判断指的是对准确预测未来事件的能力。为了预测将要发生的事情，警察们形成了一种感知人类事务的模式的能力。他们形成了若干概念，或者分类，帮助对形形色色的人员和事件进行归类和区分。伴随概念而来的是视觉程序，警察通过这些程序对眼前的种种细节进行处理，将其归入这些抽象化的概念之中。这些分类和程序结合在一起，使警察能够将自己的观察能力聚焦于一点，专注于人类行为中的种种蛛丝马迹，忽略那些相对而言不大可能帮他们窥见未来的迹象。

警察借以形成判断力的方法是错综复杂的，并且他们所采用的程序和范畴也会随着“漫长的”职业生涯的推移而发生改变。不过，随着他们在工

作中成熟起来，他们的观念就演变成了习惯，并且变得越来越根深蒂固。这
154 些习惯化的概念反过来又影响到了他们对警情事件“背景”的理解和明智把握，并从而决定了他们以后是会发生智力“退化”，还是会成长为更加人情练达的人。

Ⅱ

为了更好地理解判断这一难题，让我们设身处地，从巡警的视角，在他的世界中亲身体验预测警情的全套机制。让我们对一种稀松平常、司空见惯而且频繁发生的警情进行分析，通过这种方式了解警务，判断这个难题。

这是一个星期五的黄昏。星期五是发薪水的日子，而在发薪日，居民区里的杂货店和卖酒的铺子的生意总是火爆异常。各种店铺会比平时晚些打烊，而且无一例外都会多预备一些现金，好帮助主顾们把薪水支票兑换成现金。

弗兰克·本杰明（Frank Benjamin）警官发现，一家过去一年里屡遭抢劫的酒馆门前停了一辆黑色“雷鸟”牌轿车。“本吉”（本杰明的昵称）是个老手。他出生在拉科尼亚，已经从警二十五年，高中学历，爱尔兰裔，为人老成持重。他对自己的辖区了如指掌——辖区里的孩子、父母、工商企业、家庭关系、教堂、高中篮球队的队员、市井无赖和守法市民。可是他却并不认识这辆车。

在那辆车里有一名男性，看上去好像坐在前排驾驶位上睡着了。一顶松垮垮的帽子遮住了他的眼睛。从服装上看，他顶多二十几岁。他是名黑人。这些特征很快就可以确定。

本杰明从右侧靠近那辆停着的车子，敲了敲副驾座位的窗户玻璃。坐在驾驶位置上的司机看上去半醒半睡，正在醒来之际，本杰明在车外等着，看似不经意地从左边裤兜里掏出了一包香烟。当司机从前排座椅探身过来开门的时候，本杰明把烟递给了他。开始的时候，司机说话含混不清，大意是谢绝了警察递给的烟。事情进展得非常顺利。司机表明了自己的身份；他解释说，自己把车停在路边是为了打个盹，对警察表示了谢意，发动汽车，然后就开车离开了。事实上，本杰明警官或许根本无法确定那位司机是否真的睡着了。不过，他可以确定的是，那位司机并没有采取危险行为的意图。

当本杰明第一眼看到那位坐着不动的司机之时，他想要知道两件事情。

首先，那位司机在干什么？他是心脏病发作了吗？他是喝醉了酒，还是磕了药正在飘飘然中？他是真睡着了，还是只是在装睡？他是在等人吗？他是不是来那家酒店踩点，并同时悄悄地为其他潜藏的犯罪行为望风？

其次，本杰明很想知道，接下来会发生什么。他必须猜测一下未来可能 155
发生的情形。如果不在几分钟之内把这名公民紧急送到医院，他会不会因此丢了性命？他会不会醒过来，并且想要开车，全然不顾自己酩酊大醉，无法安全驾车？他是不是来接受贼赃或者领取毒品的？他会不会到那家酒类商店进行抢劫或者盗窃？当本杰明闯入他的世界里，他是会激烈反抗还是会有礼有节？简而言之，本杰明需要弄清司机究竟要干什么。

查明人类的意图可是件棘手的事情。别人的意图是无法通过直接观察看清的；不同个体之间在意图方面差异度很高；而且在事件的影响之下，意图在这一个时刻是一个样，到了下一个时刻则是另外一个样子。

由于意图属于内在的事物，因而只能通过可以观察的外在行动——这可以是指所说的话、做出的动作以及活动的形态——来推断意图。观察到的现象的含义无一例外都是含混不清的。把车停下来，把帽子拉下来遮住眼睛，并缩在方向盘后面，这构成了一个含义模棱两可的行为。它既符合生病了这一情形，也符合想要在回家之前小睡片刻提提神这一情形。同样，这种行为也符合第二种意图理论：试图掩盖某种想要实施盗窃的意图。这种行为甚至可能意味着一种引诱，一种刻意为之的诡计：装出一副可疑的样子，引诱某个警察走近车辆，然后一伙藏在车里的不良少年从车里跳将出来，“给自己找一个警察”（get themselves a policeman，一般是指不法分子趁警察不备，对其进行袭击乃至绑架——译者注）。在意图被付诸行动之前就查明意图需要解决，这是一个颇有难度的推理问题。警察只能通过借助间接证据，排除有一定道理的可能意图，让自己对他人的意图更有把握。

此外，由于人性的第二个特征，即可以想象的意图林林总总，范围非常之广，因而间接证据的复杂性导致了一个繁重的智力负担。一个人的意志可能因为形形色色的遥远而相伴终生的影响而发生变化。某位公民的意志可能会因为他所“知道”的东西而受到影响，因为这位公民用来认知世界的概念而受到影响，因为那些阻碍或者放大其所见所闻的情感而受到影响。意志还会受到他更大的意图——他的人生目标，他在追寻这些目标之时遭受挫折和取得成功的历史的影响。在人与人之间，进行思考和做出希冀的方式差异之大，可能会达到无以复加的程度。

此外，意图还会由于情形的改变而发生变化。环境会影响公民可能的所作所为，而本杰明警官只要进入了该公民所处的环境，就会导致情形发生变化。本杰明警官想要知道的是，当他现身并影响到那位司机的意图之后，那位司机究竟会怎么样的。那位司机在被吵醒之后是否会大发脾气，粗鲁不讲道理？他看到警官后是否会伸手去拿事先藏好的枪械？在被警察盘问的时候，他是会因此感到害怕还是会大发脾气？

156 在一个有限的程度上，本杰明警官对这次交锋的环境保留了一定的控制。他在如何与民众“打交道”，如何影响民众的反应方面游刃有余，因此能够化解让对方感到惊讶或者发生恐慌的可能性。比如，给对方递上一根香烟就有可能让那位司机感到跟本杰明警官的那次交锋并没有那么凶险。

不过，警察却无法掌控一切情形。他没法隐藏自己的佩枪、他的蓝色制服，也不能掩饰自己魁梧的身材。无论有愿意与否，这些特征都会跟他形影不离。在（他与司机交锋之外）更大的环境中，对于诸如在他身后突然聚集了一群人，或者天色光线暗淡了下去等情况，他几乎是无能为力的。而且，警局的规章禁止他关闭警用无线电步话机，而警用无线步话机里随时都有可能突然传出可能招惹是非的话来（“男的老黑”这种描述是一个警察无线电用语，在局势紧张的情况下，这一用语经常会惹怒民众）。最后，警察的搭档也可能会在警察无法掌控的情况下对局势产生影响。换句话说，本杰明警官不得不担心意外事件、偶发因素所造成的影响，对于这些意外事件和偶发因素，他没有什么控制力或者干脆没有任何控制力。

Ⅲ

查明对方意图并预测对方行动不仅关键而且非常复杂，那么本杰明是如何完成这两项工作的呢？他做了三件事情。首先，形成概念：也就是说，他构建了一系列范畴，把任务和事件按照相似性分门别类地归入到这些范畴之中。然后，运用这些概念，也就是说，他制定了一整套观察步骤，借助这些步骤，将具体人物和事件归入特定的范畴之中。最后是证实这些概念：把概念与不准确的预测进行反复比对。下面，我们对这几项操作逐一进行分析。[①]

本杰明警官在创造概念的过程中借助了自己多年的经验。按照他的说法，他现在已经是个“老警察”了，所以做判断的时候会更加容易一些。他“见识广”，在“不同辖区”工作过，在判断人情世故方面颇有心得。不过，要把自己的经验变成一个好老师，还得把它组织成概念才行。用本杰明的话来说就是，进行了若干“分组”。他根据人类活动是否遵循这样或者那样的循环模式，对这些活动进行“细分”。

本杰明警官构建了什么样的概念来对辖区内民众进行分类呢？根据基本的要素组合和最微妙但不太基本的统计分析，可以将公众分为可管控的和反抗政府的不听话分子两类，在此基础上可以进行更为细致、相对高级的分类。在判断方面，重中之重的任务是把那些可能抗拒警察权威的人和那些不 157
会抗拒警察权威的人区分开来。此举就是要依据是否可能体现四种权力悖论中的任何一种来对局面进行界定。可管控的人并非无恃、不认为事不关己、也不肆无忌惮、更非毫不理性的公民。不听话的人则恰恰相反：用本杰明的话来说，就是那些没法“说理”的人、“搞不清楚”过往情状的人、“王八蛋”或者“傻瓜”。

这种关于治理能力的判断性概念究竟来源于哪里呢？它来源于警察的职业环境。正如人类学家班顿（Banton）和社会学家斯科尔尼克（Skolnick）以及许多其他人所指出的那样，警察生活在危险之中。[②] 即使在平静的周五夜晚，就像祈祷词里所说的那样，“当生活的热潮已过，纷扰的世界归于平静”，即便是在本杰明接近一个看上去毫无危胁、似乎正在睡觉的男性，并且准备给他递上一支香烟之时，依然是危机四伏——对方可能不听指令，不

---

① 参见 R. B. 布雷思韦特（R. B. Braithwaite）《科学解释》（*Scientific Explanation*）（纽约：哈珀火炬出版社，1960），第 255 ~ 292 页。关于判断问题，有一个格外清晰和全面的讨论，参见罗伯特·阿克塞尔罗德（Robert W. Axelrod）《框架：关于认知和选择的一般理论》（*Framework for a General Theory of Cognition and Choice*）（加利福尼亚州伯克利：国际研究所，1972 年）。

② 参见本书 293 ~ 298 页，“书目说明”。

服管束，本杰明可能会受伤乃至丧命。[①] 鉴于这种暗藏的危险，警察在任何情况下都必须迅速形成第一印象，根据对方究竟是可能跟自己对着干，还是可能会乖乖听从指令来对他们进行归类。警察的工作就是要管制人们使用危险的暴力，因此警察就要根据人们的暴力潜质对他们进行判断。警察是管控者，因而他们会根据可管控性对管控对象进行分类。关于概念的形成这一问题，哲学家莫里斯·科恩（Morris Cohen）是这样阐述的：“所有的感知都取决于我们自己设定的问题。”[②] 警察所抱有的概念服务于他自己和他所认同的社会所“设定的”目的；这些概念“达成了一项具体而明确的任务要求”——对人们所造成的威胁进行管控。[③]

样本中的每位警察依靠的都是相同的基本判断概念。他们使用诸如“可管控”“可控制”“合作的”“在掌控之中”等形容词或者词组，或者这些形容词和词组的反义词，例如“失去控制”和“极其不稳定”等来描述形势。警察根据能否让对方“冷静下来”，或者“控制”“掌控”“依靠”对方“占上风”，让对方“只有招架之功”或者“操纵”对方来对人们进行分类。

158

Ⅳ

虽然“可管控/不听话”这一基本概念（或曰概念组）几乎是整个警界都在使用，但是警察与警察之间在如何应用这一概念方面却彼此不同。毕竟，可管控/不听话这一概念组有一个优点，那就是它是详尽无遗的；它适用于所有的公民。不过，它的穷尽性也就意味着它是高度抽象的。它把纷繁复杂包罗万象的具体事件简单地分为两种类型，而每一类中的事件从细节上看其实相去甚远。对于警察而言，问题在于如何培养发现线索的才能，好让

---

① 专业型警察威尔克斯（Wilkes）表示：“您也知道，在跟人打交道方面警察跟别人都不一样。他们不像社会工作者：社会工作者是从从容容地处理情况，一切都替他们安排好了。可是在警务工作里，无论是我、我的搭档还是受害人，任何情况下都可能有生命危险”。

② 莫里斯·科恩（Morris Cohen）：《逻辑学序言》（*A Preface to Logic*）（纽约：默里迪恩 Meridian 出版社，1956，p. 71）。

③ 杰罗姆·布鲁纳（Jerome S. Bruner）、杰奎琳·古德诺（Jacqueline J. Goodnow）、乔治·奥斯汀（George A. Austin）：《思维研究》（*A Study of Thinking*）（纽约：威利出版社，1956），第5页。

自己能够对任务和事件进行恰当的分类。这种确定和发现征兆的过程包括心理学家们通常所说的“现实性概念”（attaining the concept）。[①] 现实性概念需要制定证据程序和规则，借助这些程序和规则，在现实世界中发现那些确凿的线索，然后用这些线索相对迅速、毫不含糊、始终如一、明智而正确地对问题进行分组。不过，在实现“可管控/不听话”这一概念组的方式上，警察之间存在着显著差别。

在警察现场工作的条件之下，最好的线索是那些在其所指示的行为发生之前提供最长准备时间的线索。信号越是明显，越是能立即察觉到，在提供预先准备的时间——我们称之为判断时间——方面就越好。

理想的情况是，从让警察得到确定性的角度来看，每个公民都应当佩戴一个准确描述其可管控性的徽章。在一个无法进行欺骗，人性恒定不变的世界里，警察可以通过汽车保险杠上的车贴标签（bumper stickers）来对车里的乘客进行评判。在一个自由的国家里，想出一个令人生厌的标签制度是徒劳的，而或许正是这种徒劳，愈加凸显了警察在拥有一个确凿证据的情况下进行判断时所面临的巨大困难。

平庸的警察局往往会禁不住教导警察依靠诸如肤色、头发长度和服装这些公民生活的背景作为线索（来对公民进行分类）。这样的暗示具有易于察觉的优点。然而，它们也存在明显的缺陷，在拉科尼亚，有一位警官曾经这样说过：“人跟人是不同的，不管他们的背景如何相似。”大多数警察都赞同这名警官的看法。

在这种情况之下，对于警察来说，熟悉自己的辖区的重要性就更加显而易见了。警察若是投入大量时间来了解辖区民众，就能借此收获一大批可以用来了解对手的标记。这样一来，事先花在熟悉辖区方面的时间就这样积累 159
起来，遇到关键时刻就转化为更多的判断时间。经验丰富的警察在熟悉的辖区内处理危机的时候，看上去几乎是从容不迫的。因为他拥有众多可以帮他识别对手的线索，自然成竹在胸。[②] 相形之下，警察如果不了解某个街区，

① 参见杰罗姆·布鲁纳等人的著述。

② 在娱乐中心（creation center）：皮尔警官虽然置身于一群愤怒的人中间，但是他却很有底气且相当自信：“当时的场面确实火药味十足……但是没有哪个人对我有任何怨恨，而且我也不觉得自己是孤身一人。他们都是黑人，我是那里唯一的白人，但是周围有很多人帮我，我确实也感觉到了这一点。”

那么在发现哪些人听话、哪些人不听话方面就不得不从零做起。他看不到有经验的警察能够认出的那些隐藏但是可靠的迹象。

不过，每位警察都会遇到没有任何可以立即察觉到线索的情形。在这种情况下，警察就必须采取措施，从民众那里引出能够揭示其后续行为的蛛丝马迹。

在前面关于那位在车里睡着的司机的案例中，本杰明就面临着这样的必要性。他不认识那位开车的公民，而那位公民的明显特点——蜷缩的姿势，黑人，年龄不大，衣着打扮以及他的车——都让人愈发捉摸不定。本杰明需要让对方给出更多的线索。他需要放大那个司机的活动，以便借此得出更多的观察结果。

这时候，给对方递上一支香烟就派上用场了。香烟是本杰明在现场进行的一项实验中的工具。他把烟盒递给对方，用这种方式引出了司机明显的反应。从三个方面来讲，给对方递烟都具有科学实验的性质。它用一种精心控制和巧妙的方式打破了现状。通过递烟给那位司机，本杰明警官实际上是把司机对局势变化的看法限制在一个不具威胁性的因素上——递烟给他。当然，实际上发生的变化要多得多：第一，一名警察还有他佩戴的枪支和其他权威的象征，一同进入了特定的时空场景之中。不过，本杰明警官把司机的注意力集中到决定接受或拒绝对方请他吸烟的邀请之上，成功地分散了这位公民的注意力，让他无暇关注其他因素。本杰明警官掌控住了局面，从而让女士驾驶员对警察的递烟这一对等行为做出反应，而不是对警察来到身边所构成的威胁做出反应。本杰明递烟给那位驾驶员，并没有迫使对方不得不考虑自卫的要求。此举并没有明显增加那位驾驶员的恐惧、愤怒或沮丧情绪——这些情绪可能会把一个原本可以管控的公民变成一个采取反抗行为的人。

第二，本杰明警官让烟给那位司机的做法也与科学实验相类似。本杰明构建并掌控了局面，从而开始有效地获取间接证据。间接证据包括对那位公民的目的的其他假设。关于那位驾驶员可能有很多种假设，比如他是
160 睡着了、心脏病发作了、喝醉了存在危险或者是来那家酒类商店踩点的，诸如此类的假设问题，不一而足。本杰明警官从这一点出发，对驾驶员在前述各种假设之下会对递烟给他这一举动做出的回应一一进行了猜测。然后通过把驾驶员的实际回应跟前述各种猜测的时态后续发展情况进行比

对，他就能够排除一些假设。但是有一点非常重要，必须指出来，那就是如果本杰明除了出于实验目的给对方递烟之外，没有尽力使场景中的所有重要因素保持恒定，那么即使结果与假设不符，他也不可能满怀信心地排除任何假设。如果本杰明警官没有认真准备实验，他就无法确定偏差是否是由外来因素——那些他没有认真控制的因素——导致的。不过，就那位驾驶员而言，他的实验采用了谨慎的程序，因而大大增强了他对结论可靠性的信心。

第三，之所以说本杰明警官所做的实验是科学的，是因为它没有毒化实验者和受试者之间未来可能存在的任何关系。递烟给那位公民并不一定会改变他的初衷。特别是如果他最初本来就有意服从管控的话，警察递烟的举动也就没有把局面搞糟，它让那位公民的原始意图得以保持不变。

自从上帝对亚当进行试探以来，警察就一直在对民众进行“态度测试”（attitude tests），因为他们总是需要做出判断。不同警察在设计实验的技巧和对实验结果的信心方面各不相同。曾经有一个历史悠久的测试——在并不遥远的过去，而且一直还在低阶层公民身上使用——就是让警察大声喝道：“嘿，说你呢，过来!”毫无疑问，这一测试能从听到这句话的公民身上引出若干颇能说明问题的特征。但是，这种做法在几个方面存在实验性的缺陷。首先而且最明显的是，这个命令可能会永久地改变测试者和测试对象之间的关系。公民很可能因此得出结论，认为警察是盛气凌人、心怀偏见和冷漠麻木的，而且他事后很有可能会继续这样认为，无论警察如何尽力弥补。其次，弄不清楚公民究竟是在对什么进行反应：命令、粗鲁，还是蓝色警服的警示。除非警察知道公民受到什么样的实验因素的影响，否则就根本无法肯定地推断出公民的意图。第三，公民的反应很容易伪装。熟知犯罪分子那一套的公民可能会用讨好迎合的方式进行回应，借此欺骗警察。第四个反对意见则是基于不同的理由：警方这种测试方法所引起的反应是不明确的。对“过来!”这句话表示愤愤然，既可能意味着此人肆无忌惮，也可能表明此人自尊心甚强。这样的回应用这两种理论都讲得通，而且无法否定两者中的任何一个。如果一个线索表明一个人既可管控却又不听话，那么这样的线索于事无补；从这个意义上讲，这种测试的结果也就无关紧要了。

这一点引出了线索的第二个要求：它们必须尽可能明确。无论观察结果

161 有多么清晰，无论态度测试设计得多么好，总有一定程度的残余的模糊性挥之不去。没有对“过来!”这句话做出回应的公民或许是个听力障碍人士。在本杰明递烟给他之时，一个昏昏欲睡的司机可能误认为那包香烟是一把瞄准他头部的左轮手枪。[①] 间接证据的麻烦之处在于，警察仅仅有时间否定那个最为可信的反假设，而不是每一个可以想象的假设，因此总是会存在一些模糊性。

然后还有可变性这一问题。事情的迹象并不等于事件本身。现在的反应不等于未来的行为。关于某人后续行为的迹象与他实际上会不服管束还是会听从指令之间的关系只是一种或然关系。一位看上去具有所有表明他是个体面人的标志的公民可能恰好那天不顺心，因而可能完全不服管束。相反地，手里拿着一支枪口还在冒烟的市民可能是受害者，急切希望警察赶到现场帮助其摆脱困境。

为了减少模糊性和可变性，警察像科学家一样，寻找各种各样的前兆。他们要寻找多种属性，这些属性如果以某种不同的方式结合在一起，会比单一的线索更为准确地指示未来。

学习理论家将各种属性划分为三种模式。让我们把这些不同的模式称为连接型（conjunctive）、分离型（disjunctive）和关系型（relational）模式。一个由连接模式属性所表示的概念是由多个线索的共同存在来定义的，也就是说，这些特征是附加性的。如果一个概念的属性具有连接模式，那么其特点就是多个属性共同存在；也就是说，这些属性是相互叠加的。例如，导致那位睡着的驾驶员变成可疑人员的原因是如下事实的总和：那天是星期五（发薪日），他的车离一家存有大量现金的酒类商店不远，他停车的方位，正好可以让他能够在假装睡觉的同时，很轻易地通过车的前挡风玻璃观察店内的一举一动。同样地，在判定某个公民是否为捣乱分子之时，有些警察认为至关重要的是在几个不同的时段对他进行观察。本杰明对这种要观察一次以上的谨慎意愿进行了总结：“有时候……即便他表现得像个混蛋，之后他会有所收敛，如果你不去逮捕他，这对他

① 警界传说之中有关错误推断的趣闻比比皆是。关于错误推断，能言善辩的坦尼森警官（Tennison）这样总结道：“现实世界中的大部分事情其实都是虚惊一场。比方说你看到一个人正在翻窗户，可到头来你却发现原来那是他自己的房子，他只是忘带钥匙了。你碰到一个家伙正在撬车门，后来才知道他把车钥匙弄丢了，撬车门只是想开车回家。”

倒是一种帮助。”如果一个人果真是个混蛋，那就表明他在两个不同的场合都表现得像个混蛋。

分离型模式则有所不同。在这种模式中，属性不是叠加的，而是彼此替换的，不同的预兆相互替代。举例来说，采用前述传统态度测试（即猛喝一声“嘿，说你呢，过来！”）的警察，往往把对方挑衅性的蔑视或者皮笑肉不笑的应付当作不服管束的标识。然而，分离型模式使人感到困惑的是， 162
这些替代属性之间经常具有“任意性”。[①] 在分离型模式中，一个替代属性和另一个替代属性之间通常缺乏任何明显的关系。[②]

鉴于连接型模式和分离型模式的多样性和任意性，警察往往倾向于采用涉及成对的属性的关系型模式。

像连接型模式一样，关系型模式也是由某些共同存在的属性组成的，但是在关系型模式中，各属性彼此之间存在一个特定的关系：大小、先后、上下；呈算数比例或者几何比例。举例说明：在拉科尼亚，想要当一名警察，就必须达到最低身高和体重标准，与此同时，体重和身高必须成比例。一个五英尺九（约 180 厘米）的人不能重 250 磅（约 113.40 公斤）；一个身高 6 英尺 4 英寸（193 厘米）的大个头如果体重只有 150 磅（约 68.04 公斤）的话也没有资格。[③]

您肯定还会记得，本杰明警官关于不听话的人或者无法管控的人的概念

---

① 布鲁纳（Bruner）等：《思维研究》（*Study of Thinking*）（纽约，威利出版社，1956），第 41 页。

② 分离型模式的最佳例子涉及搜查和扣押的法律问题。在从事本研究期间的若干年中，警察在运用“宪法性合理搜查”（constitutionally reasonable search）这一概念之时遇到了问题。这个概念具有典型的分离型特征：美国联邦最高法院将这一概念定义为根据司法令状进行的搜查，或根据虽然没有司法令状，但是在符合下列四个条件之一的情况下进行的搜查：（1）该搜查是某次合法逮捕所附带的；（2）该搜查是在“紧急情况”下为了防止对方销毁证据；（3）在对某个危险的嫌疑人进行“紧追”的情况下；（4）犯罪嫌疑人同意的。对一般年轻警官来说，这一概念令人摸不着头脑，因为他们在其中看不出任何“关系”，能在主题上将所有这些替代性的属性与一个在宪法上合理的搜查等同起来。因为这个概念看上去似乎没有任何模式，因而也就流于形式，并且相当不自然。这个概念导致格外令人费解的一点是，警察为了对搜索进行分类，就必须对为数众多的属性进行审核。辨别寻找在符合宪法的搜索的各种属性是否存在，这对一个人的认知能力着实是个负担：这五个要素不好记住，也不便应用，在面临重大压力的情况下尤其如此。正如一位专业人士所说的那样，很容易“失去搜查和扣押的概念。这是一个微妙的概念”。

③ 就“宪法性合理搜查”而言，随着时间的推移，警察倾向于采用关系型术语重新界定搜查：如果防止证据丢失的价值（即难以找到替代证据）比滥用警察自由裁量权（police discretion）的危险更为重要，那么搜查就是合理的。

是以一种分离的属性模式来表示的（“情绪多变”“用武器恐吓大人孩子”、那些参与“严重不法勾当”的人，或者“精神错乱”的人都很有可能是无
163 法管控的）。不过在实践中，他却用关系型模式的术语来定义“不可管控的人”。他把不服管束者的各种属性抽象为一种模式，该模式将各种属性两两配对，并在它们之间建立了特定的关系。用他的话来说就是，不可管控的人是那些“（没有）察觉到自己溜不掉”的人。也就是说，这是指那些认为不服管束的好处大于代价的人。本杰明把“无法管控”的指征转变成了一种双重因素的关系。简而言之，本杰明是按照公民对不服管束的可能后果的看法来计算不服管束这一问题的。

对于本杰明警官来说，精简必须检查的因素的数量带来了两个困难。首先，每对因素往往都是高度抽象的，因此必须制定一系列程序，将具体的现实转化为符合抽象化公式的“成本和效益”（costs and benefits）。例如，设想一下，当一位公民双手插在口袋（里面可能藏着武器）里向你走来时，你得进行什么样的成本—效益计算，才能根据有关不服管束特征的公式对这名公民进行分类。

其次，两个因素之间必须存在特定的关系，而确定该关系的方向就给警察带来了一个新的问题。如果该任务是需要确定其中一个因素是“超过”另外一个因素，还是与另一个因素不成比例，那么警察就必须制定有关属性的价值衡量标准。他必须能够辨别程度的高低才行。如此一来，这个问题就变成了属性的存在程度有多高，而不仅仅是属性是否存在。

例如，警察会寻找公民的弱点。“弱点”的意思是某个人对某些人（例如妻子）、事物、地位或者希望的珍视。警察们制定了一些术语来描述公民对不服管束的可能代价的看法，比如“自责”“自尊”“巴结讨好”“准备牺牲自己”，以此来形容“软弱”的程度——从很高到完全没有。

在评估程度差异时，警察离不开衡量标准，而且关键在于他能否清楚地表达通过衡量得出的差异。一般来说，如果一个警察没有足够的形容程度的词汇，那么从长远来看，他就无法感觉到程度的差异。另外，如果他形成了一整套形容程度差异的语言，那么他往往就能够敏锐地感知到程度上的差异。

缺乏表达细微差别的词汇，会削弱一个人对细微差别的感知，并进而妨碍他对关系型模式的运用。警察们在接受我对他们的访谈中坦言，一些警察在刚进入警察局的时候，似乎天生就擅长凭直觉区分程度问题，尽管他们

缺乏明确说出这些不同之处的能力，这是因为他们的背景使他们一开始就比其他新警察具有初始优势（initial advantage）（“与生俱来的判断能力”）。但是从长远来看，新警察通过学习并熟练掌握用语言表达差异的能力，往往有助于提高感知敏锐度，缩小那些入职之初具备“与生俱来的判断能力”的警察的差距。相反地，随着时间的推移，对于那些在语言上依 164
然迟钝的人来说，他们做出精确判断、区分不同情况的能力减弱了。这就好比他们头脑中的档案系统似乎没有足够的索引来处理日益繁重的超负荷警察实务工作。

警察的词汇并不一定非常优雅。他们经常使用诸如“非常”（例如“非常谨慎”）或者“超级”（例如“超级本分”“超级恶劣”“超级诚实”或者“超级凶残”）等字眼。这样朴实而实用的语言如同未经琢磨的璞石一般，帮助警察根据关系属性将世界划分成若干个群组。一些警察采用的是相对简单的、亚里士多德式的衡量方法：两个极端和一个平均位置。凭借这种做法，这些警察将公民分为“清醒的”“喝醉的”和“酒劲儿还没消退完的”；把行为分为“谨慎的”“危险的”和“有风险的”；将情况分为“固执己见”“让步”和“需要重新评估的”；把行为举止分为“胆怯的”“狂妄的”和“活跃的”；把工作态度分为“不管不问，让辖区乱成一锅粥的”“一门心思想着立功的”和“只管交通执法的”。这些对细微差别的描述远远不是咬文嚼字，它能够大大提升警察的辨别能力。如同其他科学严谨的工作一样，警察在工作中对未来情况的判断能力，也取决于衡量技巧和一整套关于程度的词汇。

警察倾向于使用属性的关系型模式，尽管这一模式在运用方面存在种种困难。何以如此呢？归根到底，关系型模式属于在智力方面最为经济的折中。鉴于管理大量属性所带来的巨大认知压力和做出错误预测的高昂成本，最佳的折中办法是集中于一对具备“自然的”关系（即并非武断的关系）属性。

认知方面的压力减少了，用来判断的时间也就相应增加了。毕竟，判断的作用是为了增加为预测将会发生的事件做准备的时间。把精力集中在两个属性及其之间的关系上，较之检查是否存在众多属性而言，所花费的时间更少，而且如果预测的准确性相形之下也毫不逊色的话，那么警察就更有可能准备好（跟公民打交道之时的）开场白，或者更为从容地掏枪射击，提醒警务无线通话中心准备救护车，或者对保护自己和辖区公民的各种备选方案进行评判。[1]

V

165 警察的判断充满了不确定性。他不可避免地要根据预测采取行动，而且往往因为信息不足，没有办法在一开始就做出准确的判断。简而言之，他很可能对某件事多次做出错误的初步判断。[2]

因此，当警察的人必须学会如何确认他的初步预测。确认涉及明确两项不同的操作。警察必须反复核实自己的观察结果是否准确。这属于可靠性问题。他是否正确地审查了先兆？他还必须确保先兆所表明的就是相应的概念。线索与结果之间的关联是否足够一致，能够支持从部分到整体的推断？简而言之，关于迹象和迹象所标志的内容之间联系的前提是否正确？这属于有效性问题。

让我们重新回头来看本杰明警官以及他为判定那位睡着的驾驶员的状况所做的努力。让我们把时间设定为夜里的晚些时候，而不是黄昏。在这种假设之下，黑暗已经降临，街灯照不进车内。

在这种情况下，司机脸上的表情甚至于他对警察敲车窗的第一反应，对警察来说都是看不太清楚的。本杰明警官或许能从自己看到的影影绰绰的景象中猜测出司机表情和反应的大体状况，但是他的观察肯定不如白天可靠。由于这种不可靠性，在夜深以后判定一个人是可以管控或者不服管束，是一个更大的赌博。

假设本杰明警官为提高观察结果的可靠性，用手电筒向车内照，那么他以递烟的方式所做试探的结果就会因此打了折扣。使用手电筒就意味着一盒香烟连同刺眼的光束，一同闯入那位司机的注意力之中。如此一来，本杰明警官对情形的掌控就有所降低，而在这样的情形下，对方的愤怒抑或恐慌是

① 需要指出的是，预测（prediction）的常见功能之一是防止预测的内容变成现实。与历史主义预言相反（historicist prophecy），判断和社会科学预言一样，是一种工具，它使人们得以采取措施来促进或者避免预期的结果。

② 皮尔（Peel）警官用夸张的手法凸显了巡警的困惑：“好警察从来不会回避任何事情。对于在99%的情况下自己的预测是错误的这种观点，他们已经习以为常了。”

否也表明他是“无法管控的”？用手电筒照明的做法降低了原本单纯用香烟进行试探的有效性，从而加剧了判断的不确定性。

对迹象的评判越是不可靠或者对先兆的试探有效性越低，警察想要证实自己最初预测的动力就越强烈——这一点看上去是显而易见的。不过事实证明，这个大实话看似不言自明，其实却未必真实。在警察的生活里，某些情况下反复核实很有价值，其他情况下则不尽然。

在拉科尼亚，有时候某位公民会被误认为是个不服管束的人，而事实上他却并非不服管束。时不时地，警察会因为过于多疑而误判并“连累”某
个公民。贾斯蒂斯警官曾经描述过自己的一次经历，他如何差一点就犯了过 166
度怀疑的错误：“有一次我碰到一个喝醉的人，说他自己真的病了，他有肝脏衰竭。最后，我决定叫救护车而不是警车。结果发现他确实有病，而且他后来真的死了，而我们却以为他是在装病。那个人尽管一身酒气，但他确实没有说谎，他确实是病了。”不过，错怪别人固然不该，假如贾斯蒂斯警官当初认为那个喝醉的人是在装病，那么由此给贾斯蒂斯警官个人造成的影响在很大程度上也仅仅限于道义方面。贾斯蒂斯警官或许会感到有些内疚，但是怀疑那个醉汉的申辩是假的，这是个“合理的”错误，他不会因此受到法律上的或者职业上的惩处。

另外，错误地相信一个真正的不法之徒，误以为他“被管控住了”，而实际上并非如此，这会给警察带来严重得多的风险。皮尔警官讲述了一桩他自己因为判断失误而差点丢掉性命的事情。

> 有一次，我在西拉科尼亚地区腹地看到路边有一辆汽车，车轮被支了起来。我看了看那辆车，发现只能看到坐在前座上的人的前额和鼻子。可能是一对男女在车里鬼混，或者有人在里面抽大麻，或者是有人遇到了麻烦。于是我把车停在街对面，调高无线电的声音，弄出很大的声响，然后下车走了过去，下车的时候我没有关车门。我敲了敲那辆车的窗户，发现里面有四个人。然后他们就出来了，一个个都比我块头大。他们想要打警察。我跟他们磨了很久的嘴皮。我一边在口头上跟他们敷衍，一边想尽办法后撤。可是那四个人铁了心想要打我。他们把我围在中间。我想方设法想要脱身离开。那时我已经得出结论，这顿打是跑不了的了，而且我还没法用自己的枪。不过后来倒也没出事儿，因为

有个外号叫“大个子威利”的守夜保安（night watchman）正好下班路过。他跟所有警察的关系都不错。他有一条大狗，所有的警察都认识他。他救了我的小命。

这两桩事情一个涉及过度怀疑的假设，另一个则涉及过分信任的假设，它们形象地说明了布鲁纳（Bruner）等人所说的错误风险的“不对称性”。[①] 让我们在表3中用一个收益矩阵来勾勒一下警察因为犹豫不决而面临的问题。

表3　犹豫不定的警察

警察的最初假设	公民的实际情况	
	可管控的	不服管束的
怀疑：则警察会	活着但是不开心	活着但是不开心
信任：则警察会	活着而且开心	死亡
可能性	80%	20%

该矩阵揭示了警察所面临的风险不对称的本质。如果警察的某个假设属于不正确的怀疑，那么警察虽然会因此发生不快，但是聊以自慰的是，
167 他还能保住一条命来感受自己的不愉快。如果警察的假设是一开始就信任对方，那么他这个错误就不会有保住身家性命来作为补偿了。错误的过分怀疑意味着连累某个公民；而错误的过度信任却意味着丢掉性命。错误和灾难性的错误之间是有质的区别的（对此，所有的警察都心知肚明）。

在国际政治中，制定政策的人经常论及极小化最大策略（the minimax strategy）。这种策略指的是采取行动尽量减少最大风险。在上述收益矩阵所描述的条件下，警察的极小化最大策略是指采用怀疑假定，将自己受到最严重伤害——丢掉性命——的概率从20%降低到零。

但是，在风险不对称背景下，极小化最大策略却给警察的行为带来一种特殊的副作用。警察原本或许具有检验初始假设是否正确的意愿，但是极小

① 布鲁纳（Bruner）等：《思维研究》（*Study of Thinking*），第113页及其以后各页。收益矩阵（the payoff matrix）直接引自他们关于不对称风险（asymmetrical risk）问题的讨论。（收益矩阵是指博弈论中用来描述两个人或多个参与人的策略和收益的矩阵。不同参与人的利润或效用就是收益。也称“赢得矩阵”，是指从收支表中抽象出来由损益值组成的矩阵。——译者注）

化最大策略却导致这种动机荡然无存。重新看一下上述收益矩阵，就可以确认，对于持怀疑态度的警察来说，自己的判断是对是错并没有什么区别。他对种种先兆的观察是否正确，是否从先兆中得出了正确的推论，这些他都漠不关心。在这两种情况下，他都是“活着但不开心”。信任对方的警察则恰恰相反。对他而言，做对与犯错可谓天渊之别。因此，他具有迫切的动机来对自己所做判断的可靠性和有效性进行反复核实。如果犯错误所带来的风险是不对称的，那么对假设进行核实确认的动机也是不对称的。例如，就极小化最大策略而言，对怀疑假设进行确认是在浪费时间。

当我们谈论警察倾向于反复核实自己的判断之时，我们当然是在说他不肯轻信的态度。至少在最小化最大策略的条件下，警察很有可能会产生一种有失公允的怀疑态度，这种怀疑态度会抑制他的乐观情绪，却不会抑制他的悲观情绪。

事实上，持有怀疑态度的警察非但没有动机去证实自己判断的准确性，相反，他倒是有动机去促使现实向符合他的假设的方向发展。一位专业型警察表示，警察群体中普遍存在一个错误，那就是一开始就过于 168
咄咄逼人。有些人不顺其自然，不做试验。这样的人犹如坐井观天，目光狭隘。他们从一开始就预测最终结果，并认为结果必定跟他们预测的一样”。①

这些想要现实符合自己最坏预测的动机，究竟是什么导致的呢？是什么促使某些警察把自己的推测变成了反果为因的异常状态（pathology）②？个中缘由是有些警察更乐于制造一个暴力的世界，而不愿意生活在一个不确定的环境中，因为在暴力世界中，他们毕竟还掌握了一定的控制暴力的技能（因而还有优势可言），而在一个不确定的环境里，他们掌握的特殊技能不会给他们带来任何优势。警察与不法分子的较量属于管理者和不服管束者之

---

① 极小化最大策略（minimax strategy）产生的“井蛙之见”（tunnel vision）不止发生在警务领域。罗伯特·肯尼迪（Robert Kennedy）提到当赫鲁晓夫从古巴撤军时，参谋长联席会议感受到了“背叛”，因为，这与他们的怀疑假设相反。参见肯尼迪：《惊爆十三天》（*Thirteen Days*）（纽约：诺顿出版社，1969），第 97 页。正如专业人士皮尔（Peel）所观察到的那样，“他们做了一个预测，如果没有实现，就是对他们的人身攻击”。

② 异常状态（pathology），直译为“病理学”，病理，病状，即疾病的解剖和生理上的表现。此处根据上下文意译为“反果为因的逆推”这一异常状态，即某些警员不去验证自己推测是否准确，而是强行让事态向自己的推测的方向发展的做法。——译者注

间最为严酷的冲突，即便在这样的冲突中，这些警察觉得自己至少还有能力保护自己。如果在一个世界里无法确定他们动用肢体力量和强力手段是否合适，那么也就无从确定事态究竟是由谁来掌控。

这种病态的动机架构需要改变，改变的方式之一是行政监督。例如，通过加大警察机构对过分怀疑的惩罚力度，警察局长可以通过内务处，设法让错误的过分怀疑的后果向错误的过度信任的可怕结果靠拢。局长建立了一项制度，对所有与公众发生暴力争执的次数超过最低次数的警察进行调查，通过这种手段对无节制的悲观主义（即不分青红皂白地持怀疑态度）进行惩戒，使犯错的风险更加对称。①

我们想要考察一下，是否还存在其他影响警察认识和处理这四个判断问题的方法，即笨拙的实验、生硬的知觉、不平衡的怀疑和非理智的预测问题。尤其是，我们将在本章结束之时重新回头审视学习——作为固化对最小化最大策略（这个策略具有非科学和反对怀疑的含义）的限制的一种方式——的重要性。

Ⅵ

169 到目前为止，我们的论证是这样的。第一，警察的判断取决于按照对方是不服管束还是可以管控的标准来对个人进行分类。第二，分组行为取决于能否辨别某些先兆性线索或者征兆。第三，辨别能力取决于这些先兆的可见性，如果它们是不可见的，或者对它们的观察结果并不确定时，警察有时候会对这样的情形进行试验，以便得出一些可察觉的预兆来。第四，一般说来，分组的可靠性和有效性直接关系到所识别的先兆的数量，不过，先兆的数量越多，也就越难以管理，消耗的时间也就越多；因此，警方倾向于寻找数量相对较少且彼此之间存在特定关系的先兆。第五，能否找出先兆之间的关系取决于能否辨别不同程度之间的差异，而这一点又取决于是否拥有关于程度的一整套词汇。第六，如果先兆的正确特征并不确定时，就此所做的猜

① 有必要让错误判断的风险恢复一定的对称性，而正是这样的必要性促使一位警察做出如下的评判：“警察判断错误就必须受到惩罚，就必须受到申斥……某个机构之所以能够强大，就是因为把这样的监督给制度化了。”

测的方向取决于错误所带来的风险的不对称性。①

为了全面了解警察的判断问题，让我们在一个与前文本杰明警官所遇到的那个宁静的星期五晚上不同的情况下，观察警察的判断问题。让我们来看一桩“烫手的山芋”（hot caper，危险的麻烦事儿），在这个事件中，情况显然更加危险——有人犯了罪，一群人聚在了一起，毒品削弱了局势的可控性。

此外，这个事件中的警察比本杰明年轻，经验更少，脾气也更为暴烈。然而，使这两桩事情相形之下非常值得玩味的原因是，两者都存在警察的判断问题。涉身其中的两名警察的任务都是进行预测。他们的判断事关重大，关乎着这两位警察自身及其辖区内公民的安全。

下文是一位在事发当时还比较缺乏经验的巡警用警匪行话（cops-and-robbers language）对那桩“烫手的山芋”事件的讲述。讲述人是麦克·培根（Mike Bacon）：

> 那次我们要去抓一个强奸和绑架嫌疑人。我们从受害者那里了解到了相关情况，但是她的一个朋友，是一个女的，却想跑去向那个嫌疑人通风报信。于是我们只好在后面追那个女的，想要赶在那个嫌疑人溜掉之前抓住他。结果那个女的还是赶在了我们前面。我们没办法，只能进去抓那个嫌疑人。原定掩护我们的人，一个单人小组，还没有到，我们决定不等了。当时是新年元旦日的早上 6 点。采取这样的警务程序确实不好，可是没法子，负责掩护我们的警察就是我跟你说过的不靠谱的警察中间的一个。鬼知道他什么时候才来！嫌疑人的父亲给我们开了门。他跟嫌疑人一样都是大块头，有六英尺三英寸高（译者注：约 1.91
> 米）。我们问他：“马库斯在家吗？”“在，在他房间里睡觉呢。你们找 170
> 他干嘛？”“我们有话要跟他说。”“好，你们有什么话要跟他说？”“是这样，他可能犯了事儿，我们得把他带走问问话。”就在这个时候，马

① 布鲁纳（Bruner）等人在《思维研究》一书中，总结了使概念以及实现概念的相应步骤得以有效的各种因素：“属性的定义和标准状态、属性的直接性和掩蔽性倾向、属性的语言可编码性、属性范围的性质和转换值，……可以对它们进行组合的方式，……属性的数目……，以及个人在对一类对象与另一类对象进行区分之时实际使用的属性值的数量（第 45 页）。”

库斯出现在里屋的卧室门口，对他父亲喊道："别让他们进门！我去拿猎枪！"他父亲砰的一声，把我们关到了门外。到了这个地步，我们完全有权破门而入。嫌疑人就在屋里。我们都知道他要去拿猎枪。受害人已经把嫌疑人给告了。于是我们就破门而入，进门之后，发现家里有五个大人和九个小孩。于是我们马上呼叫了940A[①]，就在这时，嫌疑人的大姐，又是他那个大姐，她抄起一把扫帚就向我搭档的小腿打去，另外几个人从其他方向扑上去打他。与此同时，他父亲拿着一个铸铁锅盖朝我走来。我举枪瞄准马库斯，警告他不要去拿猎枪。他父亲朝我逼了过来，我只好呼叫940B[②]。然后我们就打了起来。很不幸的是，我不得不动手用警棍打了那个老头儿，当头给了他一棍，把他的头打破了，到处都是血。可是他好像根本就不在乎，只顾用铸铁锅盖打我。这个时候，福斯特（Foster）——我的搭档，拿出警用喷雾器四处乱喷。他一开始用，就喷了我一脸。在混战中，我的警棍、子弹和手铐都被抢走了。最后掩护小组终于来了，我们给马库斯和他父亲戴上了手铐。当时我们已经快招架不住了，所以只能断然采取行动，但那次是我最后一次这么做了。我们应该等到现场有四个警察在的时候再动手。但当时情况很紧急。马库斯铁了心，打死也不愿意去坐牢。而且他刚刚注射了海洛因。那是另外一个糟糕的警务程序。我们也确实知道他刚吸了海洛因。可是到头来我们把嫌疑人的姐姐、父亲和嫌疑人都给抓了起来。话又说回来，那场搏斗横竖迟早都是会发生的。他们说他就在家里，而且听他们的意思是在说，不准你进屋来抓他。这是在下最后通牒啊！我们非进去不可。然后他就威胁我们，说要去拿猎枪……按照法律规定，我本来可以把那老头儿给崩了的。我当时面临严重的威胁，原本可以开枪打死那个嫌疑人。可是我直到现在也从来没朝任何人开过枪，连一枪都没有开过，而且我也希望自己永远用不着开枪打人。可是，我当时不开枪，就有可能导致自己或他人面临生命危险。我们那次真的很幸运。要是这种事儿是警察生活的常态，我当即就会辞职。

① 940A，警务工作无线电呼叫代码，意思是"有警员伤亡倒地或者请求支援"。——译者注

② 940B，警务工作无线电呼叫代码，意思是"请求帮助"。——译者注

这件事里的关键人物（critical figure）是那位父亲。[①] 培根警官对他本
人以及他接下来的举动知之甚少。他看了看对方的身材就知道他是“强奸 171
和绑架嫌疑人”的父亲。培根无法确切地判明受害人的那位女友是否已经事先向嫌疑人的父亲通风报信，他是否知道自己儿子被控犯下的罪行，或者他是否意识到海洛因正在他儿子的血液里涌动。培根警官甚至连嫌疑人的父亲是否知道自己儿子在家里而且是醒着的都没有把握。培根警官也无法看透嫌疑人父亲的意图：除了儿子之外，他还关心哪些家庭成员？他是不知所措还是已经下定决心？避免对生命和财产造成伤害，对他而言是否重要？简而言之，当嫌疑人的父亲刚刚打开门时，培根警官能够看到的先兆还不足以让他对嫌疑人的父亲是可以管控还是不服管束做出正确的判断。

与本杰明警官一样，培根警官也没有立即下结论。他做了一个试验，想要得出更多关于对方是否可管控的先兆。为了引出迹象，他提出了一个问题和一个解释：“我们问他，‘马库斯在家吗？’‘在家，在他房间里睡觉呢。你们找他干嘛？’‘我们有话要跟他说。’‘好，你们有什么话要跟他说？’‘是这样，他可能犯了事儿，我们得把他带走问问话’”。培根警官跟嫌疑人父亲攀谈有几个功能。一是引导嫌疑人父亲做出充分反应，借此确定他是否愿意配合。不过，从试验的角度来看，这种攀谈比起本杰明警官通过递烟的

---

① 关键人物（critical figure）：这一概念在威尔克斯（Wilkes）警官的评论中得到了最为充分的表达和最为贴切的说明。他的话为培根（Bacon）警官没能做到的事情——没有去寻找一个可管控的而且能够挽回失控局面的人——提供了一个颇具启发性的视角。威尔克斯警官是在讲述当年他申请警察职务之时，面试委员会提出的一个问题时作出的这番评论的。“第二种场景，这是最厉害的一个问题……下班后（在孟菲斯，你任何时候都必须随身带枪），你往家里走去，路过一家酒吧，听到里面传出嘈杂的声音。你朝酒吧里看，然后发现一个大块头男人正在跟一个比他块头小的男人打架。正在这个时候，只见那个大块头骑到了另一个人身上挥拳猛打。你穿着便衣走进那家酒吧。进门之后，你自报家门，说自己是警察，然后命令那个大块头住手。他不听命令，而且接着打那个人。酒吧里的人来势汹汹地向你围过来。你该怎么办？有一个参加面试的人，他说自己会拔出自己的警用左轮手枪，朝空中鸣枪警告。如果那群人还不停止，他就开枪。他真的是这么说的……然后他没有通过面试。我到现在还记得自己的答案。我说我会找人帮忙。酒吧里唯一一个我指望得上的人就是酒保。没有我们他就开不了酒吧。毕竟，我有办法让他的酒吧关门。其实这些就是我的原话。另外，虽然那群人不一定相信我是便衣警察，酒保也还是不会掉以轻心。我会叫他打电话寻求帮助。而且实际情况是，还有一个人的生命有危险：那个小个子，有人正在打他，而且再打一下可能就会要了他的命。所以我会大张声势，命令那群人不许动。然后我会命令他们帮我救人。如果不行的话，我会跟那个大块头过过招，没准儿我会让人打得头破血流。从那以后我一直在琢磨这个问题，即便是现在……我可能也还是会这么做。”

手段所做的试验就相形见绌了。

第一，在语气和内容上，培根警官的话构成了一种威胁。这些话在警察和嫌疑人父亲之间建立了一种胁迫性的关系，而不是互惠或者道义的关系。第二，培根警官要求嫌疑人父亲无条件地让步——准许自己的家遭到侵犯，交出自己的儿子——以此作为服从管理的表示。由于试验因素是最后通牒，恰当的答复只有一种，培根警官并没有做好准备来辨识嫌疑人父亲的反应程
172 度。培根警官的感知能力并不适应种种表明对方模棱两可或者内心存在道德冲突的细微差别。他的衡量工具太过粗陋，除了直截了当的“是”或“否”这样的反应之外，什么都无法评估。

第三，培根警官接受的正确答案的定义过于狭窄，无法作为对“可以管控/不服管束”这对概念进行推断的有效依据。一个“不正确”的回答并不能令人信服地得出嫌疑人父亲肯定会不服管束的推论。

第四，培根警官为探明先兆而制定的程序忽视了时间的重要性。如果说嫌疑人的父亲在去开门的时候还举棋不定，此前他还是不明所以或者感到意外的话，那么培根警官有失公允的程序就迫使他在最不利的情况下下定决心：没有机会对情况进行评估，没有机会进行深思熟虑，也无法借助警察不动声色地操控决策环境所产生的效果。培根警官的试验方法已经预设了真正能够造成难题的情况，即嫌疑人的父亲已经“下定决心”，实际上却未必。

培根警官知道时间是最重要的，知道自己是在跟人“赛跑”。当嫌疑人马库斯（Marcus）出现在里屋的时候，培根警官判断嫌疑人父亲在这件事上的立场的时间甚至比他原本预期的还要少。然而，当嫌疑人父亲“砰”的一声把门关上时，培根警官立刻推断出嫌疑人父亲“不服管束”，会进行“反抗”。

现在这种关于不服管束的推论可能是正确的。不过，这一推论是否有效取决于若干假设：（1）马库斯确实拥有枪支弹药；（2）他父亲会让他使用枪支；（3）他父亲不关心此事对家庭其他成员带来的危险；（4）他父亲愿意看到自家的房子毁于枪战；（5）父子两人已经串通好了；（6）马库斯是阴险狡猾的，而不是不知所措、胆战心惊和迟疑不定的；（7）马库斯注射的海洛因的作用不会消失；（8）拖延时间将加剧局势固有的危险。

所有这些假设都是说得通的，但是颇为有趣的是，这些假设与警察采用最小最大化策略而做出的怀疑论假设一模一样。鉴于对嫌疑人父亲的目

的——合作或者反抗——做出错误假设而带来的不对称风险，培根警官所做的怀疑论假设倒是有助于最大限度地减少最大危险（丢掉性命），哪怕为了这些怀疑论的假设所暗示的应当采取的措施——“破门而入”——必须牺牲最佳的可能结果。培根警官用最为悲观的猜测来填补自己判断中的空白。他预测了最为可怕的意外情况，意在防备最坏的结果。他在没有仔细检查实际情况是否印证了假设的情况下就贸然出手，从而断送了取得更好结果的可能。

警察总是更加擅长带来破坏，而不是带来建设性的结果，更加擅长创造 173
出自己担忧的“最坏”情况，而不是自己希望的“最好”情况。对于让不好的预言成真，他拥有一定程度的控制能力，但是如果他宁肯让自己的预言应验，而不是做出积极的成果，那么他几乎总是能够屡试不爽。

Ⅶ

警察的智力工作不是由一项工作组成，而是由两项迥然不同的工作——判断和理解——组成的。他不仅要预知未来，还要解释过去。警察每时每刻都要面对两个截然不同的问题。一方面，人们会做些什么；另一方面，人们为什么要这样做。用莱恩（Lane）的话来说，警察除了需要“在时间上知道之前发生了什么，以及之后可能发生什么”，还需要“在空间上了解地形，从人的角度来审视多种多样的动机所发挥的作用。”①

为什么警察需要用理解来补充自己的判断？既然他们已经有了判断，知道“可能会发生什么事情”，那又是什么促使他们费心劳神地“看多种多样的动机发挥作用”呢？首先，判断最主要的是一种被动的和接受性的活动。它依据“照单全收”的原则接受世界并预测它的变动。这是一种自适应机制，承认事件是有定数且无法操控的。

警察单凭判断是不足以打动公民的，除非他们能够预测他们的行为。判断不足以指导警察如何“与人交往”。它不足以促使公民的行为与对他们的预测有所不同。判断诚然必要，但是显然不足以用来管控其他人。

因此，从这种引导事件的需要之中就产生了进行理解的一个动机。一旦

---

① 罗伯特·莱恩（Robert·E. Lane）：《政治意识形态》（*Political Ideology*）（纽约：自由出版社，1962 年），第 350 页。

警察超越了单纯对人类行为进行超然的预测，进而试图影响人类的行为，他就别无选择，必须了解人性。进行管控所需的种种专门诀窍、因果知识——简而言之即治理技能——就是由理解构成的。

理解的必要性还有其他来源。在一个被希腊理性主义困扰的现代世界里，人们总是互相问：“为什么?”这样一来，人们就期待警察能够理解。为了避免因为达不到这一广泛存在的社会期望而有损颜面，警察必须用现成的和可接受的答案回答现成的问题。人们可以设想一个不爱刨根问底的社会，在这个社会里，苏格拉底那令人烦恼的遗产和关于知识自由的种种颇有风险的假设并不存在。在这样一个地方，从来不会有人问出“为什么?”这样一个问题，是否赢得尊重也不会取决于是否对这个问题给出满意的答案。
174 然而，二十世纪的拉科尼亚却并不是这样的社会，而是一个典型的理性主义而且喜好盘根问底到了令人生厌的地步的社会。

最后，理解是公民和警察同事们都乐于得到的。因此，他们愿意为之进行交易。警察可以用有用的解释来换取对方的合作。警察可以通过增加理解储备来强化自己的个人影响力。职业型警官威尔克斯在论及理解的人际价值时这样说道：“民众念念不忘善于理解的（警察）。”至少在互惠的情况下，和对方一样，对人类“游戏（play）”表示理解，这是一种使想要赢得警察理解的人对警察感恩戴德的一种方式。就像向贫民区里那些饥渴难耐的人们借贷几个零花钱一样，在那些民众喜欢寻根问底的辖区，倘若能够睿智地对待民众，就有助于促进与辖区民众的关系。

简而言之，培养理解的动机源于在一个愿意相信知识的世界中实现社会期望和自我充实。

Ⅷ

拉科尼亚巡警对于人类的状况存在两种截然不同的“理解”。我把这两种观点称之为犬儒式的观点（cynic perspective）和悲剧式的观点（tragic perspective）。[①] 在这两种观点中，警察不是朝向这个观点发展，就是朝向另一个观点发展：他们的观点最初往往是不定型的和不成熟的，但是后来逐渐

① 参见上注所引著作第四章。

成形，并呈现出完整的形态，可以识别为犬儒式或者悲剧式的观点。下面让我们看一下对这两种观点的描述。

Ⅸ

愤世嫉俗或者犬儒（cynic）这个词来源于希腊哲学的一个很有历史、令人尊敬的传统。犬儒主义（Cynicism）是一个古老的哲学流派。这一流派的创始人是安提斯泰尼（Antisthenes）；主要代表人物是第欧根尼（Diogenes），大约在公元前 350 ~ 公元前 323 年以流亡者的身份生活在雅典。他身无分文，是一个禁欲主义者，一个流浪乞讨的人。在家乡锡诺帕（Sinope）政治失势后，他移居雅典，不受家庭关系、当地公民义务观念或者社会礼仪传统的影响。按照现代主要犬儒主义学者的说法，第欧根尼无根无基、为人严苛、漠然出世，对于公众对他的看法嗤之以鼻、决不妥协，而且无情地嘲笑那些奔走于 175
世界各种名利场之上的蠢货和笨伯。[①] 简而言之，他是极简主义的范例，是敲诈式交易的理想参与者——因为他是一个矮化的目标（the dwarfed target，意即目标小、无牵挂、不易遭到对方勒索——译者注）。他体现了对抗胁迫的经典防御手段：一无所有、超脱、冷酷无情和非理性。[②]

第欧根尼的犬儒主义有三个主题。第一，人类不是单一的，而是二元的。人类被分为两种人：朋友和敌人、犬儒和傻瓜、强大者和脆弱者、有“美德”者和无“美德”者。[③] 所谓美德就是意识到籍籍无名和一无所有的好处。犬儒主义否认人与人之间的兄弟情谊，坚持要把世人分成两类：一类是容易受到影响的人，他们之所以这样是因为他们的野心和财产；另一类则是足够聪明，知道如何通过矮化自己而使自己变得无懈可击的人。这是犬儒主义者的出发点。

贯穿于犬儒主义的第二个主题是吹毛求疵。“过错总是由我们自己造成

---

① 唐纳德·达德利（Donald R. Dudley）：《从第欧根尼到公元六世纪的犬儒主义历史》（*A History of Cynicism from Diogenes to the 6th Century A. D.*）（伦敦：梅休因出版社，1937），第 17 ~ 39 页。

② 传说柏拉图（于公元前 347 年去世）曾说过第欧根尼（Diogenes），“这男人是疯了的苏格拉底。”（同上，第 27 页）

③ 同上，第 5 页和第 97 页。

的”。[1] 痛苦始终是个人选择问题，是徒劳地追名逐利的产物。如果一个人选择放弃犬儒主义者的美德，那么就只能怪他咎由自取。所有遭受痛苦的人都是因为缺乏自律，无法通过自我修养让自己做到克己、淡定以及摈弃文明的假币——无处不在的物质主义意识和它精致、文明的价值观。

遭受痛苦的人都是意志薄弱之徒，他们忽略了犬儒主义者严苛的修养，却对平庸无趣的荣华富贵孜孜以求。第欧根尼本人“曾经在夏天滚烫的沙子里翻滚，在严冬时节的雪地中打滚，想尽一切办法让自己习惯于吃苦。”[2]

如果一个人让自己习惯于这样的困苦并借此培养出如此绝对的自我控制，那么他对于那些由于太软弱或者轻浮而不能接受自给自足（及痛苦的后果）的必要性的痴人笨伯，也就大可不必表示同情，也不必显示关切。如果愚蠢的人因为贪婪或者软弱而遭受痛苦，那么他就是咎由自取，丝毫不值得关心。犬儒主义是一种一维的世界观，在这种世界观中，社会是由种种不公正构成的，愚蠢的人没有忍受不公正而面无惧色的自控力，而有德者却有力量忍耐这些不公且不喊冤抱屈。

176 第三个主题是个人主义——“个人主义的极端”。[3] 犬儒主义者的禁欲主义非常严格，以至于到了促使他否认与其他人有任何相互依存的关系。第欧根尼·莱尔提乌斯（Diogenes Laertius）——一个后世效仿第欧根尼的人——这样描述他心目中有德者的榜样：“那些原本快要结婚却决定不结婚的人，那些原本打算出航却并没有扬帆的人，那些原本考虑从政却根本没有这样行动的人，那些打算成家却并未这样做的人，那些准备与暴君交往却根本没去接近他们的人。”[4] 换句话说，值得称道的犬儒主义者拒绝了一切人与人之间的联系，没有暴露出任何可受人要挟之处。这种极端的个人主义意在让犬儒者免于受到他人的胁迫。这是自我防卫的最高境界。它摈弃了文明礼貌，从而让犬儒主义者免于受到文明准则和敲诈勒索之间道德冲突的影响。

因此，第欧根尼的犬儒主义观点是由三个主题作为支撑的：将人类分为两个交战的敌对阵营的二元简单因果理论，一个假定个体对自己的命运有绝

① 传说柏拉图（于公元前 347 年去世）曾说过第欧根尼（Diogenes），“这男人是疯了的苏格拉底。”，《从第欧根尼到公元六世纪的犬儒主义历史》，第 67 页。

② 《从第欧根尼到公元六世纪的犬儒主义历史》，第 33 页。

③ 《从第欧根尼到公元六世纪的犬儒主义历史》，第 37 页。

④ 《从第欧根尼到公元六世纪的犬儒主义历史》，第 37 页。

对的自我控制力的简单因果理论，以及通过彻底的超然物外、四大皆空的自我防御性美德。①

查克·凯恩（Chuck Kane）警官是个年轻的第欧根尼主义者。他对自己的“世界观”颇感忐忑，以至于开始担心起来。

> 你就变得像个犬儒主义者一样愤世嫉俗，常常会弄不清别人的身份和感受……很多时候你只不过是不再在乎了。多数人都是愤世嫉俗的犬儒主义者。挨上八个半小时，然后就下班走人。上班的时候，你才不会在乎那么多……这份工作好像就是这样儿的。我猜这只是一种防御手段。你一天天地眼瞅着这么多的烂事，这么多的痛苦：都是些你没有法子解决的问题。如果你稍稍有点在乎，你就会掉进坑里，无法自拔，除非你变得愤世嫉俗。

我第一次见到凯恩时他还很年轻，刚刚过了二十三岁生日。不过那个时候他已经从警将近 5 年了（他从 18 岁起就当了警察）。在 21 岁那年被拉科尼亚警察局录取之前，他还是个警察学校的学员，曾经在某个小城市的警察局干过，承担正式警察的全部职责。他为人聪明、口齿伶俐、举止优雅。在拉科尼亚警察局的录用考试中，他在语言、数学和通识考试中的成绩名列前

① 达德利（Dudley）解释了犬儒主义在历史上的发展、流行和回潮，认为犬儒主义是对世俗灾难的一种反应。在他看来，犬儒主义者是那些直面真正的恐怖并找到了克服这些恐怖的方法的人，即保持“最低限度”的生活，摈弃财产、依恋、顾忌和希望。在一个人性刻薄的地方，个人自由取决于一种刻薄，即赤贫的方式生存：放弃追名逐利的虚荣。传道者说：“虚空的虚空，虚空的虚空，凡事都是虚空。”《圣经·传道书》的作者，像愤世嫉俗的犬儒主义者一样，是希腊时代的产物（希腊时代，Hellenistic Age，在地中海东部和中东，自公元前 323 年亚历山大大帝逝世至公元前 300 年罗马征服埃及之间的历史时期。亚历山大和他的继承者们建立的各代希腊君主政权控制了从希腊到阿富汗的辽阔地区。马其顿的安提柯王国、中东部的塞琉西王国和埃及的托勒密王国传播了希腊文化，融合了希腊人和非希腊人，也混合了希腊要素与东方要素。他们产生了有效的官僚体制以及以亚历山大为基地的一种通俗而有创造力的文化。公元前 280 ~ 前 160 年的艺术、文学和科学发展尤为繁荣。当罗马逐渐强盛时，希腊各国便开始衰落，罗马人先后打败马其顿和米特拉达梯六世的军队，并把这些王国和他们的联盟国改为罗马各行省，在埃及卷入安东尼和屋大维之间的内战后，成为最后落入罗马人手中的国家。引自《大英袖珍百科》。——译者注）。在那个时代，旧的标准已经遭到摈弃，个人只能听凭任性且不可抗拒的力量摆布。”犬儒主义是适应残忍和危险的一种方式。在这样的时代，逃避他人的吝啬刻薄是重中之重，而在这个如同一场恶作剧一般的世界中，其他的一切都是虚无缥缈的。（《从第欧根尼到公元六世纪的犬儒主义历史》，ix ~ x，第 37 页）

茅。他是代表新警培训班致告别词的毕业生代表（译者注：通常为成绩最优秀者）。他在一线实习期间赢得了好评。此外，他正在攻读大学课程，即将取得文学学士学位。

但是他没有妻子，没有家庭，对拉科尼亚市没有感情，在拉科尼亚警察局也没有什么出人头地的雄心。此外，他在拉科尼亚警察局里并没有自己的小圈子。因为他在全日制大学读书，所以一直值第三班，并且被分配到了后备警力组。他形容自己“对局里的大事小情”乃至于对任何事情或任何人都没有兴趣，也没有什么参与和往来。

在他身上体现了第欧根尼犬儒主义的三个主题。首先，他把世人分成两个不对称的群体：像他一样“懂得多”的人和其他人。他把拉科尼亚市的市民（“这个城市的人跟别处大不一样”）以及警察局里那些心口不一或者自命理想主义者的警官——简而言之，差不多每一个他接触到的人——一股脑都给塞到“其他人”这个类别里。其次，除了个人私利之外，他对世界上起作用的因素都视而不见：他根本就没有提及任何意外事故或者不可避免的必要性力量（forces of necessity）。就他自己而言，他可以发现一些不可言状的压力，使他自己的行为表现出“不是我的错”，但至于其他人，那些“不同”的人，他们的行为则是源自愚蠢或者虚荣。他们太过孱弱，无法控制自己的幻想，也克制不了“自高自大”。最后，人的苦痛是由于自身的背离招致的，因此无论是受害者还是加害者都活该受到嘲笑，而不该对他们施以援手。例如，汽车盗窃案的受害者就是一个“愚蠢的混球”。当我问他，认识辖区内民众有任何裨益之时，凯恩回答道，他对此毫无兴趣：“要是那些人认识了你，他们别的不会，就会给你打更多的电话。他们来找你是因为他们通常不会用这些问题来打扰警察。”

他也不想成为任何警队的一员：“说实在话，我喜欢在那些人与人之间关系不那么紧密的地区工作；在那种地方有更多的自由。”免受相互依赖带来的烦恼，不必在乎他人，这是至关重要的。凯恩慢慢地“自我矮化到了慵懒的地步”。①

① 这句话来自海伦·加伍德（Helen Garwood）的研究，《托马斯·哈代：叔本华哲学的例证》（*Thomas Hardy: An Illustration of the Philosophy of Schopenhauer*）（费城：温斯顿出版社，1911），转引自理查德·苏厄尔（Richard B. Sewell）所著《悲剧的愿景》（*The Vision of Tragedy*）（纽黑文：耶鲁大学出版社，1959），第130页。

凯恩还非常年轻。他犬儒式的愤世嫉俗的世界观还没有完全成型，他在许多问题上还模棱两可。在我见到他的第二年，他结了婚，并开始计划离开警察局，找一份不那么“枯燥无味”的工作。但他身上的犬儒主义的问题依然存在。他领教过这个世界了。天下乌鸦一般黑，哪里都一样：那些残忍的人和强势的人欺压那些又愚蠢又脆弱的人，后者愚蠢到去在乎那些他们无 178
法保护的东西。眼看着鲁钝的笨伯拎不清生活的诀窍在于变得冷漠，过“最低限度”的生活，实在是“索然无味”。在出任务的时候，他已经学会开车远离是是非非，走到河畔，看着河水从眼前流过，嘲笑那些他“帮不上什么忙”的人执迷不悟。

然而，要更清楚地看待凯恩犬儒式的愤世嫉俗、玩世不恭的心态，重要的是要分析他没有形成的视角：那些他没有看到的事物，那些他没能形成的品质。现在我们来看看这个问题。

X

如果说愤世嫉俗的犬儒者的观点认为，痛苦和恐惧的经历是可以避免且可耻的，那么悲剧式的观点则认为这样的经历是普遍存在和具有深刻、重要意义的。痛苦和恐惧以及我们称之为痛苦的经历，我们可以意识到对这两者的体验，非但不应被否认，反而应当得到承认并从中有所感悟。正是痛苦使个人学会了感受那些不幸的人的感受，使他与人类大家庭联系在一起。衡量一个人的标准正是他面对和克服“痛苦是不可避免的”这一可怖前景的方式。从悲剧式的角度看，成为犬儒式的愤世嫉俗者的个人，以“最低限度”的方式生活的人，直截了当地“矮化”了自己的人性。犬儒主义者放弃了对“命运”的反抗，没有去追求生活的“总产量”——即人类对恐怖和珍贵生命的潜在反应的认识。①

形成这种悲剧式理解的警察体现了三个主题。第一，全人类本质上是一样的。所有个人都共同遭受不公正的痛苦。他们的同一性源自他们共同的困境。每个人都面临着一个反复出现的生存问题：是放弃自己的痛苦，默认虚无缥缈的价值观是徒劳无益的，还是坚持下去，借此抗拒这样的可能性：生

① 参见上注理查德·B. 苏厄尔（Richard B. Sewell）所著《悲剧的愿景》（*The Vision of Tragedy*），第 7 页。

活是非理性的，因而也就毫无意义。没有一个人——无论他是警察，卑微潦倒者抑或是声名显赫的人——能够永远稳妥地解决这个问题。人们不断地在服从命运或违抗命运之间摇摆不定。他们或许觉得自己已经做出了最后的选择，认为这一心灵问题已经得到平息，但是它却一再死灰复燃，变得不可抑制。因此，悲剧观是一种对人类的一元论观念。它肯定了个人的道德本性，肯定了个人出人头地的需要、要有所作为的需要，尽管在精神上存在高度的不确定性，尽管存在对价值观的怀疑。

第二，那些形成悲剧式观点的警察肯定了一点：存在着一个因果关系模
179 式在左右着人情世故，这一模式远比犬儒主义者所看到的更为复杂。悲剧式的意识的预设前提是偶然性、自由意志和必要性是“交织在一起的”：意外事件、自我控制和个人无法控制的不可避免的因素都对个人的生活产生了重大影响。①

如前所述，愤世嫉俗的犬儒主义者并不否认这种复杂的因果模式存在。他只不过认为这个因果模式无关紧要，因为是否去迎合这一模式完全取决于个人。一个人可以自由地决定自己是否要背负名缰利锁，让自己的财产和执念成为别人的把柄，或者他也可以“最低限度”地生活。那些形成了悲剧意识、并拒绝以这种方式适应苦难的警察就会因此受到激发，设法去理解意外事故、必要性和人的韧性等因素。

悲剧观点的第三个主题，是人类相互依存是不稳定和必要的：不稳定是因为依赖他人就会使个人面临对方不可靠所带来的风险，而必要则是因为人类团结是有意义的生活的根基。自给自足是不可能的，因为“我们所有人有责任。”②

责任限制了个人逃避痛苦与苦难的能力。正如几个警察所形容的那样，责任就意味着“暴露”。自由并不是指没有情感和免于困难的自由；相反，自由是指扩大对人类境况的了解，并增加关于如何面对和战胜折磨全体人类的苦难的知识的自由。正如一位专业型警察所说的那样，自由就是拥有

① “交织”（interweaving）一词出自赫曼·梅尔维尔（Herman Melville）的著作，转引自上一注释中的著作第98页。

② “我们所有人都有责任”（We are all responsible for all）是季米特里·卡拉马佐夫（Dimitri Karamazov）在陀思妥耶夫斯基（Dostoevski）的《卡拉马佐夫兄弟》（*The Brothers Karamazov*）中说的一句话，引用同上，第114页。

"许多记忆"和来之不易的智慧的自由。

查理·普林斯（Charlie Prince）三十二岁，是个已经在拉科尼亚警察局工作了九年多的资深警察。我第一次见到他后不到一年，一个开车的人因为闯红灯撞上了他的摩托车，导致他身负重伤。查理·普林斯右腿残废，从警察局退了休。他没有受过大学教育。他很早就结婚了，有几个孩子，然后眼睁睁看着自己的家庭因为婚姻破裂而妻离子散。随后他再婚了，他的"乐观主义"开始复活。我第一次见到他时，用一位崇敬他的年轻警察的话来说，他是"分队里最聪明、最敏锐、最机灵的人"。我在他还没有遭遇那场事故前与他交谈时，深深折服于他精确再现自己生活经历的本领。在他对自己生活的讲述中，可以清晰地看到悲剧视角的轮廓。

> 对自己的工作经历，我回顾过了，也审视过了，我开始明白，我有一个真正的好家庭。我家里很多人身体不好，所以全家人都得互相照顾。我 12 岁时有了第一份工作，那时我还跟奶奶住在一起。当我刚来 180
> 警察局工作的时候，我对任何人都没有什么同情心。我爱出风头，还不成熟。可是有一天，我回过头来，回忆起过去，回想当年我的家人是如何做事的。我的很多想法——我按照自己的感受做判断。当我遇到警情的时候，我会问，我的感觉如何？我看着那个人，就会设身处地替他着想。你知道，我认为自己就是个普通人，我会问，如果像我对待他那样对待我自己，我会有什么反应？别人也这样对我说话，我会乐意吗？我就想起以前自己被人开罚单的事儿了。于是我在工作时，就是"己所不欲，勿施于人"……我很幸运。我换过不少部门，领导们对我很好，特别是风化警队的副队长。他很喜欢我。在风化警队工作的时候，我亲眼看到了很多很多的事情和生活里各种各样的细节。风化警队的所有分队我都待过——反同性恋分队、扫黄分队、贩毒分队。同性恋、卖淫、毒品，这都是可悲的事情。我不禁感叹道："唉，我的上帝啊，我真想知道这些人是怎么落到这步田地的。"我跟那些妓女相处得很好。我不管她们叫"臭婊子"。我不是随大流的人，什么事儿都从经济角度看。在我看来，那些人走到这一步不一定是出于经济上的需要，而是因为他们缺少关爱。我父母很穷，我七岁时他们就离婚了，但我得到了很多关

> 爱。他们会坐下来耐心地跟我讲道理。当我在巡逻的时候，全部工作就是听取报警和处理家庭纠纷。唉，你要是在23岁的时候就从早到晚处理些家长里短的琐碎事儿，你一准儿不乐意听别人讲婚姻家庭琐事。大多数警察自己的婚姻也有问题。就风化警察而言，对大多数在那里工作的人，这份工作对他们造成的影响跟我完全相反。风化警察一天到晚跟各种瘾君子和变态打交道，经常会跟着学坏。他堕落了，他变得和你的工作对象一样。我倒是收获很大，不过，我要是在那里待得再久一些，我也会堕落。我的领导，一个警督，是他挽救了我。比起前任来，他对手下的人要严格得多，但同时他是个公平的人，要有人情味得多。他有幽默感，这对我很重要。跟这伙计在一起，想不开心都难……就是这位警督把我从深渊里拉了上来。

这番话里体现了悲剧式观点的三个主题。第一是关于人的同一性概念：我们都是"普通人"，或者，正如普林斯在别的场合所说的那样，"就拿那些最下贱的人来说，其实他们也不想那样。他们也想改过自新，他们其实也想要学好"。第二是人的因果关系中三个交织在一起的因素——意外事故、比如从家人那里得到"许多关爱"、人类凭借自由意志提出"我为什么要这样做"这一问题的能力以及必要性，在这里则是指"经济上的必要性"。第三，他认识到自己对人与人之间团结一致的依赖以及由此产生的责任：因为有人"把他从深渊里拉了上来"，在此激发之下，他对"可悲的事情"产生了"同情"。一位批评家曾经就受苦受难的约伯
181 （suffering Job）①写过一番话，用在查理·普林斯身上似乎也算妥当："到现在，他开始从一个不同的角度来看待自己的行状和怨念。他认为自己的不幸不是独特的，而是人的典型境遇。至少在他人生的某一个阶段，他正在成为人类的狂热信徒。"②

---

① 受苦受难的约伯（suffering Job）：《旧约》中《约伯记》的中心人物，即使遭遇许多不幸，他还是敬畏上帝。最初，约伯是一位富裕且拥有庞大家族的人。撒旦作为坐探提出，应当让他收回对约伯的神恩以考验约伯。不久，他遭受到丧失财富、子女、乃至个人健康等可怕的厄运。他的三位朋友前来安慰他，他和三位友人辩论，并和上帝对谈。约伯始终自称无辜，是无端遭难，自信忠诚公义。——译者摘引自《大英袖珍百科》

② 《大英袖珍百科》，第18页。

Ⅺ

到目前为止，我们把警察知识分为两个部分。一个是判断，用来预测他人具体会如何行动，尤其是要警惕地预见特定情形中固有的危险和不服管束的微妙征兆。做出判断就要形成可以管控/不服管束这一概念组，以及在现实世界中实现概念的实用程序。所有在拉科尼亚街上（在这里受到人身伤害的风险非常普遍）巡逻的警察采用的是同样的判断方法。他们只是在认识和处理四个判断问题——笨拙的实验、把握度的不可性、不平衡的怀疑以及病态的预言——的技巧上存在显著差异。

另一部分则是理解，用来解释人的总体状况，特别是侧重于人所遭受的痛苦这一问题。在理解方面，警察在对痛苦的普遍性、痛苦的成因以及对痛苦的补救办法的认识方面存在差异。一些警察形成了我们所说的悲剧式的观点，另一些警察则形成了犬儒式的愤世嫉俗的观点。[①]

在警察这个行当里，判断和理解是如何相互关联的？哪个为主，哪个为次？警察为应对对方不服管束的危险而做出的判断，是否从根本上决定了他们如何在多种相互抵触的、关于人类的观念之间进行取舍？在险象环生之际做出判断的压力，是否不可避免地导致他们的理解偏离了关于痛苦的文明式的和悲剧式的观念，并产生了愤世嫉俗的犬儒主义观念？

或者，相反的观点才是正确的？理解是判断之母吗？警察对人类的抽象理解是否决定了他借以设计判断危险的程序的技能？悲剧式的观点是否使警察倾向于承认判断存在的四个问题，而犬儒主义的观点却使他忽视这四个问题？

乍一看来，判断问题——与个人生存密切相关——似乎是占主导地位的 182
因素。按照这种观点，理解只不过是个人判断技巧的事后解释，以及为应付危险而形成的各种技能的推断。

① 在本书的研究样本中，所有的警察要么倾向于悲剧式的观点，要么倾向于犬儒式的愤世嫉俗的观点。或许少数新警察在职业生涯开始之初接受的是第三种“观点”，比如理想主义或者浪漫主义的理解，但是这些心理架构是暂时的、不稳定的，面对着不可改变而且无处不在的人类苦难，随时可能陷入土崩瓦解的地步。

例如，一方面，警察凭借判断把人划分为可以管控者和不服管束者；另一方面，愤世嫉俗的犬儒主义观点中内在的智力二元论则把人区分为傻瓜和有德者，这两者之间似乎有很好的契合点。此外，警察精明老道地设法让潜在的不服管束的人意识到不服管束的代价，而犬儒主义者敏锐地意识到每个人因为自己执念的事物而易于受人操控，这两者之间也颇有可比之处。此外，犬儒主义学者达德利（Dudley）用第欧根尼时代希腊化的世界的恐怖状况来解释犬儒主义的特质是很自然的，而同样自然而然的是，对警察进行观察的人也倾向于把警察世界中无处不在的危险当作警察个人哲学的决定因素。①

但是出于两个原因——一个是逻辑原因，另一个是实证原因，我开始质疑这种因果关系的合理性。

怀疑这一假设的逻辑基础是，犬儒式的观点与警察的判断范畴之间的契合并非严丝合缝。诚然，愤世嫉俗的犬儒主义者和预见到危险的警察都把人类分成不同的群体。但是，如果判断和犬儒主义者的观点在逻辑上果真是一致的，那么“可管控的人”就等同于傻瓜，而第欧根尼、警察、酒鬼和不服管束的人就会被一股脑儿地打上“有德者”的标签。

后者能够保护自己免受他人的胁迫，因为他们每个人都过着自我克制、在道德上和物质上清心寡欲的生活。诚然，警察中的极端愤世嫉俗的犬儒主义者——例如凯恩——因为顺从听话的“良民”容易遭受痛苦而对他们大加抨击，但是即便是凯恩也从不轻易把自己跟那些一无所有者、绝望者、残忍者和疯癫者——简而言之，那些“不服管束”的人——归为一类。换句话说，将犬儒主义者和傻瓜区分开来的智力边界，与判断不服管束者和可管控者所依据的界限，并不在相同的维度之上。两者之间的契合并不合逻辑，这中间的含义令人苦恼。

与犬儒主义相比，悲剧式的观点与对危险做出判断的必要性至少是同等兼容的。毕竟，悲剧式观点预设的前提是，所有人都同时具备文明和不服管束的品质。人类是一体的，都是“一般的”，是按照同一个模子做出来的，但是这个模子包含一种固有的二元论。每个人都既抱有希望

① 参见杰罗姆·斯科尔尼克（Jerome Skolnick），《不经审判的正义》（*Justice without Trial*）（纽约：威利出版社，1966 年），第 3 章。

又感到绝望；在面对痛苦之时，他在勇敢应对还是甘于清心寡欲之间摇 183
摆不定。简而言之，人这种动物既可以管控，又是不服管束的。悲剧式的观点与判断的问题——看清一个人在具体情形中究竟听话还是不听话——毫不矛盾。

质疑“危险导致警察的世界观变得愤世嫉俗”这一假设的第二个依据是实证性的依据。并非所有警察都是愤世嫉俗的犬儒主义者。普林斯面对的危险与凯恩相同，他也和凯恩一样必须完成同样的判断任务，形成概念、实现概念和确认。然而他并没有像凯恩那样看待人类的苦难。

这种相互矛盾的解释——理解倾向于一种或另一种判断程序的警察——更有说服力，这种解释与资深警察和敏锐的巡警自己对因果关系的观察相吻合。正如很有洞察力的普林斯警官一针见血地指出，“我是根据自己的感受（也就是说我的理解）进行判断的”——而不是相反。

此外，它还解释了拉科尼亚警察局开展的一场学习实验的结果。下文我们对这场实验进行详细描述，以此为本章收尾。

Ⅻ

拉科尼亚警察局开展了大量的教学工作，由警察组织开展的教育一直都在进行，有时是正式和权威性的，有时是非正式和在警局之外进行的。这种教育的作用是塑造警察的理解。

首先，拉科尼亚警察局的培训学院——该学院开设了大量的社会学和民族史教学内容——是该警察局借以提出有关人性、人类苦难的根源和极端个人主义的问题的手段之一。然而，警察是先在培训学院参加培训，然后才实际体验警察工作的，因此培训计划必须帮助新警察为实际工作做好准备。这样一来，培训计划的首要目标必须是改进警察的判断，而不是理解。培训学院训练新警察如何审视现实中的种种危险（并教导他们忽略“无关”的因素）。对大多数新警察来说，培训计划最主要的效果是让他们开始“以警察的方式思考”——激发他们预测问题的能力。警察培训学院激励新警察做出谨慎的警务判断，因而也就自然而然地忽视了塑造理解这一职责。

警察机构组织开展的教育并没有随着新警察从培训学院毕业而停止。当新警察到了分配的辖区成为警员之后，关于理解的教学就改在排队集合之时以及在警队更衣室和当地酒吧等场所进行了。

184 不过，警督（sergeant）（或者，在风化警察分队这样规模较小的特种警队里，则是警司，lieutenant）对警员的影响才最为关键。诚然，许多警督并没有充分利用各种机会来对手下警员施加影响；其他警督在塑造手下警员的理解方面手段笨拙，结果适得其反，激起了警员强烈的反感。不过有些警督则有意识、有效地向警员灌输了这样或者那样的理解。这些警督的方法各不相同，但他们的目的显然是让警员相互交流他们对人性的看法。接下来我们将详细记述一位警督如何整治警队内愤世嫉俗的犬儒式观点，并用一种对人类的悲悯的观点取而代之。这位警督一点儿也算不上典型。他的所作所为是极端的和非正统的，不过他异乎寻常的行为确也表明了警督的影响力。

这位警督是鲍勃·皮尔（Bob Peel），我们曾在本书第七章中见过他，讲述他如何处理一个群体事件。当我开始本研究的时候，他还是一名巡警。几年之后，他被提拔为警督，并被指派为一个交通警队的负责人。

在警队每天动身上岗工作前的半小时里，皮尔警督利用全体警员整队集合的机会开展教育工作。起初，他利用手下警员对本警察局的好奇之心以及他们对警察局组织状况的不了解来开展教育。他问警员们：咱们警察局是怎样运作的？局长和指挥人员的性格怎么样？他们的观点有何不同？决策是如何做出的？他们的个性和他们分别管理的部门是如何融合在一起的？对大多数警员来说，局长就像是一个彻底的未知数……他们觉得自己是最底层的警察……他们害怕局里的其他部门，因为他们对这些部门一无所知。皮尔警督提倡在整队集合时开展关于本警察局的讨论应该是随性的，是“双向谈话”（two-way talk），在这种显然有益和无拘无束的氛围之下，大多数警员都参与进来了。这样一来，他们对本警察局的状况就有了更加缜密和更为宏观的了解。

皮尔警督逐渐把对警察局管理机构的分析引向了对第二个话题——人的本质——的讨论。他是这样做的。在讨论警局的人员考评方法时，皮尔让警队每个警员都按照局里的评估格式进行自我评估。然后，他以展示个人考评是如何主观为由，要求警队每个成员再请五个人——其中四个人是警队里最了解他的人，另一个则是他的警督——皮尔——对他进行评估。接下来是一场大讨论，主题是人们彼此之间的看法是如何不同。①

这种关于人性的各种可能观点的讨论只是一个开始。皮尔随后着手探索
人——特别是成为警官的人——复杂的心理和道德本质。为此，他提出了一 185
些拉科尼亚警察局上下普遍认为是禁忌的话题。什么是“配额制度”（一项迫使警察尽量少抓人，以此表明其“效率”的隐性要求）？配额制度是该警察局内部的一种现象，既得到承认又遭到否认，但是从未被讨论过，因而也就从未被评价过。配额制度这一话题自然会引出一些“无法回答的”问题，比如，当警察究竟意味着什么？好警察有哪些特征？从这里，皮尔因势利导，把讨论引向了“男子气概（manliness)”这个话题：做一个男人意味着什么？一个好男人有什么特点？②

这种教育的第三个也是最后一个阶段是探讨城市的本质。什么是城市？人们为什么要住在拉科尼亚？是什么导致一个城市的某些部分兴旺发达，而另外一些部分萧条破败？皮尔知道警察往往只看到一个社区的病状，于是就召集他的警队在拉科尼亚的不同地点——美丽得让人流连忘返的大教堂、港口、博物馆、工厂、公园——整队集合。

他巧妙地设计了一些方法，供部下用来测试他们正在形成的对拉科尼亚警察局、拉科尼亚市和人类的认识。他鼓励他们多做实验。他笃信行动和应用的激发作用，因而鼓励手下警官规划和开展革新，使警队能够更好地运作。警官们提出的革新意见包括把笨重的雷达设备安装到摩托车上（并不奏效）到更复杂的方案。其中一个方案是为了公平执法起见，把针对违规停车和交通违章的执法活动扩展到“山上”（译者注：指拉科尼亚市富人聚居的丘陵地区）：像对待穷人一样对待富人。皮尔听凭部下的计划付诸实

---

① 无独有偶，皮尔警督利用即将举行的小队聚会分发了一份小队成员名单，上面写着：我们要举行一次聚会；在晚会上每个警察都会得到一份奖品；他为每个队员写下他的奖品。“我感到惊奇的是，这些人是多么熟练地发现他们同伴的弱点，他们是多么准确地应用批评这个武器”。当这个游戏和其他一些自我表露的游戏结束时，就没有什么借口了。在这些评估活动中，每个警察开始意识到别人对他的了解；他“知道他不必试图隐瞒什么”。

② 皮尔意识到性剥削和贬损性言论通常被警察视为男子气概的标志，于是着手探讨这些官方禁忌话题。例如，他让他的手下在排位赛教室的黑板上为黑人、奇卡诺人（Chicanos，墨西哥裔美国人）、印第安人和亚裔美国人编写所有的方言版本。在一块黑板上列出 120 个对黑人的贬义词，这可以减轻警察在谈论他们对这些人的感受时的污名和紧张感。“讨论的话题涉及这样的问题：为什么警察在使用这些特征词语时会感到安慰？这些特征语是从哪里来的？

施，以下是他对实施情况的讲述。

> 有一天，我们到了山上，用一个小时的时间查看了所有能够看到的
> 186 违章停车情况：坡道停车时没有把车轮打偏的[①]、汽车停在马路不该停车的一边的，总之是险象丛生。弟兄们忙了个不亦乐乎，就跟撒欢似的。然后就出事儿了。局长办公室、副局长办公室、市政管理负责人以及各种关系户办公室里的电话一个个地都响起来了。这一切我早就料到了；所以我在局长叫我过去之前就给他写了一封信，说了我们在山上的所作所为，说那边违例停车的情况已经严重失控，我们根本就没有足够的人手来好好处理，所以我们打算停止在那边巡逻，直到局里好生斟酌一下，对如何调配警力，治理山上的交通违规问题做出决定为止。我们即日起停止到山上巡逻，直到接到进一步命令为止。您瞧，这一下子就打消了他们批评我们的念头。既然别人已经停止做某件事了，那你也就不好再告诉他们停止这么做了。

这件事情的教育意义在于，它让人得以瞥见拉科尼亚警察局、拉科尼亚市和人性的真容。例如，犬儒主义者可能会以经济状况为标准将人划分为有道德的人和没有道德的人，但是这件事对任何此类划分都提出了质疑。那些被完全分配到平原地区工作（拉科尼亚市的穷人聚居区——译者注），除了没有威胁性的公务员的身份之外从来没有上过山（指到该市富人聚居的丘陵地区——译者注），那么他们就很容易形成一种观念，认为富人和穷人是“不同的”，前者是有道德的，后者则是卑鄙的。这项实验揭示了这样一个事实：当富人的利益受到损害时，他们比穷人更难治理。[②] 皮尔用这种方式

---

① 根据美国交通法规，车头朝向下坡时，需将前轮转向路缘石或朝向路边；车头朝向上坡时，需要将前轮转向与路缘石相反的方向，并将车辆倒退几英寸，车轮应轻轻抵住路缘石，以防车辆因刹车失灵滑动而造成意外伤害。——译者注

② 第二章提到过的约翰·拉索（John Russo）警官是皮尔警队中的一员。他对我说：“我从这份工作中学到了一点。我以前在当巡警的时候，只跟穷人打交道，我觉得他们粗鲁得很，而且不愿配合。但是在交警队，我在山上的富人区工作的时间要多得多：我碰到的主要问题是人们在上下班的时候超速。那里的富人比住在公寓里的穷人要坏三倍。他们报了警，我就得按照他们的旨意去做，比如把猫从树上弄下来、抓人、不要打扰他们等。这些人真的会跳起来对我破口大骂。”

迫使手下的警察清醒地审视他们的观念，通过试验的方式运用他们的观念，并根据实验结果修正自己的观念。他是一位天才的教育家。

读者应当注意一点：皮尔要当一名卓有成效的教导员并非易事。作为一名警督，要想成功地提供这种涉及大是大非的警察组织教育，必须满足五个条件。

第一，他必须能够创造一个庇护所，在这里实验性学习的时候"不必担责"，而且容许他手下的警察进行试验并犯错。除非他有法子挡住来自警队之外的严厉处罚，否则试验也就无从谈起。皮尔必须有能力独自承担责任（"承担压力""挨骂""给手下人撑腰"）并且能够挺过去。例如，在前文提到的到富人区大贴罚单事件中，他高瞻远瞩，准确预见到了公众的反应，并且"打消了别人的批评"。

第二，他必须协调好警察主管工作和教育者角色之间的关系。人们或许 187
以为主管的权力在教学中是一种优势，但是权力往往会令人心生畏惧和变得愚蠢，从而导致盲目的服从，而皮尔原本是想鼓励手下警察主动去重新审视人性。为了克服权力的这种不利影响，皮尔营造了一个法治为先的大氛围。他让手下的人确信，他们有权与他争论，而且一定限度内的争论不受惩罚。①

第三，有时间进行指导。皮尔经常会延长整队集合时间，超过规定时长——半个小时。因为他的小队是一个交通巡逻队，因此他手下的人偶尔不到街上去并不十分地重要。在正规的巡逻工作中，辖区内警力不足的后果则要可怕得多。

第四，警督必须始终赢得下属的尊重。皮尔用这种近距离、非常规的方式触动他们的观念，就必须为他的所作所为创造正当性——亦即可接受性。他拥有过硬的警察业务技能，雄辩的口才以及清晰的头脑，这一事实帮他打消了关于他是在搞"敏感性训练"（sensitivity training）② 的疑虑。

第五，在如何教导他人方面，他别无选择，只能无师自通，因为当时拉

① 皮尔是这样论述教员与学员之间公平的重要性："我非常鼓励他们独立判断。没成想，当我跟那个人说他可能犯了错误时，他们总是以其人之道还治其人之身，把这句话用到了我身上：头儿，我不过是在独立判断。这样一来我就没词儿了"。

② 敏感性训练（sensitivity training）：小组内的训练，人们通过增强敏感意识和对自我本身及与他人关系的理解来学习彼此之间如何相互影响。——译者注

科尼亚警察局并没有对警督进行关于如何当警督的培训，更不必说教育他们如何治理手下警察愤世嫉俗的犬儒式的观念了。

当这五个条件——庇护、公平、时间、正当性和能力——得到满足时，警督才可能对手下警员的观念产生重大影响。如此一来，警察们愤世嫉俗的犬儒式的观念就会消解。皮尔手下的警员中洋溢着一种“自豪感”，因为领悟到做为一名警务工作者的意义而迸发的“自豪感”。读者在第二章遇到的约翰·拉索（John Russo）警官以及此前曾在贫民窟巡逻的吉姆·朗斯特里特（Jim Longstreet）都恰巧在皮尔的警队中，他们现身说法，证明了这种影响的作用：好奇心的“再生”，重振士气，提振精神，激发热情，以及“自尊”的增强。

然而最有兴味的是，当我目睹他们工作时，我得到了一个明确无误的观感，那就是他们的判断程序都发生了变化：他们对危险预兆的实验性探索变得更加精妙，他们把从新的理解中得到的词汇融入辨别细微程度的行为中，他们的怀疑态度变得更加平衡，如果事情并没有恶化到坐实悲观预言的程度，他们倍感欣慰（在此之前，有些警察明里暗里引导局势朝着他们的悲观判断的方向发展）。

在皮尔的警队里，变化后的观念改变了判断的程序。

188

XIII

是观念影响了判断，还是判断影响了观念？读者或许怀疑这个类似“鸡生蛋，还是蛋生鸡”的谜题究竟有什么重要性，但是这个问题对政策确实具有重要意义。因为这个问题的答案有助于警察局长决定应当优先考虑哪些改革。

如果两个因素之间的因果关系的方向可以确定，那么警察组织就会以不同的方式看待他们的机会。设身处地为一个预算有限、人员有限的警察局长着想。他必须问自己一个问题：他应该拨出大量的时间、精力和金钱来改变属下人员的判断，还是应当改变他们的观念？他是否应该建立一个精密而昂贵的机制来发现和惩罚他们的判断错误（这些错误源自有失偏颇的怀疑以及将最坏预言变成现实的病态倾向）？抑或他应该集中精力，对属下警察进行有效的通识教育，使他们了解人类苦难的本质？这两条不同的路线都要付出不菲的代价，必须在惩罚和学习、强力手段和塑造性格的手段之间做出适当的权衡。

这就是为什么判断和观念之间的关系如此重要。因为，判明两者的先后次序就能做出更好的选择，即优先改变两者中占主导地位的因素，然后创造条件，使其能够最有效地决定另一个因素。

189 # 第 11 章　警察的道德成长

导致人堕落的不是行使权力……而是不正当地行使权力。

——亚历克西·德·托克维尔（Alexis de Tocqueville）：《论美国的民主》（*Democracy in America*），1835 年

但是对警察来说，带着这些负罪感确实有些不好受。

——拉科尼亚警察局杰伊·贾斯蒂斯警官（Officer Jay Justice），1973 年

I

当我们在谈论道德的时候，我们是在探讨深刻的问题。生命的意义是什么？我所冒的风险和所遭受的困难对于社会或者人类有意义吗？我所做的牺牲和我所造成的伤害，在上帝眼中或者在我自己眼中，是有道理的吗？

出于生活要有一定的意义这一希望，我们创设了种种标杆来衡量我们迄今为止在道德上走过的历程。这些里程碑可能是公共性质的：我“帮助”过多少人？我挽救了多少潜在的受害者，使他们免受伤害？我在多大程度上让一个社区变得更好？另外，我们的衡量标准则可能更加私人化：我自己改善了多少？我给孩子带来了多少知识、安全和幸福？我对上帝的法则的遵循有多么严格？

我们将这些个人目标定义为道德上的里程碑，因为我们相信，它们指明了我们最终的道德方向。随着我们一个又一个地越过这些基准点，我们旅程的终点变得越来越丰满和明晰。对我们旅途终点的更好认知，或是肯定了我

们前段旅途的方向，或是告诉我们之前的步骤毫无意义或者意义不大。走过 190
人生的旅途是一个周而复始的循环历程，要不断地检验这些基准点是否符合最终目标，并且通过实现眼前的基准点反过来确定最终目标。在这方面，我们都是道德哲学家。

警察和人类其他任何成员一样，也受到同样深刻的道德哲学问题的困扰。他很可能用自嘲和不矫揉造作的话来掩盖这些深刻而令人不安的想法。他会大谈自己的“自豪”“角色”“工作的定义”“警察文化”，让他“感觉良好”的种种以及他“看待工作”的方式。然而，在这些平淡无奇的话语背后，却隐藏着关于生存的种种重大而挥之不去的问题。我是不是一点点地白白地让自己的生命流逝，宛如用咖啡勺一点点地向外舀咖啡[①]？或者我是否重要？警察制定了短期目标；他确立了道德基准点；他按照道德准则来安排自己的生活。但是他始终在构建一个道德上的终点，用来肯定或否定迄今为止所取得的成果。并行不悖地，他在选择道德基准点的同时也制定了终极道德目标，使达到这些基准点变得有意义。或者，用切斯特 · 巴纳德(Chester Barnard)[②] 就另外一个主题所用的一句话来说，警察一直在追求即时激励（immediate incentives)，同时也追求“使其他激励有效的激励”。[③] 警察道德哲学的实质内容对他如何履行职责是至关重要的。[④]

---

① 人生宛如一小勺咖啡（I have measured out my life with coffee spoons）出自托马斯 Thomas Stearns Eliot 的诗歌 *The Love Song of J. Alfred Prufrock*，意为人生就像咖啡，喝完就少了一点点的生命时间，而咖啡勺的容量极小，用它度量生活，暗示生活的微不足道。这个比喻也暗示他的生活闲极无聊。——译者注

② 切斯特 · 巴纳德（Chester I. Barnard，1886 年 11 月 7 日—1961 年 6 月 7 日），系统组织理论创始人，现代管理理论之父。切斯特 · 巴纳德是西方现代管理理论中社会系统学派的创始人。他在人群组织这一复杂问题上的贡献和影响，可能比管理思想发展过程中的任何人都更为重要。——译者注

③ 切斯特 · I. 巴纳德（Chester I. Barnard），《行政职能》（*The Functions of the Executive*），（剑桥：哈佛大学出版社，1938），第 283 页。本章观点主要来源于巴纳德这部扛鼎之作。

④ 乔治 · 埃尔顿 · 梅奥（George Elton Mayo，行为科学的奠基人，美国管理学家，原籍澳大利亚，早期的行为科学——人际关系学说的创始人，美国艺术与科学院院士）表达了同样的观点：“如果一个人在工作的时候不能充分理解自己的工作情况，那么，和机器不同，他只能无休无止地与自己的逆反心理作斗争。这是人类的本质；如果连隐约看到目标都不可得，那么纵然有天大的合作意愿，也很难坚持行动下去。”引自梅奥：《工业文明中的人类问题》（*The Human Problems of an Industrial Civilization*）（纽约：麦克米伦出版社，1933），第 119 页。

Ⅱ

这些道德基准点——短期目标——的来源，那些暂时采用的行为准则——多种多样，且每个警察之间也不尽相同。如果被问及此事，警察会回答说：“我在工作中运用了很多年幼时接受的教养、宗教信仰以及在家庭生活中学到的经验……”。在警察走上从警之路时，他们身上带有从自己以往生活中互惠和文明的为人处世之道中选择的某些理想。他们把这些粗略的道德观带到了警察组织中。

在这些早期的是非观念之上，他们又会增添在警察生涯中收获的知识。新手警察担心不被他人接受，于是往往将赢得经验丰富的警察的尊重作为自己的头号职业守则：“新手的问题是，怎么证明他有资格穿这身警服，而不
191 被人当成爱出风头的愣头青。”一个目光敏锐的警察如是说。随着时间的推移，新警察的信心往往会有所增强，对可接受行为的本质更加了解，内心也更加乐于接受。用细心而又笃信宗教的海格（Haig）警官的话来说就是：“可以这么说，当警察就像当牧师一样，需要得到教会委任圣职才行。”而表明警察已经做好接受委任圣职的准备的标志是赞同“警察的荣誉准则”(policeman's code of honor)，并乐于让个人的道德准则服从之。

警察的荣誉准则的条款纷繁复杂，涵盖了巡警活动的各个方面。有一些衍生自警察局的政策：比如“不许开后门”，该规定重申了不得向民众收取任何酬金的规定。也有一些则强化了儿时就有的文明道德：“拒绝做任何非法或不道德的事情。”但是该准则中有很大一部分内容是针对警察独有的强制性技能——依靠威胁来保护自己强制力悖论的损害——的告诫和禁忌；“要为同僚提供支援：不要让任何警察单打独斗”“不要掺合不法勾当”“绝不出卖同僚”“要坚定”“保持头脑清醒”等。当逮捕一个人时，用手铐铐住嫌疑人后，要小心保护他的权益和权利，不能以为他能像在正常情况下一样可以保护自己。

违反警察荣誉准则的规定是一件可耻的事情，其他警察有权对违反荣誉准则的警察表示不满并进行斥责。荣誉准则（code of honor）构成了将警察局凝聚成一个大家庭的共同信念，要求遵守该准则的道德和社会压力是相当强烈的。

警察感到有义务对自己采取的每个行动“在道德上进行限定”。这种顾忌使警察极为可靠。违反警察荣誉准则，就有遭到惩戒之虞，这一点强化了所有警察的责任感。

Ⅲ

然而，无论这些道德禁令的来源是什么，当一个警察在执行这些禁令时，他经常面临三种截然不同的困难，我把这三种困难称为道德冲突（moral conflict）、道德裁量（moral discretion）和道德认知（moral perception）。它们分别是矛盾问题、能力问题和定性问题。

道德冲突。道德冲突是这三个问题中最为突出的一个。从巡警的视角来看，警察荣誉准则的麻烦之处在于它的条款太多了。它过度道德化了。对新手来说，禁令的表述过于绝对化和普遍化。在适用时，条款之间往往相互矛盾，而对于在何种情况下一项规定优于另一项规定则往往语焉不详，含糊不清。如此一来，警察发现，无论自己策划的所有解决方案都是从一个角度看是对的，从另一个角度看则是错的。

即使不太了解警察在辖区遇到的情况，也能理解到这些道德条款潜在的 192
不相容性：

一方面	另一方面
坚守你的职责	你同时是犯罪斗士、心理学家、社会工作者、牧师、医生——只有你一个人
不要独自做工作	处理好自己的事，也就是说，不要动不动就呼叫警官请求帮助
遏制犯罪的发生	不要搅扰邻里
不要牵扯进去	你得有同情心
不要向内务处举报警官	不要做违法或错误的事
坚定，不可以丢脸	首先……要和蔼
不要为执法而违法	自己掂量着办

每项道德禁令似乎都有一个与之相悖但是却同样适用的道德禁令。这些冲突在很大程度上源于个人携带的传统文明道德与他从警务经验中学到的强制性胁迫道德之间的矛盾。因此，警察的荣誉准则里含有种种自相矛盾的告诫：要求警察既要宽大，又要无情；既要同情，又要冷漠；在辖区内的声誉

既要充满善意，又要恶意满满；既要谨慎，又要傲慢；既要注重自卫，又要咄咄逼人。警察可能面对的道德冲突是极端严峻的。

道德裁量。道德裁量是这三个问题中最为微妙的问题。道德裁量既涉及手段，也涉及目的。在道德领域，警察不会因为手段不能、无法达到目的而自责，就像如果没有飞机就不会责备自己只能待在地上一样。道德裁量提出了一个问题：是否某个可以想象到的手段都是切实可用并且应当采用的？如果该手段太复杂或者太费时，或要求异乎寻常的技巧，那么出于务实和道德的目的，这个手段就是无法使用的，出于这个原因而未能达到目的也就是不应受责备的。如果警察缺乏相应的能力，那么就应当免于承担责任。

例如，少年扒手就带来了一个道德裁量的问题。表面看来，是决定将少年小偷羁押起来，还是在告诫之后“放他一马”，看上去或许不过是个道德
193 冲突的问题：是严惩少年犯来保护受害的店主，还是对孩子宽大处理，好让他回归正途。但是实际上，在拉科尼亚市的大多案例中，这种道德冲突并不符合实际。公认的最重要的事情是防止商店因为被盗而歇业。在现实中，逮捕这一选项表面看来或许“严厉”，但是通常却并不能有效地保证店主不再被窃。法庭给出的处罚很可能太轻，未成年小偷被关押的时间也可能太短，他们只不过是被匆匆地拉到警察局总部去挂个号，然后很快又会回到街头重操旧业。

很多时候，所谓的宽大处理的做法，反而是唯一可以想出的、日后或许能对店主有哪怕一丁点儿帮助的手段了。不过，警察试图说服未成年小偷回归正途的努力也是有风险的。如果警察承担了帮助青少年进行矫正的任务，但是却缺乏与他们“打交道”的能力，那么警察在道德意图方面就会遭到惨败。警察既然选择用这一手段达到目的，他就承担了妥善管教不良少年这一艰巨的义务。

道德裁量——源于认识到有为数众多、范围广泛、复杂性和有效性不同的手段可供选择——引出了能力不足这一问题。当一名警察怀疑自身能力不足以采取任何切实可行和允许使用的手段，并因此而没有采取任何行动，他就会感到内疚。

拉科尼亚的警察经常在需要裁量的警情中运用高超的技巧；从警前当过拳击手的乔·威尔克斯（Joe Wilkes）警官的一个事迹就是这方面的一个明证。他非常关心他辖区里的少年，就连下班时间也主要花在了当地的青少年

团体身上。

我想起了以前遇到的一个问题，在解决那个问题时我发挥了主观能动性。圣安东尼安居小区（Saint Anthony Project）有一个休闲健身中心遇到了入室盗窃，损失非常大——里面的体育器材差不多被人给一锅端了。好吧，我原本可以打个报告完事儿，这样就行了。可是我转念一想，如果我就这么写个报告送上去，我们就永远也别指望能找回被偷的东西了。于是我就四处去看了看。那一带的很多孩子我都认识，而且我知道他们知道这件事。我知道情况是这样的：有人闯进了那个社区休闲健身中心，想要找些值钱的东西，然后那些孩子们发现门开着，于是就溜进去自顾自地拿了些东西。

于是我就把那帮孩子们召集了起来，跟他们聊了聊，然后告诉他们我对这件事的看法。我跟他们说，他们没有参与这起入室盗窃案，对此我感到很高兴，并且感谢他们替小区保管器材。我只想把东西拿回来，没心思抓人。还有，如果我们没法把这些器材弄回来，小区里的人很可能就没有任何器材可以用了，要等到新的预算获得通过，他们才能得到新的器材。嗯，果然，很快十几个孩子就把东西送回来了——有球、球棍、健身器材等。他们说，“这是我们帮你留着的，乔伊（乔的昵 194
称——译者注）。”我跟他们有私交。我要强调，这样的私交真的很有用。没过多久，可能除了两个足球外，我们差不多把所有丢的东西就都给找了回来。

然后，我转过头对他们说，“要是 X 阿姨（负责那个休闲健身中心的女士）来的时候发现这里一团糟，那可真的不好。”有几块地板也被人给拿走了。油漆和其他东西扔得到处都是。真是一塌糊涂。有人在里面搞了不少破坏。于是我们就一起坐下来，开始讨论。我说，“我认为这些东西是给大家用的，是给小区里每一个人用的。可是现在这里却被弄得乱七八糟，一塌糊涂，实在是丢人呐！”于是，他们当天晚上就进行了清理。第二天早晨，公园和休闲场所管理处的人来的时候，发现只要用木板把几扇窗户给封起来就行了。从那以后，我再也没有听说过有人闯进那个休闲健身中心的消息。

之后我还做了一件事。我让那些孩子们明白，第一个闯进那个休闲

> 健身中心的人是自私自利的。现在看来，如果我把第一个送回来一个球或者别的什么东西的人给抓了起来，那么他们肯定不会把其他东西送回来了，那么这样做有什么好处呢？——只会造成敌意。

警察自由裁量权使像威尔克斯这样的警察得以发挥“主观能动性”，而它在道德领域拥有重大的影响。一方面，它提高了道德成就的标准，因为裁量中包含着一项义务：培养用好裁量的技能。如果警察不能发展自己的判断力、理解力，也不能像乔·威尔克斯那样与人培养私交，就有感到自己在道德上力不从心的危险，因为他无法成功地运用（威尔克斯所用的）这一难度甚大的手段来确保“那个休闲健身中心不再被人闯入”。自由裁量——即认识到有更多的手段可供使用——提高了对警察的最低预期。对于那种更简单的、依靠“仅仅”逮捕对方的做法，裁量给它贴上了“缺点”的标签。另一方面，对于一个与威尔克斯警官相比技巧不足或者缺乏经验的警察而言，无论该警察自身还是其他人都不指望他能取得威尔克斯那样的成绩。普通警察对成功所做的道德定义标准更低，也更容易实现。只有技术最高的警察——警察这一行当中的佼佼者，才会苦恼于高手的非同凡人的义务，位高则任重（noblesse oblige）。

道德认知。道德判断本质上是演绎性的。也就是说，警察用来管束自己的道德原则，是这位警察道德三段论的大前提，事实和他的行动可能取得的结果则构成了小前提。将小前提纳入大前提之下得到结论，继而证明警察将要采取的行动在道德上是否值得。

威尔克斯警官在休闲健身中心入室盗窃案中的道德判断三段论是这样的：

195 1. 所有的“主观能动性”（即那些防止休闲健身中心遭到入室盗窃的行为）在道德上是有价值的（大前提）。

2. 让那些少年“理解”入室盗窃和隐匿不报是自私的，这属于“主观能动性”（小前提）。

3. 让那群少年“理解”这在道德上是有价值的（结论）。

威尔克斯警官把大小前提组合在一起的过程取决于周延的中项（distributed middle term）——“主观能动性”。中项在两个前提中都出现了，而在结论中则消失了。为了把小前提适用到道德大前提下，威尔克斯必须让自己的具体行为具备抽象概念——“主观能动性”——的特征。这一进行抽象定性的过程对警察而言往往存在问题，因为他要在不同的抽象概念之间进行选择，而他的行为却跟所有这些抽象概念都存在契合。例如，威尔克斯警官可以认为自己的行为不是“主观能动性”，而是“心软”，甚至“徇私”。在后两种情况中，相应的事实都与现有的道德大前提（例如，“心软是在追名逐利”）相契合，这种情况下它们在道德价值方面的结论就大为不同了。适用哪一种道德前提，取决于在多种不同的看待事物的方式中所做的选择。道德认知指的就是在这些看上去似乎都有道理的抽象选项里进行选择的过程。

要说明警察遇到的道德认知问题，让我们来看看托尼·查康（Tony Chacon）警官的例子。当我第一次找托尼·查康访谈的时候，查康警官是一个很有智慧和毅力的人。虽然他是一位会说英语和西班牙语的警官，但是他并非一直是这样一个很有前途的人，至少从他自己的说法来看是如此。查康警官出生在拉科尼亚，由他父亲抚养成人，他的父亲是一个精力旺盛、为人果断的人。在高中阶段，查康虚度了自己的青春时光。毕业时他想要应征入伍，但是却没有通过兵役智力测验。

> 我从埃奇希尔高中毕业的时候状态非常糟糕，连征兵选拔都没有通过。于是我就想，一定得摆脱这种状况。后来我就去读了一所大专，阅读《新闻周刊》和《时代周刊》，把读到的生词都记下来做成词汇表，还经常找年纪比我大的人讨教。

在学会如何自学之后，他到一个小城市的警察局当了警察，一年后辞职加入了拉科尼亚警察局。他非常看重自己在警务工作中展现的技巧，以及他给辖区带来的“好处”：“我……（对它们）感到骄傲。”查康跟我讲述了一个让他感到格外棘手的道德认知问题：

> 是啊，比如说有这么一个小子，他没事儿总是去惹他爷爷生气。有
> 一天，他爷爷抄起一根棍子收拾他，真的是去收拾他，结果一棍子把他 196
> 给打昏过去了。不过，我在案情报告里把那个当爷爷的写成了原告，把
> 那个当孙子的写成了故意挑衅的人，而且还添了些自卫的内容。我寻

> 思，要是警探不认可我的报告，他们改过来就是。但是让那位老人家因为那个兔崽子受罪是不对的……
>
> 在这种情况下，你会变得非常感情用事，你的价值观会牵涉其中。大多数情况下难缠的问题都是由家庭纠纷引发的。所以处理家庭纠纷绝对不能找一个毫不在乎的人。这样的人根本就没把别人的生活放在心上，如果他不走心，就真有可能会毁掉别人的生活。
>
> 从以前对那小崽子的了解来看，那小子显然是个混球儿。可那个老人家背景清白，工作勤奋。你只要看看这两个人的个性、他们的态度，任何理性的人都能得出结论，那位老人家绝对不会无缘无故就动手打那个小崽子。

查康确实“在乎”那个家庭的纠纷，因此，他从“对”与“错”的角度，从一个道德准则来审视纠纷中的事实，而该准则有些原则却相互抵触：（1）不让不良少年滋扰品行端正的老人；（2）不让歇斯底里的老人伤害因为正值青春期、自感一无是处而暂时感到挫败的少年。查康采用类推的方式，对案件进行抽象，使之符合这两个前提中的一个。他看出，这位当爷爷的人和他以前遇到的歇斯底里的老人之间存在差异。这位老人没有酗酒史，没有大发脾气的前科，也没有从工作中提前退休。另外，查康发现那位老人的孙子曲折的过去跟现实生活中那群“混蛋”有很高的相似性。在此过程中，查康自己的童年记忆也在他的道德意识中忽隐忽现，为他提供了做出这种归类的必要参照。查康的道德结论是，他是在和一个“恶毒的青年”和一个“可敬的老人”打交道。他决定根据这一定性和与之相关的道德原则来采取行动。

但是，他的道德认知却因为他是一名警察这一事实而变得“复杂”起来。作为一名警察，他还负有第二个道义责任：让自己的道德认知与该警情的法律后果相互一致。也就是说，他的道德判断和法律判断应该并行不悖，而不是彼此冲突。道德和法律的三段论应该相互独立地分别指向同一行动。在查康和那个粗鲁无礼的孙子一案里，这种并行不悖的必要性就造成了一个
197 难题，因为查康在法律三段论选择的中项，比道德三段论要受到更多局限。他被限制到只能采用“致命武器”“自卫”和（为了判决目的）“减轻处罚情节”这些中项。法律中没有相当于“祖父”“老人”“好员工”“混蛋”

和“粗鲁无礼”的说法。从法律角度可感知的事实是，那位当爷爷的控制着“棍子”，那个少年的头遭到重击，而他爷爷却毫发无损。根据这些事实得出的法律结论是应该逮捕爷爷而不是那位少年。要解决法律和道德的这一矛盾，查康在报告中“加入”了一些关于孙子挑衅在先这样未经检验的推断。这个并无事实根据的故事让查康颇感困扰。他知道自己言过其实了，但是除此之外没有其他合乎情理的办法。道德观念在这件事上让他陷入了两难，要么不诚实，要么不道德（这种两难境地，用警察的话来说就是“要么危及你的工作，要么危及你对工作的尊重”）的窘境。

这些道德决定它们引起的问题，以及解决这些问题的方式，深刻地影响了警察个人的道德状况。他们最初的道德基准点或因此遭到腐蚀，或被推倒重建，为他指出新的前行方向。反过来，这些短期变化迫使最终职业目标的定义发生变化，而这些重大变化则导致了对眼前的其他道德标杆的变动。一些事件引发了比其他事件更重大的变化——这些变化之所以更为重大，因为它们是道德哲学中更大或更持久的变化。

Ⅳ

这样一个重大的事件涉及两个我们之前见到过的警察，查康和专业型警官贾斯蒂斯。这个故事集中体现了关键事件对道德成长的影响。这个故事可怕的一面是，它是一个意义深远的重大挑战，但是事前却没有任何警示迹象；所有的选择都必须迅速、自发地做出，不能奢望有几个月的时间来对选择进行集体审议。这两个警察是在孤立无助而又匆匆忙忙的情况下，突然面临着一个塑造和决定自己道德命运的任务。

查康已经在拉科尼亚警察局工作了几年，在这几年里，查康在该动用武力的时候从来没有犹豫过，他很早就得了个“警棍专家”（stick-man）的名声，因为他总是动不动就动用警棍。无论这个名声准确与否，他曾经两度因为跟公众发生争执受到警察局内务处纪律调查的经历，反正没有起到任何打消这个名声的作用。他为人聪明，出身少数族裔，懂两种语言，个性倔强，并且认真执着，因而拥有大善或大恶的潜质，故该巡警处的负责人决定让查康和贾斯蒂斯搭档，而正如我们前文看到的，大家普遍认为贾斯蒂斯是拉科尼亚警察局最好的街头警察。

贾斯蒂斯对这个决定并不高兴。他必须离开“自己的”辖区——一个
198 穷人和富人混居的地区，白人为主——被重新分配到查康的辖区，那个辖区当时是任务最繁忙并且离警察总部最远的一个辖区。更糟的是，他的主管也换了；贾斯蒂斯一点儿也不尊敬他的新警司，而且贾斯蒂斯令人敬畏的自信心也让他的新警司的个人不安全感愈发严重。

但是贾斯蒂斯和查康却合作得很好。查康对辖区管理有方，这让贾斯蒂斯对他刮目相看。跟贾斯蒂斯在他之前的辖区一样，查康与辖区内波多黎各裔族群（查康自己就出身于该族群）和墨西哥裔群体关系融洽，对他们了如指掌。这两名警察同样极具耐心，性格坚毅。他们都具有匠人精神，彼此惺惺相惜。他们的搭档关系轻松而自然。

这种轻松舒适很重要。我知道没有比警察巡逻伙伴关系更需要同等程度的相互容忍和信任的关系了。没有巡警搭档之间的相互尊重，那么巡逻这项工作是无法忍受的。

巡警搭档一天有八小时坐在一起，彼此距离不超过三英尺，一周五天，全年如此。巡警搭档关系是最亲密的伙伴关系，在这种关系里，最轻微的烦人之处都可能膨胀成一种执念。想象一下，当你被困在巡逻车狭小的空间里，这些不断出现的习惯会造成何种效果：你的搭档不断地挖鼻孔或者剔牙齿，弄得关节咔咔作响，用手指敲击车顶，揪住一个令人讨厌的话题没完没了地唠叨——或者你跟他有政治分歧，对方盲目乐观或阴郁悲观，衣服难闻，或者肠胃不好。对此你会有什么反应？

除了这些小麻烦之外，还必须加上相互依存这一重大问题。例如，拿驾驶习惯来说，在典型的伙伴关系中，巡警会每天轮流开车和做文书工作。在警察工作中，驾驶技术差的警察不用承担一般人面对的法律风险。他有权随心所欲地想开多快开多快，想开得多惊险就多惊险。如果自己的搭档无论是在哪条街上，都习惯性地开车横冲直撞，速度超出谨慎驾驶的 30 英里时速，那么只要跟他上一次八小时的班就足以令人胆战心惊。如果陪着自己的搭档在安静、到处都是儿童的住宅区疾驰，肯定会让人愤愤不平。在高速追捕这一最令人感到恐怖的经历中，那种失去控制的感觉，再加上对搭档驾驶技术的怀疑，简直令人毛骨悚然。

而且，警察在严重暴露在风险之中并且险象环生的情况下需要依赖自己的搭档。加斯蒂斯警官用“我们互相依赖”这样一句言简意赅的话总结了

警察职业和其他行当之间的差异。对搭档的能力有任何不确定之处，都会让警察在压力下的焦虑感成倍增加。

此外，在这种相互依存关系中，在与民众打交道的技巧上的差异常常导致搭档之间的关系恶化。有些人更加成熟，有些人则更为生硬；有些比较直接，有些较为委婉；有些人更倾向于抓人，有些人则倾向于放他一马，以观后效。199
搭档的工作风格不同会让警察感到没有面子，并对可能产生的后果忧心忡忡。

最后，搭档要为彼此的行动负责。如果一名警察搞砸了，不得不去惩戒听证会，他的搭档的职业生涯也会大受影响。（“潜意识里，你总是知道如果他办了蠢事儿，你也得跟着遭殃。如果他完蛋了，你也得跟着完蛋……”）

这种替人担责的动力机制（dynamic of vicarious responsibility）源于“要给你的搭档撑腰”这一道德禁令，由这一规则产生了我所说的同谋特权。每当一件事可能招致公开调查时，每一名警察都有义务在必要时为搭档的证词提供佐证，使其免遭重大错失行为的指控。如果在事情闹到公开地步（或有遭到公开的潜在可能；因此，在由警司进行警区级的初步调查中，伙伴特权依然适用），两名搭档中的任何一人都有权要求另一人在作证时对搭档保持忠诚。

这种同谋特权有三大功能。首先是平衡问题——补偿在通常情况下处于弱势地位的警察。警务工作经常将警察陷于不得不做出不受欢迎的决定的境地。由于警察的行为是强制性的，因而必然导致产生对立。其结果是，公众中总有一些警察的“敌人”，想要对警察进行报复。这些偏激的少数人报复心切，会对公共调查施加压力，危及调查的公正性。在警察的眼里，这些人的存在给不偏不倚的司法公正蒙上了一层阴影。警察除了要面对正当程序这一问题，还要面对严厉的纪律处分——遭到解雇是一个挥之不去的阴影。以行为不端为由解雇一名年轻警察，就意味着他职业生涯的结束。不同于水管工或银行高管，被解雇的警察很难再找到类似的工作（或者至少他会这么认为），这就相当于律师被永久取消律师资格，或者医生被吊销行医执照，而且在解雇警察的决定程序中，考虑减轻处罚情节的可能性远远低于律师或医生犯错的情况。[①] 同谋特权的作用就是平衡警察和公众中的偏激群体之间

① 贾斯蒂斯警官（Officer Justice）把警察局不明智的公开纪律调查程序以及由此而来的过度严苛的纪律惩戒定性为“悖论”：“一方面要求我们遵章守纪，另一方面却又允许任何人挑战我们的决定，而且我们可能会被炒鱿鱼。医生和律师在犯错误后比我们有更多的自由。”

的权益。

同谋特权的第二个功能是保证交往隐私。在这方面，同谋特权类似于配
200 偶之间拒绝提供不利于对方之证据的权利。在这两种情况下，特权允许两个人放下壁垒，敞开心扉彼此倾诉和劝告对方。对于警察搭档和夫妻这两种伴侣关系而言，这种交往隐私都是必要的，它允许一个人可以与至少一个同类交往，而不必担心蒙受羞耻或遭到伤害。警察局无法在其规章制度里正式承认这种特权。警察局的公开姿态和教化做法之间的差异，导致警察不能合法地行使沉默权，而是必须表态肯定搭档的说法并替他进行遮掩。

第三个功能则是为了谨慎起见，为了适应警察所经受的极度监管。警察局和法律对警察的限制太过“严厉”，导致警察总是会违反这样或那样的规定——或一直处于一不小心就会违规的恐惧之中。监管还渗透到了警察的私人生活和职业生涯之中。违反无时无刻不在发生。如果警察旷工一个下午去看儿子踢足球，如果他出于好心用巡逻车送几个青少年一程，如果他买一套汽车轮胎的时候接受了折扣，或者如果他做出一个事后看来不是最佳的判断，那么他就是“违法者”，就面临着遭到别有用心的人举报的风险。在每个人都会犯错的情况下，没有谁能逃脱相互要挟的束缚。这种严苛监管的状态导致“家丑”普遍存在，其运作方式与敌人之间交换人质大致相同，导致产生了大量出于谨慎起见而进行的合作。

不过，同谋特权只对搭档有约束力。这一法则对搭档之外的人员并不绝对适用，一名警官如果如实陈述了另一个与他不相关的警察的不当行为，这并没有什么不光彩之处，但是他这样做的前提是并非出于个人恩怨，而且后者的违规行为足够严重。

拉科尼亚警察局的一般规则是，每名警察都有公平的机会来选择或调换自己的搭档。如果某个警察的搭档让他难以忍受，至少这是他自由选择的结果。指派查康为贾斯蒂斯的搭档，让贾斯蒂斯对他进行教导，这是自愿搭档规则罕见的例外情况。

V

有一天，在查康和贾斯蒂斯辖区的一个相邻辖区里，三名拉科尼亚警察接到了一个 999 呼叫（即发生了家庭纠纷）后出警。报警的对象是一名白

人男子，他导致某位女性受了重伤，那三名警察准备逮捕他。突然，那名男子飞奔出去，跳上他的车，然后逃走了。一名警察使用无线电进行呼叫，描述了该男子和他所开汽车的情况。贾斯蒂斯和查康率先发现了嫌疑人逃跑之时驾驶的汽车。他们开启红色警灯，拉响警笛，随后开始高速追击那名男 201
子，在此期间，两人亲眼目睹了那名逃逸司机如何差点撞到几个行人，然后剐蹭了两辆车，最后还故意想要撞击一辆追逐他的警车。

那名逃逸的司机奇迹般地甩掉了所有追赶他的人。不过，他显然再三考虑了一番，然后回到他的公寓，让最初来逮捕他的三名警察把他拘禁起来。

与此同时，贾斯蒂斯和查康失去了逃逸司机的踪迹，于是转回了最初发出呼叫的地址。查康当时正在开车，一眼认出了正和警察说话的违法者，他立刻停下巡逻车，冲向那个罪魁祸首，一拳打在他的脸上，把他打倒在地。

在随后对这起殴打事件展开的正式调查中，查康的行动引发了争议。查康在作证时说，前去抓人的警察并未铐住那个嫌疑人，而且当时他们也不知道嫌疑人曾经企图撞击警车。他此前已经逃脱过一次，而且考虑到这个人胆大妄为，只要他没被铐住，就不算完全处于控制之下。那三位前去逮捕嫌疑人的警察的主管警司则指控查康失去了自我控制，暴力对待一个已经自首的人。

查康对自己所作所为的解释中暗含了对那几名去逮捕嫌疑人的警察和他们警司的批评：对于一个已经逃脱过一次的危险嫌疑人，他们采取的预防措施并不到位。但是因为该警司在报告中指控查康犯下了暴行，一场正式调查是免不了了，作为同事的警官们也只得陷于多重指控的痛心境地。

贾斯蒂斯警官被传唤去作了两次证：一次是在内务处的调查中（结论是查康行为不当，应该开除），另一次是去公务员事务委员会（Civil Service Commission）（一致决定推翻内务处的调查结果，并且不顾警长的强烈反对，下令查康复职）。贾斯蒂斯为自己搭档的证言提供了毫不含糊而且不可动摇的佐证，极有说服力，是查康得以免责的关键。事实上，贾斯蒂斯警官提供的佐证非常坚实，以至于公务员事务委员会调转枪口，指控投诉查康的警司和那三位负责逮捕嫌疑人的警察没有采取足够的安全措施。

贾斯蒂斯在证言中并没有说出全部的事实：他替搭档做了掩护；他的搭档事实上确实失去了自我控制。查康私下承认自己确实动用了武力，不是出于安全目的，而是因为嫌疑人企图伤害警察同僚，查康想要进行报复。内务处的调查之所以让查康感到不满，不是因为不公，而是因为其中“彻头彻尾的虚伪”：

> 我之前也参与过高速追捕，不过追捕的是拉丁族裔和黑人。在我们
> 202 抓到人之后，还是那个警司，他几次跟我们开玩笑说，“那小子为什么没有去医院?”他暗示我们应该在逮捕嫌疑人之前好好收拾他一顿，作为他所作所为的代价。这回开车逃跑的是个白人，而且还故意想要撞警车（事实上也确实撞上了），他还撞了其他两辆车。他开车的时候像个疯子一样。我承认，我打了他。可是那个开车逃跑的人自己都没有提出投诉，可这个警司却提出了对我的指控。

贾斯蒂斯因为替搭档打掩护，招致了警察局长、几个警长、那个警司和巡警队里为数不少的人的怨恨和不信任，因为他们都站在负责逮捕嫌疑人的那三名警察一边。

查康发现自己的胜利代价高昂。虽然他得以在警察局复职，但被调离了对他而言无比重要的辖区，被分配到从事非警务工作——到监狱上班。警察局里上上下下有不少人在背后对他指指点点，说他不值得信任。就连非常看重他的警务技能的上司都不愿意帮他说好话，生怕被报复心重的警察局长视为背叛。

贾斯蒂斯和查康注定要成为遭人排挤的弃儿，至少在这件事逐渐被人忘却之前是如此。而在拉科尼亚，警察机构的记性是非常好的。

Ⅵ

毫无疑问，假如查康老老实地承认自己确实失去了自控，他就会遭到警察局解雇。警察局长半点都不能容忍江湖式的快意恩仇；更重要的是，如果某人已经牢固地被看管起来，就不允许粗暴对待他，这是拉科尼亚警察法则中已经得到公认的一部分。所犯错误没有查康过分的警察都曾经遭到解雇。诚然，还有这样一种来自警察局外部的可能性：公务员事务委员——其成员都是文职人员——可能会基于人道主义考虑或者鉴于查康的坦诚，推翻警察局的决定，但是从最佳考虑衡量的情况来看，该委员会是不会推翻警察局的决定的。

此外，如果贾斯蒂斯警官推翻了自己最初提交的警务报告或者推翻了自己向内务处提供的宣誓证词，他会因为作伪证或者至少是不诚实而丢了饭碗。对于贾斯蒂斯而言——他当时正在打离婚官司，争夺孩子的抚养权——被警察局开除对他个人肯定是一场灾难。

如果根据“我们的政府是一个法治政府，而不是一个人治政府”这一原则来评判贾斯蒂斯和查康的选择，那就太过草率了[1]”。一方面，法律不是万无一失的智慧源泉。有人指责拉科尼亚警察局过去曾经是个粗暴执法的警察局，在执法之时毫不留情，也欠缺斟酌。警察局长本人有意改进警察局 203
和民众之间的糟糕关系，故此告诫部下，对于违法人员不要采取逮捕措施，而要用理性、真诚的判断和同理心。就像每个新手警察在警察培训学院里都学过的那样，法律不应凌驾于常识之上。

另一方面，身穿警服的人是好还是坏决定了警察局把拉科尼亚治理得如何。在这方面查康是一位非常宝贵的警官。他出身少数族裔，而他所在的警察局里少数族裔人数很少。他在自己辖区内的巡逻工作卓有成效，慧眼识珠的贾斯蒂斯警官这样评价他：“查康在辖区内的工作真的非常到位，我从来没有见过那个警察比他在拉丁族裔聚居区域干得更加出色。”简而言之，拉科尼亚警察局是一个政府机构，立法和司法部门赋予该警察局的成员在运用法律方面的广泛的自由裁量权，但是运用效果可好可坏。这个机构治理的效果是好是坏取决于组成该机构的成员的个性、奉献精神和技能。在这个少数族裔社会改革如火如荼、方兴未艾的特殊历史时期，查康警官可谓是拉科尼亚最优秀的警察。如果说有哪个人对警察局而言是不可或缺的，那么这个人铁定就是查康。

这样一来，贾斯蒂斯和查康就面临着一个荒唐而又矛盾的选择：要么不忠实执法，要么不可避免地毁掉一个业绩良好的公务员。

---

① “我们的政府是一个法治政府，而不是一个人治政府”（Ours is a government of laws, not of men.）这句话最初出自约翰·亚当斯（John Adams），7th “Novanglus” letter, published in the *Boston Gazette* in 1774，原文 “the British constitution is much more like a republic than an empire. a government of laws, and not of men.” 该原则更多的出自 U. S. Supreme Court Justice John Marshall，*Marbury v. Madison decision*（1803），“The government of the United States has been emphatically termed a government of laws, and not of men. It will certainly cease to deserve this high appellation if the laws furnish no remedy for the violation of a vested legal right.”——译者注

Ⅶ

假如贾斯蒂斯是个典型的象征性的警察，那么他的道德选择就不会这么令人伤脑筋。假如他是一个新手或者他的正直声誉还没有得到确立，或者假如他并没有这种令人印象深刻的大将之风，人们或许就不会指望他为查康打掩护了。如果某人对某件事无足轻重，也就不会有人指望他为这件事牺牲自己。如果贾斯蒂斯和查康的角色颠倒过来，查康就没有责任为贾斯蒂斯打掩护。他的声誉已经因为曾经受到纪律调查而受损，这足以让他免于参与包庇他人。

正是由于贾斯蒂斯崇高的品德，他出类拔萃的能力才招来了麻烦。他有能力替人掩饰，并稳稳当当地蒙骗他人，让他人相信他的话。他的智慧足以编造一个无法反驳的故事。此外，他精确而忠实于真相的名声使他的证词无懈可击。在这次事件的五名警察证人和两名平民证人中，他对事件的描述是
204 最确定、最详尽和最有说服力的。他有使人免罪的能力，因而便不得不背负使用这一能力的重担。他处于一种我们此前所说的位高则任重的困境——才华出众，德高望重的人才会面临的道德裁量问题。

但是，要求说实话的道德训令又当如何呢？贾斯蒂斯如何协调自己的包庇行为与说真话的道德训令之间的关系？或者，当他没有揭露查康失去自我控制之时，他是否认为自己不诚实？

我们在前面讨论过被称为道德中项的事物的重要性。道德认知这一任务需要一个人在自己行动的多种不同定性之中做出选择。行为的道德价值取决于警察所选择的定性。选择这一道德中项是道德进程中的一个关键步骤。

贾斯蒂斯并不把自己为查康做假证看作一种“不诚实”。假如认为这是不诚实，可以想见，他会在道德上退后一步，他不再是一个“诚实的警察”。但是贾斯蒂斯并不把自己没有充分而准确地披露事件真相的做法看作一种道德缺憾。这不是说谎，而是在保守秘密。保守秘密是“诚实”的警察在查康一案那样的情形下可以做的事。

诚实的警察也得一再捏造事实。例如，贾斯蒂斯很早之前在面对一位重伤的妻子之时就解决了这个问题——是否告诉那位妻子（她是一场交通事故里的幸存者）她丈夫已经死亡。由于不确定这个坏消息对她求生意志会造成什么影响，诚实的警察必须遮掩事情的真相——运用巧妙的欺骗，告诉

她，她的丈夫还活着。

交通巡警习惯性地指控司机在限速 25 英里的区域里时速 40 英里，尽管根据测算，他们实际上开到了 50 英里。这样的宽大处理并不是不诚实的行为。

在拉科尼亚，如果一个警察把从某个士兵那里依法没收的大麻烟扔掉，而不报告其违规行为，那么人们就会称赞他是个好警察。在这种情况下，坚持要抓人的警察则会被认为是机械刻板地遵守诚实规则的“老古板”。

在我遇到的警察中，没有人会因为用“没什么可担心的”这种假话安抚可能自杀的人，或者违背了与绑匪的约定而感到内疚。在这种情况下违背承诺并不影响诚实。

一个好警察会掌握如何用不同的方式来写事件报告，以便促使地方检察官或严厉或宽大地处理犯罪嫌疑人。真相是如此多样和多方面，全面披露真相是一个不切实际的理想罢了。在对事实进行报告之时，至少要对这些事实最终会对接受报告的人产生的影响有一定的考虑。一个诚实的警察必须对不 205
同版本的真相的效果有一定认识，就像辩护律师在提出主张之时必须考虑到自己希望产生的效果。①

从某种意义上说，所有这些做法违反了常规情况下对刑法制度原则——“就这样吧，不论后果如何”（call it the way it is and let the chips fall where they may）——的理解。然而，诚信的法律定义——“任何情况下都充分披露”（full disclosure under all circumstances）——在道德上对大多数警察却并不那么有说服力。即便是像“充分披露”（full disclosure）这样一个刚性原则，在遇到与之相左的原则及例外情况时也会有行不通的时候。它忽视了“另一方面”，即个人行为的社会后果。有人打着这个原则的旗号损害大众福利和社会有机体，而该原则却对此不负责任。

简单的“充分披露”诚实概念的主要不足之处在于它未能处理现实的矛盾性质。特别是，非理性悖论一再要求警察为了大众的普遍福利而巧妙地

---

① 拉科尼亚这座城市在绝对真实（absolute truthfulness）和相互竞争的价值观（competing values）方面也存在着与警察面临的同样的道德问题。如果警察犯了一个错误（例如，滥用枪支或伤害公民），而市政府承认了这一点，市政府就有可能在该公民提出的民事诉讼中承担民事损害赔偿责任。正如道格拉斯警官（Officer Douglas）所说的那样：“市政府左右为难，如果他们承认警察有错，就为被人告上法庭打开了大门。”结果是哪怕是诚实的市政府官员，也经常隐瞒部分真相。

控制对现实的呈现。当无惧无知的人——比如自杀的人、酒鬼或少年——缺乏理解事实背后含义的能力时，那么诚实的警察就别无选择，不得不控制对真相的陈述，以便从非理性公民那里唤起理性公民会对充分披露现实做出的反应相同的回应。理想情况下，这种控制应当只是暂时的操纵，仅仅持续到无惧无畏的人开始清醒起来为止。您一定还记得比尔·道格拉斯警官是如何故弄玄虚，吓唬住了一群还在读高中的孩子，让他们害怕自己遭到逮捕，因为他们认识不到自己对凯撒甜品店造成的伤害。其他的“诚实”警察在类似的非理性情况下，也会吓唬、隐瞒、掩盖，不那么坦诚。这种对真相的遮掩并非“不诚实”，相反，这是“正直”的行为——是在负责地坚守一个原则：一个警察的责任在于传达更深层次的真相，哪怕为达到这一目的必须用拐弯抹角的方式来表达。一个警察必须既当法官又当律师。为了成为一个真正的警察，他必须清楚信息对特定受众造成的效果，然后能够对这个讯息进行重构，以便传达出事件的微妙差别。

当贾斯蒂斯做出为查康打掩护的选择之时，他考虑了此举对警察局和拉科尼亚市的后果。在一个警察局需要出身少数族裔的好警察的时期，他觉得必须负责任地考虑到，查康是在对方挑衅在先的大背景之下才失去自我控制
206 的，即便相应规章宣称该背景与此案毫无关系。以公共福祉的名义，或用阿克顿勋爵（Acton）的话来说，鉴于他不披露真相“是为了让正义的事业兴旺发达”，贾斯蒂斯决定顾全“整体大局”，即维护更高层次的社会事务的发展，优于“就这么说吧，不论后果如何”这一原则。

在贾斯蒂斯看来，包庇查康是一种正直的行为，因为警察局的纪律程序是“非理性的”。警察局长看上去似乎是一个狂热分子，对其行动的灾难性后果也因为无知而无畏。警察局长在管教下属方面所表现出的行为模式极具意识形态化而且不现实，令人觉得他有几分疯癫。此外，他不容忍任何从轻情节，既不公正，也不文明。这就是警察局长自己一手造成的声誉，他手下的人也是如此评价他。

内务处也沾染上了非理性的污点。警局内发生的若干起事件，让像贾斯蒂斯那样经验丰富的巡警确信，如果警察局长觉得警局内务处得出的初步结论过于宽大，那么局长就会抓住内务处不放，直至迫使内务处做出严厉的惩处。在人们看来，内务处缺少不受局长控制的独立性；局长把内务处公正的裁决姿态扭曲成了一个直接针对手下警员的行政武器。内务处的程序根本没

有起到打消它偏听偏信、依附于局长的形象。内务处的听证会不公开；不准许被指控的警察与证人对质；内务处没有出具书面意见，对被指控的巡警提出的最有力论据进行明确承认和反驳；与警察局内的射击委员不同，内务处没有不偏不倚的陪审员（射击委员会中有随机挑选的警官，但是内务处却没有）。内务处连装出一副遵循法治的样子都做不到。在贾斯蒂斯看来，内务处根本就是不伦不类。

因此，贾斯蒂斯认为，在一个狂热的警察局长的控制下，内务处是一个非理性的机构。对贾斯蒂斯来说，为查康掩饰是削弱这个非理性机构的不良影响的唯一手段。拉科尼亚警察局需要花时间重新思量其先前做出的关于解雇查康的错误决定。诚然，贾斯蒂斯会说，他所做的虚假证词是构建在个人价值判断之上的。毫无疑问，会有其他人并不认为拉科尼亚警察局局长和内务处是“非理性”的，因此他们会得出不同的结论，即正直要求对审理机构做出充分披露。但是贾斯蒂斯见多识广，相信必须把警察局从过度狂热中拯救出来。“我有一种感觉，局长喜欢被下属憎恨”，贾斯蒂斯伤心地说。这样一个领导——他完全用自己树立的敌人来定义自己——和拉科尼亚街头那些最不明事理的青春期少年一样不理性。在这样的情况下，贾斯蒂斯依然
坚守自己的正直观，想办法借助时间抚平一切，使警察局能够重新考虑当初 207
做出的解雇查康的决定。如果要达到这一目的，进行包庇是唯一可用的手段，那么采取必要措施进行包庇在道德上就是值得的。

但是，如果贾斯蒂斯认为自己的所作所为是“正当的”（借用托克维尔的话说），是在进行真诚的判断，因而是正直的举动，查康就没有那么幸运了。他怀疑自己。他把自己的掩饰行为看作自我保护。最终他停止了对作伪证的自我怀疑，将其定性为“我们”与“他们”之间的斗争中的一个勇敢行为。在警察和整个世界的斗争中，可以无所不用其极。警察不应该是战友的“告密者”。关于诚实的规则是荒谬的，因为“敌人”（民众、法官、警察局长）是肆无忌惮的。在这样一个纷争不休的大环境之下，说谎被认为是政治上的勇敢行为。对内务处撒谎是兑现团队忠诚的一种方式。不泄密的原则对于克服警官的脆弱性是必要的。“相互支持”让善者更加强大，让恶者不知所措。

贾斯蒂斯和查康对他们所做的事情抱有不同的道德观念，这对他们个人来说意义重大。贾斯蒂斯的诚信观对包庇他人做了更严格的限制，仅限于为

了克服非理性的情形之下；他严格限制的例外情况与一般的诚实训令是彼此兼容的；原则上，这种例外符合可接受的关于“无恶意的谎言”（white lies）的文明观念。另一方面，查康关于做伪证是一种勇敢行为的看法，实际上是无条件的；它适用于任何涉及巡警和上级批评的警务事故中。它把真实性贬低为软弱。这种观点在警察界之外是不能接受的，因此必须免于被公众得知。查康认为这种形式的说谎是一种勇气，这种观点同样为在报告中做手脚、陷害嫌疑人以及在证人席上说谎提供了口实。由于查康没有把伪证的正当性限制在非理性的情形之下，他开始毁掉自己对诚实的尊重。

由于查康看不到任何限制不诚实特权的边界，他的道德程序开始出现混乱。查康最初认为与绑架者讨价还价时可以不诚实，后来发现自己已经把不诚实的特权扩展到任何自己在讨价还价中处于不利地位的情形，然后扩展到只要这一特权能给全体警察带来好处，在扩展到知道它对个人有利，接着扩展到只要它能为他的个人利益带来好处，最后扩展到只要他的冲动驱使他这样做的情形下。在日常警务工作的压力下，不诚实的特殊特权很快就摧毁了诚实规则，就像是灵魂上的毒瘤。

208 在我看来，这两个人的不同看法并不仅仅取决于他们作为证人和嫌疑人身份不同。如果贾斯蒂斯是被告，查康是证人，查康仍然会认为他的证词是勇敢的表现，而贾斯蒂斯会努力限制自己（不诚实）的特权，使之不超出非理性的原则的限度——将其限定为“例外情况”。他们两人的不同看法源于他们不同的道德创造性（moral creativeness）。[①] 贾斯蒂斯有办法创造一个他个人可以接受的基础，用以调和下列两者：从文明的角度，将虚假证词视为不诚实，以及从政治的视角，将虚假证词视为正直；这使他有可能保住“要诚实”这一道德训令。而查康协调对立的道德规则的能力相对较弱，这就要求他把诚实从自己的道德规范中抹去，而此举具有破坏性和广泛的影响。

---

① 巴纳德（Barnard）：《功能》（*Functions*），第279页。罗伯特·A. 卡根（Robert A. Kagan）在他对尼克松经济稳定计划管理（the administration of the Nixon economic stabilization program）的异常敏感（unusually sensitive study）的研究中，将这一“道德创造”（moral creativeness）过程称为“规则适用的司法模式”（judicial mode of rule-application）。参见他的《工资—价格冻结：行政司法研究》（*The Wage-Price Freeze: A Study in Administrative Justice*），耶鲁大学社会学系博士论文，1974）。

Ⅷ

在讨论道德创造性的能力之前，我们必须澄清一点。年轻的巡警比我遇到的任何年轻的专业人士都要更经常地受到道德问题的困扰，而且他遇到的道德问题也更加严重。一系列不可避免的困惑不断地冲击着警察的决断能力，使他们到了筋疲力尽的地步。

让我随机列举在拉科尼亚普普通通的一周内会困扰巡警的十几起道德冲突。（读者应该始终记住，拉科尼亚警察局是美国大城市中少数几个几乎没有腐败、所受的政治影响微不足道的警察局之一；如果警察局内存在明显的腐败或政治影响，道德问题的发生率和严重性就会以惊人的方式加剧。）

1. 一群退休的黑人男子在后院高高兴兴地玩轮流掷双骰子的游戏。法律规定“不允许赌博”，而警察局就连当地教堂进行的宾果游戏都给禁止了，警察局长对此倍感自豪。掷骰子游戏是赌博还是娱乐？巡警能否用足够的外交手段驱散这一游戏，使他能够在自己内心中调和这样一个事实：乡村俱乐部里的男性（乃至于警察同僚）赌博是为了好玩？确保法律不可侵犯的原则是否值得让这些一辈子奉公守法的老人心生不满？

2. 六名少年组建了一个爵士乐队，每周在他们管理人员的房子里排练， 209
那所房子在山上，距离最近的公交车站有一英里。警察局的规章禁止使用警车运送任何公民，除非他是囚犯或者受了重伤。如果巡警用车接送这些孩子之时发生车祸，那么他与这些青少年的友谊（以及通过认识他们可以获得的信息）的价值能否超过巡警因此而遇到的保险方面的麻烦以及其他风险？他的做法是服务还是给人好处？如果他被人发现（用车接送这些孩子），他能否“挺过领导的怒火”并给自己找到正当理由？

3. 一个 17 岁女孩的母亲发现女儿交往多年的 20 岁男友和她女儿上床，于是希望以涉嫌法定强奸罪（statutory rape）[①] 为由让警察把她女儿的男朋友给抓起来。相关法规规定，只要原告愿意签署刑事指控书，警察就必须逮捕被指控的公民。巡警能否说服这位母亲，提出刑事指控并非明智之举？这

① 法定强奸罪（statutory rape），美国 16 岁以下的未成年人称为儿童，与 16 岁以下儿童发生性关系的，被视为法定强奸罪。——译者注

是犯罪还是挟私控告？是否值得为了维护和保护年轻女性的公共政策，就给这名年轻男性造成无法弥补的伤害？①

4. 一个有钱而又粗鲁的中年妇女因为超速20英里被抓，然后对一位警察的搭档破口大骂，而这位搭档是负责逮捕事务的警察。负责逮捕她的警察因为给三岁的儿子做癌症手术的医药费而陷入财务困境，心境郁闷，后来终于忍耐不住发了脾气，他说："女士，我不管你怎么想，去你妈的吧。"然后那位妇女提出投诉，那位负责逮捕的警察的搭档被传唤到内务处作证。在这种情况下，那位搭档是应该将同事的行为描述为不幸爆出粗口还是应该将其描述为格外的克制；如果是后者，是否应该用拐弯抹角的方式说出"真相"，以便适用警察局规章的精神而不是其字面规定？警察搭档能否运用足够的技巧说出"真相"，来传达完整的真相？为了保护一个连短期停职所造成的损失都承担不起的同事而撒谎，是否值得因此危及他自己的工作和家人对他的依赖？

5. 晋升警司的考试快到了，一位警察不太擅长读书，明白自己需要利用未来半年内的所有空闲时间来学习才能通过考试，而这就意味着他必须放弃在一个面向低收入群体的安居小区的少年俱乐部里的工作。是否值得为了他个人的长期晋升计划而短期逃避他对众多弱势群体少年承担的责任？

6. 一次车祸后，生命垂危的妻子向一位警察询问自己丈夫的情况，而
210 她丈夫已经在事故中丧生了。如果告诉她，她的丈夫还活着，而且状况不错，那么这是不诚实还是心理治疗？那位警察有没有足够的技巧，能够先告诉她一个可信的谎言，之后再让她相信他的诚实？为了保住她的生命而撒谎，这是否值得？

7. 一位市民投诉孩子们在街上玩棒球。最近的公园有一英里远。缓解一个成人一时的恼怒——包括对那些孩子的安全的担忧——值不值得毁掉十几个男孩儿娱乐玩耍的机会？警察是否有足够的口才，既能够说服"男子汉们"不要在街上打棒球，同时仍然保住跟他们的友好关系以及他们对美

① 美国的法律对强奸罪审判非常严格，入狱之后，美国的牢房对强奸犯也很严酷。监狱里其他同性罪犯，还经常对强奸犯实施暴力，包括性暴力，看守也不怎么管。尤其是强奸幼女的罪犯，在监狱里会吃大亏。强奸犯出狱后，无论搬到美国任何一个地方，都先要到当地警察局注册备案，他的照片、居住地址、体貌特征，都要公布于众。——译者注

好生活的热爱？用公帑兴建的道路，是专门为了有汽车的成年人的便利，还是有时候给不开车的人士使用也并无不妥？

8. 有位市民投诉一名少年总是在一个入室盗窃高发的社区里按别人家的门铃。警察知道那个男孩之前曾因涉嫌入室盗窃被捕过，但是现在并没有合理依据逮捕他。为了给予这名孩子正当程序保护，是否值得因此任凭入室盗窃发生，并导致诚实守法的公民心灰意冷？如果警察把那名少年好生吓唬或警告一番，那么这样做是骚扰还是正当的警务预防工作？警察是否具备相应技能，能够凭借口才软硬兼施劝服那名少年，从而不必自欺欺人地错误逮捕他？

9. 警察抓住了一个年龄很小的少年，这名少年没有前科，身上带了两支大麻烟。如果警察扔掉大麻，让那个孩子走人，那么他遇到下一个类似情况的人是否也应该如法炮制？他是否有这样的技能：既放那个少年一马，同时又让他心悦诚服地认为，犯了法就别想逃脱责任？那个孩子这样做是犯罪，是在胡闹，还是因为他年少无知，想要检验自己的男子气概？

10. 一位在市中心商业区上夜班的看门人，他年龄已经很大了，曾经遭遇过几起暴力抢劫。他在值班时看到一名年轻男子向他走来，帽檐压得低低地，遮住了眼睛，外套的衣领竖得高高的，挡住了他的脸，双手插在口袋里。老人让那个年轻人站住，但是他置若罔闻。看门人于是拿出一把小左轮手枪——一件没有执照且隐藏起来的武器——朝街上开了两枪示警。那名年轻人有抢劫案的前科，口袋空空，他转身逃跑，并向警方投诉，说应该把那位老人抓起来。警察在撰写案情报告的时候，是否应该把那位年轻人写成投诉人，把那位老人写成携带隐匿武器的嫌疑人（所有犯罪构成要素均满足）？或者应该把看门人写成投诉人，而把那个年轻人写成抢劫未遂嫌疑人（但是缺少重要构成要素：胁迫）？如果因为未逮捕老人引起调查，警察能 211
不能承受得了上级的怒火？在何种程度上，枪支管控方面的公共利益可以使个人的自卫行为成为应受处罚的行为？

11. 有个少年被发现携带了 40 支大麻烟，他同意如果警察肯放他一马，他就交待卖给他大麻的人。然而，因为他是未成年人，调查处事后告知逮捕那个少年的警察，这个少年的证词在法庭上不能成立，因此也就没有根据他的证词抓人。即便这个少年没有提供任何有用的信息，警察是否应该“放他一马”（即不加审问就释放）？在两种可能性里，是让那个孩子懂得警察言而有信更重要，还是让他知道自己可以违法而不承担责任更重要？

12. 一名巡警拦住一名非法左转的司机，发现司机是高等法院的法官。法官在道德上是否有别于其他公民？该警察是否具备技能，可以给这个法官开罚单（或者不这样做），然后向自己的上司和自己证明这样做有正当理由？如果警察局要求该警察在运用逮捕权的时候酌情处理，那么他是应该考虑到该公民是一位知名人士，还是应该考虑最近该公民在该市报章上受到很多无凭无据和有失公平的政治攻击，说他在判决罪犯方面过于宽大？①

这十几个例子还只是说明了普通警察遇到的道德困境。我们可以轻松地再举出十几个例子来，而且有些例子可能远比现有这些例子影响重大和令人不安。但是现有这些例子已经足以说明五点。

第一，警察遇到此类事件的可能性比普通公民高得多。法律或道德不要求普通人照看其他公民。见义勇为者（遇到此类事件）有转身离开的自由，而警察却有义务在现场，因为他拥有权力。当他听到公民呼救，就必须做出回应。当然，他或许需要评估公民的求助是否正当，但是他必须首先到场才能进行评估，而且还必须在公众面前进行评估。此外，法律规定他必须关心他人的事务，在某些情况下还必须不顾他人之间的私人和自愿的安排，并将更多的考虑适用于个人主义的人的一般公共福利。根据法律要求，他要使用
212 强力手段，这不仅仅是为了战胜对方的强力手段，而且是为了实现他并非总是赞同的公共目的。干他这一行就必须大胆——用警察的行话来说就是得“咄咄逼人”。正如拉科尼亚警察中的哲人所说的那样，“你得放得开，脸皮厚，而不是像有些人那样夹起尾巴，溜之大吉。”但是他们作为负责任警察的自尊心有可能被摧毁的风险。诚然，有些警察的确对一些公民的问题置若罔闻，但他们这样做要冒着损害自己作为负责任的员工的自尊的风险。

第二，这些问题并不是学术问题，它们的解决方案也几乎没有普适性。每个道德问题都有两个或两个以上的方面，而且通常每一方面都有表示拥护的公民。不无道理的是，那位失去贞操的 17 岁少女的母亲，那位警察搭档的妻子——她正在照顾身患癌症的孩子，眼睁睁看着那个少年鬼鬼祟祟地偷

---

① 这十二个例子的格式与斯蒂芬·贝利（Stephen K. Bailey）的一篇了不起的论文《伦理与政治》（*Ethics and the Policitican*，1960 年）的写作方式相似，摘自卡尔·兰姆（Karl A. Lamb）主编：《民主、自由主义和革命》（*Democracy*，*Liberalism and Revolution*），加利福尼亚帕洛·阿尔托（Palo Alto）弗瑞尔暨联合出版社（Freel & Associates），1971 年出版。

按别人家门铃的邻居，目睹法官违反交规却不受处罚，而自己却因为同一违规被开了罚单的驾驶员，都会觉得他们被出卖了。在他们看来，警察不够正派、欠缺自尊和缺少人性，如果他具备这些品质的话，他就不会这样做了。道德问题很难说清孰是孰非，但是被判无理的一方所遭受的影响却不会因为是非难辨而有任何减轻。警察的决定利害攸关，不利的决定必然会造成相当大的伤害。因此，为了解决这些棘手的问题，警察就只能料到会遭到被判定无理一方的报复，因而他不得不准备好自卫手段——这使事情变得愈加复杂。

第三，警察的道德困境往往涉及“仓促决定”（snap decisions）。那位违反交规的法官、那位怒气冲冲的母亲、那位因为遭到枪击而愤愤不平的年轻人——他们都想立刻要个说法，警察从来没有足够的时间将这些影响深远又不可撤销的选择思虑周全。除非警察之前就“预料到问题”（anticipated a problem），认真在脑海中思考过，否则没有时间去充分思考。时间不足给理性造成了令人不安的限制。①

第四，警察总是要独自处理自己的道德问题。除了“事后诸葛亮”的讨论，他很少有机会在现场与同事仔细讨论抉择、分担责任。他独自承受着负罪感：“当警察真是一份孤独的工作，你真的只能靠自己。我把警察这种 213
工作称为单打独斗的工作……有一种孤独的感觉……这一切都只是脑子里的想法，但是却是真实存在的。”

第五，一个好警察可以用来衡量自己解决方案的标准太多了，比正派公民用来评价自己行为的标准更为矛盾重重。导致复杂性增加的主要原因当然是警察是达成强制性法律秩序的手段。警察在实施威胁手段并抗衡他人的威胁手段的过程中，总是遇到强制力的悖论。因此，他总是忍不住想要简化自己的道德选择，变得专注于自我防御、冷漠、无情、非理性，并把个人生活与警察生活分离开来。如果他不这样做，他在面对这种日益增加的道德复杂

① 典型的警察会以这种方式哀叹时间不够：“不幸的是，你必须在瞬间做出决定，不管是对是错。你必须在两三秒内做出的决定，最高法院可能需要花上两年时间才能决定。”皮尔当时二十八岁，在拉科尼亚警察局已经有了将近五年的工作经验，可以说已经是老手了。他会把有用的智慧传授给他的年轻同事。当有疑问时，他会建议你问问自己：我的行为会起到维持和平安宁的作用吗，特别是从长远来看？这样的选择会让拉科尼亚在 20 年后成为一个什么样的城市？考虑到某个选项的种种影响，如果选择了这个选项，拉科尼亚警察局会发展成什么样子？这样一条发展型的经验法则（developmental rule of thumb）虽然很抽象，却有助于减轻意外和紧急情况的不利影响。

性时，几乎在做出每一个关键的决定时候都会感到“负罪感”。他每次行使自己的权力，无论是否正当，也无论是否可以为自己所接受，都是不确定的。

IX

我们已经讨论了道德态度随时间推移而发生的转变。但事实上，警察的道德态度在形成后往往是固定不变的。警察的道德态度之所以稳定，有两个原因。道德态度是相互依存的，也是负责任的：之所以说它们相互依存，是因为道德态度之间存在系统的联系；之所以说它们负责任，是因为它们是历史上相互联系的道德行动的基础。道德态度是垂直地固定在一个基于比例的系统中的，并且是水平地固定于一个基于平等的时间序列中的。

就如同查康和贾斯蒂斯那样，道德态度会发生变化，但是变化的影响很广，原因是道德态度之间存在如此复杂的相互关联。道德的改变可以而且经常会产生观察力敏锐的警察所说的“堕落”。另外，它可以而且有时确实会带来增长——士气的振奋、责任心的增强和快乐的增加。但由于道德的责任性和相互依存性，道德变革总是复杂的。

我们将把责任问题推迟到下一节讨论。在此，我们要审视道德态度和相称性（proportionality）概念之间的系统性的相互依存（systematic interdependence）问题。

只要一位警察的道德体系的组成要素根据重要性排列得当，他的道德体系就具有系统性。可以说，道德体系中既存在百元法则（hundred-dollar rules），比如当同僚的生命受到威胁时，必须出手救人这一训谕，也有五美分法则（five-cent rules），比如禁止在街道清洁工要清扫的区域内停车过夜的规则。每条规则的道德价值都与对警察对因果的理解联系在一起。可以
214 说，道德价值是通过对行动成本和收益进行复杂的计算后推导出来的。诚然，道德体系可以通过各种折扣和奖金进行临时调整，也即我们之前所说过的“考虑到特殊情况”（taking into account the exceptional case）。[①]

① 毫无疑问，《刑法》对不同活动所规定的法定权重，会对警察如何计算不同规则的价值产生一定的影响。但是，对于执行中的优先事项问题，刑法的规定不够精妙，也未能做出充分的反应，因而无法帮助处理复杂的道德冲突案件。

尽管事实上由于道德体系非常复杂，最终导致这种过于简单化的（把道德体系比喻为）价格体系的隐喻变得一团糟，但是警察自己却往往会刻意使用与金钱有关的词汇来表达其道德态度中所隐含的系统性优先事项。“我对各种事情都赋予了价值”（I attach values to things），警察中的最雄辩者如是说。如果说警察的工作是把邪恶者关起来，解救被压迫的人，那么不是每次抓人入狱都具有同样的价值，也并不是每一次解救都具有同等的价值。

这种价值等级体系对警察来而言非常重要，因为警察要根据这种价值等级体系来分配自己的时间和责任——用贾斯蒂斯警官的话来说就是“我如何发挥自己的能力”。它为优先事项提供了理由。它使警察精力的分配和积聚变得合理化。警察的责任众多，如果他没能尽到全部责任，他就有可能深感挫败；但是如果他履行了最基本、最有价值的责任，那么这种潜在的挫折感也就消除了。因此，这一优先次序体系是抵御令人感到痛不欲生的缺陷感的一个重要屏障。

警察的优先次序体系使他能够承认自己的能力是有限度的，并坦然接受有限的目标，例如，这允许他在一个高犯罪率的城市里也能自豪地当一名警察。均衡性或相称性（Proportionality）——参照要完成的任务的重要性，对自己的生活进行预算——在警察的道德思考中无处不在。相称性还产生了道德态度之间的相互依存关系，这种依存关系对于长期固化道德态度而言是一个至关重要的因素。

相称性理念是专业型警官贾斯蒂斯思想中一个鲜明的特点。以他对警察行使自由裁量权的看法为例：

> 我亲眼见过不少严重的斗殴事件，遇到这种情况，我可以将他送进监狱，但是让他坐牢带来的害处其实更大。当我看到有人违法时会想：我是应该给他个警告然后放他一马，还是让他去坐牢？毕竟按照我从警宣誓，而且为了捍卫法律，维持治安，我在道义上讲确实也该让他去坐牢。或许是因为我知道有人犯了严重得多的罪行却逍遥法外。一方面有人从事有组织犯罪却平安无事，另一方面这个倒霉蛋却因为街头斗殴给抓了起来。有人闯了红灯，我本来可以把他给扣下来，可是我不会这么做。我给自己找的理由是，我认识到表面之下隐藏着太多内幕。我感觉这个人不过是个小人物，把他抓起来与他所做的事情以及他的生活因为

坐牢所受到的影响根本就不相称。

那个人是个“小人物”，因为他没有伤害任何人，而且他违反交通法规也让他得不到什么好处。更重要的是那些“大鱼”，那些严重伤害他人，藐
215 视法律却大发横财的人。追捕、逮捕、起诉和惩罚这些人的价值是贾斯蒂斯警官思想中的参照点，而对这些人之外的人，追捕、逮捕、起诉和惩罚则应当跟他们是大人物还是小人物相称才行。例如，如果对大奸大恶之人的惩罚缩水，那么贾斯蒂斯警官的道德体系也会系统地降低抓捕和惩罚那些“可怜的小虾米”的重要性。①

对于这一由道德领域相互依存的优先事项——在重大责任基础上构建的各种小义务——组成的体系，一旦某些基本态度发生变化，这一体系就有崩溃的危险。如果改变该体系中某项重大要求的价值，就会引发无穷无尽的反响，因为这一重大要求已经细微隐约而且不知不觉地成了决定许多其他道德规则的价值基础。

例如，诚实是多数警察道德体系中一项牢固树立的基本原则，除了最严重的紧急情况之外，他们的一切行动都要服从诚实原则：例如在车祸中丈夫死亡、妻子重伤，警察可能会为了保住那位妻子的生命而撒谎，但是不会为了在调查工作中偷懒而撒谎。然而，假如他要大幅度改变他对真实性原则的态度（就像查康警官那样），把诚实原则缩小到几乎不值一提的程度，那么对于那些优先程度与真实性原则的重要性是成比例的其他道德责任而言，其价值也就相应减少了。如果诚实性原则崩溃了，那么勇猛、果敢、合作、同事间分享信息和与社区融洽相处等原则——这些原则都按照相称性概念与诚实联系在一起——也会随之缩水。这种道德价值崩溃可能只是暂时的；警察

① 约翰·加德纳（John Gardiner）：在他所著的有关马萨诸塞州交通管理的一部书中指出，警察不愿意开交通罚单。他的结论是，进行劳动分工——建立一个交通部门——是克服警察不情愿开罚单的唯一途径。我想他是对的。如果指派警察专职从事交通管理工作，他对各个工种价值的系统性比较就因此被截断了，失去了源头。专职交通警察是将一种交通违法行为与另一种交通违法行为进行比较；另外，从事巡警工作的警察则是将一种罪行与另一种罪行进行比较。因此，巡警的比较体系相对较大；而从巡警的系统的视角来看，交通违章属于程度最轻微的一种犯罪。因此，巡警（与专职交通警察不同）会对开交通违章罚单感到苦恼。正如贾斯蒂斯警官所指出的那样，“当那些开枪打死警察的混蛋被判了缓刑，你就会觉得为难那些不过是交通违章的人并因此提高他们的车险费率是不对的。我很想问问，这公平吗？”

可能会动手搜集“破碎的”残片并重建一个新的系统。这也可能是一个更为持久的崩溃。但是无论是暂时的还是持久的，这种崩溃的后果都是真切的。在贾斯蒂斯警官看来，查康警官把他负责的拉丁族裔辖区管理得比所有其他拉丁族裔辖区都要出色，而且查康对自己造福辖区的独特方式感到“真正的自豪”；可是查康警官在复职后，失去了个人责任感。查康警官的道德品格发生了崩溃，部分原因是源自他对局长的愤恨之情。但是他自己的话却暴露了他的价值观体系发生了一个更为根本的变化： 216

> 局长想要找我的麻烦，想要让我为那件事承担责任，他们想安排我干看管囚车之类的烂活儿。然后在我上班时，队长走到我跟前，主动提出要让我重新回我的老辖区工作。那时我正一肚子气；我原以为我一复职他们就会把我的辖区还给我……但他们没有；他们先是让我到监狱上班，然后把我分配到后备警力组，然后是管囚车；他们还取消了我在一周比较好的时候休假，安排我星期二和星期三值班。好吧，如果队长觉得我不应该在囚车小组，那为什么当初派遣我到囚车小组上班的时候他没有反对？呵呵，我就告诉他，“不用，我就想留在囚车组。”他不理解。他觉得这是一种惩罚，但是那时候我有点憋屈，我才不会让他们觉得自己因达到目的而自鸣得意呢。到那个时候，我已经发现在囚车小组上班是一份多么轻松的活儿。比方说，今儿晚上我就带了几本书来读，而且跟你说实话，我还准备趁机小睡一会儿。

就在此前一年，查康还表示过他是多么厌烦那些“懒惰的”警察。现在，他却对拿到一份“轻松的活儿”沾沾自喜。当他宽恕了自己违反诚实这一主要义务的行径之后，就发现因为不太严重的违规行为，如“趁机小睡一会儿”惩罚自己是小题大做的了。①

---

① 人类学家亚历山大·莱顿（Alexander Leighton）在论述二战期间关押在美国某个拘留中心的第一代日裔美国人和第二代日裔美国人中所发生的全盘道德崩溃之时，他用了一个极其富有表现力的隐喻，一语中的地描述了道德相互依赖的现象：“信仰体系就像森林地表之下厚厚的一层树根，如果它被砍掉，可能会导致某个遥远的灌木丛或整棵树枯萎。”莱顿《论对人类的治理》（*The Governing of Men*）（新泽西州普林斯顿：普林斯顿大学出版社，1945），第 291 页。

相形之下，贾斯蒂斯警官并没有从根本上改变自己的道德体系。他仍然坚守着诚实的价值，但是为它规定了一个例外情形。面对着非理性，他给诚实的价值“打了折扣”，不过通过依据实际情况进行这一暂时调整，贾斯蒂斯警官在他的道德体系中保住了诚实这一原则。通过给这一原则附加条件，使之变得明晰化，贾斯蒂斯警官使这一原则的分量没有遭到贬损。

在这一过程中，有些警察为原本属于僵硬死板的普世主义道德的绝对规则增加了语境条件（contextual conditions），这是极其重要的。当我重读对这些警察的采访记录时，我对于这一点颇感惊讶：一些警察频繁使用“如果”（或根据上下文，与之相当的“当……时”）一词作为限定语，而在其他一些采访中却没有使用这些连词。黑格警官在讲话时一次又一次涉及对具体环境的限定。在典型情况下，他会说：“当你在别人家里跟他打交道时，当你头痛医头脚痛医脚，为了解决问题就把对方给抓起来时，你第二天还得回来，因为你一开始的做法就欠妥。”这一做了谨慎限定的规则——在对方挑
217 衅的情况下灵活行事和不愿逮捕对方——是明确限于涉及民事问题的私人场景下的家庭纠纷。这与培根警官绝不妥协的标准形成了鲜明对比，“我立了一个规矩：不让步，永远也不让步”。培根警官这一按照绝对主义原则构建的规则，意味着这一规则承受不了多少压力。如果遇到特殊情况需要违反这一规则，那么这一规则就会在一段时间后土崩瓦解，与之相互依存的价值观也会随之崩溃。①

这种处理特殊情形的道德技巧，使我想起了司法程序。在一条规则与另一条规则发生冲突时，法官不会去废除该规则，而会倾向于阐明在何种情形下，第一条规则必须让位于另一条规则。让我来说明一下两者的相似之处。在著名的水门事件录音带一案（Watergate tapes case）中，即美国

① 另一个使用“如果”和“当……时”来限定道德规则的影响的例子，见于皮尔警官对他认识的一个堪称典范的警察的描述：“我记得有一次我跟他在一起的时候，看到两个女人在打架。我当时刚当警察不久，正当我准备冲上去把她俩隔开的时候，他一把拉住了我。我以为作为警察，我们的工作就是维持治安。可他却说：‘让她们打吧’。后来，当那两个女人筋疲力尽的时候，他走了过去，把她们拉开了。然后她们俩立刻就不打了，开始说起话来。他教给我一件事，那就是在行动之前先退后一步评估形势。他并不总是这样做，但当打架的双方势均力敌，而且很明显不会有人受到严重的伤害时，他就会任凭他们去打……他觉得人们需要宣泄他们的敌意。”

诉美国总统尼克松（United States v. Nixon，President of the United States）案，[①] 美国联邦最高法院认为，在当时还在进行之中的水门事件刑事起诉阴谋之中，行政特权原则（principle of executive privilege）应让位于刑事正当程序的必要性。然而，行政特权原则却并没有被取消。相反，法院明确界定了例外的情形，从而大大加强了行政特权原则的可接受性。与之相类似，贾斯蒂斯警官有能力明确地阐明，在限定情形下，诚实原则必须让位于一个更为迫切的需要，这使他得以维系自己对诚实原则的遵守。只有“足智多谋、精力充沛、想象力丰富、综合能力强”才能为一个可能会动摇根本的道德冲突制定出一个明确的解决方案。[②] 他的努力奏效了，成功地维护了他的道德准则，并使他的道德体系及其复杂的相称性层级完整无缺。

X

责任（responsibility）是警察道德体系的两大特征中的第二个。警察的道德态度（moral attitudes）是经由他的阅历而形成的。他的道德态度为那些不可逆转的行为赋予了道德价值。道德方面发生任何改变，对他的阅历的解
释就会随之改变。改变会导致道德上的资产变成负债，反之亦然。道德态度 218
决定了一个人的过去是清白的还是可耻的。从这个意义上来说，我们认为道德态度是负责任的。

警察在工作时可能会伤及他人，认清这一事实对警察极为重要。警察监禁公民，对他们处以罚款，对他们进行人身伤害，否认他们的主张，羞辱他们、指控他们、威胁他们，甚至（以一种相对间接的方式）花掉他们的钱（例如更换遭到公民损坏的警用设备）。如果一名警察拥有全面的能力并且受过良好的训练，他就能够合法合规地造成这些伤害。不过，只要他积极作为，他就不可避免地要犯一些错误。他容易受蒙骗；他驾驶不当，造成事故；他恼怒起来；他错判了对方的意图；当其他警察需要他时，他却“不

① 418 U. S. 683（1974）. 美利坚合众国诉美国总统尼克松（United States v. Nixon，President of the United States）案［418《美国最高法院判例汇编》第683卷（1974年）］。

② 巴纳德（Barnard）：《功能》（*Functions*），p. 272。

知去向”；他失去了勇气；他使用了不当的武力；他实施了不良的逮捕。他每年都要面临千百次挑战，他注定也会偶尔犯错。

但是，无论他施加于人的伤害是正当的还是错误的，警察都得面对自己。他会在事后重新审视自己的行为，在这样的自省中，他可能会认定自己错了。或者，自己给自己当“事后诸葛亮”，他可能会判定自己是正确的，以此来打消自己的焦虑。无论自省的结论是什么——是自我定罪还是自我宣告无罪——其结果都是他制定了一个关于正确行为的原则，一项借以表明自己行为价值的戒律。根据这一戒律，他要么给自己的行为披上无辜的外衣，要么给自己的行为戴上自责的枷锁。如此一来，这条戒律就成了他道德理念的一部分。①

以好斗的基普警官（Officer Kip）为例。他在一次高速追逐嫌疑人时撞坏了一辆警车。那次他追逐的是几个十几岁的少年，当时他们开了一辆看上去并不属于他们的车。

> 当时我们正开车走在克尔切瓦尔（Kercheval）的路上，然后看到一辆1969年型福特牌“野马”（1969 Mustang）汽车，里面坐满了半大的熊孩子。值得注意的是，那辆车没有挂前车牌。于是我们就调转车头，这时那个开车的发现了我。我们追了他们将近十分钟。到林荫大道和榆树街交叉口的时候，我们眼看就要追上他们了。这时候，他在那个路口不顾红灯闯了过去。这时候过来了一个小老太太。我没有办法，只好朝街边房子撞去，把警车撞了个稀烂。后来我就被叫去挨训：“难道你非闯红灯不可吗？你们就不能想点别的办法，这样不就不用开车去追了吗？”我说：“你看，你们要是不想让我们去追，那就下个命令呗。刑法可是给了我们使用必要武力的权力。”我的所作所为是完全有道理的。

① 道格·黑格警官（Officer Doug Haig）对接受自己良心的审判做了这样的描述：“我觉得吧，每个警察都倾向于——如果出了岔子——责怪自己。这是自然而然的反应。当我坐在家里时，会思考我原本应当怎么做。这样想想也挺好的；如果我找到了一个好的解决办法，很好。但如果我找不到那样的解决办法，那就接受这样一个事实：你已经尽了最大努力。”

基普警官不仅要受到警察局里安全事务警官的训斥，而且在内心也要受到自己良心的斥责。基普警官判定，自己遵守了一条根据当时情况量身定制 219
的戒律，即采用一切没有被“命令”明确禁止的手段逮捕每一个可能的违规者。他构建的这个理由并没有关于合理性的限定，也没有提到罪行的严重程度与手段的严厉程度之间的比例性。他拟定了这么个戒律，然后就躲进这条戒律里面，拿它当挡箭牌。然而，尽管在上述例子中，这条戒律确实可以自圆其说，但是这条戒律实际上却很难遵守。它的含义是，不应让任何不法行为者留在街头滋事，如果有任何不被禁止的手段可以供他用来对付这些人，他就有积极的义务动用“必要的”手段。这条让他自己“完全有道理的”戒律给他未来不管不顾、任性妄为提供了口实。

这种奇怪的结果——先前行为得出的戒律成为支配后来行为的先例——可以被定性为“遵循先例”（stare decisis）的行为模式。遵循先例是一种法律学说，要求类似的案件得到类似的处理。基普警官坚持平等对待辖区民众。类似的事件应该得到类似的对待。据我所知，每个思想深邃的警察在这方面都和基普非常相似。他们中每个人都会把自己在下一个案件中的行为与自己在前一个案件中的行为进行对比，并要求两者保持一致。如果没来由地出现了前后不一致的情况，他们会大感烦恼。

大多数警察制定的道德戒律比基普警官的更加精妙——这些原则可以进行细微的区分。不过，所有的警察都会像基普警官那样进行历史和横向的比较（你有时会想，如果我这样对待这个人，我是否也得同样对待另外一个人?）。在这方面，他们非常关注平等，不偏不倚地适用法律，并对不平等的保护感到深恶痛绝。

这种对前后不一致的厌恶感源自哪里呢？毫无疑问，有些要求保持一致的压力来自外部。警察的同僚希望他的同事的行为始终如一。他们已经认定他是一个按照某种模式行事的人，而且他们已经开始依赖这种一致性了。只要他的行为偏离了他们的预期，他们就会感到非常好奇，想要问个究竟。

但是，不应低估要求保持一致的内部压力。假设基普警官开始以一种新的方式行事，不再遇到哪个十几岁的熊孩子擅自开别人的车兜风就冒冒失失地开车紧追不舍（实际情况是，等车子没油之后，这些熊孩子擅自开走的汽车迟早会被找到，通常也不会遭到损坏）。这时，基普警官就必须给这种新方式量身定制一条新的戒律，给自己（以及其他人）一个理由，为什么他变得温和起来，居然让可疑的人物溜掉。（为了给自己的新行为找个依据，他可能会说："我们的工作是维持治安，不能为了制止轻微犯罪就把整个社区闹得鸡犬不宁。"）从这新的戒律的角度来看，早先基普警官的那场车祸看起来非常糟糕。造成车祸的这一事实固然无法改变，但是其意味却发生了变化：曾经是值得称赞的勇敢和敬业的行为，却变成了愚不可及或者恶意满满的冒失之举。基普警官自认为无辜的幻觉会被击得粉碎。此前他还以为他的行为完全正当，可这样一来，他却不得不被"如影随形一般"的负罪感或者至少是不安的感觉所纠缠。事后的谴责是令人深感压抑的，至少在这种谴责给一个人职业生涯中相当大或者关键的一部分贴上耻辱的标记的情况下更是如此。用贾斯蒂斯警官轻描淡写的话来说，这让人"有些难受"。①

这些警察中，有些人对于采用非常规的措辞撰写他们的第一部道德立法感到极度犹豫。特别是在那些涉及使用恐惧、肢体武力、麻木不仁、撒谎和偏袒的可疑领域，他们会严格限制自己，只允许自己使用自己所能做到的最为文明的手段，即便他们的克制会适得其反。仿佛他们担心，如果自己采用了不高尚的手段，他们就会被迫一再使用这些手段：他们将被迫遵守自己与魔鬼的约定。在这些人当中有一种焦虑感，那就是如果迈出第一步，他们就无法回头，无法回到过去那些文明的限制。例如，英格索尔警官对于"小事儿"连"变得严厉起来"都不愿意。只有在公民对他撒谎这样的特殊情形下，他才准许自己做出威胁的举动。②

哲学家康德（Kant）敦促人们要"采取行动，使你的意志的原则可以在同一时间作为一项普遍立法的原则。"③ 拉科尼亚的警察实际上是根据康德绝对命令（categorical imperative）伦理学原则的一个狭隘的个人变体原则来行动的："行动的方式要符合你先前行动的准则"。正如一位专业型警察所指出的那样，"有很多关于警察工作的哲学"，但是任何个人的哲学都是

---

① 参见约瑟夫·瓦姆博（Joseph Wambaugh），《洋葱田》（*The Onion Field*）（纽约：德拉科特出版社，1973）。

② 回想一下在本书第七章中，海格（Haig）警官愿意在人群中进行斡旋调停，即使是在自己的身体面临极度危险的情况下也是如此。

③ 伊曼纽尔·康德（Immanuel Kant）：《康德哲学》（*The Philosophy of Kant*），卡尔·J. 弗里德里希（Carl J. Friedrich）编辑与翻译（纽约：现代图书馆，1949），第222页。

极其可靠的，而且随着系统和历史的支柱变得日益稳定和不可撼动，他的哲学也变得越来越稳定。[①]

Ⅺ

当然，如果读者不加限定地对前面的讨论全盘接受，那么他或许认为准则是刚性的；然而实际上，这些准则却并非如此的刚性。一方面，个人的道德过程（moral process）会出现纰漏。道德过程是一个在个人内心进行的过程，警察——他们中有些人比其他人更严重——会歪曲或忘记某些重要的先例，或者干脆让某些选择归于模糊不清而且模棱两可。如果一位警察在做出 221
某个道德判断之后，没有跟他意见相左的人士对此提出异议，那么这位警察在回家之后通常也就把它“抛到脑后了”。

其次，有些警察冒着改变自己道德态度系统的危险，并想当然地认为这是在个人成长过程中从错误中学习经验。这些人更乐观地面对道德上的重新评价：虽然此前认为自己是无辜的错觉会因此被打破，但是学习和成长的感觉会抵消这一切。巴伯（Barber）在谈论自己担任议员的第一任期经历的著作中指出，“成长中的自我”这一概念给了一些立法议员更多的自由度来试验自己的道德观。[②] 与之相似，一些警察，特别是在从警早期，也抱有类似的成长意识。

最后，如前所述，这些警察中有些人极其敏锐细致，擅长划出界限，能够制定新的戒律，而且这些戒律与过去的经验并不矛盾，但是却对过去的先例原本的要求规定了重大的例外情形。可以说，没有任何案件遭到推翻，但是这一调和过去和现在行为的道德戒律却要求采取与此前不同的行动。

但是，在把所有这些限定条件陈述出来之后，我被警察对自己的过去和他自己的哲学体系的责任震撼了。如果一个观察者了解一个人表示自己要遵

---

① 当莫里斯·科恩（Morris Cohen）指出，否认其中任何一种假设时“都需要各种其他的假设，这些假设与我们无法改变的许多假设相冲突或不一致”时，他是在暗指道德态度（moral attitudes）的相互依存性和责任性。《逻辑学序言》（*A Preface to Logic*）（1944 年；纽约：默里迪恩出版社，1956），第 75 页。

② 詹姆斯·大卫·巴伯（James David Barber）：《立法者》（*The Lawmakers*）（纽黑文：耶鲁大学出版社，1965）。

守的道德准则，那么他就能预见到这个人在下一个类似的情形下会如何去做。一旦他的哲学中的各个要素因为责任和体系而固定下来，这些要素极少会发生变化，而且只要发生变化，必然会有道德崩溃的危险。

因此，一个人在青春期刚结束后的经历就变得至关重要。当一个人到了有自己的哲学理念的年龄，当涉及责任、内疚和对组织机构做出长期承诺的重大事件发生得越来越频繁，当结婚成家、为人父母和养活自己等事件结合起来使个人成熟时——这个时候，在对日后从警的人进行塑造的过程中，发生了一件意义深远的事情。至少这是那些思想深邃的警察们的观感。尽管这些警察都同意会存在例外情况，但是在大多数情况下，一个正处于这样一个时期的人在道德上还太容易发生变化，还当不了警察。只有在他的道德体系在一定程度上成型之后，他才应该离开非强制的、互惠的和文明的世界，成为一名真正的警官。

然后，他的道德体系中被植入了种种约束，这些约束因为他的重大阅历而稳固起来，帮助他抵御警察工作中内在的种种使他与魔鬼达成无限期交易的诱惑。一位曾在精神病院工作过几年的专业型警察罗尔夫（Rolfe）讲述了这么一个很有见地的故事：

> 我刚退伍的时候想从事警察工作……可是因为在服役的时候上过一次军事法庭，所以被拒绝了……不过我那时候才二十一二岁，还没做好
> 222 当警察的准备。很少有人在那个年龄就做好准备的，哪怕是已经服完兵役或者大学毕业。要了解人生，就得闯荡闯荡才行。在警察这个行当里，成熟非常重要。我觉得人从 21 岁起就会发生翻天覆地的变化……从 21 到 25 岁，你的观点会发生变化。当我跟局里其他人聊天的时候，我会问，你在那个年龄的时候对宗教和政治怎么看，现在又怎么看。他们的答案都是一样的。他们的人生观和目标发生了明显的变化。在 21 岁的时候，你还处在了解自我、寻找方向的人生阶段。我了解我自己，这是我从医院工作——特别是去年我为很多精神病患者所做的工作——里的收获。在医院里，我能够近距离接触到人性。我喜欢跟人打交道的工作。如果你的工作要求你学习与人打交道，那么这份工作就是进入警察工作之前一个很好的跳板，能让你准备得更好。我知道也有例外，什么时候都有例外。

在罗尔夫看来，重要的是，在成为警察之前必须具备一种“方向感”，他必须树立起体验“人性”的道德观念，而且他是通过“非警察”的工作中“与人打交道”接触到“人性”的。此后，这些早期行为守则——它们是在警察工作的压力之外形成的——会起到抵御无节制地使用胁迫手段的作用。

Ⅻ

有些警察像贾斯蒂斯警官那样，把自己的道德体系与我们之前所称的对正直的考虑相互结合起来。他们的行为准则使他们得以轻松地处理胁迫矛盾。一些人在自己的准则中规定了有限的例外情形，以便为运用威吓、污秽、愚昧无知、超然冷漠和专注自卫等手段留下空间。其他人把前述这些胁迫性的品德定性为一般品德。然而，在这两种情况下，这些警察都享有权力，理解权力，并在使用权力时内心几乎没有任何道德混乱。他们的道德准则是完整综合的。

在一个关于强制权的综合道德观（integrated morality）中，其中心概念是公共福祉。一位拥有综合道德观的人会看到每个涉人事件的“第二面”：个体行为对社会有机体的影响。在“公民自由”一词中，他强调了“公民”一词——在一个有秩序、有组织的社会中的自由。他认为文明是人类的尊严、成就和自由的母体。他通过个人之间的关系来看待个人。在这个意义上，他非常看重个人之间关系中权力平衡的重要性：个人之间的关系要想富有成效且兼顾公平，那么平等的协商权力就是不可或缺的。应该用文明来给那些弱者、易受伤害者和与世无争者、需要依赖他人者提供保障。这就是“警察使命”的实质。如果是以公共福祉的名义，如果是以向处于不利地位 223
的人提供补偿性帮助的名义，那么拥有综合道德观的人在行使威胁的时候就是积极的、快乐的、心安理得的。

不过，其他警察就不是那么擅长处理人们期待警察使用的手段与警察的文明顾忌——这些顾忌谴责威吓、凶暴以及对原则的冷漠，认为它们在道德上是毫无价值的——这两者之间明显冲突了。有些警察，比如第二章中的英格索尔警官，用那句话来说就是“摸不着头脑”。他们认为有些手段是不正当的，因而也就不乐意使用它们。他们道德准则发生了冲突。

存在冲突的权力道德观（morality of power）强调的不是通过强制权提供补偿性平等，而是个性与自由。抱有这种矛盾的道德观的人把注意力集中在个人身上，却几乎从不关注个人的背景。社会有机体、体制和公共福祉——这些都是次要的概念，它们没有得到内在化，没有得到协调，没有多少意义可言。因此，每当抱有矛盾的道德观的人行使强制权的时候，他就会注意到自己的行为对公民个人造成的痛苦影响。他看不出使用武力会带来任何能够抵消负面效果的益处，从而认为动用武力变得不正当；他也看不出来动用武力有任何有益的影响，可以补偿公民付出的牺牲。因此，他作为一名警察得到授权所做的事情中，哪些是对的，哪些是错的，这两者经常发生龃龉。在他的道德观中，剥夺自由是衡量道德价值的尺度。即便是监禁一个剥夺他人自由的公民也会让他感到烦恼。文明不是产生人类自由的母体，而是抑制自由的因素。保护社会有机体是一个遥远的乃至虚伪的想法。在行动中，抱有冲突的道德观的警察似乎不喜欢采取行动，他们犹豫不决，并且认为强制手段是不正当的。

XⅢ

我们早些时候说过，把警察态度中的智力和道德成分分开虽然是人为刻意进行的，但是对分析而言却是有用的。现在是时候把我们以前分开的东西合并起来了。

警察抱有的道德化的态度是对人的因果关系的种种理解，这些理解相互结合在一起，形成了一个由责任和系统性的相互依存构成的道德网络。巡警会把自己的观点放在一个由牺牲和一致性组成的道德固化剂中，并在其中发挥作用，证明自己过去不作为和伤害他人的行为是正当的。在此之后，他的观点就会抗拒想要改变它的企图。

因此，尽管就对彼此产生的影响而言，行动和理解在初始阶段可以互为镜鉴，但是，即便是警察可以自由地改变自己对人类状况的想法，不过由于他必须向自己证明过去的所作所为是正当的，这种需求迟早会对这一自由进行限制。他的过去历史中充满了关于他对胁迫悖论所做回应的记录。也就是
224 说，在他的警察生涯中，他在道德方面的重大行动，那些使他得以制定可接受行为的戒律的行动，通常是在他面对那些一无所有、满不在乎、残酷无情

或者失去理性的公民的情况下采取的。因此，他对人类状况的看法往往不成比例地受到那些在道德上有问题的努力的影响，这些努力是为了回应强制力的四个悖论。

在某些情况下，年轻的警察很可能会找到解决这些强制力悖论的办法，使他能够认同使用强制力是正当的。然而，如果他解决道德问题的方法要求他对人类状况中的悲剧视而不见，那么他就变成了一个强制实施者。在其他情况下，如果一个年轻警察在选择如何回应悖论时导致他与胁迫的道德观产生了冲突，那么他就会陷于内疚不能自拔，往往会逃避引起这种愧疚感的情形，并会形成一种观点来证明自己采取逃避行为是正确的。这种警察要么变成投桃报李的互惠型警察，要么变成逃避型警察。最后，一些年轻警官找到了可以正当合法地进行胁迫的方法，而不必否认他们对人类境况的统一性的“常识”。

在下一章中，我们将要审视三个因素：语言、学习和领导力。这三个因素似乎能帮助年轻警察找出应对强制力悖论的专业方法，从而避免被自己过去的事件折磨，没有成长，没有希望，而且没有救赎的可能性。

225 # 第12章　专业化职业精神的培养

因此，我得出结论，就令人恐惧还是受人爱戴而言，人们对于君主的爱戴取决于自己的自由意志，而对于君主的敬畏则取决于君主的意愿。因此，一位英明的君主处理任何事情都应当确保自己立足于自身实力的基础上，而不是立足于他人实力的基础之上

——尼科洛·马基亚维利（Nicaolo Machiavelli），《君主论》（*The Prince*），1513年

我常常好奇为什么这个行当对一些人来说那么有吸引力。是因为这身警服吗？可是我觉得大多数兄弟们的想法跟我一样——不喜欢这身警服。是因为权力吗？有什么权力可言？这份工作主要是靠胡说八道。你必须得是个胡说八道的行家才行。工作的时候得会忽悠才行。这就是你的权力。是因为这份工作有刺激或危险吗？我不知道，我喜欢帮助别人。我很乐意帮助别人……秘诀在于让警察自己感到街头工作足够有意思，让他们觉得这份工作足够宝贵……然后加入进来，从事这份工作。

——拉科尼亚警察局约翰·罗尔夫警官（Officer John Rolfe），1973年

I

我们前文刚刚阐释了对于强制力适当性的两种反应：完整综合的道德和矛盾的道德。

此外，在前文某一章中，我们确定了两种不同的理解，也就是我们所称的悲剧式的观点和犬儒式的观点。您一定还记得，悲剧的观点是同一性的。

它的前提是，所有的人性基本上是一样的。它承认文化和环境因素对人格的作用不尽相同。虽然个别人或许会有所偏离规范，也就是说，个人可能会变得非理性、无情、冷酷或偏执，但是悲剧式观点把这些离经叛道的例外情形分门别类，并用人类动机理论加以理解，该理论单一、无所不包，理性和抱负是其主要组成部分。这些例外被视为是环境反常的结果，所有人都容易 226
受到这种反常的影响。悲剧式的观点排除了绝对例外和群体区分，认为它们作为基本解释是毫无裨益的。它禁止把世界分成“我们的”和“他们的”。它为移情作用（empathy）提供了基础。它认为软弱和力量是密不可分的。它发现邪恶和善良同出一源，并且它尊重个人生活的问题和复杂性。简而言之，悲剧式观点宣告了个人之间在事实上是平等的：所有的人都兼有好与坏的方面，没有人能免于诱惑、冲突、渴望，最重要的是，免于遭受人类苦难的折磨。

犬儒式观点是二元的。它预先假定最好把人性看作是交战阵营的集合。这些彼此对立的群体可以用多种方式定义：受害者和加害者、愚者和智者、弱者和强者、文明人和野蛮人、普通人和超人、朋友和敌人、生人和熟人，甚至年轻人和老一辈。要点在于，犬儒式观点设想交战阵营成员的特定本质是存在根本差异的。跨越鸿沟，与敌人惺惺相惜是不可能的。与悲剧式观点相比较而言，犬儒式观点认为人性更简单，更明确，更不可改变。愤怒和专注于自我防卫，而不是同情和爱，才是应付局面的实用手段。犬儒主义否认“人人生而平等”（all men are created equal）这一前提。相反，每个人的动机、愿望、理性都各不相同：不平等是真实存在的。在行为表现中，犬儒式观点的标志是蔑视相当一部分人类。愤世嫉俗者的风格通常是贬抑的。

在第 4 章中，我在拉科尼亚警察局选出了 10 名警察，他们融悲剧式观点和综合道德观于一身。这些人被称为专业型警察，因为他们符合专业型的政治模式。他们与 6 个互惠型警察相区别（这些人的特点是结合了悲剧式观点与冲突的道德观），5 个执法者型警察（他们兼具了犬儒式观点和综合道德观），以及 7 个逃避型警察（他们抱有犬儒式观点和冲突的道德观）。读者们请回头看那一章的表 1。

现在我想来探讨三个看上去推动了那 10 位专业型警察成长的因素。为简略起见，我们把这三个因素分为语言、学习和领导能力。第一个因素表示享受谈话。第二个因素指一线警司教他所在分队警员如何工作的技能。第三个因素则指的是警察局长可以用来影响局里巡警的内心观念和激情的手段。我之所以挑选这三个因素，不是因为它们比其他实现专业化职业精神的原因更加“根本”，而是因为警察局能够控制这三个因素，可以影响它们的力度和方向。它们是警察组织的机会因素。

227
Ⅱ

警务工作需要口才。如果样本中这 28 名年轻警察能就他们的工作达成一点共识，那就是讲演天分在他们工作的每一个方面都是极端重要的。“警务工作的关键是与人交谈的能力，”他们会说。口才有多种用途——它是控制公众的关键。对权力的四个悖论做出的四个专业型反应，每一个都是基于口才的。“发展辖区”“赌上未来”“扮演法律守门人的角色”和“运用时间的恢复力”，这些与对权力悖论的其他反应得以区分的原因，就在于它们高度依赖精湛的语言能力。如果缺乏随时可用而且水平高超的谈话能力，单个警察就根本无法做出专业型反应，并接受其中固有的风险。

同样地，口才对于影响警察局内的其他同事也至关重要。此外，它还是道德自律的基础。

艾尔·坦尼森（Al Tennison）是巡警处出类拔萃的演说家，他所说的每句话都富有诗意、充满能量并直指人心，他的口才令人不得不注目。他出生在波士顿，爱尔兰裔，身材瘦而结实，是个性格坚毅的前海军陆战队员，是一个会计师事务所出纳的儿子（他会这样形容自己的父亲，“他常常同时既系皮带又用背带：什么样的人才会这么干?”），坦尼森是一个完全令人叹服的演说家。他语速很快，说得很多，宛如艺术家般阐述观点，一个又一个接连不断地推出观点，一个又一个地给出实例，对人的要求进行区分与归并，主要依靠雄辩的语言来把控住局面。

他还直言不讳，为人骄傲，性格冲动。在这 28 名年轻的警察里，他因为最常在街头对峙中受伤（五年间住院八次）而备受瞩目。局里领导层认为他是“刺儿头”，是麻烦制造者；他是警察协会申诉委员会的成员，因而他公开发表的评论也就更具分量。他会过于逞口舌之快——虽然不常发生，但足够让自己懊恼，以及事后自我调侃。[①] 坦尼森往往会让上司感到威胁，他的自信越是增加，他上司对他的监督和认可就越少。与此同时，警察局越少理会他源源不断地提出的一连串建议，他就越是怨恨警察局。最后，他受 228
不了警察局长的不信任，感觉在警察局的工作越来越不顺心，于是他就从警察局辞职，参加了一个联邦缉毒项目。

他固然是个“刺儿头”，是一位不屈不挠的警察，他在辖区里却很得人心，同僚们很敬佩他，认为他是个正直并且对内心道德标准怀有责任感的警察。在样本中的其他 27 名警察里，有三人明确承认，他对于他们的成长起到了重要作用（只有皮尔警官才像他这样经常被人们提起）。警司们认为他非常多才多能，可以放心大胆把各种各样的警务任务交给他，而他肯定会出色完成。如果说哪个警察有人格魅力的话，那就是非坦尼森莫属了。

“胡扯”是警察对能言善辩的谦逊之词。它涵盖传授（分立区别、辨识原因、预估后果并提供观点）、论证（应变灵活而机敏、总结他人的立场、充满信心地讲话）、操纵（说出可信的威胁、达成体面的妥协）和启发（激发别人的道德感）的技巧。胡说八道需要一整套的关乎道德和事实的说词。这是一种用通俗易懂的大白话表达最难以捉摸的情感和描述最为具体的现实的能力。在它最为有力的时刻，能够用言语表达出高度跌宕起伏的感情，坦尼森警官对一名警察的葬礼以及他内心因此迸发的情感的描述就是一个例子：

> 看到你最好的朋友躺在棺椁之中，身穿警服，佩戴着警衔——你的朋友，这一切都是真真切切的。这是个已经殉职的警察，就像一部已经死去的法律。这就像是一部法律，被人从法典中硬生生撕去，因为某个自大狂……开枪打死了他。你对自己说，“死去的原本可能是我。”此情此景让你不得不直面自己。它让你——怎么说呢——进行内省。这就是为什么我们当警察的人如同兄弟一般。

艾尔·坦尼森颇具诗意的话让事情显得“真真切切”。

---

① 有一次，我听到坦尼森对 20 多名警官讲述他是如何从一个毒品贩子那里秘密购买了一大批安非他明的。“那家伙向我要价 3.8 万美元，我只给他还价 3800 美元”。这一句话像极了电视剧里的行话，他突然停顿了一下，赶紧避开这一话题，并自顾自地摇了摇头。

不仅如此，坦尼森警官还把自己敏锐的口才用到了街头巷尾的警务工作中。他操控民众，跟他们辩论，并对他们进行教导和启发。设想一下，你自己被一群焦虑、好奇或者愤怒的人团团围住，然后再绞尽脑汁想象一下，如何才能凭借三寸不烂之舌，取得一个圆满的结果。对于自己如何处置各种群体事件，坦尼森警官是这样说的：

> 我的招数有千千万万。如果对方故意虚张声势，如果对方骂每个人都是狗，都是他妈的狗杂种，我就会转身向围观的人求助。人群里有女士——她们非常反感。她们讨厌那个人这样骂脏话。我转过身，朝围观群众说："你们大家来评评理。你们对这件事儿怎么看？"人群里那些女士，那些黑人女性，她们对那个人非常反感。我亲眼见过一群人让一个大叫大闹的家伙安静下来，闭上嘴，然后直接把他送到我的警车前，跟他说："还不赶紧滚进去！"他们等于是在帮我做警务工作。而且还有人从家里冲出来，冲着那个家伙挥舞擀面杖。为啥呢？老百姓也想要法律和秩序。老百姓很清楚，这个社会得有规矩才行。
>
> 229 或者，你可以专门针对人群里那个叫嚷得最凶的人，拿他开玩笑，于是围观的人就会跟着笑话他，然后很快就散开了。或者我会跟人群里最关心此事的市民谈谈，他说，"你想把那位兄弟怎么样？"他想要我们给他个说法；我不会说"关你屁事，滚！"相反，我会告诉他："他在街上超速开车，你家孩子就在那条街上。"我要让他明白，我是在为他工作，而不是为我自己工作。如果有哪个家伙不愿意在传票上签字，我会说："你很清楚，到头来你还是得签字，哪怕是你得到监狱里待一个晚上，哪怕是这些报告得让我一个人来填完。你要么伤害我，要么伤害你自己；所以为啥不干脆现在就签字，然后在法庭上讲讲你自己的说法？""你说得对，"他会说，"我又能有什么法子呢？"然后我会告诉他，"如果你觉得我办得不对，那就跟法官去说。"

在这些事件里，坦尼森的口才派上了很多用场——把围观人群从盲目的拥护者变成中立的陪审团，开玩笑，扭转警情的性质，保证将做出的威胁付诸实施，指出解决冲突的法律途径，挽回别人的颜面。最重要的是，他在公众面前运用自己的口才，以免自己看上去有腐败、偏袒、狭隘和愚蠢之嫌。

他的讲话技巧让他即便是面对令人棘手、难以应对的状况时也能胸有成竹，自信有能力掌控局面。坦尼森说：“你得乐于直面问题才行。你得放得开，脸皮厚，而不是像有些人那样夹起尾巴，溜之大吉。”口才好才能大胆——即有敢于冒险、敢于对抗重重困难的决心。

问题的关键不是坦尼森果真像他暗示的那样有效，而是这些情况确实会在街头巷尾发生，而且发生得非常频繁，对于这些情况，运用口才是采用暴力手段进行管控之外的一个替代手段——或许是唯一的替代手段。只有那些认真打磨了自己口才的警察才能使用这种替代手段。

此外，坦尼森还运用自己的口才，让自己在与同事交谈的时候占据上风。坦尼森丝毫不惮于纠正其他警察的错误。下面是他对自己向他人表达批评意见的方法：

> 这就像球员们在打橄榄球时为了抢球压成一堆一样。你肯定知道球员压成一堆是个什么样子。我不喜欢人们单单为了压成堆就跳将上去。这样做就过头了，就像用高射炮打蚊子一样。所以，如果我觉得哪个警察干得太出格，我就会跟他说：“想想看，要是有人把你刚才干的事情拍了照，会有什么后果”，只要他们意识到自己的所作所为在公众眼中是个什么样子，或许他们在再犯之前会三思而后行。然后我拿起无线电对讲机，开始呼叫 940，“需要与某位警察会面。”“我想要跟 G 辖区进行 940。”也就是说，我想跟某个警察见个面。这句话在无线电里听起来很正式，其实它的意思可能不过是“咱们一起喝杯咖啡聊聊”。随后，我们会一起找个地方喝咖啡，然后我会说，“我想跟你谈谈你处理过的一个情况。”
>
> 就拿前两天发生的一件事来说。我和我的搭档去了一家咖啡厅，当我们正在排队结账时，有两个警察忽然从咖啡厅后门闯了进来（他们是 230
> 怎么进来的，我直到现在也弄不明白），然后就当着我们大家的面，在众目睽睽之下自顾自地拿了一些咖啡和甜甜圈。于是我就针对这两个人呼叫了 940，然后我们一起找地方坐了下来。我说：“我想跟你们谈谈你们办的一件事。这家咖啡店生意忙得很，大家都得排队等服务，可是两名警察却从后门闯进来，然后自己动手拿东西。”不一会儿那两个警察里有一个人就说：“是我干的。”“嗯”，我会问，“如果你是旁观者，你会怎么看？”“啊，我从没这样考虑过。”我认为他再也不会这么干了……你得确

保他们不要觉得你是在装出一副领导的样子教训他们；虽说人老不学艺，但是如果方法对路，你一样可以教老资格学会新技能。

坦尼森在这类事情上敢为人先是要冒风险的，可能会招致他人的怨恨、指责和敌意。有些巡警不敢批评警察同事的行为，以防有一天自己遇到危险的情况，需要依靠对方，对方却袖手不管。很多警察不愿意插手别人的闲事，即便他们经常对自己的胆怯感到羞耻。但是坦尼森却不信邪。口才给了他自信，让他相信自己能够在对同事提出批评的同时避开相应的风险。他在这方面游刃有余，因而巡警处上下都认可并接受他的影响，使他因此有了相当高的地位。

最后，口才使他能够向自己解释自己的所作所为并感到心安理得。他保住了个人的正义感，一种在符合法律的同时遵守了自己的个人道德法则的感觉。例如，坦尼森的辖区包括拉科尼亚的红灯区——一大堆破破烂烂、给妓女提供场所的旅馆。所谓的无受害人的犯罪，即顾客是自愿的或者不过是遭到牵连的犯罪，给警察带来了多个难缠的道德选择。在一种特殊的程度上，无受害者的犯罪迫使警察采用极具侵扰性和胁迫性的监视手段，得罪了那些认为自己的行为是无害的，不值得警察费心劳神的人。此外，针对无受害人犯罪的执法行动给警察造成了道德上的难题，因为他们发现很难为侵犯“道德法”中隐含的个人自由找到理由。①

每个警察都必须解决自己对如何惩治违反道德法的行为方面的彷徨无措。如果不解决这一难题，就会导致警察感到自己对问题放手不管，失去了正义感，并感到内疚。例如，对于是否要整治妓女这一问题，坦尼森做出了这样的决定：

十有八九，我会照章办事。我不会去犯罪，我不会为了执法而犯法，但是我会旁敲侧击。我很较真。我自问：“要是哪个公民招妓，该
231 怎么处理？”我以前会坐视不管，观察事态的发展，同时咬紧牙关，直

① 参见赫伯特·帕克（Herbert L. Packer）：《刑事制裁的局限》（*The Limits of the Criminal Sanction*）第三部分有关无受害人犯罪（victimless crimes）的才华横溢的精彩论述（加利福尼亚州，斯坦福：斯坦福大学出版社，1968 年），第 247～366 页。

> 到下巴上的肌肉发酸。但是现在我学会了让别人感觉到我的存在，如果我觉得这样做最有好处的话。我会站到街角那九个妓女中间，跟她们侃大山。（看到我在那里）还有谁会来找她们呢？手段并不总是适合目的，依此类推，目的也不一定总是符合手段。一个人总得为自己用法律所做的事情找到依据，永远不能超出法律的范围。不过法律不是非黑即白的。看看这方面我最喜欢的例子，刑法典第 836 条规定："治安官只要相信有合理的理由认为某人在他面前犯下了违法行为……可以——逮捕该人"。你看看这些用语："可以""相信""合理"，你有充分的自由选择。这是给了你自由裁量权。这些词就是游戏规则的关键。没有什么东西是非黑即白的。自由裁量和裁决。

按照有些公民的解释，反复跟那些女的"闲聊"（shooting the gas）违反了刑法的精神。这违反了拉科尼亚警察局管理部门期望的巡警正常履行职责的方式。然而，坦尼森却拥有足够的借口，不仅能平息外界对他所作所为的任何批评，还能打消他的自我怀疑。他劝服自己，让自己认为自己的行为是正当的，而且无论是在公共场合还是在良心深处，他都愿意为自己的行为辩护。其结果是，他可以对自己的所作所为直言不讳，同时保住了自己对职业的崇高感。

"言辞很重要"是坦尼森最喜欢的格言。如果他的自述是准确的，那么坦尼森是在加入警察局之后才掌握了语言艺术。不过，就像研究样本中的其他九位专业型警察一样，在被录用的时候他就表现出了热爱与人交谈，相信自己有能力用语言说服对方，并且认识到了交谈的重要性和乐趣。

在他们申请加入拉科尼亚警察局的时候，样本中这 28 名警察都被问过一个问题："如果你有机会选择，而且在你所居住的社区中没有，你会愿意创办下列哪个组织：（1）辩论社团或者论坛；还是（2）古典交响乐团?"每名申请人都被要求根据这两个选项的相对可接受性分别给这两个选项打分，两项得分总和为三分。把三分都给前一项而给后一项零分，意味着申请人偏向前者而不在乎后者。两分给其中一项，一分给另一项，则意味着申请人轻微偏向前者。问题的指向和形式具备足够的含糊性，因而即使申请人也喜欢第二个选择，也可以对他强烈倾向的选项给出三分。统计结果如表 4 所示。

表 4　对创建辩论社团的偏好情况

	强烈偏好(3)	一般偏好(2)	不情愿(0 或 1)	总计
专业型警察	7	3	0	10
互惠型警察	1	4	1	6
执法型警察	0	3	2	5
回避型警察	0	2	5	7
	8	12	8	28
	安德罗斯、查康、道格拉斯、贾斯蒂斯、帕奇、皮尔、威尔克斯	本瑟姆、罗尔夫、坦尼森		
	休斯	海格、胡克、英格索尔、兰开斯特	弗兰格尔	
	培根、凯恩、基普	布斯、加菲尔德、诺奇、罗金厄姆、塔布曼		

在 10 位专业型警察中，有 7 人表示出对创办辩论社团的强烈的偏好，并且没有人对此不情愿。在 18 个非专业型警察中，只有 1 人对创办辩论社团表达了强烈偏好。在 7 个逃避型警察中，有 5 人表示不愿涉足辩论活动。

232 如果对这个有点模糊的问题的回答可以被接受为享受谈话的证据，那么享受谈话是否与申请人的任何其他素质存在相关性？有趣的是，它与标准化词汇测试中测量的高词汇成绩并不相关。在样本中的 28 名警察中，只有 20 名参加了词汇测试，但是他们的测试结果与对是否喜欢辩论这一问题的答案或者申请人属于何种类型的警察之间并没有多少关系（见表 5 和表 6）。

表 5　对辩论的偏好程度与标准化词汇测试分数

	词汇量高(40～50)	词汇量中等(34～39)	词汇量低(0～33)	总计
强烈的辩论偏好	3	0	2	5
一般的辩论偏好	2	3	2	7
不情愿辩论	2	4	2	8
	7	7	6	20

根据陆军通用分类测验 50 道词汇题进行测量：40 个或 40 个以上正确答案表明申请人具有较高的词汇水平；33 个或更少的正确答案则表明申请人词汇量低。

表 6　警察类型与标准化词汇测试分数

	词汇量高	词汇量中等	词汇量低	总计
专业型警察	3	1	2	6
互惠型警察	2	2	1	5
执法型警察	1	1	2	4
逃避型警察	1	3	1	5
	7	7	6	20
	高	中	低	
	安德罗斯、罗尔夫、贾斯蒂斯	本瑟姆	查康、帕奇	
	休斯、兰格尔	胡克、兰开斯特	英格索尔	
	凯恩	拉索	培根、卡尔帕索	
	塔布曼	加菲尔德、罗金厄姆、布斯	纳里	

根据陆军通用分类测验 50 道词汇题进行测量：40 个或 40 个以上正确答案表明申请人具有较高的词汇水平；33 个或更少的正确答案则表明申请人词汇量低。

不出所料的是，对辩论的偏好确实与进入拉科尼亚警察局时拥有最低程度的 233
大学经历存在相关性。在 8 名强烈倾向于辩论的申请人中，有 7 人在申请时已经度过一年或者更久的大学生活（见表 7）。但是对辩论的偏好，与是否读完大专（junior college，又翻译作“初级学院”）① 或者与之对等，在学院（colleges）或者综合性大学（universities）② 中完成了两年学业，并无相关性（见表 8）。

① 初级学院（junior college），多为社区学院（community college），提供两年制的课程，相当于大学四年制本科前两年的课程。学生毕业后可以直接进入就业市场，也可以到州立大学对口专业继续攻读学士学位。——译者注

② 大学（university）通常是指一所设有文理科及专业课程的大学，且有至少一种领域的研究所和至少一种的学士学位后的专业课程（如：医学、牙医或法律），主要提供本科、硕士、博士教育，学院（college）可以指①所有高等教育学校的通称，只有大学部的大学，主要提供本科教育；②大学（University）的学院；③二年制大学：即初级学院（junior college）或社区学院（community college），也有的就叫学院（college），还有技术学院（technical college）。学院一般是文理学院，规模小（2000 ~ 4000 人），一般没有工程学、医学等专业，只有文科和理科，但是这类学校有很多是精英学校，学生少，小班教学，学生很容易得到老师的指导。很多学院精于某个领域，在该领域的造诣可能远远超过很多大学。大学（university）往往校园面积极大，大教室，一个班几十人甚至上百人，教授不可能注意到每个人。但是大学通常比较综合，可以学到很多专业之外的东西，而且可能会接触到研究的机会。此外，研究院（institute）与学院类似，也是一种学院，但学生主要为研究生，如 MIT。——译者注

表 7　对辩论的偏好与至少受过一年大学教育之间的关系

	强烈偏好(3)	一般偏好(2)	不情愿(0 或 1)	总计
接受过一年大学教育	7	6	4	17
接受过不足一年大学教育	1	6	4	11
	8	12	8	28

表 8　对辩论的偏好与至少接受过两年大学教育之间的关系

	强烈偏好(3)	一般偏好(2)	不情愿(0 或 1)	总计
两年大学教育	3	4	2	9
不足两年大学教育	5	8	6	19
		8	12	828
		胡克、罗尔夫、坦尼森、泰尔		
	安德鲁斯、贾斯蒂斯、威尔克斯	卡尔帕索、兰格尔		
	查康、道格拉斯、休斯、帕奇、皮尔	培根、本瑟姆、海格、英格索尔、凯恩、基普、兰开斯特、朗斯特里特		
	布斯、加菲尔德、诺奇、罗金汉、鲁索、塔布曼			

具备或者缺乏这种相关性引发了一个问题：从事警务工作是否应当至少要求具备两年高等教育背景（比起本研究所能提供的有限数据，关于这个问题已经有人进行了更为高级和广泛的研究）。①

如果要求读完两年大学后才能进入拉科尼亚警察局，那么拉科尼亚警察局的这 28 名警察中就只有 9 人具备这项资格（其中包括坦尼森）。这 9 个人里面有 5 名专业型警察，2 个互惠型警察，1 个执法型警察和 1 个逃避型警察。但是从另一个角度看，这就意味着有 5 名专业型警察以及 4 名互惠型警察没有资格加入拉科尼亚警察局。由此看来，要求读完两年大学这一入职要

① 例如路易斯·伯曼·沃尔兹（Louise Berman Wolitz），“警察劳动力市场分析”（An Analysis of the Labor Market for Policemen）（加州大学伯克利分校经济学院博士论文，1974 年）。

求的代价看上去是非常昂贵的。[①]

在另一方面，很多警察是到警察局入职之后才开始认真攻读大学学业的（其中包括坦尼森，他后来完成了大学最后两年的学习，在入职 5 年后获得了文学士学位）。开始或者恢复接受大学教育的动机是非常充分的。法律规定，入职前没有受过任何大学教育的警察在进入警察局后必须攻读至少两门大学课程。警察局还提供了若干经济激励，以鼓励警员攻读大学。大学课程之所以对警察有吸引力，往往是因为它们很有可能对警察备考警察局内部升职测试很有帮助。而最重要的是，警察生涯中的问题为他们攻读大学课程提供了动机，而警察在业余时间修习大学课程所付出的非凡努力，对解决这些问题大有裨益。如果警察的自我报告可以算作证据的话，那么大学课程着实增加了他们对进行口头表达的信心。这些课程展开了新的理念，为抓住转瞬即逝的想法提供了语言抓手。此外，它们还可以评价一个人的沟通能力。

很有思想见地的皮尔警官在谈到语言对于警察工作的重要性时指出：

> 口头和语言技能非常重要。有人可以在警察培训学院不使用一次字
> 典就能完成学业。我就见过这样的事，而且这种情况的后果也会显现出 234
> 来。他得去念念大学才行。你得首先知道正确的表达方式是什么样的，然后才能辨别出什么样的表达方式是错误的。而且这也让他能够在合适的时候，对正确的方式进行灵活变通。在逮捕一个人时，要让那个人知道他为什么被逮捕，在这种情况下，作为警察你固然得精通书面语言，但是你得把书面语言换成符合实际情况的通俗语言才行。

皮尔的总体观点是，“大学环境”（college environment）对于培养优秀的警务语言技巧是至关重要的，不过，警察可以在入职以后再去上大学。皮尔甚至主张，在没有必要的求知欲的情况下去读大学，其价值远远不如在警察工作激发了求知需求后再去读大学。

> 至于大学，不能强迫他们去上大学。要不然就是本末倒置了。我希

① 如果设想一下下列情形，那么这样的资质要求就似乎格外成问题了：求职者符合这一资质要求，因而应该获准入职；但是却没有证据表明他们在入职后的业绩水平如何。

> 望他们对自己的工作产生浓厚的兴趣，并因此想要更多地了解世界，然后想要读大学了，这时候再回头去读大学。

235 是什么促使警察“对他们的工作产生浓厚的兴趣”，因而想要扩大自己的知识面、提高口头表达能力？这个问题将我们带到专业化职业精神的下一个基本成因——在职学习（on-the-job learning）。在警察局里，这种学习的性质取决于一个关键人物——警长（sergeant）。我们现在谈谈巡逻警长对警管区的独立自主管制权问题。①

Ⅲ

“警长是警察局的基石，中流砥柱”；“警长是警察局里的关键人物”；“想想分队里的兄弟们：他们必须适应自己的警长”；“归根结底还是要看警长……如果警长的领导能力一塌糊涂……他的下属肯定要跟着遭殃”；“你的警长可能不称职；可是你却没有任何办法跟他说他不称职，让他有所改进——局里没有任何这方面的制度”。在谈到警长的重要作用时，巡警们如是说。从巡警的角度来看，左右了他们如何理解现实和宗旨的人，就是自己的直接上司——巡警警长。相形之下，警察局长、分管巡警处的副局长以及带班领导则只可远观，无足轻重。巡警认为对于自己的发展成长而言，这些局内要人都不如自己的警长重要，无论从好的角度还是坏的意义上讲，警长拥有较为独立的对警管区的管辖权的原因并不难想见。

拉科尼亚警察局的工作每日分三个班次，每个班次会派出5个分队的巡警到街头巷尾执勤。每个分队由一名警长负责，并被分配到一个被称为警管区的独立地理区域巡逻。

这些警长中有些人是资深警察，在拉科尼亚警察局已经工作了10～15年，其他警长则非常年轻。除了警察局规定警察必须拥有三年工作经验才有
236 资格晋升为警长外，资历在警察局的晋升决定中并没有任何作用。在拉科尼

① 在马尔科姆（Malcolm X）的自传中（在亚历克斯·哈雷［Alex Haley］的协助下撰写；纽约：格罗夫出版社，1964年）有一篇关于教育的文章，在该文章中马尔科姆论证了教育中两个因素的重要性：拓宽自己的“字库”以及参与“辩论”的兴奋（第169～190页）。

亚，晋升决定取决于书面考试的排名结果（警察局管理机构可以行使否决权，阻止晋升一个显而易见的不称职的候选人，但是这一否决权极少得到行使）。候选人的考试分数越高，他在获得下一个空缺职位的资格列表中排名就越靠前。

警长手下管着 11 名警察，这些警察在该分队警管区内的若干辖区里工作。正如我们前面提到的那样，每个警管区里都包含了拉科尼亚市各个阶层的人士。拉科尼亚市东西宽，南北狭窄。拉科尼亚北部以河流为界，城市北部地区地势平坦，是该市最老的城区，主要是工业区，人口以穷人和少数族裔人群为主。往南走，无论是地理海拔还是社会地位都越来越高。在城市的制高点——沿该市南部边界分布的拉科尼亚丘陵地区，主要居住人口是富有的白人。

每个警管区都从城北延伸到城南，因而涵盖了社会的各个阶层。每个警管区中，位于丘陵地带的辖区与河畔的辖区相比，总是相对更为僻静，白人更多。城区北部边缘几个事务最繁忙的辖区有两辆警车巡逻，而一般辖区则有一辆警车巡逻。在所有分队里，辖区都是按照资历分配的：分配规则是资深警察优先挑选，剩下的区域分配给新人。

警管区内辖区的多样性与分队内论资排辈的规则相结合，通常会导致这 237
样的结果：分队中最年轻而且最没有经验的队员在城北业务最繁忙的平原地区工作，而相对年长且更有经验的队员则在城区南部地区工作，而最有经验的老手则在城区南部边缘的丘陵地带巡逻。几乎每一个分队都包含几个不同年龄段的警察。①

为巡警分配辖区的方式在一定程度上解释了警长的重大影响。警察把巡警处内的这种人力配置制度称为“奴隶市场”。这一比喻暗指警长——即奴隶购买者——所行使的巨大权力。

队里有空缺的警长会你争我夺地从可用人员中争抢“最佳”人选。可

① 这种描写过于粗略，不过如果注意三个因素，还是可以使描述更为准确一些。第一，有一批精挑细选的骨干资深警察在贫民区以及附近的商业区巡逻。第二，一个特别警力小组组成了饱和巡逻队（saturation patrol）（饱和巡逻是警察巡逻策略，即将大量警察集中到一个小的地理区域，用于犯罪高发地区、酒后驾车检查站以及其他特定地点的巡逻。该方法采用压倒性的力量，通过集中大量巡警，营造警察无所不在的感觉，震慑犯罪。——译者注），警察局管理部门把他们派到犯罪高发（high crime）地区，就像战术预备队一样。第三，在常设警察分队休息的日子，由替补分队代班：警察普遍认为，被分配到替补队，还不如拥有自己的“固定”辖区。

用人员包括四类群体——新人、不受欢迎的人、刚从其他部门调到巡警处的警察以及想要离开自己目前所在分队的有经验的警察。警长各显神通，制定了若干方法，对考虑选用的人员的能力进行评估。对于那些为了接受培训而临时配属某个分队的新人，分队成员都很了解他们的能力。传言、绩效表、评估、辖区为“替补人员”出具的能力报告，都为警司提供了他认为有用的信息。

“奴隶市场”这一比喻还表明，巡警并非自愿从事这一工作。每个新人工作伊始无一例外都要被分配到巡警处，只能靠自己打拼才可能赢得调到其他部门的机会，比如青少年犯罪处、交警队、培训学院、研究室、侦查处和特别行动队等。因此，每个人在当巡警期间——职业生涯中关键的初始阶段——都会发现，自己必须取悦某个警长，好让自己摆脱在后备警力组坐冷板凳的境遇，调到一个长期固定的岗位。

一般情况下，警长在任职三年后会调离巡警处，而被任命接替他的新警长要接手一个并非自己选择的分队。尽管如此，由于业务繁忙的平原辖区之间人员流动非常频繁，用不了多少时间，新任警长肯定有机会来改变分队的主要品质。相对年轻的警察会不断寻求调到更好的辖区，愿意为此转调到新
238 的分队，如此一来就会留出空缺，然后警长就可以说服他看中的人选来填补这个空缺。之后，每个新来的分队成员就要与这些由警长分别选出的、年龄稍长的骨干成员一起工作。这些骨干成员会秉承警长的喜好和行动模式，向新来的成员灌输分队的方法和观点。因此，这种奴隶市场式的人力分配模式给了警长机会，使之能够按自己的意愿塑造分队并将自己的意愿发扬传承下去。在巡警处内，每次选择人力配置，都使警长得以趁机行使其对警管区的治理管辖权。①

此外，还有第二个机制强化了警长在警察机构内的影响力。警长全权负责为分队成员撰写年度考核报告甚至更为频繁的评估报告。这类评估是家常便饭。特别是在年轻警察职业生涯的早期阶段，这些评估对他们职业前景的影响尤其大。受到一系列差评，就意味着陷入水深火热的境地：如果业绩评级太差，他会失去选择机会，会在那些想要他效力的潜在“买主”那里

① 有些分队比其他分队更受欢迎，因为这些分队周末可以休息。那些在平日休假的分队，其成员往往比那些正常休息日是周五、周六和周日的分队更为年轻，享有的特权也相对较少。

“声名狼藉”。通过这个评估过程，分队的每个新成员得以全面领会警长的意志。是强势的巡逻？相信直觉？更多地在街头查验证件和现场接触［field contact，警务术语，指警察在工作一线与工作对象（不一定是嫌疑人）进行交谈和其他接触——译者注］？正当程序？不吝惜时间地处理家庭危机？分享更多信息？警长有明确的鼓励手段，把他的喜好传达给队员。

就拿拉索警官——他非常年轻，他愤世嫉俗的观点和冷酷无情的行为我们早些时候已经详述过了——为例，在他接受入职培训的时候，警察培训学院的课程只有四个月；毕业后不到一个月，他就被分派到一个长期辖区。下面是那位选中他的警长给他撰写的上岗六个月评估：

> 你在掌控局面的能力方面有了稳步的提高，我认为随着经验和自信的增长，你会成长为一名优秀的警官。我很高兴你被分配到我的管区。

一个半月之后，另一份评估报告则引用了令警长颇感赞赏的一个工作实例：

> 你的工作一直不错，而且在不断提高。在此期间，你……证明自己有能力有效应对工作中所接触的市民。你前不久逮捕两名暴力抢劫嫌疑人，对此我要提出表扬。你在接到报警人的举报后，到事发区域寻找嫌
> 疑人，并在嫌疑人逃跑时进行追赶，其间表现出了超越标准的主动性和 239
> 创造力。你与赶来支援的警察一道，追踪犯罪嫌疑人，直到他们藏身的公寓附近，并将其拘捕。据信，这些嫌疑人是一系列极端恶劣的袭击老年妇女案件的凶手，此次将他们逮捕归案，可望解决这一问题。干得好！

此后一个月，第三份评估报告则提到了一些糟糕的警务工作。

> 你的工作在大多数方面是令人满意的，但是你撰写的报告没能反映出对证人的核查。我们已经讨论过撰写现场接触报告的必要性，我希望看到你在这方面能有所改善……在与犯罪嫌疑人和公众打交道时，你的举止是得体的，但是你要更加善于调查，要毫不犹豫地提问，直到你确信自己发现了真正的事实……我感到你正在建立“第六感”——这是

> 一个优秀警察的标志。发现有必要更仔细审查的人或者情况并跟进调查，在一定程度上靠的正是这种能力。到目前为止，你已经通过看似例行公事的截停检查成功逮捕了几名嫌疑人。干得好。

在这些评估报告中，警长对于什么才是优秀警务工作的看法——强势作为、敢于怀疑、最小化最大判断、“第六感”——一再得到了体现，并据此对警官的工作进行了评估。有些警长或许会主张，优秀警察工作肯定还有领导拉索警官的警长所没有提到的标准，例如不要搅扰邻里、利用对逮捕的“边缘危机恐惧”而不进行逮捕、平息家庭争端、发展辖区、学习刑事法律之外的其他法律。这些警长的观点，至少是不无道理的。把这些关于警务工作标准的考虑排除在外，对拉索警官形成对于警务工作任务的理解产生了巨大影响。至少，我们可以说，拉索警官日后对于警务工作好坏的观点，与他的责任警长对值得表扬和不满意的表现的理解（通过上述极具威胁意味的过程传导给拉索警官），这两者之间存在着惊人的一致性。

不过，警长赖以影响手下警察的威胁手段远远不止这一个。他垄断了各种回报，他用自己掌握的资源作为筹码，有效地换得了手下人的服从。他可以不失体面而又亲切地对下属表示赞扬。他谙熟警察机构内幕，帮助警察写出得体的申请信，请求警察局管理机构给予特别关照：警察的休假时间安排，额外多休息几天，遇到特别调查的时候全身而退，获准从事第二职业，赚取外快。警长知道自己的警管区有哪些特别危险的情况。他对于刑法烂熟
240 于心，能够帮人指点迷津。[①] 在手下人遇到特别危险或者格外微妙、并且开始逐渐失控的街头对峙时，他能够出手帮助。他可以给警察展示一整套帮助他们更加游刃有余地与公众打交道。他能够顶住来自上级的“压力”；也就

① 例如，设想某个年轻警察在下面这个典型的墨非骗局（Murphy confidence game）中（墨非骗局是指各种骗取财物的骗局，通常以色情作为诱饵并且通过用装着废纸的信封与装有受骗者的现金的信封掉包的方式完成。——译者注），面临着是否逮捕嫌疑人以及以何种理由逮捕嫌疑人的问题：该警察接到报警，嫌疑人以及其女朋友在某个超市的停车场拦住报警人，想要低价卖给他一台彩色电视机。那台电视机装在一个缠着玻璃胶纸的纸箱里，纸箱上贴着看上去很正规的标签，比如“零售价 295 美元”等，可是他们报的价格却是“65 美元”。事实上，箱子里装的是一块混凝土和一块玻璃，从纸箱的裂缝里看去像是电视机屏幕。报警人既没有提出买那台电视，也没有接受对方的提议。报警人自己的电视机在一周前被人从家里偷走了，他觉得那个嫌疑人像是一个想要销赃的窃贼，于是他就报了警。在这种情况下，应该用什么罪名指控嫌疑人呢？

是说，如果手下任何人的行为遭到公众或者警察局管理机构的批评，他能够为其辩护。他能够解释种种令人捉摸不透的问题：社会阶层是如何排列的、某些政治力量何以飞扬跋扈、警察局的各种运作程序和宗旨。对于手下那些对拉科尼亚市比较陌生的人，他会带领他们去他最喜欢的猎鸭区（duck-hunting area，可能是指容易抓到违法犯罪人员的地点——译者注）。最后，他可以使手下警察的工作变得有意义和生动有趣。道格拉斯警官这样描述了某位巡逻警长对他产生的影响。

> 有这么一个很好的辖区，负责人是奥雷利斯（Aurelis）警长。他是一个非常出色的好警察。他非常机灵，对每个人都了如指掌。他走遍了辖区各个角落，到处收集信息。他块头很大。我们有什么信息就全部报给他。他就是我们存储信息的超级计算机，会在我们需要的时候把情报反馈回来。他能激发你的兴趣。他能让你干劲十足。跟他在一起工作非常开心。

简而言之，在一切可以想象的方面，警长都可以让手下的人有所提高——掌握技能、学会知识、保障安全、提升自尊、免受责备、赢得友谊、岗位晋升、赚取外快，乃至于提供一种道德情境感。警长把这些自己用时间和阅历换来的成果传递给了下属，如果下属心甘情愿地使用了这些财富，他们就会死心塌地地对警长表示感激。

从某种意义上来说，有能力拒绝给予这些恩惠似乎构成了一种惩罚，不过巡警通常会因为警长给了自己好处而感激，却不会因为他没有给予自己这样的稀有资源而心生怨恨。不知出于何种原因，警长的下属大多承认，神通广大的警长有权把手中剩余的资源分给自己选定的人，换取对方在行为和观点上一定程度的配合作为回报。通过与下属互惠互利，警长获得了一种好处——“相互依存”，正如一位对此心满意足的巡警所说的那样。

最后，警长之所以能够在警察局内拥有独立自主的管辖权，因为他们在行
使这样的权力之时几乎没有遇到什么阻力。可以想象，阻力可能有两个来源， 241
第一个来源于局内管理机构，第二个来源于老资格警察——这些人由于实务能
力更加精湛，或者不受警察机构奖惩的左右，因而能够对抗警长的霸权。

不过，警察局的管理机构对于把哪些警察晋升为警长，以及把哪些警长

晋升为警督，几乎没有任何掌控权可言。这样的人员晋升是公务员部门的禁脔：一切以书面考试为准，而书面考试的主题是公开指定的。局内管理机构也没有惩罚巡警处警长的自由权。把他们调到不如意的岗位也没什么威慑力，因为在巡警队当警长这份工作相对其他工作而言，不仅更加难做而且更为艰苦，因而人们公认，这是在可以指派警长去干的工作中最差劲的一个了。乐意到巡警队工作的警长一直供不应求。如果哪个警长乐于待在巡警队，那么他就像一无所有者和满不在乎者那样无所畏惧：既然没有任何希望，也就没有任何把柄。

此外还有一个因素，即去中央化管理这一民主精神。最有思想见地的警察圈子中有这样一种传统智慧，即授予巡逻警长的自由裁量权和负责任的判断权越多，他就越有可能成为一个积极的和有用的人。这种理念在很大程度上也是源自不得已而为之。实事求是地讲，上级不可能监督警长的每一个活动。曾经有人想要对警长进行正式评估，但是负责评估工作的警督和警监却没有掌握足够的信息，因而只能浮皮潦草，匆匆了事。由于别无选择，只能信任警长。人们普遍认为，警长们的个人道德品行和个人内化标准意识是对他们宽松的自由裁量权的唯一有力制衡。在每一个组织中，由上而下迟早会抵达某个层级，在这个层级之上，持续和密切的监督变得无济于事，只能倚重其他方式——道德方式——来保证业绩。在警察组织中，警长就达到了这样一个层级。

警察局内部的管理机构可以直接对警长施加的约束很少，它既没有时间，也没有信息，更没有资源，来抵消警长对于手下警员施加的影响。与警长手中掌握的五花八门的激励手段相比，警察局长给不了广大警员什么有价值的东西——晋升职务、提高收入或者保证人身安全，这些肯定办不到。在下一节中，我们将要分析一个缺少资源而且遥不可及的行政管理机关能够做些什么。现在只需要明白，无论是直接还是间接，无论是通过奖励还是惩罚，警察行政管理机构都无法抗衡巡逻警长的影响。

警长拥有对警管区的管辖权可能遇到的第二种阻力来自巡警处的上层人
242 物，也就是那些老资格警察，那些在集合的时候坐在后排的人，那些可以凭借冷嘲热讽和以身示范拒不服从、让警长（除了其中最为能干的佼佼者之外）威信扫地的人物。这些人物的岗位（如果他们对此感到满足的话）是永久性的，没人能调动他们的岗位或者强迫他们调离特定的辖区，根据公务员管理部门的要求，这些人也升迁无望。因此，这样的人物根本就不怕上司的打击报复。由于山顶辖区是平均分配到各个警管区的，因此每一个分队都有这种老资格警察。

这些油盐不进的老资格巡警没有弱点，因而可以跟警长对着干。如果必要的话，他们可以让蠢笨无能或者没有主见的警长大丢颜面，遭到架空，有时候甚至从他手中抢走某个警管区的指挥权。一个名叫比·海伍德（Bee Heywood）的执法型的老资格警察就讲述了一个关于一群老警察如何带领基层警察造反的故事：

> 新警长刚走马上任，立刻就开始吩咐我们干这个干那个。他根本不理睬巡警以前的工作方法。“必须这样办。”好吧，我们商量了一下，觉得有一种解决办法，那就是给他点颜色看看。我们就故意听凭他指手画脚，虽然他并不知道。于是，有一天他找到我说：“这些蠢家伙怎么回事？他们自己什么事也做不了，我连吃口饭的时间都没有。”“警长，你想知道是怎么回事吗？”我跟他说，“你有点爱小题大做，你要是真想静一静，就得改改自己办事的方式。看看你对待下属的方式：你什么都要插手，就好像天下就你一个人懂行似的。每个人都对自己的知识引以为豪。如果他愿意承担责任，就让他去承担好了。”

老资格警察和警长之间的力量平衡有维持不变的倾向。不过作为抵御警长对警管区独立自主的管辖权的力量来源之一，老资格警察存在一个问题，那就是他们是老资格。从长远来看，老资格群体的利益相对较少。“将死之人不种树”。您或许还记得海伍德的哀叹：“这份工作有时候真的让人难受。这份工作不好做。我已经不像以前那样喜欢它了。”人年龄大了，也就不再想跟人斗来斗去，不想再跟人吵吵嚷嚷，也不想再树敌了。人年龄大了以后呢，更愿意和和气气的，更愿意交朋友；想要离那些勾心斗角的事儿远些。除非万不得已，否则老资格警察无意打破跟警长的和平共处。只要警长们能把老资格们哄得开心——让他们在山顶的辖区好自为之，不去干预他们——老资格警察就极少会抱成团来跟警长对着干。

此外，警察局管理机构还在无意中削弱了老资格警察对警长的约束作用。局里以前有一种做法，为每个刚从培训学院结业的新警察指定一名老资

243 格警察，担任他的实习培训警官。在新手初到街头巷尾工作的最初几个月里，警察局管理机构按照惯例会委派老警察来指导和评价他们的实际表现，并最终决定是否准许年轻警员独立承担工作。

在他们的回忆里，许多专业型警察和互惠型警察都描述了第一位担任他们培训教官的老警察对他们产生的深刻影响，仍然能够清晰记得他们的智慧之语并可以逐字重复。道格拉斯对于自己“第一个师傅”的回忆就很有代表性：

> 他已经干了大约 20 年了。他跟我说：“当你跟他人打交道的时候，第一要务就是要和善，要对所有人都和善，对每个人都和善。不论对方是否邋里邋遢，蓬头垢面，你都得和善。他蛮不讲理，你也可以蛮不讲理，但是你不能首先这样做。如果你一开始就出手很重，那么之后你就没法收场了”……他是我见过的最彬彬有礼的人。他有幸生得人高马大的，所以或许他也确实用不着严厉。人当然没法总是那么和善，可是让人吃惊的是，他怎么能够在那么多时候都保持和善。①

“第一个师傅”的例子让道格拉斯有底气抗拒上司的压力：他“知道”并不是只有得到上司首肯的行为才是可接受的行为，有了这一认识，他就可以自由地培养自己的工作模式。

在我的访谈工作快要结束的时候，警察局长改变了这种做法。他想要亲自对新警员的初始见习实施一定的掌控，他这样做一方面是为了增强自己的影响力，对抗警长的霸权，另一方面则是因为他有一种错误的感觉，认为老警察给受训学员树立了坏榜样。他挑选了一批模范的“年轻”警官，让他们上了一个短期培训课程，然后指派他们负责引领新警察熟悉实务工作。像贾斯蒂斯和威尔克斯这样的专业型警官，以及海格和英格索尔这样的互惠型警官被选中了，他们服务了一段时间。然而不久，他们就开始退出了。他们

---

① 胡克警官（Hooker）在第 6 章里说过大致相同的话：“他是个老警察。他有一个特点让我格外注意：他很会跟人打交道。他对人随和，不去惹恼他们。没有任何人跟他对着干。我说的是 999，家庭纠纷之类的情况。他对那些人真的很好，是真正的随和，善于与人打交道。在见习期结束的时候，他对我说：‘胡克，我知道有很多事情我还没有向你讲过。这六个星期里，我们没有拦过几次汽车，也没有抓过几个人，我们也没有在街上拦下过几个人。我不相信这些玩意儿。你要是想学，就只能跟别人学了’。”

承担了额外的培训职责，却得不到任何金钱奖励作为补偿，他们也没有从这项工作中得到多少满足感。他们想要提携后辈的意识也根本没有得到运用。很快，警局管理机构只能东拼西凑地设法为警官见习培训项目配备人员了。管理机构选了一些糟糕的人（有一次，就连工作干得一塌糊涂的加菲尔德警官也被选中了）。这个见习培训项目开始变得难以为继。行政机构的这种做法妨碍了资历发挥的自然影响，于是发现自己（相对于警长）处于更为弱势的地位。这一刻意为之的见习培训计划夭折之后留下了影响力真空，导 244
致警长在警察局内对影响力的垄断更加牢固。老资格警察原本发挥的反作用影响力遭到削弱，而管理机构却没有创造出任何实质性的影响力来取而代之。管理机构原本想要加强自身权力，到头来反而削弱了自己唯一的盟友——由老资格警察组成的上层人物——对警长影响力的抵抗，从而导致警长们的权势变得愈加强大。

警长拥有对警管区的独立自主的管辖权，有两个明显的优势。一个是多样性，不同的警长在利用“奴隶市场原则”组建了不同的分队。对于想要领导什么样的人，警长们各有各的偏好。皮尔警官回忆起自己的经历：

> 我们的辖区有一个非常独特的地方。无论用什么标准来衡量，我们管区的产出率都很高：逮捕的重罪嫌疑人多，发出的交通违章传票多，抓到的醉鬼多，如此种种。不过最关键的是，我们辖区有一名年长的警长，他慧眼识人，能够选中正确的人。例如，他选中了警察培训学院四个班级里的优秀毕业生代表。这些人真的很聪明……您知道，在人力资源会议上，这些人被分配到各辖区。这个老警长利用了年轻人不是很受欢迎这一点。但是他能选到年轻人里的佼佼者，并且跟我们这些年轻人关系都处得非常好。

其他警长可能更喜欢老警察或者大块头，或者做事强势的警察，或者为人被动的警察。

这种多样性会产生几个结果。第一，它提供了发挥人类创造力的条件，起到了激发作用。一个警察局内有这么多不同的工作方式，这就使警员们认识到自己有多种选择，做事方法可以有所不同。可接受的警务工作方式的范围得到了扩大，因为有那么多不同的警务工作方式已经付诸实施了。第二，通过协商、竞争和劝说，经过实践检验的理念会被传播到警察局的各个角落。传播过程并不均衡，而且理念在传播途中往往会发生改变。例如，皮尔警官激进的教育实践就从来没有被人原样照搬过；有些人倒是花了些功夫借鉴皮尔的发展型教育方案中的某些方面，但是结果却面目全非，与原版几无相似之处了。虽然如此，皮尔警官立下的交警队要大力协助巡警队处理日常工作这个规矩，倒是在交通警察之间流行起来了（“你首先是一名警察，然后才是一名交通警察”）。分队之间的交流并不总是直接通过警长之间进行的，尽管有时确实如此。当一名警察调到新的分队之后，他会带来一些信
245 息，把老分队的观念带到新分队来，设法说服他人，把自己认为在老警队行之有效的做法保留下来。这种形式的交流与警长主导的巡警队之间交流频繁程度相同。这样一来，多样性加上人员的流动性，给警察带来多种视角和选择，并给了他们向他人传播理念并参与到所在分队治理的动力。

警长拥有管理警管区的独立自主权的第二个结果是明确提出了去中央化权力下放理论，而这一理论让整个试错体系具备了正当性。权力下放这一理论是由一种基于效率的论点组成的：一个警察局最高效的制度安排是将决定的酌处权下放给能够管理某一事项的、规模尽可能小的单位。该论点主张，效率取决于构建一个做出理性决定的程序。一切决策的好坏，都直接与能否成功地把点点滴滴的信息汇总到一个参考框架之内：就把这些零碎信息结合在一起的大背景而言，不同单位在实质上是对等的，那么，信息越充足，决策就越明智。零碎的信息需要有一个进行理解的大背景才能变得有意义和有作用。如果某个警察局赞同权力下放，那么该警察局内的趋势应该是行政机构设法向掌握事实的人了解大背景，而不是强迫这些人把他们掌握的情报上交给某个掌控了参考框架的上层圈子。由此可见，权力下放在警察官僚机构中掀起了一股思潮，要对警局上下所有人员进行教育，并促进他们的成长，就连最没有经验的巡警也不例外。如果在某个警察局里，正统的管理模式是权力集中化，那么管理机关就垄断了对全局的理解。而如果权力下放是主流理念，那么情形就倒转过来了，人们心仪的目标是促进许多人全面成长，而且他们都能了解大局。

但是巡逻警长对警管区拥有的一言九鼎的管辖权也有其弊端。第一，该市的街头执法缺乏统一标准。市民们得到的待遇存在差别，个中原因与其说是种族或穷富（尽管一无所有悖论会促使读者认为穷富这一因素应当有一

定程度的重要性），倒不如说看他们碰巧住在哪个地区。警长一个人就足以影响警方对待公众的方式。例如，在本研究进行期间，拉科尼亚最东部的某个警管区因为警察的执法手段最为粗暴、做事最为积极而声名远扬。巡警们都说：“应该给 V 管区单独开设一个无线电频道”。这种说法不仅表明该地区犯罪率高，而且还反映了该警管区警长对下属分队的要求——彪悍强势的作风和扫黑除恶的激情。对这种警务风格情有独钟的警察（就是那种会说“我最喜欢的是最糟糕的辖区外加一点余地”的人）会想方设法调动到那个地区。对这种不顾一切的警务风格感到不安的警察则会想法调到那些不准以警务为名把街区弄得鸡飞狗跳的警区。由于多样性和权力下放导致公民受到明 246
显的区别对待，这就表明法律没有能够提供足够的平等保护，会导致双重恶果，即公民与警方离心离德和出现警察道德沦丧的现象。

第二，多样性本身并不能保证警务行为中最好的榜样遍地开花，最坏的榜样则消减直至完全消失。从理论上讲——而且事实上也确实如此——只要有一个无能、腐败、粗暴或者慵懒的分队树立了坏榜样，其他管区就有可能有样学样，染上类似“恶疾”。这种病态的实例之一就是警察任务定额制度。

任何关于良好警务工作的定义，只要与逮捕人数有关，拉科尼亚警察局局长就都看不上眼。曾经就“工作效率”这一问题与局长探讨过——无论时间长短——的警察很少；他们在与局长探讨之后都确信，局长的观点是“除非万不得已，千万不要抓人”。不仅如此，局长还特意强调，因为某些种类的违法行为（特别是拒捕）而大量抓人是无能的表现。在他看来，为逮捕人数规定定额是令人不齿的做法，这种做法在他的警察局里根本就没有容身之地。毫无疑问，在我们正在研究的样本中，大多数年轻警察持有和他一样的看法。只有 5 个执法型警察——培根、卡尔帕索、凯恩、基普以及拉索——坚持认为，逮捕人数多少和警务工作好坏实际上就是一回事。

然而，从多数警察分队的表现来看，倒好像真的有人为他们规定了定额，而且巡警队和交警队里的多数人都担心自己逮捕的重罪嫌疑人、交通违章或者酗酒人员的数量达不到某个只可意会不可言传的最低限额。通常情况下心慈手软的英格索尔警官会挪用半个小时的巡逻时间，在某个交通罚单“富矿”那里守株待兔，等着“凑罚单”。朗斯特里特警官则更为直言不讳地描述了完成逮捕人数任务的压力。在说到交通警察需要达到的工作效率时，他指出：“现在，我们每执勤 6 周就要开出 260 张罚单，水涨船高了。

以前的要求是 240 张，每天 8 张。”或许少数分队在实务中已经废除了定额制度。但是，多样性却让这样的“优秀”典型——从局长的角度看来——得到推广。相反，对警察局长不强调逮捕人数的主张做出积极响应的警察分队非但没有增加，就连原来人们指望会帮助手下人摆脱定额制度的一些新任警长，其实际所作所为看来反而是在强化配额制度。

在一定程度上，警察局自身的做法无意间扼杀了“好”的例子的推广，却让“坏”的例子猖獗一时。警察局管理机构为每名警务人员提供了一份表格，要求他填表并报告逮捕人员的数目和种类，此举引发了一个明确无误的暗示：定额确实存在。这个表格名为“工作活动日志”（activity sheet），它为每个警察工作中的执法层面保存了有形记录；警察局没有制定表格来描
247 述警察工作的其他方面——怎么处理家庭争端，与其他分队成员如何协作，怎样经营自己的辖区等。这种数字形式的信息，任何人只要想用——无论是好事还是坏事——就都可以拿到，审慎的警察对此心知肚明，因此，对于可以想出的一切可能从他的量化记录中得出的不利推论，他都会设法加以消除。他让自己的工作活动表没有任何值得怀疑之处，按照规定的逮捕人数行事，并且不走极端，通过这种方式让工作活动表不会给他带来不良后果。于是他会采取行动，就像英格索尔警官一样，去“凑罚单”。

这样一来，警察们也就明白，如果警长由于懒惰或者无能，无法掌握下属工作情况的第一手资料，往往会依赖“工作活动日志”来撰写手下警察的业绩评价。如果警长不了解情况，那么有了这样的工作日志，就会导致他在思想上倾向于为良好的警务设定量化目标，尽管警察局长对这种做法深恶痛绝。于是乎，正如生活中司空见惯的那样，手段决定了结果：工作日志改变了组织意图。

海格警官就遇到了这样一个警长。全局上下都认为那个警长是个饭桶。海格在那个警长的警队里工作满三个月之时，那名警长在海格的考评报告中这样写道：“工作成果数量与你的工作能力不符。你拥有超额完成任务的能力，但是未能表现出应有的积极性来充分发挥自己的潜能。如果能够以更为饱满的热情完成任务，更加努力地全面提升工作效率……你的考评级别就会更高。”这是在怂恿海格警官逮捕更多的人（全面提升工作效率）。对此，他的反应却是心灰意冷，这又反过来导致他愈加不受警长的欣赏。其他警察则采取了一个更加简单的变通办法：言听计从，相安无事。这样一来，定额制

度可以说是有了独立存在的能力，无论警察局长和大多数警察喜欢与否。最佳警务做法没有得到推广，最糟糕的做法反而在整个巡警部门大行其道。

警长在警管区内大权独揽的第三个主要弊病则源自某些警长的怯懦。并非所有的警长都有资格拥有如此大的治理独立性。就对待权力的各种态度的分布情况而言，我们原本就不该期望警长这个阶层能与其他警察存在什么本质上的不同。我们原本应该预料到，某些警长会被自己握有的权力腐蚀掉，而有些警长则对行使权力的种种后果顾虑重重，于是干脆选择溜之大吉，一走了事。事实上，有相当数量的警长竭力回避对自己管辖的分队进行监管。一言以蔽之，他们对手下的人变得畏惧起来。这是为什么呢？

警长之所以胆怯，是因为他自己要接受考核，这让他惴惴不安。在警长看来，如果手下不听命令，让他大丢脸面，那么他们的所作所为就会连累到他，拉低上司对他的评价。有鉴于此，对手下越轨或者偷懒的行为，警长干脆睁一只眼闭一只眼，用这种方式来收买人心。久而久之，这种做法往往会 248
演变为对下属及其行为明目张胆、故意为之的不管不顾。分队警员能够迅速辨别出这样的警长，明白警长有求于警员，从而乘虚而入。警员知道自己可以用警长的名誉来要挟他。他们会配合警长，但是会借此向警长敲竹杠：永远放弃对警员进行考核与惩戒的权力。在巡警处，发生这种交易现象的频率出乎意料地高，因为许多警长都挖空心思地想要尽快调离巡警队。巡警处工作时间长而且不固定，工作条件恶劣，而且与侦查部门相比，在获得情报方面的地位也相对较低，这些因素无不促使警长们想方设法从巡警处溜之大吉。警长们急于调走，因而很容易被分队成员提出的种种心照不宣的敲诈要求所左右。如果警长们手握大权却又不愿管事，就会出现学习方面的真空。在这样的分队里，警员们犯了错误却无人纠正，想要学习却无人指点，想要成长却无人引导，听凭他们独自面对强制权的问题与悖论，他们表露出犬儒式倾向后无人出面约束，他们对权力感到焦虑之时也无人帮他们缓解。

Ⅳ

与警长相反，警察局长对巡警没有什么影响力。巡警对警察局长没有任何依赖之处。警察局长没法提拔巡警，因为巡警的升迁归公务员管理机构负责。局长能调动的巡警人数微乎其微，因为对于还没有当上警长的警察而言，他们在巡警处之外有机会拿到的好职位少之又少。对于同一个职级内的警员，局长只能一视同仁，不能在工资方面给予任何差别待遇。他连让市政府给那些愿意承担额外责任的警察额外加薪都办不到（因此，由于缺乏足够的激励薪酬，警员实习培训计划已经办不下去了）。他可以不时重组警局内部的某些部门，给那些跟他理念一致的人开辟新的职位；不过，如果频繁进行组织变动，就会导致人心不稳，效用也会大打折扣。警察局长没有什么可以跟人交换的筹码。一言以蔽之，他几乎没有任何资源或者奖励可以拿来收买他人，使之乐于接受自己的影响。

如果说局长还有一个渠道能够温和地发挥自己的影响力，那就是他让自己的警局免受外来的影响，以此赢得人心。从巡警的角度来看，局长的职责就是处理警察局的对外关系，与城市管理人员、市议会以及商业和政治团体打交道。在 1960 年代末和 1970 年代初，美国的警察局被迫站到了公众舆论的风口浪尖；当时，拉科尼亚警察局局长挫败了外部人员企图到该警察局内兴风作浪的企图，从而赢得了广大警员的赞誉。局长在应对外来干预这一重要方面的功劳得到了警员的认可，而这正是局长在警员心目之中唯一重大优点的来源。

249 然而，免于受到外部干扰的自由是一种集体利益，它不可分割，也不可能分别打包分配给具体的个人。在这方面，警察局长没法给大家分发好处。跟巡警队的警长相比，警察局长几乎没有任何可以调动个人积极性的手段。

不过，尽管他没法奖励他人，他倒是可以惩罚他人。他可以用严厉的处罚来吓唬下属。他可以调查出哪些人犯下了违法乱纪的勾当，并对他们进行惩戒。在这方面，他毫不心慈手软。他建立了一套比美国其他警察局都要严肃与苛刻的内部纪律惩戒制度。他给内务处配备了一整套从事调查工作的队伍。他把自己精力中相当多的一部分花在了监管内务处的运作之上。他把内务处当成了一个直接对他负责的机构，并曾经多次认为内务处的调查结果与处理意见过于宽松，指示他们进行更正。他坚持要让内务处的决定在全局范围内得到尽可能广泛的宣传。此外，他还特地要求内务处在调查公众对警方投诉之时采取的调查程序和证据规则一定要偏向进行投诉的公众，不利于警察：没有当面对质，不对证人进行交叉询问；投诉可以匿名进行；不采用无罪推定原则和排除合理怀疑原则；警察被强迫自证其罪；不准律师代理警察应对内务处的审查；不准警察提出事实认定或法律规则；没有独立陪审团。

处理意见虽然是书面的，但是从不阐述警察最有力的自我辩解，反而想要系统地反驳警察的辩解。由警察局长来决定是否惩处警察，以及进行何种程度的惩罚，停职（停职一天相当于至少 60 美元的罚款）、降级或者开除。无论从哪种正当程序的标准来看，内务处都是一个纠问式的专制机构（inquisitorial and tyrannical institution）。①

当然，警察还是有一定保护措施的。尤其，对于开除决定是可以上诉的——首先向公务员委员会（Civil Service Board）（例如在查康一案中）上诉，然后向法院上诉。如果能够说动警察协会（The Police Officers' 250
Association）出手帮助，它会为这种上诉提供资金支持，或者组织大家起来集体抵制内务处格外专横无理的决定。饶是如此，在广大警员心目中，局长的内务处是一个令人望而生畏、触手无处不在的检控机构。朗斯特里特警官的话集中体现了广大警员的感受："不瞒你说，我很怕楼上那帮家伙。"局长毫不手软地贯彻执行纪律的做法让警员们深感惶恐，对此，他们毫不讳言。内务处让他们提心吊胆。此外，无论是对局长颇有微词者，还是对他大唱赞歌者都一致认为，就那些有手段野蛮、态度粗鲁或者有贪赃枉法倾向的警察而言，局长的恐怖统治成功地遏制了这些警察中民愤最大的行径。局长通过纪律惩戒程序树立了不少严惩不贷的典型，就连那些最肆无忌惮、惯于粗暴执法的警察也相信，那些明火执仗和无凭无据的不当行为必须收场了。朗斯特里特警官曾经非常受用在酒吧里对人大打出手、把"犯罪高发地区"搞得鸡犬不宁的时光，可是现如今，他在谈到警察局局长推行的惩戒措施对他的影响之时表示："我得客客气气的，客气得让我觉得恶心。可是因为有内务处，我也只能这么忍着（即公众对警察不恭敬的态度）。"

但是，如果某些不良行为确实得到了遏制，行政控制这一纯粹的惩罚性

---

① 与内务处（Internal Affairs）相反，警察局的其他纪律惩戒机构都非常重视正当程序。因此，这些机构都具有开放性，得到警察的高度接受。这些机构有：（1）枪击委员会（the shooting board，每当警察因开枪射击被控告时，不论是意外还是其他原因，警察局会建立特别小组来调查事发原因和射击的正当理由）；（2）冲突管理小组（a conflict management panel，召集指挥官和现场警察组成特设小组，审查警察过多的违反 603 条款的指控——对公民拒捕的指控，以及一些轻微的犯罪指控）；（3）安全委员会（a safety board，由专门从事交通问题研究的警察和平民组成的审查小组，审查涉及警务人员的每一个实质性的机动车事故）。这些不同的委员会，通过种种方式，由独立于管理机构的成员组成；负责的警察参加所有证据的提交和审查；调查的惩戒目的是明确的教育辅助，不仅是被调查的警察，还有委员会的成员。

措施的基础，就有其固有的危险和明确的限制，这些局限可以最为贴切地概括为这样一对矛盾：使用蛮横的强制手段来迫使他人尊重法治。①

按照局长的运用方式，内务处是一个政治工具：它不中立（说白了，它就是局长赖以开展行政管理的得力工具）；它不公平（它的证据程序和规则违反了正当程序中的每一项基本假设）；它是严酷的（开除警察的情形发生得相当频繁）；它是疯癫的（警察一方的减轻情节一概被视为无关紧要）。

警察局长的恐怖统治至少诱发了五项严重的负面反应。第一，警察把内务处视为一个肆无忌惮的敌人。由于内务处缺乏冷静的中立，于是乎连老实本分的人也感觉有权对它撒谎，跟它玩花招，并想方设法让它没法得逞。贾斯蒂斯警官在查康一案中对内务处的回应，生动地揭示了内务处所引发的对立情绪。它惹得大家用报复、不信任、狡诈和无知来回应它。内务处公然打破了司法调查的界限，因而也就在道德上失去了得到公平对待的权利。有些人觉得当庭撒谎是不对的，但是为了反抗内务处赤裸裸的强权，却情不自禁地会替刻意为之的欺骗行径进行辩护。

第二，局长的恐怖统治导致警察在日常街头工作中染上了过分谨小慎微
251 的弊病。他们遇到麻烦的情况就躲得远远的，宁愿（用朗斯特里特警官的话说）“大事化小”，也不愿冒采取行动并招致市民投诉的风险。行政强制措施——在拉科尼亚警察局所实施的程度之上——固然能够抑制主动为之的不当行为以及故意实施的暴力行为，但是在激励适当的行为、探查不作为方面却几乎毫无效果。官方的威吓导致警员出现了回避倾向，这一点集中体现在朗斯特里特身上。有些警察则干脆不再做事了，无论是出于报复、心灰意冷还是因为恐惧。这些反应有多么普遍和持久，很难进行评判。对无所作为进行衡量也并非易事；在开始实行这种恐怖统治之后，警局采取了多种反逃避措施。尽管如此，警察——敏感和眼尖的警察——还是觉察到了恐惧所带来的效果。

第三，恐怖统治似乎会抑制警察的“摸索”，即试错法（trial and error，反复试验，从失败中找到解决办法——译者注），这种做法对年轻警察的成

① 关于这个挑衅性的话题，参见拜伦·杰克逊（Byron Jackson）关于“警察领导”（Police Leadership）的博士专题论文［加利福尼亚大学伯克利分校警察科学系（Department of Political Science）；未完成］。

长而言是必不可少的。恐怖统治却迫使年轻警察墨守成规，而不是鼓励他探寻适合自己的方式，导致年轻警察在过短的时间内承担了过多的责任。有许许多多的知识是通过温故知新的方式学到的。内务处采用了种种激进狂热的方式管理警察，从而极度限制了年轻警察自由体验不同程序所带来的不同结果。这一点，正是皮尔警官讲过的队里某个年轻警察的轶事所要证明的：

> 他看到一对夫妇乱穿马路，然后他并没有给他们两个人都开罚单，而是给那名丈夫开了罚单，并轻描淡写地对那位妻子说了诸如她丈夫其实是在“硬拉着她”乱穿马路这样的话。结果，她就大哭了起来，她的父亲好像是刚刚去世。或许我不该这么说，不过那个警察是想尽量用明智和幽默的方式来处理这件事，可是内务处却批评他的做法不“严肃认真”。这样做太不地道了。你肯定不希望下属像机器人冷漠地对待公民。

就警察局长无孔不入的监视而言，对警察影响最大的是其长远发展的潜力。在皮尔警官看来，如果警察局一味进行严格和惩罚性的反应，就会妨碍独立判断。

第四，内务处鼓励保密，大家都噤若寒蝉，对别人袒露胸襟的代价太高了。其结果是，警察局长和与他关系密切的管理人员遭到孤立，得不到非正式情报来源，无法了解下属的喜怒哀乐，无法知道他们在想什么，也无法知道他们面临着哪些问题，取得了哪些成就。

第五，恐怖统治之所以如此有效，是因为警察局长有着严苛、非理性、冷漠无情的名声。要让内务处的威胁起到作用，他就必须坐实自己残酷无情的性格。但是摆出这样一个姿态有一个困难，那就是如果摆出这种姿态，随之而来的后果就是抬高同僚中最恶劣的犬儒主义者的地位。这些愤世嫉俗的犬儒主义者会用非黑即白的二元论和人心邪恶的角度对局长的行为进行解读，并拿局长的声明和惩戒行动当作证据，以支持他们关于警察部门内外所
发生的事情的理论。他们所做的解读鼓动大家处处跟警察局长对着干。与此 252
同时，对于可能支持局长的人，那些欣赏局长的全局目标并可能为之辩护的人，警察局长做出的某些姿态可能会使他们感到气短。只要局长采取的方法大长了那些诋毁他的人的威风，却灭了那些支持他的人的锐气，那么他采取

的惩戒措施就与他扩大影响力的努力是背道而驰的。

打击报复、心灰意冷、压制尝试、遮遮掩掩、理想破灭，这是不分青红皂白地采用纯粹惩罚性措施的一些严重的代价。依靠苛刻的纪律行事，到头来导致收效明显减退，如果不是局长在采取严厉措施的同时还能在道德上以身作则，率先垂范（借此重新树立了原则，提振了士气，鼓励敢闯敢为的精神，提倡坦诚待人和坚持信仰），可能会造成灾难性的后果。接下来，我们来看看这位警察局长究竟是如何完成这些颇具创意的领导工作，并在警察机构内维持某种合作制度的。

V

拉科尼亚警察局局长既没有什么魅力，也不善于鼓舞人心。他并非警察中的佼佼者。他没有多少一线警察的工作经验，而是从研究与发展处、培训处这样的内勤部门一路晋升上来的。他性情乖戾，几乎容不下任何批评。他有着年轻人式的羞怯，但是这种羞怯却蜕变成了一种令人厌恶的习惯：贬低和羞辱下属。他常常不把手下的警察当作人来对待。他对情感方面的问题根本就听不进去。但是另一方面，他又非常聪明，颇有远见，勇敢坚决。人们在观察他的时候，如果遭遇到了他个性中不那么讨喜的方面，往往会看不到他的这些优点。从很多方面来看，他是警察局里最不可能具有道德领导力（moral leadership）[①] 的人。

然而，我们抽样的 28 名年轻警察却士气旺盛，而且士气还在提升。诚然，这些警察受到了组织的批评，而且在个人方面也有失意之处，但是他们大多数都在勤勤恳恳地工作，并从中获得了个人满足感。他们觉得自己的警察局是全国最优秀的警察局，而且从他们的所作所为来看，这种感觉确实是发自内心的。对于自己在工作中严格遵守法律——包括最高法院的判决与警察局长严格的规章——他们倍感骄傲。他们廉洁自律并引以为傲。他们中间出身少数族裔的警察越来越多，想要加入他们警察局的人素质也很高，对此

① 道德领导力（moral leadership），即高尚的道德、修养及魅力，引领组织成员，以促使组织成员成为追随者，透过领导者伦理行为的实践唤起被领导者的正义感、品行操守以及责任感，以激励其工作，达成组织的目的的一种能力。——译者注

他们非常自豪。无论用什么标准来衡量，他们的士气——即为集体努力而做出贡献的意愿——都很高。

不可否认的一点是，尽管警察局长本人刻薄寡恩，而且动辄诉诸惩戒手 253
段来管控下属，但是在他的管理之下，拉科尼亚警察局充满了使命感，在这种使命感里，他从手下的警察身上获得了尊严和道德意义。

警察局长在道德问题上大获成功的秘诀是他利用了警察对理解的渴求。在他担任警察局长的 7 年中，他拓展了培训处的人事和课程。他把新警察的培训课程从 10 周延长到 38 周。他为警长、副队长、狱警、通讯调度员、风化警队（Vice Squad）①、人事面试官、资深警察（在警察局工作满三年及以上的人）以及现场培训警官分别创设了一系列课程。简而言之，除了未成年犯罪处、刑事侦查处和交警处外，局里几乎所有的主要部门都被有组织地纳入了继续职业教育之中。每批 20 人，培训处孜孜不倦地为各批次受训人员讲授入门课程以及为期两周的进修课程。讨论、习题集、模拟、讲座……授课方式总是在不断变化，但是教育工作从来没有停止过。

警察局长参与了培训计划的各个方面。他的思想和影响渗透到了课程之中。他还力争与每个班级的学员都见上一面，无论受训学员是新手还是老兵。颇具讽刺意味的是，尽管局长在其他地方容不得批评，他却经常沉迷于教室里的争论。虽然他在其他场合看上去高不可攀、不苟言笑，他在课堂上却轻松自如，不拘礼节。在日常事务中他往往羞辱贬低下属，可是在教室里他却对他们进行鼓舞和激励。他找到了一个机制架构，在这里他可以胸有成竹地依靠自己的才智，他的行为不必像其他情形下那样表露出提防之心和令人不快的怨愤之气。

更重要的是，他选来从事培训工作的人强化了他的长处。他们逐渐形成了一种新的讲授警察课程的风格。这种风格鼓励学生在每堂课中都积极参与讨论、争论并提出质疑。在局长确立的制度之下，课程不再主要由讲课组成，而是越来越具有了研讨会的样子。例如，依据课堂参与情况对新招录的警察进行考核。鼓励高级警员和警长进行争论，故意跟人唱反调，并质疑警察局的政策。

这样的轻描淡写让这些事情听上去似乎轻而易举，但是其实却没有一件

① 风化警队（Vice Squad）：取缔赌博和卖淫等各种形式的罪恶行为的警队。——译者注

是可以如此轻易办到的。忙碌的警察习惯于听他人就话题发表观点，之后再私下琢磨这些话题，而不是努力在课堂上公开谈论这些话题。有时候如果碰到局长心情不佳，那么用拉尔夫警官的话来说，课堂讨论就演变成了一场“赤膊上阵”的对抗。有些培训教官做不到让课堂充满热情、均衡的质疑精
254 神和饱满的动力。尽管如此，这样一个培训模式还是确立了起来，而且带来了无可否认的效果。拉科尼亚警察局的管理机构通过培训处让警察具备了觉悟，并以这样的手段为旧的活动赋予了新的意义。

举两个例子就足够了。在警长的进修课程中，学员们要学习由布莱克和莫顿两人提出的管理方格图（Blake and Mouton grid）[①] 的组织理论。简单地讲，布莱克-莫顿方格由对管理者的二维评价构成，这两个维度分别是小组任务完成度（效率）和关心下属（感情）。这两个维度分为累加的 9 个等级；警长要用这一方格来对自己进行评估，并在班上讨论评估结果，以此了解该评估方法。[②] 评估结果为“9∶1”的警长是拼命三郎型的警长，很少关心下属的个人感情，但在激发分队效率方面表现卓越。反过来，评估结果为“1∶9”的则是个典型的仁爱宽厚的警长，对下属的福祉关怀备至，但是对分队的集体工作情况却不怎么上心。当第一届警长进修班学习了这一理念之后，局里警察的口头禅突然开始发生了变化。警察在更衣室里闲谈时满口“1∶9”“9∶1”“5∶5”和“9∶4”，而且这些字眼不仅用在警长身上，而且还用到了警察局长、巡警乃至普通百姓身上。按照传统智慧的说法，模仿是最真诚的恭维：这些术语大行其道，这是对培训处为警察福祉所做贡献的大大方方的真诚承认。

警察曾经积累了不少重要的观感但是却苦于无法表达；如今，这种用语给他们提供了一样利器。它为警察提供了一整套描绘程度的词汇，而关于程

---

① 管理方格（Managerial Grid）：是研究企业的领导方式及其有效性的理论，是由美国得克萨斯大学的行为科学家罗伯特·布莱克（Robert Blake）和简·莫顿（Jane Mouton）在 1964 年出版的《管理方格》一书中提出的。布莱克管理方式表明，在对生产的关心和对人的关心这两个因素之间，并没有必然的冲突。他们通过有情报根据的自由选择、积极参与、相互信任、开放沟通、目标和目的、冲突的解决办法、个人责任、评论、工作活动等 9 个方面的比较，认为 9.9 定向方式最有利于企业的绩效。所以，企业领导者应该客观地分析企业内外的各种情况，把自己的领导方式改造成为 9.9 理想型管理方式，以达到最高的效率。——译者注

② 与皮尔警官在交警队的做法有相通之处！

度，警察所用的大白话往往模棱两可、缺乏系统性。这些数字分值取代了那些在小圈子里使用的很接地气的字眼，诸如“大英雄”（General Joe）、“歇斯底里的哈里”（Hysterical Harry）、“危机管理高手”和“活电脑”（the Human Computer）这些数字化术语，将评判标准分解为外在绩效和内在成长这样一体两项但是相互独立的标准，从而帮助警长理解自己的工作，同时还提供了一种易于记忆的方式，来描述这两个相互独立、同样值得追求、却往往不可兼得的目标之间的关系。对于警长而言，这种对成功程度的简明扼要的表达方式让他们重新燃起了信心。此前一些警长常常感到泄气，觉得自己能力不足，因为他们觉得自己分队的警察不像其他分队的警察那样跟警长关系热络。在布莱克－莫顿方格体系中“9：1”的得分让这样的警长吃了一颗定心丸，知道他们也完全算得上卓有成效的主管，他们对警察局的价值还可以使用下属的敬爱之情之外的其他正当的标准进行衡量。不过令人始料未及的是，这样的定心丸却反而让他们放松下来，转而开始更加重视下属的喜 255
怒哀乐来。那些喜欢培养下属的警司在了解了布莱克－莫顿方格中包含的评价性概念后，就可以打消关于乐于培养下属是否正当的自我怀疑了。不管每个人的具体情况如何，都能起到增强警长自信的效果。

而在警察队伍的另一端，巡警（其中许多人未来会成为主管）则掌握了若干术语，让他们对自己上级的工作有了更好的认识。布莱克－莫顿方格所采用的语言让巡警们体会到了警长工作的复杂性，纠正了不切实际的期望，而这些是警长们的大白话所办不到的。

还有一个例子。在现场警员培训项目中，培训处扩充了培训学院的课程表，想要详细规定新警察需要学习的内容。在这过程中，现场培训警官阅读了一篇关于“警察亚文化”的文章，这篇文章是培训处一名警长准备的，目的是为了帮助新招募的警察适应新生活。在现场培训警官班级里，那篇文章引发了一场大讨论，其热烈程度远远超过了新警察之间的讨论。这样一来，培训处就邀请这些担任现场培训警官的老警察对那篇文章进行批评分析，并进行补充。让有经验的警察参与决定向新警察教些什么内容，令他们受宠若惊，如此一来缓和了此前广大警察对培训处的不信任感。这种不信任感最初来自培训处对局长言听计从，往往表现为老资格警察们之间的窃窃私语，说警察局长有意在新警察面前贬损老警察。这堂关于警察亚文化的课却表明，警局管理机构并不是基层警察的敌人，而是一个相当明智而且懂得欣赏他们的伙伴。它表明，为了理解广大警察，警局管理机构对他们给予了足够的人文关怀。与此同时，警察亚文化这一话题，还让警察局里掀起了一场关于警察局宗旨和个人目标的大讨论。

“新思想和老经验结合起来，就是一个非常有价值的工具。”用这样一句平实的话，一位专业型警察概括了领导力的重要性。思想——这一最为取之不尽、用之不竭的施加影响的方法，消弭了对局长的部分怨恨，并提供了一个渠道，把警长们种种神通广大的手腕引向其他用武之地。要做到这一点——至少在拉科尼亚警察局是如此——离不开一个范围广大的制度化机制，也就是培训处。铁打的营盘流水的兵，参加培训的警察换了一茬又一茬，他们的知识需求也在变化，需要在课程表里增添新的内容。[①]

256 但是这个过程的确非常重要，而且已经得到了确立——研讨争论、经验交流、开诚布公、激发思考的兴趣、认识问题并留出时间进行独立思考。

“培训处从某种程度上讲是警察局的心脏，”罗尔夫喜欢这样说。在许多方面，他的这个比喻是正确的。培训处是管理机构在应对警察内心道德问题方面的一个成功尝试。培训处不仅解决警察在知识方面的困惑，而且还要以同样的力度解决他们在道德方面的迷茫。如果警察毫无敬畏之心，那么往

① 专业型警察罗尔夫警官有这样一番观感：“现在来当警察的人已经开始跟过去不一样了。而且这些人的社会意识障碍（social awareness blocks）也不像以前那样严重了。您知道，现在这些人上过四年大学，也许还读过研究生，而且他们还会去进修几年……这样的人在我们这儿倒也不占多数，不过还是有几个的。他们没有当过兵，但是现如今的社会问题他们却样样都知道……想象一下，一个在二十一二岁的年纪来当警察的人：1960 年时他已经 10 岁了，而且这些年来他接触了很多东西。有些东西可能会有点重复。我教过一门课，叫“如何应对民众抗议”（*Civil Protest*）。这门课最开始是一位大学教授设计和讲授的，然后由福特警长（Sergeant Ford）来上，后来交给了我。我是水平最差的那个。这门课有几个很有意思的地方。它是按照历史的顺序编排的。不过，在我们这儿进修的学员，他们可不是笨蛋。所以，我第二次教这门课的时候，我干脆就不讲了，而是引导他们进行讨论。一开始的时候我说，咱们不如先回头看一下大家知道的事情，然后从新的角度去思考。现在既然他们当了警察了，那么社会抗议对他们警察来说意味着什么。结果大获成功。这些学员非常聪明，非常优秀……他们现在缺少那些品质，他们的前辈却多得很。以前我们这儿的警察，您知道，可能从小是在农场长大的，从刚会走的时候就开始玩枪了，或者都当过兵。可是现如今这些新警察里，有些人以前连枪都没有摸过……我发现这一点之后，跟管靶场的说了一下，然后我们就马上开始给他们讲枪械基础知识。我明白了这一点后，他们就会学得很好。只要你知道从哪儿开始教他们，那么教他们（这些从来没有摸过枪的人）打枪反而比教那些警察（从小玩枪但是却需要改掉射击方面的老毛病）更容易……在我们这儿，我们一直都在改变，非常有意思。”

往就会受到权力悖论中最为恶劣的影响的摆布。但是培训处为那些终日忙碌的警察提供了必要的动机、手段以及庇护，让他们更清楚地审视自己的生活，重新定义目标，挑战旧观念，并且在道德上变得更有创造力，其影响是非常深远的。

> 警察局的士气非常高。我觉得，这一切都源自警长培训学校。（还有就是，我们举办了现场培训警官学校，用这种方式来关心我们的警员……）这表明，我们终于有所作为了。不过，当局长走进警长培训班，说道“我们把你们多年前放弃的权力又还给你们了”，那确实很让人感到触动。

就这样，警察局管理机构让下属重新振作了起来。

罗尔夫警官认为，对拉科尼亚警察局影响最为深远的是警长学校，这种观感在我看来是非常有启发性的。通过对警长进行培训，警察局长利用了警长们天然具有的对警管区的管辖权，使之正当化，并成功说服警长用这种独立自主的管辖权来鼓舞和教导他们分队的队员。在日常生活中对下属进行道德上的指导或许需要采用极其含蓄且委婉的方式，但是它却是至关重要的，不论是直接进行还是间接进行。如果没有道德意义，没有麦克利里 257
（McCleery）所称的“对混乱局面的控制性定义”，[①] 那么“人世间纷繁芜杂、喧嚣吵闹的混乱”就会引发“无休止的恐惧和遭受横死的危险，人类的生活就会（变得）孤独、贫穷、肮脏、野蛮和短暂”[②]。

Ⅵ

亲爱的读者，我希望到这个时候，您已经对警察局长抱有强烈的情感。

---

① 理查德·麦克利里（Richard McCleery）：“惩教管理与政策变革”（Correctional Administration and Political Change），载于劳伦斯·黑兹里格（Lawrence Hazelrigg）主编的《社会监狱》（*Prison within Society*），（纽约：Doubleday Anchor 出版社，1967），第 113 ~ 149 页．我对领导的有关讨论在很大程度上借鉴了麦克利里这篇杰出的文章，文中讨论了夏威夷一间监狱改革的效果。

② 出自威廉·詹姆斯（William James）和他知识智慧所承袭的前辈托马斯·霍布斯（Thomas Hobbes）。

他的下属就是如此。虽然他们承认局长非常聪明，但是在他们眼中，局长并不文明，也不和善；他报复心强，而非宽宏大度；他冷漠无情，而非宅心仁厚；他讲究情怀，并不理性；最重要的是，他并不公平，有失公允。简而言之，他为人冷酷，或者至少令人畏惧。

但是与此同时，他却给拉科尼亚警察局带来了受到人们一致称颂的进步。即使对局长颇有微词的人也承认，他们所在的警察局是一个优秀的警察局，而且变得越来越好。

在许多方面，这位警察局长身上集中体现了本书的主题之一：在某些情形下，通常被认为残忍的手段，却能够而且确实带来了良好的效果。事实上，可以说，只有采用严酷的手段才可能取得拉科尼亚警察局的成就。一个温文尔雅、宽容大度、悲天悯人、开明豁达的警察局长是根本无法从下属那里争取到（而且他们最终确实也付出了）足够程度的关注、努力和牺牲，把他们转变成一个廉洁、开明、熟练、公正的组织。我禁不住想要说，警察局长是个超级专业型警察，用严酷的手段把手中掌握的对“边缘危机的恐惧”这一优势利用得淋漓尽致，教导下属，他们能做的，比他们认为他们可以做到的还要好。

我希望您审视一下你对警察局长的反应，然后重读作为本书开篇之语的马基雅维利所讲的卡普阿城的故事。大胆鲁莽，力求掌握不可掌握之物的政治傲慢，通常并不是迷人并且可爱的品质。因此它常常会超越文明礼仪和人类忍耐的限度，正如在卡普阿城很可能发生的事情那样。即便大胆鲁莽不曾逾矩，我们依然会厌恶专业型政治人物——他们跟那个名叫“强制力”的恶魔串通一气，企图左右事件的走向——表面上的高傲和残暴。只有当这些专业型政治人物黯然下台之后，我们才发现，没有了这些人，文明反而“命运多舛”起来。只有这时，我们才能真正参透我们称之为“强制力”的悖论的优点和必要性。

258 或许，当您试图在自己的理念中重新确定强制力在人类状况中的位置的时候，应当牢记这位局长的故事。

Ⅶ

作为本次关于专业化警察职业精神发展之讨论的最终注脚，这里还有必要简单提一下法治。拉科尼亚警察是在一个法律无处不在的环境下工作的。他们感到自己受到最高法院判决、立法限制和部门规章的约束。他们知道，违反上述任何一项都可能导致自己被带到法官面前接受质询。此外，他们清楚地知道法律赋予他们的权限，明白他们可以合法工作不受制裁的界限以及他们的自由程度。总之，作为遵循法治的人，他们明白能从哪里得到帮助，也明白会从哪里吃到苦头。

这种浓厚的法律氛围最重要的影响就是它对道德义务所设的限制。所有的警察都知道，他们不受质疑的管辖权是以刑法为限的。他们不能对非犯罪行为肆意妄加干涉。像塔布曼警官和加菲尔德警官这样的逃避者，会利用刑法的这些限制来推脱合法的求助，理由是警方不处理民事事务。尽管如此，不论民事和刑事之间的区别遭到多么频繁的滥用，这种区分依然是至关重要的。每个警察都需要为他人对他的期望设定限制。

认识到有些人面临的问题是警察无法很好地处理的，这是培养专业化职业警察的开始。认识到这一点后，警察就开始更加务实地定义自己的价值。反过来，这种更为脚踏实地的成功标准意味着，他不会因为自己完不成、不可能完成的职责而产生罪恶感。有些警察人际交往能力特别强，可以比其他人更加游刃有余地处理我们前面提到的道德裁量权，因而他们会投身于那些在技术上讲并不属于刑事范畴的事宜。尽管如此，有些事是任何警察——就连老道的贾斯蒂斯警官也是如此——都无法独自处理的。有些婚姻关系是没有哪个警察能够维系推进的，对于那些无意改过自新的青少年，也没有哪个警察能够让他们洗心革面。对于多数陷于贫困的人而言，没有哪个警察可以增加他们的收入。非常现实地说，任何合理的警务工作都不可能保证每所房屋都能免受入室盗窃的困扰。警察无法杜绝抽大麻、卖淫或者赌博。凡此种种，不一而足。在某种程度上，任何觉得自己有责任保证民众免受苦难的警察，都不可避免地会产生力不从心之感。

法治减轻了警察的义务，因而在减少罪责感方面起到了至关重要的作
用。法治规定了在哪些情形下警察不得帮助他人。法治对道德责任的限制是 259
一项不容小觑的成就，托克维尔的说法非常贴切，警察一直都要面对“众多申请人的游说”，这些人都在恳请警察动用自己的权力来为他们出头。除非设计出一种可以接受的方式，对警察独有的胁迫手段的用途进行限制，否则警察几乎没有什么理由来抗拒别人要求他动用这些手段的压力：收账单，

执行建筑法规，唤醒醉汉，向遇到麻烦的家庭提供咨询，让社区平静下来，对青少年进行矫正管束。

因此，法律的微妙用途之一就是将警察从这些不现实的责任和往往相互矛盾的恳求中解放出来。法治规定了警察可以帮助谁，以及提供多大程度的帮助，同时给他们的责任设定了界限。简而言之，法律为警察提供了一个远离公众指责和自我批评的避难所。

警察往往难以适应要受到法律和个人限制的现实。他们常常因为民众的苦难痛心疾首，想要为民众做点什么，但是，他们却会因为“无能为力”而锥心痛恨。其实，很多时候倒是可以有所行动，但是不能由警察使用他们的强迫性权力来做。最优秀的专业型警察的做法是更加深入地理解个人的灵活多变以及他们所生活的这个社会。矛盾的是，了解民法知识对于警察这样的刑法从业人员颇有裨益。倒不是说这能让他们成为实至名归的准专业律师，而是让他们了解法律体系的其余部分是什么样子的，使他们能够打开通往法律体系资源的大门。当警察意识到其他社会机构能够提供的帮助时，他们就会感到轻松多了。权力分立使他们摆脱了要么滥用权力，要么放弃内心感到的帮助义务的两难境地。对民法的了解增强了他们向新机构“推卸责任”（pass the buck）的信心，而不会自认为冷酷无情或懦弱而因此自责。

限制道德责任是法治的一个重要作用。如果没有这种界定自我限制的手段，没有某种执行机制来迫使掌权者约束自己，那么我无法想象权力能够改善运用权力的人：权力只会用它的负担压垮运用权力的人，在他是一个想要帮助别人的人时尤其如此。

研究启示

研究了又能怎样呢？一项针对美国一个规模不大的警察局里 28 名年轻警察进行的微观研究，又能有什么更大的意义呢？在这里，我想简单谈谈本研究的两个启示。第一个启示是对警察机构更为直接的意义。警察局长有哪些选择？第二个启示则涉及一个更为广泛的政治范围，是对一个关键问题的回答：权力是否容易导致腐败？

第13章　警察局长的选择 263

巡警的自由裁量权是万万不能取消的。巡警必须独自工作，最多只能和另一名巡警一起工作，而且他还得处理混乱的情况。解决办法是使巡逻警察成为拥有能够处理自己本职工作所固有的自由裁量权和责任的人。

——纽黑文警察局局长詹姆斯·f. 埃亨（James F. Ahern），1972年

一切长远的政治都是制度性的。

——卡尔·波普尔（Karl Popper）①，《开放社会及其敌人》（*The Open Society and Its Enemies*），1950年

I

巡警工作的基本状况是孤独、危险、专注于人类的苦难。因此，这项工作离不开超乎寻常的个人士气。没有哪个警察会全力以赴工作，除非他觉得自己的所作所为既有效又正确。再多的惩罚性监督也无法迫使一个自尊自重的警察主动表现出援助苦难的勇气。任何经济奖励制度也无法弥补警察在道德驱使下心甘情愿牺牲自己去面对危险。

① 卡尔·波普尔（Karl Raimund Popper，1902年7月28日出生于奥地利维也纳，1994年9月17日逝世于英格兰大伦敦，克罗伊登），奥地利籍的英国自然科学和社会科学哲学家。他在《科学发现之逻辑》（1934）一书中反对传统的人为科学的假设可能因观察的累积而发生改变的归纳法，坚持科学假设可能是捏造的。后期作品包括《开放的社会及其敌人》（1945）、《历史主义的贫困》（1957）、《科学发现之逻辑补遗》（3卷；1981～1982年）。——译者注

然而，在行使强制权的过程中存在一个问题，那就是它会消磨人的道德。警察机关给每个巡警的生活造成了与其他人的空前对立。巡警拥有权力，因而要面对权力的四个悖论，但他发觉自己面对被剥夺者、冷漠者、冷酷无情者和非理性者时是处于下风的。他发现，自己的文明道德准则中的约
264 束抑制了他有效地、对等地做出反应的冲动，导致他无法有效地完成工作。巡警面对着一个明显的困境，要么当一个无辜的人，要么当一个有成就的警察。他忍不住想要抛弃自己与生俱来的道德包袱。如果他果真这样做了，他会发现自己抛弃了自己旧有的理念，而这些理念是与他的道德态度交织在一起的。简而言之，行使职权导致他意志消沉（道德沦丧）。

警察局长如果懂得权力使人道德沦丧的后果，那么他就会集中精力减轻这些后果。像拉科尼亚这样的模范警察局会动用职能，向巡警提供修复灵魂所需的知识和道德营养，通过这种手段重振巡警的士气。至少在一般情况下是如此。这种重振士气之举有时是有意为之的，是诸如培训这样的制度化行为的结果；有时候它则是“偶然”发生的，甚至是不顾行政行为发生的。不过也有例外，有些警察与警察局之间存在隔阂，或者被隔离在一个水泼不进的封闭小圈子里，根本无法重振他们的士气。

在本书的其他部分中，我们描述了拉科尼亚警察局为应付权力对道德的消磨作用而设立的若干机制：范围广泛的新警察培训计划（该计划对城市采用了历史和社会学的观点）、实地培训警官计划（面向新警察的一线教官）、资深警官培训计划（面向有三年以上工作经验的警察）、枪击事件审查委员会和冲突管理小组的听证会（面向暴力事件调查工作所涉及的巡警）以及暴力预防小组。这些机构都对涉身其中的警察的士气产生了重大影响。

但是，如果让我向警察局长推荐一个对于恢复过程至关重要的机制的话，我要推荐的肯定是对警长提供广泛的教育。从巡警的角度来看，在重振士气的过程中起到关键作用的人物是他们的警长。平日里，警察局其他部门是看不到巡警的所作所为与所思所想的。在巡警的上级中，只有警长才有机会深入了解每个巡警在道德和知识方面的发展。

由于环境的缘故，警长成了巡警们的老师，巡警支队就是巡警天然的学校。哪个警察局能够为这些天然的老师提供最好的教育，这个警察局就能为巡警们提供最好的服务。为警长提供的最佳教育包括哲学、社会学、修辞学

和法学方面的内容。原因是这样的。

警长必须学会如何教导他的部下明白道德的复杂性，教导他们面对行使强制权这一义务中所暗含的各种相互冲突的因素之时，如何做到并行不悖，游刃有余。警长必须能够结合巡警自身的经验，解释文明、警察局的目标、 265
个人目标和强制效力之间的冲突。每个巡警都必须将解决这些冲突的方法融入自己现有的道德体系之中；警长必须知道如何推进这个融入过程。警长必须理解，在适应行使强制权力时出现的需要考虑的新因素的同时，保持旧的道德约束的力量，这是非常重要的。他必须认识到自由讨论在道德适应过程中的重要性，并认识到为促进辩论而故意唱反调，在为相互竞争的观点提供有力论据方面所扮演的角色。他必须懂得如何建立一个避风港，让手下警员能够自由自在地对警察局规章制度是否合理进行辩论，然后再将其纳入自己的道德体系。警长必须帮助警员形成为全民福祉（general welfare）服务的观念。从这个意义上说，警长是一名哲学教师。

警长还必须处理部下对他们自己、他们所在的警局、他们的城市以及人类苦难的理解。他必须学会如何帮助手下的人，让他们能够敞开心扉，透露他们对人性、社会以及强制权在这个社会中的恰当位置所预设的观点，用这种方式让他们能够结合身边发生的事情来检验自己的预设观点。警长要允许下属对他们所持的假设进行实验性的运用，然后鼓励他们分析预测和结果之间的差异，以此学会如何让部下对他们的理解树立信心。警长必须认识到概念对个人学习的重要性，认识到经验是很好的老师，并认识到按照类别对个人经验进行分组非常重要。警长必须学会如何通过讨论，让下属得以从不同的角度重构个人经历，从而让警察能够看到那些原本可以发生但却没有发生的事情。从这个意义上说，警长又是社会学教师。

此外，巡逻警长还要操心部下的表达能力。在赖以影响他人的诸多技巧之中——无论是恫吓、互惠或劝诫——语言技能都是至关重要的。警长必须学会如何观察或者让部下参与辩论，发现并纠正他们在表达方面的弱点。警长必须教会手下掌握丰富的术语，用来表达细微差别和衡量程度。他必须教会部下如何有效地运用语言，让他们树立信心，能够自如地运用并强化他们自然的说话方式。在这方面，警长是修辞学教师。

最后，警长还得教部下法律知识。他不仅有责任掌握刑法，而且还有责任掌握民法，掌握的程度至少得让他可以向部下讲清楚公民是如何获得法律

系统的资源的。警长必须能够让下属弄清保险法和侵权责任法、财产法、合
266 同法、许可证和税收等法律框架。最重要的是，警长必须教育他的部下，让他们了解法律程序的性质并清楚其历史发展。在这方面，警长是法律教师。

简而言之，每一名警长都必须是一位多才多艺的教育家。他必须直接上手讲课，而且他必须激励部下，让他们想要自学、想要上大学，并不断从民众那里学习关于人情世故的知识。这个处方听起来似乎令人匪夷所思，然而事实上，警长已经在为下属履行道德家、社会学家、修辞学家和法学教授的职责，但是警长并却没有受过正规教育，而这样的正规教育原本可以让他们更出色地教育手握权力的人。

要胜任自己的工作，警长就需要接受与警长至关重要的地位相称的教育；对警长的培训必须和对新警察的培训一样有效。警察局还必须为警长提供经济奖励并提高他们的荣誉，以便让最优秀的人乐于成为警长。这一提议虽然不起眼，但是却花费不菲。要实施这一提议，警察局和纳税人固然要付出代价。不过我相信，它所带来的好处将证明这些代价是值得的。

Ⅱ

前文主张要直接面对警察使用强制手段而造成的基本问题，与这一建议相反的是，人们常常提议要回避道德腐蚀现象。这些提议中措辞最佳的或许当属迈阿密警察局局长伯纳德·L. 加迈尔（Bernard L. Garmire）以及该警察局的精神病医生顾问杰西·G. 鲁宾（Jesse G. Rubin）所提出的提议了。加迈尔和鲁宾指出了警察的权力问题——受到极端道德冲突的影响以及可能发生道德崩溃（moral collapse）。[①] 他们的解决办法很简单：警察局应该进行外部分工，而不是教育巡警如何去对多种道德义务进行内部协调。

> 既然没有哪个警察能够同时完成人们期待他扮演的所有角色，那么

① 加迈尔（Garmire）的原话是："指望一个人在智力上同时演好两个角色（即执法人员和社区服务人员的角色），并且在片刻之间就在心理上从一个角色跳到另一个角色，这根本就是不合理的……警务人员必须担当多重角色，这大大加剧了警务人员的疲劳和压力。"罗伯特·斯蒂德曼（Robert F. Steadman）主编：《警察与社区》（*The Police and the Community*）（巴尔的摩：约翰·霍普金斯大学出版社，1972），第4~5页。

> 警察局就应该分成几个部门（即若干个邻里事务警察小组和一个打击刑事犯罪战术小组），给每个小组都分配一个明确的首要警务角色……
> 如果能够对警察的角色进行明确化、简化和专门化，那么就可以有的放 267
> 矢地来为每个角色招募和培训警员。这样一来，就能更好地塑造警员正在形成的新身份，从而去适应在数量上有限的、切实可行的角色期望。①

我将这个建议称为一种在道德方面过于简单化的解决强制胁迫（coercion）问题的办法：把警察局划分为两个阵营——警察和大权在握的警察，这就是在道德上过于简单化的解决方案的怪诞的格局。在这个格局里包含若干颇能泄露内情的含混之处。行使警察权力势必会造成对立，而加迈尔与鲁宾的主张中没有任何内容清楚地说明，应当如何将这种对立从邻里警务中剥离出来，并将其限制在打击犯罪的活动之中。

不过，单纯出于论证的考虑，我们假设警察局的确可以设计出一个“明确的、简化的、专业化的”分工，我们依然还有一个悬而未决的问题：那些处理对抗的专家们的灵魂会遭遇什么？他们如何坚持采用文明的视角？他们如何扩展自己的理解圈？他们如何纵览全局？什么因素能够促使他们积极主动、沉着大胆、甘于去冒失败的风险？

加迈尔和鲁宾没有提到这种专业化可能导致的人格变化。毫无疑问，这一遗漏源于他们在道德上过于简化的解决方案的观念中所隐含的预设，即一旦年轻人走出他们的“身份危机”，道德和智力的发展进程就停止了。②

在从事了某项最低年限的警务工作之后，人性就会一成不变——这种决定论的假设对于前文那种在道德上过度简单化的解决方案而言至关重要。这一假设倒也不无道理。警察通过接触强制权悖论形成了责任及多种道德态度之间的系统的相互依存关系，这两者确实赋予了警察变成

---

① 杰西·鲁宾（Jesse G. Rubin）：“警察身份认同与警察角色”（引自同上，第 15，40 ~ 41 页）。

② “从警两年之后，他就会习惯于某种工作角色，而这一角色决定——可能是好事，也可能是坏事——他会成为什么样的警察以及什么样的人。假如这两年导致年轻警员通常会遇到的“成长的烦恼”雪上加霜，而不是帮助他们解决这些烦恼，那么新警察就无法实现心理上的成熟融合，而这种融合是以专业水平来履行职务所必需的。”（引自同上，pp. 12 ~ 13）

“那种类型的人”某种程度的固定性。但是，人的灵魂内部是在不断发生变化的，这些变化有些是偶然事件导致的，有些是某些机构导致的，有些则是因为个人的决心而发生的。警察一生中会成长也会退步。他们的成长可能会由于阅历有限而受到阻碍，永远失去某些选择。但是尽管如此，一切都在变化，而且是在不断地变化。那种在道德上过于简单化的解决方案——在组织机构中创设某个空间，用来培养执法型警察，然后这些警察最后变成彻头彻尾地为达到目的而不择手段的马基雅维利主义
268 者——利用韦伯的话来说就是，放大了强制权力发生腐败的可能性。这种解决方案并不能解决强制权力问题——如何防止拥有强制权力的人变坏。①

恰当地解决强制权力问题，不是去消除既有文明与强制权力的矛盾，而是要提供理解和道德力量，使警察能够妥善协调这两者。警察局可以努力适应既有的人类脆弱性，也可以使人类不那么脆弱。在人力所及的范围内，自由社会的当务之急必须始终是使人更加强大。对世界和工作的探讨与理解以及道德上的自我认识——这些都成为了支撑人类道德力量的核心

① 尼古拉斯·派勒吉（Nicholas Pileggi）曾经对某个打击犯罪战术小组专门招募和训练的警察因此所受的影响进行了令人不安的描述。参见他所撰写的《战术巡逻警队：是“盖世太保”还是“刑警精英”》，发表于《纽约时报杂志》，转载于杰罗米·斯科尔尼克（Jerome Skolnick）和艾略特·科里（Elliott Currie）所著《美国宪法危机》（*Crisis in American Institutions*）（波士顿：利特尔－布朗出版社，1970），第402页。此外，皮尔警官在论及专门化和文职化（后者指的是在案头工作中使用更多的非警察人员，诸如通讯、研究和犯罪侦查学（criminalistics）时，驳斥了那种在道德上过于简单化的解决办法：“我觉得对专门化和文职化还是要谨慎些。现如今文职人员也可以当警察了。但是问题在于，有些岗位不对警察开放。这就影响了多样化，影响了经验积累。如果规划和研究岗位只对文职人员开放，那么我就没法到这些岗位去，也就得不到这方面的经验。警察可以是文职人员，不过我认识的一个警察，为了当刑事侦查专家（criminalist），只好辞去警察职务。现在，巡警可以当财产保管员或者刑事侦查专家（criminalist）。这些工作岗位差别很大，对于技能和其他能力的要求也有很大的不同。这样一来，当巡警的人在职业上就能按照自己的意愿向上发展。工作岗位的互换性——这是警察工作的一个很好的特点。但是如果对岗位进行分类，那么个人就被困在岗位上了。公务员那一套就开始盛行，导致大家去混日子。如果同一个工作你干了20年，那么你也就提不起兴趣了。反正我是这样看的。而且，就专门化机构来说，它们会把自己的目标放在前面，把总体警务工作放到次要地位。负责财物保管室的人更关心的是财物保管室是否整洁，而不是警察是否配备了合适的设备。如果是我，我会在警察局的发展规划中安排一个更为广阔的架构和格局。

工具。[1]

请允许我最后谈一谈警察改革。学识渊博的警察坚持认为，困扰美国警察部门的两个紧迫问题是贪污和政治影响。据我所读所闻，我相信他们是对的。在存在贪污和不当政治影响的地方，同流合污、执法不公——无论是以偏袒的形式还是以种族主义的形式——以及个人的无意义感都不可避免地会发生。此外，对权力的不当使用耗空了创造方面的精力，并将其引入歧途，导致诸多措施遭到挫败，收效甚微。

但是绝不能把紧急与重要混为一谈。即便通过一波改革的浪潮可能能将贪污和政治影响从美国警察部门中根除，我们依然无法解决诸如保障公共安 269
全、给城市居民带来希望以及创造条件让贪污及不当政治的影响无法卷土重来等重要的社会问题。即便消除了贪污与不当政治影响，我们依然无法缓解强制性权力这一问题，而且这一问题对这些现象有着如此直接的影响。如果在十年间专注于紧迫的问题上，而忽视了强制性权力的邪恶影响这一根本问题，那么在下一个十年里，不但贪污腐败和不当政治影响会死灰复燃，而且还会有新的弊病随之而来。贪污腐败与不当政治影响既是标，也是本；它们既是警察个人在精神上的困扰所带来的后果，也是它们的成因。

本研究描述一个警察局在贪污和外来政治影响暂时销声匿迹后一段时间内的经历——有助于预测改革成功后会出现哪些问题。对拉科尼亚警察局——该警察局足够幸运，暂时既没有贪腐，也不受外来政治影响的左右——的描写提供了一个真实的图景，这个据实描述的图景并不掩饰瑕疵与不足，难以解决的问题与无与伦比的机会交织在一起。未来充满挑战、纷繁复杂，它或许会使警察和公民都相信改革或许是值得的，并且不会使人们产生从长远来看反而会导致改革受挫的、过于乐观的期望。

---

① 读者可以参阅达伦道夫（Dahrendorf）雄辩而感人的告诫：“要记住整个人的灵魂：永远不要忘记……人在扮演某个角色的时候不过是他自己的影子；真人的权力要高于这个影子。”拉尔夫·达伦道夫（Ralf Dahrendorf），《社会理论论文集》（*In Essays in the Theory of Society*）（加利福尼亚州斯坦福：斯坦福大学出版社，1968），第 87 页。

270 # 第14章 强制权力易于导致腐败吗？

权力往往导致腐败，绝对的权力会导致绝对的腐败。伟大人物几乎总是坏人，哪怕当他们施加普通影响而不是行使权威时也是如此；而如果你在这种（发生腐败的）趋势或者必然性之上迭加权威的时候，情形就更是如此。

——阿克顿勋爵（Lord Acton），1887年

人们在参与公共事务时，不可能不扩大他们的思想范围，不放弃他们日常的思维方式。参与社会治理的人里面，即便是最卑微的个人也能获得一定程度的自尊；由于他握有权力，因而他可以要求比自己更聪明的人为自己服务。他受到许多有所图者的游说，这些人在千方百计地欺骗他的同时，倒也确实给了他启发。他参与的政治事业不是他自己发起的，但是却让他对这类事业有了嗜好。在公共财产方面，每天都有人向他指出新的改进，这使他渴望改进属于他自己的财产。他也许并不比以前的人更快乐，也不会更好，但他更有见识，更为活跃。

——亚历克斯·德·托克维尔（Alexis de Tocqueville），《论美国的民主》，1835年

I

强制权力会导致腐败吗？或者是否像托克维尔断言的那样，“权力迭加”（superaddition of authority）会导致人们变得聪明和自大起来？这项对28名握有权力的警察人员所做的研究，为回答这些问题提供了一些启示，还在很大程度上揭示了政治之中林林总总的陷阱，以及那些拥有权力威信的人——政

治家，如果您乐于这样称呼他们的话——的成长。

诚然，你所读到的这些警察并非传统意义上的政治家。他们不是总统，也不是教皇；他们既不是政治领袖也不是劳工领袖。他们不过是在一个城市里巡逻的普通警察。他们不像总统那样能够影响那么多公民，也不像国家安 271
全委员会委员那样拥有可以生杀予夺的权力。他们所做的决定也不像劳工领袖的决定那样能够带来深远的影响。

但是平复民众的忧虑和不满是总统和巡警都要面对的问题。平息夫妻矛盾所用的手段，与政治领袖为劝阻关系恶化的国家爆发冲突而采用的手法几乎毫无二致。警察在威胁逮捕他人的时候，发现自己身不由己地陷入了一些困境之中，而这些困境也是劳工领袖在威胁罢工时经常遭遇到的。行使权力的困难，与需要行使权力才能解决的问题的重要性在大多数情况下是不成比例的。正如我们已经看到的那样，让手握权力者进退维谷的往往是不起眼的小问题。

警察和政治家干的都是使用强制手段迫使他人服从的营生，而且要经常这么做。警察和政治家同样是强制力的受害者，他们必须设法保护自己免受其害。如果说他们之间有什么显著不同的话，那么这种不同源自这样一个事实：较之政治家，警察更加直接地运用——并且也更加直接地受制于——威胁。警察的办公场所是在街边的人行道上，而不是走廊尽头的办公室中。他们是街角的政治家。

Ⅱ

我们之前说过，托克维尔认为，“导致人们腐败的不是行使权力……而是不正当地行使权力”。[①] 他的观点是，政治人物并不会因为强制权力的不可避免的必要因素——无恃（dispossession）、冷漠（detachment）、无情（remorselessness）和疯狂（madness）——而堕落。相反，他们之所以腐化，是因为他们无法将这些行使强制权力所必然导致的后果与他们个人与生俱来的行为标准相互调和起来。面对强制行为与文明准则之间的冲

① 亚历克西斯·德·托克维尔（Alexis de Tocqueville）：《论美国的民主》，亨利·里夫译（纽约：Vintage 出版社，1945）。

突，政治家们感到无所适从。他们相信自己的事业是崇高的，但是他们发现，这一信念跟自己纯洁无辜的本能却是背道而驰的；他们陷入了权力的两难境地，进退维谷——要么违背自己最根本的自我约束准则，要么遭受政治失败。

托克维尔洞察到，权力腐败的过程始于对不得不采取危及他人的行动而产生深深的罪恶感。手握权力的人始终都承受着一种负担——觉得自己违背了一系列的义务。托克维尔认为，堕落的掌权者是指摒弃了自己的文明原则，克服了内心道德冲突的人。他简化了自己需要顾及的准则的复杂程度，从而不必因为要在种种不可调和的义务之间做出决定而感到无所适从，倍感痛苦。

272 为了逃避做了错事的自责，他把所有正当行为的原则统统加以否认。但是，此举的后果是颠覆了人性的自我克制，以及政治这一恶魔的无条件胜利。理想政治行动背后的崇高“事业”或许很有可能依然留在政治家的头脑中。但是，如果他拔除了人类悔过感和同情心所树立的伦理标杆，那么他就毁灭了原本可以防止他屈服于强制权力的不良影响的视角。到头来，他会毁掉一切温柔的情感，伤及他当初想要拯救的人质——人类、文明及使人变得崇高的种种制度。

Ⅲ

既然政治权力的预期结果是导致个人腐败，那么我们就会期望人类发挥自己的聪明才智，采取行动来避免这样的灾难发生。事实上，有一点是显而易见的：文明国家的一些——或许是大多数——政治人物已然不再发生那种恶劣的、被阿克顿勋爵称为腐败的个人堕落。相反，他们在朝着别的方向发展。

例如，我们可以看到，在现代政治中，人们越来越倾向于诉诸互惠手段。互惠包括把强制性勒索关系转变成交换关系。这种颇具企业性的创意方式从诸如“权力掮客”（the power broker）[1] 和“影响力贩子”（the influence peddler）这样的字眼中可见一斑。奉行互惠主义的政治家们遵从一种在相互反制基础

① 权力掮客（the power broker）：对政治或经济施加强大影响的人，尤指通过其控制的个人与选票来施加影响者。——译者注

上互通有无的体制，通过宽以待人来换取好处；他放弃了自己的权力，借此获得利益。

在文明、民主的政治中，人们也有可能发现一种可以称为“逃避”（avoidance）的政治风格。回避源自人类的一个天生倾向——只要可能，人们总是尽量逃避令其不快的事情，在官僚体制中，对这一现象的最佳总结莫过于帕金森琐碎定理（Parkinson's Law of Triviality）[1] 了：“在议事日程上任何一个事项上所花的时间都与涉及的金额成反比”。[2]

Ⅳ

驯服权力的一个方法是将其转换成可交换的资产——某种可以在等价交换中交易出去的事物。政治文献详细描述了这种交易现象：有权力的人同意（或多或少地具有长期性）出让权力，换取持续性和有回报的互惠关系，且这种交易的前提不是威胁而是承诺。在这种情况下，权力就变成了“通货”
（currency）。[3] 它被当成一种“资源”，用来在市场上交换诸如尊重、爱戴 273
和财富等宝贵的东西。在政治学文献中，关于互惠关系的暗喻可谓比比皆

① 帕金森琐碎定理（Parkinson's Law of Triviality），又译为帕金森氏凡俗法则，由英国历史学者与政治学者西里尔·诺斯古德·帕金森（Cyril Northcote Parkinson）于 1957 年提出，用来说明大型组织会花费大量时间讨论无关紧要的琐事，但是真正重大的决议反而可以轻松过关这种现象。他于 1956 年的著作《帕金森定理以及其他在管理上的研究》（*Parkinson's Law, and other Studies in Administration*）中首次提出这个论点，以人们对于自行车车库（bike shed）与核子反应炉的意见作为例子来说明，对于价格不高、无特别影响力的自行车车库，因为人人都认为自己了解，所以会花费很多时间来讨论要为自行车车库漆上什么颜色；但对于造价高昂、影响力大的核子反应炉，因为与日常生活距离太远，技术上又困难，人们反而不会提出什么意见，就轻易让它通过。因此这个定理又称车库颜色效应（color of the bike shed effect）。——译者注

② 转引自安东尼·唐斯（Anthony Downs，生于 1930 年 11 月 21 日）的《官僚主义内幕》（*Inside Bureaucracy*）（波士顿：利特尔－布朗出版社，1967），第 84 页。（安东尼·唐斯是美国经济学家，专门研究公共政策和公共管理。自 1977 年开始作为华盛顿特区布鲁金斯学会的高级研究员。——译者注）

③ 卡尔·多伊奇（Karl Deutsch）：《政府的神经》（*Nerves of Government*）（纽约：自由出版社，1963），第 120 页。（卡尔·多伊奇，1912 年生于捷克，后移居美国，是美国著名的社会学家和政治学家。其研究领域主要包括战争与和平、民族主义、政治信息和传播等，他还把控制论、系统论、信息论等定量研究的方法引入政治学研究中，成为 20 世纪 60 年代行为主义的主要代表人物，亦由此奠定了其在政治学中的不朽名声。1992 年逝世于马萨诸塞州，享年 80 岁。——译者注）

是——如我们之前提到的“权力掮客”“影响力贩子”，还有更多的，诸如“政治生意人”“好处互换”“相互帮衬”“功能主义”等。[①]

威胁和承诺至少在一个分析方面是相似的。无论是在互惠关系还是在强制关系中，各方当事人都是相互依存的。如果一方采取了某种行动，那么就像那句成语所说的那样，另一方就应当投桃报李。在这方面，严厉——威胁使用强制力量伤害对方，除非对方采取某种行动——与宽大——承诺如果对方采取某一行动，就不会使用强制权力伤害对方——相似。不过，在实践中，两者存在一个重要的区别。在互惠关系中，双方令人愉快的互利关系可能会持续下去，这是双方都乐见其成的。而在运用强制力进行敲诈勒索的关系中，则完全充斥着敌对情绪。

互惠关系的各方当事人都有意维系他们的合作，如此一来，握有权力但是却暂时放弃动用强制权力的一方，往往会永久放弃这种权力。在互惠关系中会发生在勒索关系中不会发生的强烈冲动，一旦各方有了希望继续在一起互通有无的意愿，自此之后对强制力的使用就会一直受到抑制。

一方面，互惠交易的各方失去了自己的杀手本能。他们开始醉心于自己拥有的事物，沉迷于与人交往的本能，渴望赢得他人的善意，对于绅士的名声趋之若鹜。如果要他们走回头路，重新拾起勒索手段，名副其实地承担起强制力的种种悖论，那就非得付出巨大的牺牲不可。从道德上讲，沉醉于互惠关系的人似乎失去了对冷酷无情的胃口。出于患得患失的心理，他们往往将“审慎”置于所有的美德之上。

如果最初的交易超出了法律或社会认可的范围，那么就会产生另一种难以抗拒的冲动。在此情形下，双方让自己暴露于对方的敲诈能力之下，面临着致命的风险。每一方都能够以揭发对方作为要挟手段，强迫对方接受互惠的要求。每一方都放下了警惕；每一方都逃不出另外一方的手心。大家同为不法之徒，因此势均力敌。进行非法交易就相当于现代意义上的互换人质，双方都让自己暴露于无法逃避的制裁之下。

---

① 正如阿尔文·古德纳（Alvin Gouldner）所指出的那样，政治社会学理论中的很多内容——特别是受到托科特·帕森斯（Talcott Parsons）强调功能主义的影响——完全是以互惠关系为前提的。阿尔文·古德纳：“试论互惠的规范”（The Norm of Reciprocity: A Preliminary Statement），载于《美国社会学评论》（*American Sociological Review*）（1960 年 4 月）第 25 期：第 161 ~ 178 页。

无论出于何种原因，影响力的交换常常驱逐强制形式的影响力。互惠在一定情况下往往代替勒索。无论出于何种原因，通过投桃报李的方式施加影响，往往会挤走通过强迫手段施加影响的做法。在某些情况下，互惠往往会取代勒索。

重要的是要注意，互惠的政治不一定导致贪腐。从诸多交易中获得的利 274
益可以采用两种截然不同的方式进行分配。一方面，对于通过宽以待人的方式获得的好处，官员或许会一人独吞，会将收益据为己有，用经济学家的话来说就是，将自己的经济内化。如此一来，我们就会称其为奸诈的政客。我们横眉冷对，因为社会把强制权力交给了他，而他却拿这种权力跟人做交易，通过牺牲社会利益来填满自己的银行账户。另一方面，互惠交易的好处可以与社会分享。掌握权力者宽以待人，作为交换，他得到了某种大家都可以享受到的集体利益，例如更高的生产力或者社区的安宁与秩序。如果掌握权力者将社会授予他的、做出威胁的权力拱手让出，并将由此产生的经济利益外部化时，我们往往会对他表示肯定，称其为左右逢源的智者和品德高尚的政治家。

在什么样的条件下，掌握权力的人可以通过宽容获利呢?

互惠的第一个条件是需要高超的社交技巧。比如，要达成好的交易，就必须透彻地揣摩对方的心理。在交易中，掌握权力的人必须充分了解对方，才能获得最佳的交易条件。在设定交换比例时，掌握权力的人必须设法了解贸易伙伴的价值观和处境：自己的宽大对另一方究竟价值几许，对方对自己的谈判地位有什么看法，等等。秉承互惠原则的人必须设法让自己对此更加关注，己方的所作所为和拥有的东西对于他人的事务究竟有什么意义。互惠——作为一种使用权力的方式——的条件之一，是拥有高度的社会意识(social awareness)。

互惠的第二个条件是稳定性。连续性对交换关系而言是至关重要的。参与者谙熟对方抱有何种需求以及握有何种资源，然后构建彼此之间的信任，这对于互惠关系有重大促进作用。双方声气相求，然后才能形成规范，制定双方都乐于接受的限制。交换关系看重稳定，因为稳定能够减少围绕琐事发生的争吵。稳定提高了效率。

第三个条件是一个能够起到执行承诺并裁决协定条款争端作用的强制性制裁制度。如果交易不符合法律规范，那么就无法诉诸法庭。在这种情形下，就必须另行设计某种有效的仲裁模式——在这种模式下，参与者的权力是平衡的——迫使交易参与者服从规则，并进行公平谈判。到目前为止，我们提到过两种这样的机制：因为共谋非法交易而不得不对此保密的强制要求和交换人质。但是，如果我们不提及正当的政治交易和制度化的重要性，我们就是有失公允的。拥有权力的人制定了一个道德与社会制裁体系，在该体系中，政治交易总能得到坚决的贯彻执行。立法机关就是互惠型政治模式的典型代表。理查德·芬诺（Richard Fenno）曾经鞭辟入里地描述了在众议院
275 拨款委员中，他所称的“内部控制机制”（internal control mechanisms）是如何运作的；该描述展示了在司法机关缺位的情况下，在形同市场的立法机构内，政治互惠是如何堂而皇之且有条不紊地得到贯彻执行的。[①]

V

如果权力的四大悖论令文明的人感到痛苦，如果权力不能转化为实现互惠的“通货”，那么在强行把权力塞到某个人手中之后，人们预计这个人会逃避权力。尽管他具备伤害他人的能力，但是他却缺少这样做的意愿，掌握权力的人会竭尽全力，回避一切行使权力的机会。他只会虎头蛇尾，草草了事。

有大量证据表明，逃避权力也许是对权力的最普遍的反应。想想我们日常语言中描述这种现象的短语。这些短语为数众多，而且颇具想象力：“远离麻烦”“逃避责任”“自扫门前雪”“不要火中取栗”“烫手山芋”“不要没事找事”“手脚要干净”“将你的手洗干净”“不要兴风作浪”等。[②]

在什么样的条件下，手握权力的人才能够拒绝使用权力呢？只要手握权力的人不因为束手束脚而受到惩戒，那么他就有机会逃避行使权力。只要不作为

① 小理查德·芬诺（Richard F. Fenno，Jr.），“作为政治系统的国会拨款委员会：一体化问题”（The House Appropriations Committees as a Political System：The Problem of Integration），载于《美国政治学评论》（*American Political Science Review*）（1962 年 6 月），56：310～324。

② 詹姆斯·斯特林·杨（James Sterling Young）：《华盛顿众生相：1800～1828 年》（*The Washington Community*：1800～1828）（纽约：哈考特·布拉斯出版社，1968），该书描述了一群身处美国权力中心但是却无法忍受权力的人士。一个半世纪后，杰弗里·普雷斯曼（Jeffrey Pressman）发现了一个类似的人群，在这群人士中，整个市议会都是由“胆小怕事的娘娘腔”组成，这些人不愿支付权力带来的机会成本，不愿应对冲突，不愿遭受政治中的攻击和谩骂，也不愿重塑自己的道德责任准则。杰弗里·L. 普雷斯曼（Jeffrey L. Pressman），“论市长领导的先决条件”，载于《美国政治学评论》（1972 年 6 月），66：511～524。

受到的谴责很有可能不如努力行使权力所遭到的谴责严厉时，那么他就有可能逃避行使权力。由于种种原因，不作为比渎职更有可能招致“快速而有力的反馈”（有关组织正是采用这样的反馈来督促我们正确履行职责）。[①]

一方面，并未发生的事件更难察觉。投诉人需要全面认识到原本可能发生什么，才能意识到此事未发生的后果。另一方面，不作为之所以难以监督，或许还有其他原因。

不使用权力的第二个条件是西方文明中对逃避的普遍接受。优渥的生活让西方人失去了毒牙。蛋糕已经做得足够大，绝大多数人已经不必为了生存而你争我夺。在一个强制已然不那么必不可少的大环境中，故意伤害他人已经蜕变成一桩令人反感的事情。 276

在并不苛求的环境之外，还要加上一种准许回避行为的道德——基督教教义。基督教认为“发蔫的紫罗兰”（shrinking violets，指腼腆的人）或“野生的百合”（指无忧无虑的人）也是一种美德。登山宝训（Sermon on the Mount）[②] 告诉世人，“温顺”“仁慈”，听凭别人“辱骂你们，逼迫你们”，“与对头和解”“有人打你的右脸，连左脸也转过来由他打（宽容大度）”，“爱你的敌人”“饶恕人的过犯”“不要为你的生命忧虑”或“为明天忧虑”。这种非同寻常的私人道德蔑视那些对他人行使权力的人，除非他们“首先”掌控了自己：“首先去掉自己眼中的梁木，然后才能看得清楚，去掉你弟兄眼中的刺。”[③]

---

① 唐斯（Downs）：《官僚主义内幕》（*Inside Bureaucracy*）（波士顿：利特尔－布朗出版社，1967，第 218 页）。

② 登山宝训（Sermon on the Mount）：《新约·马太福音》中耶稣在加利利山腰处发表的讲道。这是耶稣对其门徒和许多人做的训诫，他教导大家生活的准则。这一准则是以爱（甚至对敌人）的新律法为基础，取代了单讲果报的旧律法。许多类似的基督教布道词和常从《圣经》中引用的段落都源于此，包括耶稣福祉和《主祷文》，常被看作是基督教生活的蓝图。——译者注

③ 约翰·斯图亚特·穆勒（John Stuart Mill）对基督教道德的批判一定是最有说服力的。他写道（节选）：“基督教道德（姑用此名）具有保守运动的一切性质；它大部分是对异教精神的一种抗议。它的理想与其说是积极的毋宁说是消极的，与其说是主动的毋宁说是被动的，与其说是致力于崇高毋宁说是但求无罪，与其说是殚精求善毋宁说是竭力戒恶。总之，在它的训条里面（有人说得好）“你不该”的字样不适当地盖过了“你应该”的字样。具体说来，它揭示出天堂的希望和地狱的威胁作为指派给道德生活享有的动机：在这里，它是远远落到古代圣贤之下，这是在其含义中赋予人类道德以一种本质上自私的性质，因为这是把每个人的义务感和同胞们的利害分离开来，除非有己身利害为诱导就不考量到它们。”约翰·斯图亚特·穆勒《论自由》（纽约：阿普尔顿·森楚里－克罗夫茨出版社，1947），第 49 页。

Ⅵ

然而，如果强制权力无法交易，也无法躲避，那么它是否会导致那些不得不行使它的人变得邪恶？就那些不愿做出逃避或者互惠式回应的执法型警察而言，强制权力的确存在导致行使它的人变邪恶的趋势。面对同样的影响，没有任何理由认为政治家们能够全身而退。强制权力——权威——会诱惑每一个拥有它的人诉诸强制，而不是说服或者互惠。如果一个人能够威胁他人，那么他就可能情不自禁地想要既省时又省钱：省去花在说服他人用新的视角审视事物上的时间，以及花在补偿他人自我牺牲方面的成本。此外，给予某个人强制手段的机会，会导致他每时每刻都必须提防那些被他的威胁吓到的人，或对他的威胁毫不畏惧的人。此外，他赖以收集信息的文明网络开始土崩瓦解。置身于强制权力引发的刀光剑影
277 中，在政治上求生往往与文明传统互不相容，因而只得做出不幸的选择。当然，强制权力在政治中往往发生腐败。正如韦伯所警告的那样，接过权力的衣钵，就等于与魔鬼签订了契约，“任何看不到这一点的人都是政治上的幼童。”①

Ⅶ

但是，一味说强制权力有发生腐败的倾向，那就相当于看账本的时候只看负债栏了。这有点像是在问，农业是不是会消耗土壤的肥力？当然会，但是生产出来的粮食足以补偿土地肥力的消耗。此外，通过了解肥力损耗的过程，并通过“人工”手段达成生产率和土壤肥力补充之间的平衡，就可以尽量减少种植作物带来的消耗效应。

强制权力也是如此。它可以带来益处，至于它导致腐败的趋势，可以弄清该趋势的来龙去脉，用理解和目标以及韦伯所称的“视野”和“激情”，

① 马克斯·韦伯（Max Weber）：《以政治为业》（*Politics as a Vocation*），选自格特（H. Gerth）与怀特·米尔斯（C. Wright Mills）编辑和翻译的《马克斯·韦伯社会学论文集》（*Max Weber: Essays in Sociology*），（纽约：牛津大学出版社，1946），第123页。

让掌握权力者重新焕发生机，以此来减弱强制权力导致腐败的趋势。

强制能带来哪些好处呢？好处之一——这显而易见，也是警察所做的——是对滥用强制手段的控制。要规范日常生活中对威胁的运用，势必要采用威胁。相对于心慈手软、恪守文明的人，肆无忌惮、居于强势的人天然具有优势，而警察和他所代表的政府则削弱了这种优势。强制权力保护文明不受强制权力的影响。如果没有了掌权的人，那些原本应当受到保护的人就别无他法，只得设法保护自己。他们要么找个庇护所躲起来，要么学会如何形成自己的私人权力模式。社区会变得“政治化”，每个公民都必须给自己找个避难所，尽量不要抛头露面，并且培养自己的怀疑意识，以求自保。霍布斯曾经用振聋发聩的话语，描述了权力缺位的地方是个什么光景：

> 因此，在人人相互为敌的战争时期所产生的一切，也会在一个人们只能依靠自己的体力与创造能力谋求自保的时期中产生。在这种状况下，产业是无法存在的，因为其成果是不确定的。这样一来，举凡土地的栽培、航海、外洋进口商品的运用、舒适的建筑、移动与卸除需费巨大力量的物体的工具、地貌的知识、时间的记载、文艺、文学、社会等都将不存在。最糟糕的是人们不断处于暴力死亡的恐惧和危险中，人的生活孤独、贫困、卑污、残忍而短寿。[①]

但强制手段还有其他用途：促进平等。文明存在缺陷，尤其是人际控制 278
的两种文明手段——交易与劝勉——存在使人与人之间与生俱来的不平等愈加扩大的倾向。因此，纠正这些缺陷势在必行。

作为促使人们彼此合作的手段，交易是可圈可点的。交易的实践是如此地温和，其结果经常富有成效，而推崇交易的经济人的道德发展则比大权在握的权势者的道德发展要温和得多。然而，在一个不平等是与生俱来的世界里，纯粹的交换并不能最大限度地减少这些不平等。恰恰相反，在一个完全以互惠为宗旨的世界里，富人利用自由变得愈加富有，而穷人呢，呜呼，却用自由让自己变得更穷。富人希望用自己拥有的东

① 托马斯·霍布斯（Thomas Hobbes）：《利维坦》（*Leviuthan*）第一部分第十三章。

西交换其他富人所拥有的东西——财富、教育、才华和力量。然而，在纯粹的交易条件下，穷人一开始就没有任何讨价还价的本钱。因此，他们对市场来说是毫无用途的。即便穷人从地球上消失了，金融大亨和工业巨子们也不以为意。这就是欠发达者——无论是国家抑或是个人——的困境。由于没有资源，世界上被剥夺的人就被排除在市场之外自生自灭。但是，强制权力却可以充当解决这种悲惨状况的灵丹妙药。它使无产者得以凭空从有产者那里得到些什么。强制权力可以使被剥夺者积累资源并在市场中占有一席之地，从而促进平等。

巴尔扎克说过："在每一笔巨大财富的背后都隐藏着罪恶"，他的这句话是在向这样一个观点致敬：要想达成经济再分配，威胁是不可或缺的。或许他还会接着说道："在普惠的财富的背后则隐藏着强制"。

使用强制手段来实现条件的平等化，其结果——正如西奥多·怀特（Theodore White）在他为罗伯特·肯尼迪（Robert Kennedy）[①] 所撰写的生动感人的墓志铭所说的那样："让其他人的生活更美好"——从长远来看，或许对富人和穷人而言都是有利的。这也是对新政（即罗斯福新政——译者注）的一种解读。20 世纪三四十年代，为了让贫民富裕起来，新政采取了"敲富人竹杠"的做法，纠正了已经开始损害市场盈利能力的经济分配失衡。此外，新政这一例子提醒人们，强制权力未必就是不文明的或者罪恶的。如果幸运的话，一个国家可以创造出若干强制机构，用人们可以接受的方式扮演罗宾汉（Robin Hood）式的劫富济贫的角色。

无独有偶，就文明的规劝技巧而言，它在付诸实施后，有时候是如此令人奋发向上，有些时候，它所激发的团结一致的感觉是如此令人倍
279 感充实，而有些时候，它所促成的道德发展则是如此的和谐融洽，因而使之具有了立竿见影的吸引力。但是，在一个登上道德讲坛［西奥多·罗斯福称之为"天字一号讲坛"（罗斯福的原意是指美国白宫——译者注）］的机会并不平等的世界里，有一个问题依然悬而未决：如何选择规劝人，以及在规劝人的说教荒谬可笑的情况下如何换人。在发生紧急

① 西奥多·H. 怀特（Theodore H. White）：《1968 年总统的诞生》（*The Making of the President 1968*），（纽约：雅典出版社，1969），第 181 页。

情况和严重灾难之际，一个社区团结一致，响应他们中间最优秀和最杰出的人的号召，这似乎是“顺理成章”的事情。但是在正常时期，团结一致往往会蜕变为强求一致，并且会压制那些具备自由精神的人士。与对互惠的病理分析结论一样，强制权力可以充当消除规劝式控制的不良影响的灵丹妙药。强制权力可以命令道德领袖对自己的失职和惰性承担责任。有了强制权力，道德领袖的追随者就可以尊崇道德领袖，使之更加准确、更为有效地思考普遍性问题，如若不然就将其赶尽杀绝。此外，追随者借以威胁道德领袖的条件未必就是不文明的，如果一个国家足够幸运，就可以建立若干强制机构（诸如自由选举），扮演弑君者的角色。

当然，有一点必须指出：尽管强制权力可以促使条件平等化，但是却并不一定能做到这一点。事实上，那些拥有财产或地位的人——或许可以称之为贵族阶层——往往会竭力控制强制权力的执行机构。我一直有种感觉，贵族的目标与其说是利用政治机构来大发其财，倒不如说是消除政治武器落入穷人手中所带来的不良后果。当贵族控制大权在握的机构时，这些机构更有可能具备“无为而治”而非盘剥他人的性质。贵族权力的过错在于缺乏生机，而不是存在腐败倾向。

虽然强制性权力不一定能够促进平等，但重要的是，它可以作为一种持续生效的矫正药剂，用来纠正技能、天赋、健康和运气分布不平等的天然倾向。因此，解决强制权力的问题，不能靠将所有使用威胁的权力一概消除，而是要靠减轻强制权力的某些最为恶劣的影响。人类应当设计若干机制来消除胁迫对道德的侵蚀作用，有了这样的机制，人类或许就可以既利用胁迫来维系文明，又借助胁迫来克服该文明存在的使其不平等现象愈演愈烈的倾向。

Ⅷ

怎样才能减少导致腐败的倾向？怎样才能让政治人物对人类常怀悲悯之心？怎样才能重振他们的热情，使之不顾个人面对的危险，使用强制性权力来捍卫大众的福祉，并且还不至于变成激进的为达目的不择手段的马基雅维利主义者？

根据拉科尼亚专业型警察的成长，并结合我们对使专业型警察得以成长

280 的条件的理解，我认为有四点非常重要。[①]

第一，大权在握的人越是喜欢讲话，他的观点就越不愤世嫉俗，他就越对使用强制手段感到心安理得。人们很容易忘记，在有效实施胁迫方面，口才是多么重要。然而，正如读者还记得的那样，专业型警察在对权力的每一种悖论进行反应之时，他们所使用的是那些只有在与人沟通方面炉火纯青者才能使用的技巧。他们用的不是虚张声势的大话，即有些辩论者可能会用来压倒或者迷惑对手的话语。他们采用的是社交话语，教导并左右对方如何做出选择。强制手段常常引发恐惧，并借此引起他人的注意。假如某个政治人物通过激发恐惧感引起了别人的注意，但是在表达自己观点的时候却词不达意，那么他诉诸恐惧感的做法就是徒劳无益的。此外，如果他是一个激情澎湃、不可抑制的教导者和学习者，那么他就会表现出自己对人类状况的理解，既积极引导他人，又根据他人的回应相机行事。只要诸如立法机关、政治运动机构、言论自由保障机构和法学院这样的机构重视并培养政治人物有意义的公共讲话的才干，它们就能够缓解权力腐败的倾向。当然，口才可能遭到滥用。因此，乐于讲话并不足以防范腐败。不过，在我看来，要想避免权力的腐蚀效应，乐于运用语言技巧与他人交往是绝对必要的。[②]

第二，政治人物对于接触到的有关人类苦难的问题思考越多，他就越不会抱有犬儒式的愤世嫉俗的观点。人们总是在祈求政治人物出手，减轻痛苦与困顿。这种反复出现的经历是手握权力者独有的，他们要想适应这种经历，就不得不面对种种可怕的选择。幸运的是，有人为人类状况撰写了编年史，把关于人类悲剧这一主题最深刻反思的有关文明留存了下来。这些人围绕悲剧这一主题所做的思考构成了人文科学。如果一个人涉足并参与政治，

---

① 对于政治人物中存在的具有深度潜意识性的种种困惑（精神历史学家发现这些困惑非常值得他们费心劳神地进行分析），一项针对28名警察所做的研究——他们都是年轻人，且精神病学家认为他们都适合行使权力——并不能向我们揭示多少信息。对于那些对政治人物的精神分析感兴趣的读者，我推荐他们去读一读亚历山大·L. 乔治（Alexander L. George）和朱丽叶·L. 乔治（Juliette L. George）所著的《伍德罗·威尔逊和豪斯上校》（*Woodrow Wilson and Colonel House*）一书（纽约：约翰迪出版社，1956）以及詹姆斯·大卫·巴伯（James David Barber）所著的《总统的人格》（*The Presidential Character*）（新泽西州恩格尔伍德-克利夫斯：普伦蒂斯霍尔出版公司，1972年。读者还应该留意埃里克·埃里克松（Erik Erikson）即将出版的一本关于托马斯·杰斐逊（*Biography of Thomas Jefferson*）的传记。

② 我认为，我们国家最为腐败的总统同时也是最为拙嘴笨腮、不爱交际的总统，这绝非偶然。我所指的是前总统尼克松不喜欢警察们所说的“胡吹乱侃”（bullshitting）。

却不知利用文明中思想最为深邃的思想家流传给他的关于历史、社会和道德的真知灼见，那就宛如盲人骑瞎马，舍身犯险。①

第三，政治人物的政治见习时间越长，他在使用强制力的时候就越坦 281
然。托克维尔坚持认为，导致腐败的不是权力，而是感到行使权力是不正当的；那么一个人在承担权力责任之前与有权势的人交往越多，他就越有机会反思普遍福利（它是权力的正当性所在）的含义和精妙之处，以及文明的诸般限制（正是它们在制约权力）。化用约翰·斯图亚特·穆勒（John Stuart Mill）的一句话，政治人物需要在一个“学步带（leading strings）② 式的政府”的指导下融入政治。③ 在这方面，某些机制，例如立法机构中的资历制度（无论是否正式）、政党生涯中的荣誉制度、亚当斯家族、罗斯福家族和肯尼迪家族等政治家族的形成，以及在传记和回忆录中所保留的代代相传的政治经验等，都发挥着不可或缺的作用。托克维尔对广泛政治参与的重要性的深刻洞察，取决于他认为老一辈人有必要向年轻一代灌输有关权力的精妙运用、对机会和危险的认识。④

---

① 我并非坚持认为人文科学的高等教育就是能够医治一切的万用灵药。不过，我始终认为，吉本（Gibbon）[英国历史学家，在罗马旅行期间开始产生写作罗马城市历史的念头。他的《罗马帝国衰亡史》（共 6 卷出版）记述了从公元 2 世纪起到 1453 年君士坦丁堡陷落为止的历史。该书的结论虽被后来的学者修正，但他的洞察力、对历史的透彻分析、出色的文学风格，使这部著作拥有用英语书写的最伟大的历史著作的声誉。——译者注] 的观点是大错特错的。他坚称，那个名为罗马帝国的先进而复杂的政治实体之所以衰落并最终覆亡，是因为基督教自私和卑鄙的观点的缘故。假如要选择一个因素来解释罗马帝国的衰亡的话，或许应该是罗马帝国缺少一个公共高等教育系统，用来留存并向普通公民传承文明。

② 学步带（leading strings），原指帮助幼儿学习走路的带子，尤指过于严格的管束。学步带式的政府比喻政府需要像大人教幼儿学习走路一样对民众进行引导。——译者注

③ 约翰·斯图亚特·穆勒（John Stuart Mill）：《论代议政府》（*Considerations on Representative Government*）（纽约：博雅教育出版社，1958），第 33 页。该论文的大部分内容形成于 1860 年。

④ 例如，就公民通过担任陪审员的形式进行政治见习，托克维尔曾做过如下讨论：“陪审团教导每个人不要怯于对自己的行为承担责任，并着重向他们灌输一种阳刚的自信气度。没有这种阳刚的自信气度，一切政治美德都无从谈起。陪审团赋予每个公民某种裁判权，使他们都切实感受到自己必须履行的社会义务，以及他们在社会治理中所承担的角色。陪审团强迫人们把注意力转移到个人私事之外的其他事务上去，用这种方式抹去了侵蚀社会的自私自利之情。陪审制度对于判决的形成和人的知识的提高有重大贡献。我认为，这正是它的最大好处。应当把陪审团看成是一所常设的免费学校，每个陪审员在这里运用自己的权利，经常同上层阶级最有教养和最有知识的人士接触，学习运用法律的技术，并依靠律师的帮助、法官的指点，甚至控辩双方的激烈辩论，而使自己对法律有实际上的了解。”（托克维尔，《论美国的民主》（*Democracy in America*，第一卷，第 295 ~ 296 页）

第四，法律制度越是强调自由，政治人物对居于高位就越是从容淡定。强制手段是实现平等的工具，也是自由的仇寇。在要求平等比保护自由更为迫切的时候，那些以自由的名义加诸强制手段的限制就会遭到削弱。值此之际，政治人物就失去了某些法律和社会禁忌——而此前这些禁忌曾为他们提
282 供了正当理由去追求有限或者适度的目标。于是，他们因情势所迫，只能更激烈地使用强制手段。在这种情形下，如果统治者倾向于用言辞和补偿来调和权力，被统治者往往会认为这是虚弱的表现。只要法治给政治人物戴上了种种有形的约束，而且这些约束得到了所有其他政治人物的一致同意，那么打破自由主义禁忌的冲动就会因此受到遏制。如此一来，因为担心出现无节制的权力而引起的敌对情绪就会减轻。只要法律有效地调和面向自由的文明道德和面向平等的强制道德，它就能防止权力的腐败。

从长远来看，要想重振因为行使强制权力而备受侵蚀的灵魂，就必须依靠对自由的激情。这种激情在不断的社会讨论中得到阐明，通过一种以自由意志为前提的悲剧视角加以解释，由政治导师组成的政府进行反思，并由法律加以制度化。至少，这是 28 位年轻的美国警察就强制权力问题给我的教益。

研究方法说明 283

I

“权力滋生腐败”和“公职成就男人”，这两句格言让社会科学家心生鼓舞。每一句都是“真命题”，都是许多重要决定的前提。而它们是相互矛盾的——这就是为什么他们如此耐人寻味。

人们往往指责社会科学家的论证显而易见。“任何有常识的人都知道，为什么要浪费时间过度说明?”然而，几乎每一个显而易见的真理都有个没有那么明显的反面。“物以类聚，人以群分”“异性相吸”；“征税抑制通胀”“征税迫使生产者提价”；“太阳底下无新事”“没有什么永恒不变”。每一对矛盾都召唤着社会科学家的注意，吸引他弄明白什么情况下，两个命题都是真的。例如，权力什么时候使官员腐败，什么情况下又能让他变得更好?

通常情况下，社会科学调查由这种需要调和的矛盾引起。社会科学家嗅出矛盾，因为他感到在调和矛盾的过程中，他将得出前人未得出的、对人性更充分更令人满意的解释。雄辩的逻辑学家和哲学家莫里斯·科恩（Morris Raphael Cohen）① 创造了“极性”这个词来形容矛盾的配对：

> 为了使逻辑适用于实证问题，我们必须引入极性的原则。我的意思是经验事实一般都是冲突的合作产物，又像南北两极一样难以分离。因此，我们必须反对那种简化情况，即只分析其中一种相反倾向的普遍倾向。像因果原则一样，极性原则是理性研究的基本原理，反对自身的滥

① 莫里斯·拉斐尔·科恩（Morris Raphael Cohen，1880～1947）：俄裔美国教育家和哲学家，以其对哲学定律的研究工作和许多著作而闻名，包括《理性与本质》（1931 年）、《理性与法律：法哲学研究》等。——译者注

用。如果因果原则使我们探寻作用原因，极性原则使我们探寻，是什么妨碍了这些原因产生更大影响。[①]

284 Ⅱ

如果说极性原理常常隔绝许多卓有成效的问题，社会科学家也同样在“相反倾向”研究中，常常会遇到一套方法论障碍。本研究说明的只是其中的一些障碍。

我想重点讨论六个问题，尤其是因为它们涉及这项强制力相反倾向的研究，这种相反倾向使警察既邪恶又高尚。这六个方法论的问题是（1）建立受控实验组；（2）求解因变量问题；（3）将知识概念转化为操作术语（或称为求真性问题或校验问题）；（4）将自我评估变为证据（或称为可靠性问题）；（5）证明推论；（6）引申出更广泛的含义。

1. 受控实验（The Controlled Experiment）。社会科学解释方法的特点是明确的外显比较，控制实验研究体现了比较方法。社会学家建立了两个相似的小组（称为实验组和控制组），让实验组（而不是控制组）接受“解释性”因素的影响，并将两组之间产生的任何差异性视为解释性因素的影响。

用符号表示来说，用 X 表示解释性因素的影响，用 dx 和 dc 表示不同组之间的差异性（指实验组和控制组各自的发展）。

表 9　对照实验

	解释因素 X	
	之前	之后
实验组	成员有 v 道德	v + dx
控制组	成员有 v 道德	v + dc

于是，X“解释”了（v + dx）-（v + dc）。

这个经典对照实验设计，简单应用于权力导致的腐败问题时，需要选择

① 莫里斯·拉斐尔·科恩（Morris Raphael Cohen）：《逻辑学序论》（*A Preface to Logic*）（1994，纽约：默里迪恩出版社，1956），第 87 ~ 88 页。

两组相似的人，一组给予权力，另一组不给予。然后，经过一段时间，实验者会比较授权组和无权组，看他们在罪恶和美德方面的不同发展。

然而，这种对照实验法的简单应用对认知的提升几乎没有什么作用，主要是因为解释因素（权力）过于复杂，权力和人性之间的互动环境控制过于松散。例如，假设我们的实验组共有在职警察十人，并进一步假设我们能以某种尺度测量美德与罪恶。假设实验组一半人增加了十个单位的价值（美德），另外五个降低了十个单位的价值（邪恶），实验组人员数值总的变化是零。如果我们假设控制组里的人也没有改变，285
即无论之前和之后都不受权力影响，控制组的总变化也将是零。两组之间的差异以及实验组个人的差异，将因为我们这种简单的实验设计而无法体现。

造成这种模糊的原因是解释性因素——权力——过于粗糙。权力的相反倾向不会被“分解出来”。施加控制因素的同时，相反倾向在起反作用，以各种方式将之抵消。

我们需要更精巧地应用对照实验，打破授权的概念，纳入相反倾向。我们必须在操纵和比较一种倾向的同时控制另一种倾向。为了提高研究的精巧性，社会科学家一方面必须要改变控制组和实验组的组成，另一方面细化解释因素。

首先，构成小组的人不是德性相同就够了，而是要德性相同、权势相同、在同等条件下工作（在社会科学研究中，社会科学家要运用三个“控制”，而不是只要求德性相同）。

其次，应采取作为解释因素的不是权力，而是一个假设的关键因素，该因素因为某些原因可以放大权力的一个或与之相反的倾向（例如，激励人们保卫祖国不受军事入侵）。

但是，细化到这种程度，难点在于挑选哪个解释因素构建实验基础。在探索假设的不可或缺的最初阶段，以传统方式应用经典实验方法是没有任何帮助的。实际上，过早使用经典模式其实是浪费时间，就像用螺丝刀将小麦从谷壳分离出来。虽然传统上经典模式的应用能够很有说服力地平息争论，但这种模式对于凭空做出的假定没什么效果。

而修改适应对照实验有助于探索对于解释敏锐的猜想。这种修改就是反转经典模式。

在反转控制实验模型中，典型的社会科学家以终点为起点。也就是说，他着眼于“后”期，即 v + dx 和 v + dc 的等式。在权力与人性问题的背景下，他根据实验结束时罪恶和美德的差异，让有权力者分别建组。（为了与本书的其余部分保持一致，让我们称这两个组为“腐败组”和“专业组”。）然后，他提出了一个重要设想。在某处，回溯时间，这两组成员在“起始”时有同等的德行、同等的权力和同等的条件。（也就是说，假定三项控制都已运用。）他接着假设一些解释因素（这时他还什么也不知道）在两组的发展中以不同方式介入，而且他们腐败和职业的终点分别归因于该干预条件是否存在。

286 **表 10　反转控制实验**

	解释因素 X	
	之前	之后
实验组	假定：成员有 v 道德、p 权力和 c 背景	专业
对照组	假定：成员有 v 道德、p 权力和 c 背景	腐败

通过比较这两组的本质和背景，他探讨了介入因素 X，即解释因素的特点。

这一切可能听起来非常简单，但通过提醒我们自己，比较是探寻的基础，也是社会科学家方法的确证阶段，我们可以看到“之前”一致性这一假设的重要性，例如，小组在或长或短的时间之前起始于同等条件下，在解释因素进入并导致他们产生差异“之前”。这个假设的重要性，在于使社会科学家对得出的任何结论都持谨慎态度。

这就是为什么科学家在探索权力和人性的问题时，对警察很感兴趣的原因。一个城市的警察，通过相同的选拔过程，在同样的部门条件下工作，接触同样的民众，由同样的法律法规授权，这正是社会科学家需要的。与法官（不同法官选拔的正式程序差异极大）、行政官员（工作的组织情况差别很大）和立法议员（来自相当不同的地区）不同，当地警局成员起始时更具可比性。这是社会科学家的福音，因为要达到假定的“之前”，一致性可是一件相当恼人的事情。

警察在权力与人性的研究中备受青睐，还有其他两个原因。第一，根据普遍说法，他们被描述为有权力的人。不管有关“权力”含义的学术争论有多少（确实很多），没有人否认左轮手枪的权威（authority of the revolver）① 是“权力”的一个基础。第二，“警察（police）”一词的词源（就像“政治”politics 的词源一样）来自希腊语单词 polis，指政体或城邦。警察和从政的人，都被寄托着公众（而且极大可能拥有潜在的暴力强制性）的资产，掌握着伤害他人的许可。他们拥有的“权威”，是以大众福利的名义授予的。以合法强制力手段为标志，权威把警察和政客与未授权和非政治人士区别开来，普通市民较少直接认同城邦政治的警政（Polis）。

在本研究中，我将发展为邪恶的警察视为反转控制实验的对照组，将发展为职业的警察视为实验组。对这两组的比较可以得出一个关于 X 的结论，这一解释因素在两组中实施了有差别的介入。X 是语言，另外两个因素—— 287
学习力和领导力，通过 X 起到关键作用，并反作用于 X。

比起在调查确证阶段使用这样的研究方法，这样的实验方法存在的问题必然更大。但是，在社会科学家就应该工作的现实世界中，这种反转方式可能是在完全浪费时间和完全缺乏严谨性之间的妥协。

2. 因变量问题（The Dependent - Variable Problem）。“因变量”是需要由解释因素来解释的东西。它是“后”期两组之间的差异，dx 和 dc 在这项研究中的因变量是邪恶或美德。但什么东西是邪恶或美德呢？

基本的选择是解释态度还是行动呢？基于两个原因，我选择解释态度的改变，而不是积极行为的改变。首先，人的性格比行为更重要，这总是让我吃惊。也就是说，通过了解一个人的想法来预测其会怎么行动，比通过了解他的行为来推测其想法要容易得多。其次，阿克顿勋爵关于权力和腐败的名言警句，揭示了接受权力衣钵的人们身上不断发生的无处不在的改变。这不是指行为上翔实、短暂、奇异的变化。阿克顿说的是性格改变导致一个人预谋进行邪恶勾当。这就是为什么我选择解释警察的道德、智力以及情感上的邪恶与美德。

3. 有效性问题（The Validity Problem）。有效性问题关注的是理智上的概念和操作性定义之间的协调。在这项研究中，有效性问题将道德、智力和情感的“美德”转变为职业政治模式。第 4 章详细解释了为什么有效性问

---

① 左轮手枪的权威（authority of the revolver）：左轮手枪在 20 世纪 50 年代作为警用手枪研制成功，在警界风行一时，常常作为便衣警察的配枪，成为警察的象征。——译者注

题要这样处理。马克斯·韦伯观点中的逻辑使我确信，政治美德的抽象意义之间是有联系的，在所有美德的背后和他的具体模型中，混合了悲剧情怀和道德平静。测试这种从阴影转变为现实的有效性，其中一个方法是公开曝光。我一直觉得，检出无效性最好的方法，是把关于操作性对等物的假设，交给那些“了解”这个概念阴暗面最多的人。最符合该条件的群体就是警察本身，我把我的结论提交给几个我相当信任的警察。他们对于我关于美德的操作性定义的接受度，使我对有效性问题的疑虑有所缓解。

4. 可靠性问题（The Reliability Problem）。我运用职业政治模式，来分析受访警察的言论。如果警察关于人类本性和强制力的说法，接近洞察力和强烈感情的结合，而这种结合，据韦伯断言，对从事政治有使命的人是恰当的，我便把他归类为具有德性态度（virtuous attitudes）的人，是职业的。至于其说法“大幅度”偏离模型的其他警察，他们被标记为具有非德性态度的执法者、互惠者或逃避者。

可靠性问题涉及社会科学家对其假设有多少信心的问题，即假设警察的
288 说法完全反映其态度。不同的研究者与同样的警察交谈，询问他们同样主题的问题，能否就他们的态度得出同样的结论？

出于各种原因，我引用的说法可能并不可靠，警察可能说谎，或者我的问题可能不合适，或者我对他们的评论表面上或潜意识的反应缺乏中立性，因此对交谈情况产生了外在影响，等等。

我用来克服不可靠性的主要检查方法是，让其他人独立进行对同一个警察的研究。一位研究人员与样本中的两位警察交谈（威尔克斯和皮尔），我们后来比较了记录，得出对他们几乎一致的结论。此外，28 人中有超过三分之一的人接受书面的心理测试，即明尼苏达多项人格调查表（Minnesota Multiphasic Inventory，简称“MMPI”）。该分析心理学家和我分别写下了关于警察的独立评估结论，她的评估以明尼苏达多项人格调查表（MMPI）为基础，我的评估以客观的结构式面谈为基础，然后对两个结论进行比较。我们的一致结论让我相信警察的说法是可靠的。

通过对他们的证词进行抽样，我进一步寻求其可靠性。对他们声称做过的，跟我观察到他们在现场实际做了的（在面谈后一年或更长时间里），我进行了对比。如果警官不作为却声称已作为，我倾向于推翻他所说的想法和感受的证词。如果他在现场的行为符合他早些时候的表示，我就采信他的说

法。（需要补充说明的是，我发现警察们的行动几乎总是与他们所说的一致。）

5. 证明推论（Proving Inference）。在这样的探索性研究中，最薄弱的环节很可能是关于原因的主张。以令人信服的方式建立社会科学家的推论，通常必须等待更严格的确证阶段。因此，第 12 章是这本书最薄弱的部分，造就职业水准的原因没有得到系统论证。但我相信，类似这项研究的推论问题最好的解决办法，是主张个人在猜测的时候尽可能清楚并尽可能详细。（我想到詹姆斯·瑟伯（James Thurber）[1] 笔下那个羊报告狼想要和平的寓言故事，其寓意是："无须回答正确，写下来就成"）这些主张将作为相当大并且合适的怀疑目标。学者们在研究中彼此竞争，以得到最佳解释，所以"证明"常常是那些在学者们的怀疑与自由批评下幸存的主张。

6. 推论（Implications）。在社会科学调查完成，探索出解释并阐述、证实和测量以后，社会科学家就要面临这个问题，"那又怎么样？"这个解释超越个案本身，并揭示了人性的一些基本条件吗？每个称职的社会科学家都追求自己的结论能直指每个人的天性。在回归本源的过程中，他试图说明本源。如果解释能揭示个案中普遍的永恒的东西，他的解释就有广泛的影响。对社会科学信条最好的总结，是美国总统林肯（President Lincoln）在思索南北战争的意义时所发表的卓越言论，"这次发生的事，一定还会在类似情况中不断重复发生。人的本性是不会变的。在今后任何对伟大民族的审判，和这次的人们相比，我们应该有弱有强，有愚有智，有坏有好。因此，让我 289

[1] 詹姆斯·瑟伯（James Thurber，1894～1961 年）：20 世纪杰出的美国幽默作家、漫画家，以富于洞察力又妙趣横生、跳荡不羁的笔法描绘现代生活。就读于俄亥俄州立大学，1926 年来到纽约市。1927～1933 年供职于《纽约人》杂志，此后一直是该杂志的主要撰稿人。他曾为自己与怀特合著的第一部书《性是必须的吗？》（1929 年）绘插画，他的卡通作品成为一些在美国最受欢迎、最熟知的作品。1940 年，他由于视力减退不得不停止绘画。他的著作包括《我的生活和艰难岁月》（1933）、《当代寓言集》（1940）、《瑟伯画册》（1952）、文集《和罗斯在一起的岁月》（1959），以及儿童读物《十三座钟》（1950）。他以描绘沉溺幻想、逃避现实的人著称，如《华尔德·米蒂的秘密生活》（1939；1946 年拍成电影）中的主人公。"无须回答正确。只要记下来就行"（Don't get it right，just get it written）出自"披着狼皮的羊"（The Sheep in Wolf's Clothing），载于《纽约人》（*The New Yorker*）1939 年 4 月 29 日；1940 年《我们时代的寓言和名诗插图》（*Fables for Our Time & Famous Poems Illustrated*）。这一寓言具有讽刺意味，在这一寓言中，羊在写关于狼的文章之前做的研究不够充分，导致绵羊很容易成为猎物。——译者注

们仔细审阅这一事件，作为从中学习的智慧，而不是需要报复的过错。”① 我试图在人类不变的本性——罪责、救赎、道德、理解和强制中，寻找对警察发展的理解。在整本书中，尤其在最后一章，我都在努力，企图阐述为什么我们可以从警察的经验中学习到智慧。

我相信，没有任何一类社会科学，曾经将所有这六个方法论的问题解释得令所有人满意。然而我确实相信，这项任务值得去钻研，主要是因为我内心知道，聪慧的祖先们在帮助我们认识自我的过程中起了多大作用。我也有信心，后代能在某种程度上受益于这一代人探寻人类事务神秘魔力的努力。

Ⅲ

选择 28 人抽样组的方法，在本书第一章讨论过。这 28 人与全体拉科尼亚警务人员有区别吗？我们有 1963 年 2 月至 1970 年 3 月进行过培训的所有警务人员的数据——大约四百人。这四百人中有些已经离开警察部门；有些已晋升为警长或转入行政序列。这 28 人加入警局的年龄比四百人的平均加入年龄稍小（23.7 岁比 24.2 岁），刚来时已婚率稍高（78.5% 比 69.02%），更多持不可知论（28.57% 比 10.59%），天主教徒更少（17.86% 比 33.50%），教育程度稍低（39.29% 在进入警局时未完成一年的大学教育，相比四百人里只有 32.27% 未完成），与约翰·肯尼迪观点的一致性更低（46.43% 比 52.97%），与理查德·尼克松观点的一致性更高（21.43% 比 11.14%）。抽样组在智力测验中得分稍高，个头稍矮，从军经验更少（抽样组 25.91% 没有从军经验，相比总体的 35.75%）。在所有其他衡量方面存在相似之处。

要了解更多抽样组与全体之间的合理相似之处，有兴趣的读者可能愿意比较表 11 到 13 中的数字。表 11 显示抽样组在 50 至 55 的范围得分更高，但仅稍高一点。另外两个抽样组代表性的例证，我们可以比较两项态度测试的结果（见表 12 及 13）。表 12 显示抽样组比全体“理论性”稍差，“社会性”稍强，但差异很小可以忽略不计。我们还可以做进一步的比较，比较样本和

① 引自谢尔比·富特（Shelby Foote）：《内战：叙事文学》（*The Civil War: A Narrative*），（纽约：兰登书屋集团公司，1974），3：1060.

整体人群在与警察工作有关的四种职业兴趣方面的差异（见表13）。再次，抽
样组在“社会服务”方面得分略高，但相似性足以让我得出结论，抽样组没 290
有显著歪曲拉科尼亚警察局年轻的一线基层工作人员的特点。

表11　奥蒂斯智力测验（Otis Intelligence Test）

智力得分	28人抽样组	344人全体
	百分比(%)	百分比(%)
40以下	3.57	6.39
41～45	10.71	10.47
46～50	17.86	28.78
51～55	39.29	27.03
56～60	17.86	16.86
61～65	7.14	8.14
66以上	3.57	2.03

表12　奥尔波特－弗农－林德赛的价值观研究测试（Allport－Vernon－Lindzey Study of Values Test）

价值	28人抽样组			392人全体		
	高百分比	平均百分比	低百分比	高百分比	平均百分比	低百分比
理论	11	48	41	13	57	30
经济	22	63	15	23	59	18
美学	7	67	26	18	58	24
社会	30	51	19	18	61	21
政治	41	52	7	41	49	10
宗教	19	51	30	20	54	26

表13　库德职业偏好记录（Kuder Vocational Preference Record）

偏好	28人抽样组			400人全体		
	高百分比	平均百分比	低百分比	高百分比	平均百分比	低百分比
机械性	31	50	19	35	49	16
说　服	19	65	16	24	53	23
社会服务	58	34	8	36	54	10
文　书	0	35	65	1	43	56

291

书目文献随笔

I

关于美国警察有很多有益的书。教授警察短期课程的老师可能会选择如下的文献：(1) 哲学，赫伯特·L. 帕克（Herbert L. Packer)，《刑事制裁的限度》(*The Limits of the Criminal Sanction*)（斯坦福，加州：斯坦福大学出版社，1968)；(2) 历史，罗杰·莱恩（Roger Lane)，《城市警政：波士顿 1822～1885》(*Policing the City*：*Boston* 1822～1885)（剑桥：哈佛大学出版社，1967)；(3) 简介类，乔纳森·鲁宾施泰因（Jonathan Rubinstein)，《城市警察》(*City Police*)（纽约：法勒，斯特劳斯和吉罗克斯出版社，1973)；(4) 前沿社会科学文献，威廉·A. 韦斯特利（William A. Westley)，《暴力与警察》(*Violence and the Police*)（剑桥：麻省理工学院出版社，1970)；以及 (5) 政策类文献，乔治·E. 伯克利（George E. Berkeley)，《民主警察》(*Democratic Policeman*)（波士顿：灯塔出版社，1969)。

但是，如果仅仅根据以上文献清单而开设警察课程，则会遗漏很多文献资料和读物，比如约瑟夫·温鲍（Joseph Wambaugh）的三本重要小说，《新百夫长》(*The New Centurions*)（波士顿：科利尔－布朗出版社，1970)、《蓝骑士》(*The Blue Knight*)（波士顿：大西洋－科利尔布朗出版社，1972) 以及特别畅销的《洋葱田》(*The Onion Field*)（纽约：德拉科特出版社，1973)，这部小说并不涵盖警局的组织情况如何影响其发挥作用，而约翰·加德纳（John A. Gardiner）在其撰写的《交通与警察》(*Traffic and the Police*)（剑桥：哈佛大学出版社，1969）中，则巧妙的讨论了这个话题。该书不会像保罗·谢维尼（Paul Chevigny）在《警察权》（纽约：万神殿出版社，1969 年）一书中那样，从滥用警察权力的受害者的角度来讨论警察的问题。也不会像格雷沙姆·M. 塞克斯（Gresham M. Sykes）在其传世名作《囚犯社会》（*The Society of Captives*）[1]（纽约：文艺协会出版社，1966 年）一书中那样，讨论非常规环境下的警察问题。

此外，如果我必须选出对读者了解现代美国警察最有用的书籍，我会毫不犹豫地说出这四本：迈克尔·班顿（Michael Banton）优美而开创性的著作《社区警察》（*The Policeman in the Community*）（纽约：基础读物出版社，1964）；杰罗姆·斯科尔尼克（Jerome Skolnick）富有洞察力的著作《无须审判的正义》（*Justice without Trial*）（纽约：威利出版社，1966）；亚瑟·尼德霍夫（Arthur Niederhoffer）的《盾牌后面》（*Behind the Shield*）（花园城市，纽约：道布尔迪出版社，1967），这是一位资深警察努力用社会调查资料补充其经验的一部力作；以及詹姆士·威尔逊（James Q. Wilson）的启发性比较著作《警察行为类型研究》（*Varieties of Police Behavior*）（剑桥：哈佛大学出版社，1968），该著作也许是改变警察对有关警察制度的思考的最重 292
要的一本书。这四本书的结论与我自己的调查结果相吻合（而且他们的方式使我确信，我在拉科尼亚市警察局观察到的东西，在其他大城市也很可能发生）。让我简要地介绍一些他们的研究结果，并在适当的时候补充其他学者的研究。

---

① 格雷沙姆·麦克里迪·塞克斯（Gresham M'cready Sykes，1922 年 5 月 26 日～2010 年 10 月 29 日）是美国社会学家和犯罪学家，他在普林斯顿大学获得文学学士学位，在西北大学获得博士学位。他在成为弗吉尼亚大学的社会学教授之前，曾在普林斯顿大学、达特茅斯大学和西北大学任教。塞克斯对新泽西州立监狱的研究被描述为对狱警所面临的问题以及囚犯所遭遇的痛苦的开创性研究。他最著名的著作是《囚犯社会：最高安全等级监狱研究》（*The Society of Captives: A Study of a Maximum Security Prison*）（1957 年），该著作被认为是监狱社会学流派中的第一部作品。他与大卫·马萨（David Matza）合著了《中和技术：一种犯罪理论》（*Techniques of neutralization: A theory of Delinquency*），发表在 1957 年 12 月的“美国社会学评论”上。《囚犯社会：最高安全等级监狱研究》是现代犯罪学的经典，也是有史以来最重要的关于监狱的书之一。格雷沙姆·塞克斯是在冷战高峰时期写这本书的，撰写此书是受其经历的影响，以研究美国生活中最接近极权主义制度的东西——最高安全等级的监狱。他的分析使人对这一问题产生了疑问。哪些监狱能够成功地控制囚犯生活的每一个方面，或者囚犯之间的紧密联系是否会使监狱在没有找到“容纳”囚犯的办法的情况下不可能运行。2007 年该书增加了经由布鲁斯·韦斯特（Bruce Western）撰写的导论和作者修订的新结束语后重新发布。该书是一本有关监狱警察研究的不可或缺的读本。——译者注

Ⅱ

回避者（The Avoider）。回想回避反应的一些条件：（1）在行使权力时不愿面对伤害和伴随的道德冲突；（2）缺乏自我防御能力，导致缺乏自信；（3）对不作为缺乏监督。

其中，尼德霍夫（Niederhoffer）在研究中发现，他质疑的人成为警察的动机是想服务人民。他还发现，大多数警察一开始感觉“强迫是一种必要的恶，是警察工作更没有吸引力的一个方面。”[①] 最初动机和警察穿上制服后做的工作之间的冲突，在某些情况下非常激烈，班顿发现，一些警察退出警察队伍时“只工作了很短时间，因为他们对被逮捕的人觉得很内疚。”[②] 班顿指出，警察最喜欢的避免道德冲突的方法是，努力说服违法者承认自己做了错事，自愿接受处罚。“即使被执行人都不得不承认警察采取行动在道义上是正确的，但警察采取行动的优先权，似乎是解释为什么警察常常不情愿执行法律的基本原因。”[③] 总之，大量的证据表明，警察不比其他文明人更倾向于伤害别人，他们和其他人一样，把道德冲突视为一个大问题。

这四本书都认为，事实上的警察工作都是令人感到恐惧的事情。每一次遭遇背后都潜伏着不可预知的危险。尼德霍夫总结自己在纽约市警察局履职的二十来年经历的印象：“社会底层地区的居民对警察的敌意和恐惧……几乎是有形的。”[④] 一些警察的压倒性倾向是避免陷入麻烦。

不作为几乎没什么坏的个人后果。可以肯定的是，斯科尔尼克描述了这些人自己对“勇敢面对危险”的规范的非正式监督，这使得巡警冒着危险去帮助他们的同事，[⑤] 但是正式的监督充其量只是微不足道的。即使是最好的监督员也会发现很难证明一个开小差的人是不是在工作。

① 尼德霍夫（Niederhoffer）：《盾牌后面》（*Behind the Shield*），p. 142。

② 班顿（Banton）：《警察》（*Policeman*），p. 149。

③ 同②，p. 147。

④ 同①，p. 131。

⑤ 斯科尔尼克（Skolnick）：《不经审判的正义》，pp. 57 – 59。

威尔逊指出，有时候整个警察部门都建立了这种回避模式。他在《警察行为类型研究》一书中描述了纽约州三个警察部门（奥尔巴尼、阿姆斯特丹和纽堡）在1960年代初的“守夜人模式”（the watchman style），该模式被视为无视违法行为，容忍故意违法行为，对某些群体不期待有序行为，绕开私人纠纷（朋友之间和家庭中的暴力侵犯，商人讨债等）。293
由于缺乏训练，害怕发生事故，典型的守夜人模式为自己定义了一个越来越小的警察职责范围。威尔逊提出，一些警察局“不要无事生非”（not to rock the boat）的愿望强化了个人回避现象，因监管态度冷漠而发展壮大。

但警方不作为对平民百姓的影响非常大。纽约州纽堡（Newburgh）市的一个黑人律师向威尔逊描述了发生的事。

> 在这个（黑人）社区我们无法得到警察保护，他们忽略这个群体。我父母的住处附近有一个酒吧……每晚那里都会有很多人，尤其在夏天，人群会蔓延到街上，到这片区域前面。有时我们要报警四到五次警察才会来。即使来了，他们也仅仅是下车然后就开始和站在那里的人开玩笑。警察本应该驱散人群，但他们就是不这么做。①

越有力，越卑鄙，越冷漠，当警察成为回避者的时候，整个世界的害人者可以随便祸害他人而不付代价。

Ⅲ

互惠者（the reciprocator）。在警察工作中，互惠依赖许多因素，其中包括（1）个人技能足够以放任交换价值；（2）交换方之间彼此熟悉并有持续或稳定关系；（3）双方权力达到平衡。对于以为人类服务为目标的警察来说，互惠反应的优点是他的警察技能得以服务他人。因此，他们有销路，并且可以作为个人利润来源。如果他喜欢介入“私人”或民

① 威尔逊（Wilson）：《警察行为类型研究》（*Police Behavior*），pp. 161 – 162。

事事务，警察工作能提供难得的机遇。此外，他可以赐予公民其权力的次要部分——他的放任及非伤害性权力。这样，他就能得到人们的爱戴和“好家伙”（Joe Good Guy）的名声。他可能也接受贿赂。（该文献揭露了在拉科尼亚一个不明显的互惠方面，即贿赂。吉恩·拉达诺（Gene Radano）回忆起纽约一个正在巡逻的巡警体现了互惠者的形象，一个拥有卓越口才和人性洞察力的人。用纽约的方言土话讲，这个“聪明、机智、亲切、温馨”的警察用社交技巧从当事人身上“挤点羊奶”。）[①] 学者加德纳（Gardiner）想知道为什么警察在不涉及钱的情况下对交通违章开定额罚单，并得出结论认为，定额罚单是“一种轻松有效的施惠方式”，可以在服装店和酒类专卖店兑换折扣价，在遇到麻烦时获得公众支持，并与经济和政治要人建立友谊。[②]

294 在警察和公民有持续的关系的情况下——在城镇中有某种用途或受限制的地区和巡逻警管区不轮换的警察部门、在同质的郊区社区和在监狱里——这种互惠的趋势非常盛行。[③] 正如班顿在稍微不同的背景下所指出的那样，只有在“一致和可预测的行动模式可以发展”、存在某种“共识”、警察和公民都知道“他们的行为将被对方正确解释”的时候，互惠才可能代替强制。[④]

一旦建立了这种关系，警察能做的服务越多，他的位置就越好。互惠警察可以四处打探，寻找提供服务的机会：充当商人的托收代理人，在酒吧充当见多识广消息灵通的保镖，在市民住宅附近巡查监视，充当老年妇女的出租车司机将其送到目的地，无视违法行为。

继续进行这些事务的动力可能有几个来源。一旦警察参与非法交易，这就会成为他易受攻击的弱点。说到警察、赌徒和妓女之间的利润共享，一位观察员评论到：“一旦掌握权力的人接受不法组织（vice organizations）分享利润的提议，他们必然就有了易受攻击的弱点。‘非法组织’（vice lords）本身有弱点，意味着执法人员的活动可以商讨，但并不意味着他们可以忽视

① 吉恩·拉达诺（Gene Radano）：《警管区巡逻》（*Walking the Beat*）（纽约：科利尔出版社，1969）第十五章。

② 约翰·加德纳（John A. Gardiner）：《交通与警察》（*Traffic and the Police*），pp. 122 – 123。

③ 格雷沙姆·塞克斯（Gresham Sykes）：《囚犯社会》（*Society of Captives*），chap. 3。

④ Banton，*Policeman*，p. 168。

非法组织领导者的要求。"[1] 但是合法形式的互惠，可能是警察领导影响的结果。威尔逊考察了 20 世纪 60 年代初的两个警局，互惠是他们的管理政策。纽约的这两个地区，即拿骚县和布莱顿市，当时基本上是同质的，很少有外来者。警察和平民就各部门服务行为的意义达成共识，因为社区不是以阶级或社会底线划分的。威尔逊这种警务行为的特征被称为"服务风格"(the service style)，是在非正式的基础上频繁进行干预，集中精力提供服务，公民和警察局长都期望巡警能像百货公司销售人员那样以一种互惠的方式行事。一名警员认为自己要"把警察服务尽可能推销给公众。"[2]

Ⅳ

执法者（the enforcer）。我们已经说过，行使强制力导致权力的持有人
获得的情报信息日益不足和偏颇，并且更加相信强制力的功效。在关于警察
的文献中，如果在任何一点上都一致的话，那就是它强调了警察与现实的复
杂性失去联系，并且越来越依赖于使用武力的倾向。社会学家沃思曼 295
(Werthman) 和皮里亚文 (Piliavin) 断言，警察"很快变成防御性的犬儒主
义者和进攻性的道德说教者。"[3]

班顿、威尔逊及其他人都讨论了警察正常情报网络的性质：受害者总是"强调他或她在警察那里遭受的道德错误而非法律错误，如果有的话"；"线人制度"；"那些害怕我们又不断讨好我们的平民。"（托克维尔曾经说过，"除了憎恨敌人，人们更倾向于奉承他们。"）[4] 班顿提出的重点是，有多少人不在这个网络里：被警察行使权力所吓跑的体面正派的旁观者；违法者本人；"潜在的危险者"；即使是巡警的同事们，他们也不愿意向他提供令人不快的消息，因为他们可能在未来的紧要关头依赖他。

---

① 威廉·钱布利斯（William Chambliss）主编：《犯罪与法律程序》（*Crime and the Legal Process*）（纽约：麦格劳－希尔公司，1969），第 92 页。

② 威尔逊：《警察行为类型研究》，第 205 页。

③ 卡尔·沃思曼（Carl Werthman）和欧文·皮里亚文（Irving Piliavin）："帮派成员与警察"（*Gang Members and the Police*），刊载于大卫·波杜阿（David Bordua）主编的《警察：六篇社会学论文》（*The Police: Six Sociological Essays*）（纽约：威利出版社，1967），第 57 页。

④ 亚历克西斯·德·托克维尔（Alexis de Tocqueville）：《论美国的民主》（*Democracy in America*），亨利·里夫（Henry Reeve）译，（纽约：Vintage 出版社，1945），1：187。

这种有偏见的信息被输入到信念系统中，而信念系统又进一步筛选和丢弃了某些信息。麦克纳马拉（McNamara）认为，警察的信念体系往往以概念为前提，以执法准则为假定。警察将人进行分类时开始完全按法律范畴，而不是其他相关道德准则：某人是在逃重犯或“402 号嫌疑人”，而不是一个自然人。法律分类导致“附加特性”（additional characteristics）的归罪，而这种罪责可能并不真正存在。①

此外，警察往往忽视使用强制力的不利影响，只相信严格执法的有效性。班顿指出，警察开始相信，减少犯罪的一种方法就是逮捕醉汉，“因为醉汉没有防卫能力，经常被抢劫。”② 虽然迫于压力信奉绝对执法，但严格执法及其不良后果会让警察产生内心冲突。在这一点上，一些警察丢掉自我克制和责任的旧观念，正如尼德霍夫所指出的那样，让自己易受“经久不衰的使用暴力的诱惑”的影响。③ 当情况变得不利时，他们开始采取先发制人的行动防止自身受害。

威尔逊在 20 世纪 60 年代初对具有法律主义（或执法者）风格（legalistic or enforcer style）的警察部门的观察表明，在推行令人赞扬的改革过程中，那些令人钦佩的部门完全忽视了处理下属员工道德败坏的问题。加利福尼亚州的奥克兰市和伊利诺伊州的海兰帕克市，警察局都是进行改革的部门，已经消除了贪污贿赂现象。这些具有改革意识的管理者关注下属如何履职，却忽略了他们的感受。正如威尔逊所说，在奥克兰，“好警察”指
296 “成功地不带感情地扮演警察角色——应当将警察应该做的事情及其做这样的事的感受区分开来。”④

V

专业人士（the professional）。直到最近，在与警察有关的文献中，还没

① 约翰·麦克纳马拉（John H. McNamara）：“警察工作中的不确定性”，刊载于波杜阿主编的《警察：六篇社会学论文》，第 170 页。

② Banton, Policeman, p. 57。

③ 尼德霍夫（Niederhoffer）：《盾牌后面》（*Behind the Shield*），第 113 页。

④ Wilson, Police Behavior, p. 187。

有任何一位在任职期间成长起来的巡警的高大形象。[①] 文献里提到一些有趣的事。班顿敏锐地观察过一些灵巧的警察的工作。威尔逊和班顿都暗示，体格和自信能帮助巡警获得平民的自愿合作：平民愿意服从身材高大、充满自信的警察，而不是某个“无足轻重的小人物”。[②]

此外，人们还指出，公民与警察之间的对话和沟通能力非常重要。麦克纳马拉（McNamara）说，这使警察能够认识到“公民的价值观”，并想出在不让公民丢脸的情况下获得顺从的方法。[③]

尽管如此，我可以公平地说，目前我们在专业警察发展领域缺乏相关的研究成果。有关警察的文献作品中并没有描述警察是如何把敲诈勒索性的权力行为——这种行为有时在执法过程中是必要的，与他们以前视为是道义责任的公道合理、善良、同情和创造性——有机调和起来的。它没有解释专业警察是如何维持关于“对”和“错”的复杂情感，而不丧失自尊或对文明的信仰。文献中并没有告诉我们，警察如何发展出一种道德，使其只在有利可图时才卑鄙，而不是完全成为卑鄙之人。

此外，警察文献中没有提到专业警察对地点、时间和目的的辨别，或其如何培养对过去和未来发展趋势的认识，或其如何成功使个体行为既符合个人能力限制，又满足个人服务公众的渴望。文献指出了使警察拥有这些社会、历史和伦理观念的必要性，以及这些观念如何有效弥补

① 这种长期存在的真空状况，几乎由作家约瑟夫·温鲍（Joseph Wambaugh）凭借一己之力填补了。他的两部小说《新百夫长》（*The New Centurions*）和《蓝骑士》（*The Blue Knight*），刻画了一个最有趣的虚构警察群体的道德和智力的发展。但我最喜欢的作品是他的《洋葱田》（*The Onion Field*），对一个真正专业的警察的道德崩溃所做的富有洞察力的研究。使这本书更引人注目的是，它是一个非虚构的真实故事——与杜鲁门·卡波特（Truman Capote）所创作的《冷血杀手》（*In Cold Blood*）这部广为人知的小说一样，属于写实小说流派。杜鲁门·卡波特，美国小说家、剧作家。青少年大部分时期在路易斯安那州和亚拉巴马州的小城度过。早期作品具有美国南方哥特派小说的传统，其中包括小说《别的声音，别的房间》（1948）、《草竖琴》（1951）和故事集《夜晚的一棵树》（1949）。以后他开创了一种新闻报道的写作风格，称之为“非虚构小说”，特别是《冷血杀手》（1966）一书，记叙了堪萨斯州两个反社会精神病患者实施的多次谋杀案。其他作品还有中篇小说《在蒂芬尼饭店进早餐》（1958；1961 年拍成电影）、音乐剧《花之屋》（1954，与作曲家 H. 阿伦合著），以及短文集《群犬吠了》（1973）和《为变色龙奏的音乐》（1980）中既有虚构也有非虚构的故事。——译者注

② Wilson, Police Behavior, p. 33. ; Banton, Policeman, p. 175。

③ McNamara, “Uncertainties,” p. 174。

发生在警察身上的不寻常的情报失真——失真来自稳定的日常生活中异常状态造成的扭曲，来自保持高昂士气（克服恐惧、困难和挫折）的组织需要，以及来自管理人员的职权。文献中根本没有描述如何获取这些观念。

索 引

A

B

C

D

E

F

G

H

I

J

K

L

M

N

O

P

Q

R

W

Y

译后记

本书的作者小威廉·克尔·缪尔（William ker Muir，Jr.）是美国加州大学伯克利分校（University of California At Berkeley）政治学名誉教授。他同时还著有《立法机构：加州政治学院》（*Legislature：California's School for Politics*）和《公立学校的祈祷：法律与态度改变》（*Prayer in the Public Schools：Law and Attitude Change*），这两部著作均由芝加哥大学出版社出版。在《警察：街角政治家》一书中，缪尔教授运用政治学和社会学的理论，从什么是好警察、好警察的职业政治模式入手，通过对四名巡逻警察的全面分析解剖，揭示了警察强制权的四个悖论及警察职业精神的发展，对巡逻警察及其工作进行了广泛而深入的社会心理学分析。本书的研究对象是美国一个人口约为50万的城市——拉科尼亚市，拉科尼亚市警察局是一个中型机构，总共有近400名宣誓警察为全市提供警察服务。作者在1971年对该机构的28名年轻警察进行了访谈并对他们的执法活动进行了实地观察，尤其对其中的四名警察的成长背景和个人特征进行了入木三分的分析讨论，向读者描绘了一个关于年轻警察群体的典型形象。然后运用他们的成长背景、人格属性以及对使用强制力的顺应心理调整（consequent psychological adjustment）来解释警察在需要使用操纵性权力、胁迫性权力的情境下的反应变化。本书的研究在警察学术界具有重要地位并对警务实践产生了重大影响，它的出版对鲁宾施泰因（Rubinstein）的《城市警察》（*The City Police*）、韦斯特利（Westley）的《暴力和警察》（*Violence and the Police*）、斯科尔尼克（Skolinck）的《不经审判的正义》（*Justice without trial*）、尼德霍夫（Niederhoffer）的《盾牌后面》（*Behind the Shield*）、比特纳（Bittner）的《贫民区的警察》（*Police on Skid Row*）等一系列类似著作的问世做出了重大贡献。作为街角政治家的警察，他们关注的是在警察工作中使用强制胁迫手段的必要性。他们得出的结论是，警察只有在培养并展现两种美德时才能成为一名真正的好警察。第一，他必须理解人类苦难本质的悲剧性；第二，他必须解决通过强制手段达到公正目的的悖论。只有培养并展现这些美德的警察，他们的工作才更有效率，并对他们自己在生活中所扮演的角色感到满意。《社会学》杂志的第一编辑、警察学界第一本对警察进行社会学深度研究的著作《社区警察》（*Policeman in the Community*）（苏格兰与美国社区警务的比较研究）一书的作者、英国著名的社会科学家迈克尔·帕克·班顿（Michael Parker Banton，1926 年 9 月 8 日～2018 年 5 月 22 日）在对本书的评论中说道："其他社会科学家也曾经对巡逻警察进行过观察研究，或者对他们进行过系统的访谈。缪尔教授将两者有机结合起来，鉴于他对研究结论的思考具有相当的哲学深度，他把警察社会学提升到了一个新的高度。他不仅对这些人进行深度的观察，还与他们详细地谈论了他们的个人生活、他们对社会的概念以及犯罪嫌疑人在他们职业生活中的位置。他的雄心壮志是对好警察进行定义，并解释好警察的培养与发展，但他的成就却阐明了拉科尼亚市警察局中巡逻警察的警务哲学和警务职业成熟的问题。他对警察道德发展的讨论贯穿了解析暗示模式（analytically suggestive formulations），这是社会学研究报告中很少见到的一种智慧。"

本书的第 1 章提出什么是好警察及其标准，全书围绕这个结论进行论证。第 2 章向读者介绍了四位警察和他们所思考和担心的事情，特别是他们对强制力困境的关注。第 3 章对强制力的概念进行了解析并就勒索性交易（extortionate transaction）的分析模式进行了剖析，提出了强制力中固有的四个悖论——无恃悖论、超脱悖论、面子悖论和非理性悖论。第 4 章论述了好警察即专业警察的本质，认为警察也是强制力的受害者。第 5 章至第 9 章分别论述了强制力悖论在警察日常工作中的表现方式。对于每种悖论，作者都区分了四种可能的自卫方式，以及警察在这四种方式中做出选择的条件和结果。在第 10 章和第 11 章中，作者重点探讨了强制力悖论是如何影响警察的知识和道德发展的，以及警察的经历是如何促进其品格成长的。第 12 章则探讨了语言、领导力、学习这三个要素，以及如何运用这三个要素来影响警察品格发展的方向，主要论述了人的努力方式能够人为地改变警察命运的“自然”结果。第 13 章论述了警察局长的管理决策和领导风格选择以及警长的培养等问题；第 14 章主要是通过对这 28 位年轻警察的研究，从哲学上探索强制力易于导致腐败的倾向，以及对改进美国警察机构的启示，同时还对研究文献进行了评述，提供的许多警察研究著作对我们现在进行以中国问题为导向的警务理论研究仍然具有借鉴价值。我相信，本书的出版能够为我们开展中国警务问题的实证化社会学研究提供一个有益的借鉴样本。

本丛书的主编曾受中国国家留学基金会（CSC）公派，参加第八期教育部赴澳大利亚教育行政研修班，于 2008 年 6 月至 9 月在澳大利亚国立大学克劳福德政府管理学院学习，其间经常到法学院图书馆借阅图书，发现图书馆里有许多一直想阅读的警察学名著，《警察：街角政治家》是当时借阅的众多警察学名著中的一本，回国后一直想将其译介给国内同侪，在给本科生和研究生上《警察学原理》课程的时候，他曾经给同学们介绍过该书，并将部分章节交给对警察学有兴趣的同学翻译，李超杰同学翻译了第 5 章和第 8 章的部分内容，何悦同学翻译了第 6 章的部分内容，杨洋同学翻译了第 10 章的部分内容，鉴于他们当时的条件和能力，译文质量不甚理想。后来又交由警察科学 2012 级研究生徐婧对全书进行了初稿翻译，但仍然有许多词不达意的地方，未能达到出版要求，最后邀请西南政法大学外国语学院副院长曹志建博士对全书重新进行了翻译，曹志建博士已经翻译过“十二五重点图书出版规划项目”（但彦铮主编的《社会治理丛书》）之《警务发展与当代实践》，知识产权出版社 2015 年出版）。曹志建博士笔力雄健文词优雅，对警察社会学的语言把握精准到位，为本书的顺利出版提供了质量保证。最后由但彦铮教授从专业角度对全书进行了审译，统一了全书的术语及风格。

本丛书得以出版，首先要感谢中央财政支持地方高校发展专项资金项目的支持，本书是“安全治理与社会秩序维护研究院”科研平台项目的“安全治理丛书”系列之一。感谢西南政法大学财务处的刘建民处长、刘枥铠科长以及项目评审专家，重庆市财政局、重庆市教委的相关领导及工作人员对本项目的支持与关心。

在本书翻译过程中，西南政法大学图书馆周文全馆长、胡跃副馆长、简超、薛正义、吴郁等在提供外文资料方面给予了诸多帮助；同时也得到了社会科学文献出版社经管分社社长恽薇、编辑蔡莎莎和刘鹿涛的大力帮助，对他（她）们给予我们的帮助和支持表示由衷的感谢！

由于译者的水平有限，书中的错漏之处在所难免，恳请读者批评指正。

译　者

重庆安全治理与社会秩序维护研究院

图书在版编目(CIP)数据

警察：街角政治家／（美）小威廉·克尔·缪尔著；曹志建，徐婧译. -- 北京：社会科学文献出版社，2019.9（2024.5 重印）
（安全治理丛书）
书名原文：Police：Streetcorner Politicians
ISBN 978-7-5201-4377-6

Ⅰ. ①警… Ⅱ. ①小… ②曹… ③徐… Ⅲ. ①警察法-研究 Ⅳ. ①D912.140.4

中国版本图书馆 CIP 数据核字（2019）第 032507 号

·安全治理丛书·
警察：街角政治家

著　　者／［美］小威廉·克尔·缪尔（William Ker Muir，Jr.）
译　　者／曹志建　徐　婧
审　　译／但彦铮

出 版 人／冀祥德
组稿编辑／恽　薇
责任编辑／陈　欣　刘鹿涛
责任印制／王京美

出　　版／社会科学文献出版社·经济与管理分社（010）59367226
地址：北京市北三环中路甲 29 号院华龙大厦　邮编：100029
网址：www.ssap.com.cn
发　　行／社会科学文献出版社（010）59367028
印　　装／唐山玺诚印务有限公司

规　　格／开　本：787mm×1092mm　1/16
印　张：23　字　数：383 千字
版　　次／2019 年 9 月第 1 版　2024 年 5 月第 6 次印刷
书　　号／ISBN 978-7-5201-4377-6
著作权合同登记号／图字 01-2014-2610 号
定　　价／98.00 元

读者服务电话：4008918866